浙江文化名人传记精选修订丛书

原主编：万 斌

执行主编：卢敦基

出版巨擘

张元济传

张学继 著

浙江人民出版社

图书在版编目（CIP）数据

出版巨擘 ：张元济传 / 张学继著. -- 杭州 ：浙江人民出版社，2024. 12. -- ISBN 978-7-213-11548-6

Ⅰ. K825. 42

中国国家版本馆CIP数据核字第2024L22L42号

出版巨擘：张元济传

CHUBAN JUBO ZHANG YUANJI ZHUAN

张学继　著

出版发行　浙江人民出版社（杭州市环城北路177号　邮编　310006）

市场部电话:(0571)85061682　85176516

责任编辑　诸舒鹏

责任校对　汪景芬

责任印务　程　琳

封面设计　王　芸

电脑制版　杭州天一图文制作有限公司

印　　刷　杭州富春印务有限公司

开　　本　710毫米×1000毫米　1/16

印　　张　25.5

字　　数　389千字

插　　页　6

版　　次　2024年12月第1版

印　　次　2024年12月第1次印刷

书　　号　ISBN 978-7-213-11548-6

定　　价　98.00元

“浙江文化研究工程成果文库”总序

有人将文化比作一条来自老祖宗而又流向未来的河，这是说文化的传统，通过纵向传承和横向传递，生生不息地影响和引领着人们的生存与发展；有人说文化是人类的思想、智慧、信仰、情感和生活的载体、方式和方法，这是将文化作为人们代代相传的生活方式的整体。我们说，文化为群体生活提供规范、方式与环境，文化通过传承为社会进步发挥基础作用，文化会促进或制约经济乃至整个社会的发展。文化的力量，已经深深熔铸在民族的生命力、创造力和凝聚力之中。

在人类文化演化的进程中，各种文化都在其内部生成众多的元素、层次与类型，由此决定了文化的多样性与复杂性。

中国文化的博大精深，来源于其内部生成的多姿多彩；中国文化的历久弥新，取决于其变迁过程中各种元素、层次、类型在内容和结构上通过碰撞、解构、融合而产生的革故鼎新的强大动力。

中国土地广袤、疆域辽阔，不同区域间因自然环境、经济环境、社会环境等诸多方面的差异，建构了不同的区域文化。区域文化如同百川归海，共同汇聚成中国文化的大传统，这种大传统如同春风化雨，渗透于各种区域文化之中。在这个过程中，区域文化如同清溪山泉潺潺不息，在中国文化的共同价值取向下，以自己的独特个性支撑着、引领着本地经济社会的发展。

从区域文化入手，对一地文化的历史与现状展开全面、系统、扎实、有序的研究，一方面可以借此梳理和弘扬当地的历史传统和文化资源，繁荣和丰富当代的先进文化建设活动，规划和指导未来的文化发展蓝图，增强文化软实力，为全面建设小康社会、加快推进社会主义现代化提供思想保证、精神动力、智力支持和舆论力量；另一方面，这也是深入了解中国文化、研究中国文化、发展中国文化、创新中国文化的重要途径之一。如今，区域文化研究日益受到各地重视，成为我国文化研究走向深入的一个重要标志。我们今天实施浙江文化研究工程，其目的和意义也在于此。

千百年来，浙江人民积淀和传承了一个底蕴深厚的文化传统。这种文化传统的独特性，正在于它令人惊叹的富于创造力的智慧和力量。

浙江文化中富于创造力的基因，早早地出现在其历史的源头。在浙江新石器时代最为著名的跨湖桥、河姆渡、马家浜和良渚的考古文化中，浙江先民们都以不同凡响的作为，在中华民族的文明之源留下了创造和进步的印记。

浙江人民在与时俱进的历史轨迹上一路走来，秉承富于创造力的文化传统，这深深地融汇在一代代浙江人民的血液中，体现在浙江人民的行为上，也在浙江历史上众多杰出人物身上得到充分展示。从大禹的因势利导、敬业治水，到勾践的卧薪尝胆、励精图治；从钱氏的保境安民、纳土归宋，到胡则的为官一任、造福一方；从岳飞、于谦的精忠报国、清白一生，到方孝孺、张苍水的刚正不阿、以身殉国；从沈括的博学多识、精研深究，到竺可桢的科学救国、求是一生；无论是陈亮、叶适的经世致用，还是黄宗羲的工商皆本；无论是王充、王阳明的批判、自觉，还是龚自珍、蔡元培的开明、开放，等等，都展示了浙江深厚的文化底蕴，凝聚了浙江人民求真务实的创造精神。

代代相传的文化创造的作为和精神，从观念、态度、行为方式和价值取向上，孕育、形成和发展了渊源有自的浙江地域文化传统和与时俱进的浙江文化精神，她滋育着浙江的生命力、催生着浙江的凝聚力、激发着浙江的创造力、培植着浙江的竞争力，激励着浙江人民永不自满、永不停息，在各个不同的历史时期不断地超越自我、创业奋进。

悠久深厚、意韵丰富的浙江文化传统，是历史赐予我们的宝贵财富，也是我们开拓未来的丰富资源和不竭动力。党的十六大以来推进浙江新发展的实践，使我们越来越深刻地认识到，与国家实施改革开放大政方针相伴随的浙江经济社会持续快速健康发展的深层原因，就在于浙江深厚的文化底蕴和文化传统与当今时代精神的有机结合，就在于发展先进生产力与发展先进文化的有机结合。今后一个时期浙江能否在全面建设小康社会、加快社会主义现代化建设进程中继续走在前列，很大程度上取决于我们对文化力量的深刻认识、对发展先进文化的高度自觉和对加快建设文化大省的工作力度。我们应该看到，文化的力量最终可以转化为物质的力量，文化的软实力最终可以转化为经济的硬实力。文化要素是综合竞争力的核心要素，文化资源是经济社会发展的重要资源，文化素质是领导者和劳动者的首要素质。因此，研究浙江文化的历史与现状，增强文化软实力，为浙江的现代化建设服务，是浙江人民的共同事业，也是浙江各级党委、政府的重要使命和责任。

2005年7月召开的中共浙江省委十一届八次全会，作出《关于加快建设文化大省的决定》，提出要从增强先进文化凝聚力、解放和发展生产力、增强社会公共服务能力入手，大力实施文明素质工程、文化精品工程、文化研究工程、文化保护工程、文化产业促进工程、文化阵地工程、文化传播工程、文化人才工程等“八项工程”，实施科教兴国和人才强国战略，加快建设教育、科技、卫生、体育等“四个强省”。作为文化建设“八项工程”之一的文化研究工程，其任务就是系统研究浙江文化的历史成就和当代发展，深入挖掘浙江文化底蕴、研究浙江现象、总结浙江经验、指导浙江未来的发展。

浙江文化研究工程将重点研究“今、古、人、文”四个方面，即围绕浙江当代发展问题研究、浙江历史文化专题研究、浙江名人研究、浙江历史文献整理四大板块，开展系统研究，出版系列丛书。在研究内容上，深入挖掘浙江文化底蕴，系统梳理和分析浙江历史文化的内部结构、变化规律和地域特色，坚持和发展浙江精神；研究浙江文化与其他地域文化的异同，厘清浙江文化在中国文化中的地位和相互影响的关系；围绕浙江生动的当代实践，深入解读浙江现象，总结浙江经验，指导浙江发展。在研究力量上，通过课题组织、出版资助、重点研究基地建设、加强省内外大院名校合作、整合各地各部门力量等途径，形成上下联动、学界互动的整体合力。在成果运用上，注重研究成果的学术价值和应用价值，充分发挥其认识世界、传承文明、创新理论、咨政育人、服务社会的重要作用。

我们希望通过实施浙江文化研究工程，努力用浙江历史教育浙江人民、用浙江文化熏陶浙江人民、用浙江精神鼓舞浙江人民、用浙江经验引领浙江人民，进一步激发浙江人民的无穷智慧和伟大创造能力，推动浙江实现又快又好发展。

今天，我们踏着来自历史的河流，受着一方百姓的期许，理应负起使命，至诚奉献，让我们的文化绵延不绝，让我们的创造生生不息。

2006年5月30日于杭州

目录

第一章　家世与科举功名路

书香世家子弟

1867年10月25日（清同治六年九月二十八日）傍晚，在广州商业繁华的纸行街，从谢家公馆传来了几声清脆洪亮的婴儿啼哭声，这位刚诞生的婴儿是个男孩，长辈为他取名叫张元济，字筱斋，因生于菊花怒放的秋天，故取号菊生。

张元济虽然出生在南国的五羊城，祖籍却是东海之滨的浙江省海盐县。海盐，因古代“海滨广斥，盐田相望”，以盛产海盐而得名。秦始皇统一六国后置海盐县，至今已有2200多年的历史。西汉初年，吴王刘濞（汉高祖刘邦之侄）在此立司盐都尉，煮海为盐，很快使其封国富甲东南。

根据张氏族谱的记载，海盐张氏始祖可以上溯到北宋末年的张九成。

张九成（1092—1159），字子韶，号横浦居士，又称无垢居士。原籍河南开封，青年时代在京师开封跟随理学家杨时学习理学。后随宋室南渡，落籍浙江钱塘。1132年（南宋绍兴二年）中进士第一名，历官著作郎、礼部侍郎兼侍讲经筵，其人“正色立朝，敦尚气节”，是南宋名臣之一。他因论灾异时政得罪权倾朝廷的奸相秦桧，被贬职到邵州。后又因反对与金朝和议，再次获罪，被贬到更加偏远的南安州。张九成在南安州14年，潜心于著述，自成理学一派。生平著作20余种，但多数已经失传，现存于世的还有《横浦文集》《横浦心传》

《横浦日新》以及《孟子传》残存29卷、《中庸说》残存3卷等。张九成继承北宋理学家程颢、程颐洛学的基本思想，并援佛入儒，自成一家。在理学的发展史上，张九成是由二程理学向陆九渊心学演变的关键人物。

自张九成起，张氏一脉诗书成家，代有学人出。张九成的六世孙张雨，工书画，善诗词，与当时文坛名士赵孟頫、杨载、虞集等都有文字交往，著有《茅山集》《贞居先生诗集》等。明朝洪武初年，张留生自钱塘县迁居海盐县闻琴里，成为海盐张氏始迁祖。张留生一支在海盐世代耕读，至明朝万历年间，又出了一位著名文化人张奇龄。

张奇龄（1582—1638），字子延，号符九，1603年（明万历三十一年）中举人，曾主持杭州虎林书院，时人竞相送子弟到其门下读书，可见教学很受欢迎。晚年退居海盐县城南门外的乌夜村，并题其住所为“大白居”，后人因称张奇龄为大白公，是张元济的第十世祖。张奇龄著有《铁庵集》《存笥集》等4种，并为张氏后人立下如下的家训：“吾宗张氏，世业耕读。愿我子孙，善守勿替。匪学何立？匪书何习？继之以勤，圣贤可及。”张奇龄晚年正值明清交替之际，当清兵南下时，江苏如皋名士冒辟疆携家渡江南下到海盐躲避战祸，就住在张奇龄的大白居，两人结下深厚友谊。300年后，张元济与冒氏后人、著名词人冒鹤亭又结为友人，两人都称他们之间“有300年之世交”，成为文坛一宗佳话。

张奇龄之子张惟赤（1615—1676），字君常，号螺浮，后人称他“螺浮公”。1655年（清顺治十二年）乙未科进士，曾任户部山东司主事、山东乡试正主考等职，以直言敢谏著称。他留存于世的《入告编》三编，就是他任官时上皇帝奏折的汇集。张惟赤也许是因为直言上谏忤逆了皇帝，后来被裁缺回海盐老家，他拓展大白居为“涉园”。这个命名含有“既以体若考作室之心，且以示后人继述之义”。经过张氏几代人的经营扩建，涉园林泉台榭已颇具规模，成为海盐一邑之胜景，骚人墨客题咏不断。

张惟赤之子张皓（1640—1709），1672年（清康熙十一年）壬子科举人，曾任内阁中书、刑部福建司主事等职。他是有名的藏书家，藏书甚丰。告老归乡后，以读书自娱，著有《赋闲楼诗集》，编辑有《名家诗钞》等。

自螺浮公以后，海盐张氏已无显赫功名扬名于官场者，但读书风气不减，代有读书人并不乏饱学之士。张元济的七世祖张芳湄、六世祖张宗松及其兄弟子侄辈，均各有著述行于世，尤以张宗松著述最丰，著有《扪腹斋诗钞》4卷、《扪腹斋诗余》2卷，编有《清绮斋藏书目》4卷，并刊有《王荆公诗笺注》等。据说张宗松的清绮斋藏书达1559部，约1万册，他是清代著名藏书家之一。清朝乾隆、嘉庆之际，江浙名流学者吴骞、鲍廷博、陈鳣、黄丕烈等，均向张氏涉园借书校雠，极一时之盛。1843年（清道光二十三年）前后，海盐张氏涉园家族开始衰落，持续近200年的藏书陆续散佚了。后来张元济在《清绮斋书目·跋》等文章中，提了两个他认为无法解释的家族历史之谜：一是清嘉庆、道光年间，江浙一带尚称太平，家中为什么会发生这么大的变故？而他年少时见过的几位长者，对此都讳莫如深？二是他后来在书市中收购到许多涉园藏书，而清绮斋收藏那么丰富，可他只见过其中的3种，为什么其余藏书竟会从此绝迹？

到张元济的祖父辈时，家庭境况更加衰落。清政府镇压太平天国的战火，不仅对江南一带的经济和文化带来了巨大的破坏，而且带来了巨大的人口伤亡。为了躲避战乱，张元济的父亲张森玉于1863年（清同治二年）夏，根据应辰公的安排，随亲戚赴广东潮州谋生。

当时，正值太平军与清军激战江浙，左宗棠及曾国藩九弟曾国荃分别率领楚军和湘军，正准备进攻太平军占领的江南重镇——杭州与南京。江浙地区一场血腥的鏖战就在眼前，兵荒马乱，人心惶惶不可终日。旧时习俗，一个地方遇到大的自然灾害或战乱时，有托人把孩子带离家乡，远地避难以保“根苗”的习俗。据估计，张森玉可能是张应辰的“独苗”，故张森玉赴潮州也正是其父应辰公为保“根苗”而采取的重大举措。这可以应辰公写给张森玉的信为证。1863年5月9日（同治二年立夏后三日）的家信说：“……满望进省后，即有机会，稍有积蓄，家乡安静，或即结伴回来。缘我年近花甲，能得与我儿完姻了事，亦喜出望外。”[①]

① 张树年主编：《张元济年谱》，商务印书馆1991年版，第3页。

张森玉（1842—1881），字云仙，号德斋。去广东避难时年仅21岁，他到广东以后的行踪并没有留下什么资料。据估计，开始可能是经商，后捐钱得到广东候补府通判之类的小官，曾署广东会同、陵水二县知县。大约在1864年（同治三年），娶广东布照磨、署理肇庆府经历、借补乐昌县罗家渡场巡检谢焕曾之女为妻。据说，谢氏原籍江苏武进，系东晋太傅谢安之后裔。谢氏一支数代前移居广东。张森玉与谢氏夫人共生有三子二女：长子元煦、次子元济、三女元淑、四子元瀛、五女元清。

张氏世系简表如下①：

宋代：始祖张九成（1092—1159）；

明代：始迁祖张留生——十九世祖张秀三——十八世祖张显（1330—1390）——十七世祖张名（1350—1432）——十六世祖张礼（1386—1474）——十五世祖张鸾（1431—1496）——十四世祖张世宁——十三世祖张绶（1496—1557）——十二世祖张申（1529—1603）——十一世祖张钢（1554—1615）——十世祖张奇龄（1582—1638）；

清代：九世祖张惟赤（1615——1676）——八世祖张皓（1640—1709）——七世本生祖张芳湄（1665—1730）——六世祖张宗松（1690—1760）——五世祖张询（1728—1758）——高祖张万选（1750——1819）——曾祖张锡纯（1779—1841）——祖父张应辰（1805—1863）——父张森玉（1842—1881）。

张元济降生时，正值中国由封建社会向半殖民地半封建社会剧烈演变的时代，广州又是西方帝国主义列强敲开的第一扇大门。但张元济兄弟似乎并没有受到广州社会半殖民地化太多的影响，他们进的还是传统私塾，读的是传统的孔孟圣贤之书。某年秋，广东乡试榜发，其父森玉公取出广东闱墨，为张元济兄弟讲解乡试第一名陈伯陶所作的文章，激励张元济兄弟发愤读书，求取功名。

在张元济十一二岁的时候，张森玉还时常对3个儿子讲述张氏祖先的故事，在张元济脑海中留下深刻印象的有3位，即张氏始祖张九成、十世祖张奇龄、

---

① 《张元济年谱》，第3—4页。

- 张森玉、谢　氏
  - 张元煦（1865—1904）
    - 张树源、刘　氏
      - 张祥保（女）
  - 张元济（1867—1959）、吾　氏、许　氏
    - 张树敏（女，适孙逵方）
    - 张树年、葛　氏
      - 张　珑（女）
      - 张人凤（男）
  - 张元淑（女，适冯通伯）（1869—1944）
  - 张元瀛（1872—1892）
  - 张元清（幼殇）

九世祖张惟赤，张森玉还一再叮嘱孩子们成年后要好好地读一读《入告编》。后来张元济回到海盐后设法借到了张惟赤的《入告编》，仔细读了这本奏章。张惟赤任京官时，满族入关不久，汉族官员一般不敢对满族人说不满的话，更不敢对朝廷损害汉人利益的举措提出异议，而张惟赤不顾自身的安危，据理力谏。他反对满族贵族“跑马圈地”，建议保护汉族土地所有者的利益，他建议把因战争而产生的无主地发给无土地的人耕种；他反对当时刑部审理案件记录的口供，仅凭满族官员的记录。康熙皇帝冲龄践位，辅政大臣鳌拜结党专权，满朝文武为之侧目。张惟赤冒险上疏请康熙亲政。张元济对这位先祖的事迹十分钦佩，他说，读了《入告编》后，“益晓然于致君泽民之道”，也懂得了当年父亲为何一再叮嘱他读这些奏章的道理。

1880年（光绪六年），张森玉远赴海南岛陵水县任襄理县知事。陵水在海南岛的南端，现在叫陵水黎族自治县，与之毗邻的是有“天涯海角”之称的三亚。当时陵水大概还是瘴疠肆虐、令人望而生畏的极端边远地区，所以张森玉没有让家人随他去陵水县任所，张森玉安排谢氏夫人独自带着几个孩子回浙江

海盐老家生活。

谢氏夫人带着几个年幼的子女，乘坐上海轮船招商局的火轮，回到他们从未到过的故乡海盐。此时，张元济的祖父母早已去世，祖居的“涉园”早已成为废墟，谢氏夫人用她从广东带回来的积蓄，买下虎尾浜南岸一所旧宅。此宅原是由张元济七世本生祖张芳湄岳父的松柏堂遗址改建而成，已有近百年的屋龄，由于年代久远，房屋已经相当破旧，谢氏夫人请人稍加修葺后，亲自动手油漆了门窗。她还将一件沾有油漆的旧衣服保存下来，并不时取出以教育子女们要从小懂得勤俭节约的道理。

谢氏夫人及其子女们生长在广东，说的是一口纯正的粤语，初回海盐，人地生疏，语言又不通，困难无疑不少。但谢氏夫人从小受过教育，有一定的文化水平，善于体察人情世故，并很快地处理好了与张氏族中长辈之间的关系，随后她又用积蓄买了一些田地，并雇了佣工，维持了一家人的温饱生活水平。

张元济自广州回到海盐后，拜访过族中的几位长辈，如住在海盐城隍庙前老屋内“棣园”的曾叔祖及他的独生子砚青叔祖，砚青叔祖的文章在海盐小有名气，性格豪放。另一位族伯父张廷栋，性情孤僻，与家人居于西乡，足不履城市，后来专心修道，常与朋辈学道谈玄，后弃家遁入福业寺修行。这几位长辈都留有著作，后来经过张元济的整理，辑入《海盐张氏涉园丛刻续编》中，得以保存。

1881年（光绪七年）冬，张森玉染疾逝于陵水县任上。1882年（光绪八年）冬，谢氏夫人带着长子元煦数千里南下奔丧，扶柩归葬于海盐秦山西南的翠屏山。张森玉的去世，对于远在海盐的张元济一家是一个巨大的打击，家中主要经济来源已断，家庭经济状况急剧恶化。

世态炎凉，人情冷暖，很快地表现了出来。1883年（光绪九年）正月初一，张氏合族宗祠祭祖，张元济兄弟3人前往拜祭。照例，祭完祖先后合族老小即以祭菜聚餐。张元济兄弟到宗祠时，时间还早，这时有一位族中长辈出来对张元济兄弟说：你们可以先去长辈家拜年。等张元济兄弟拜完年再回到宗祠时，聚餐已经结束。显然，是那位长辈存心不让张元济兄弟吃这顿饭。张元济兄弟受到这番戏弄，第一次体会到世态的炎凉，差点掉下眼泪来。这种刺激对于张元济来说，是刻骨铭心的。不过，这种刺激，对于激励张元济日后发愤读书，光大门楣，也许不无益处。

从1882年起，张元济与长兄元煦随同县廪生查济忠先生读书。查先生很有才气，但终生不得意于科举考场，年不满40就去世。张元济后来为查济忠先生的遗著《寄抚楼诗》作跋，高度评价自己的老师："吾师天材卓越，于学无所不窥。纵笔为文，不假思索，豪气奔放，殊有濯足万里，振衣千仞之慨。其所为诗，亦复相似。"

张元济没有书房，小阁楼是他苦读之所，不论寒暑，几册书籍，青灯孤影，伴随他度过了无数个不眠之夜。张元济母亲决定将仅有的一点积蓄集中用在3个儿子的教育上，佣工也辞退了。为了增加收入，她带着女儿替人做针线活。但家境还是越来越难维持，到了"布衣蔬食几不给"的地步。偶尔两人分食一个咸蛋，已是十分了不起的美餐。买毛笔的钱也要节省，用秃了的笔还要尽量使用。张元济后来主持商务印书馆时，还是习惯用写秃了的笔写很小的楷体字。他一生不浪费一张纸、一个信封，这些生活习惯，都是小时候养成的。

科举功名之路

从1884年（光绪十年）开始，张元济开始了冲刺科举功名的漫漫长路。

按照清代的科举考试规则，童生考秀才，须经过县、府、院三级极为烦琐的考试，首先是县考，共5场，由本县知县为主试人，第一场试论语学庸时文一篇，孟子文一篇，试帖诗一首。头场发榜，第一名曰案首，前十名为前列，不取者不得入第二场。第二场试时文一篇，五经文一篇，试帖诗一首，不取者不得入第三场。第三场考八股文一篇，史论一篇，试帖诗一首，不取者不得进入第四场。第四场试杂作律赋一篇，古近体诗数首，有时加时文一篇。第四场榜发，案首与前列十名皆定。最后的第五场，名曰吃终场饭，知县备饭或点心招待应考的童生，终场亦作时文起讲，或作两大比时文不等，但不再排名次，照第四场定案，可稍易前后一二位置。1884年（光绪十年）春，张元济与长兄元煦应县试，张元济名列第一。

同年4月，张元济与长兄元煦赴嘉兴府应府考。所谓府考，就是由知府将所属各县童生集中考试，其规程一如县考，五场毕发榜，府有案首，与县案均列前十名者，称双前列。府考后接着又是院考，由学使主持。院考之试题为论语学庸题目八股文一，孟子题目八股文一，五言八韵试帖诗一首。鸡鸣入场，交卷时不准上灯。阅卷后得胜者，先挂水牌，名额则为该县应取之学额一倍。次日复试，或作起讲，或作八股文两大比，限香一寸，并默写正场起讲，试毕，出正榜，开正门，鸣三炮，奏乐，吹打送榜，榜贴于考院照墙。发榜后还有一最困难之事，即每县教官必与新进秀才谈判印结费多少，印费商妥，教官才盖印，次日方能来学院簪花。张元济家庭经济状况不好，不知他兄弟俩如何与教官谈判印结费的。簪花以后，学使坐大堂，向新进秀才训话。张元济兄弟从县试、府试到院试，一路过关，双双高中秀才。

嘉兴府考场报子来报喜，张元济母亲因家中无余钱，东挪西借，好不容易才凑了一笔款子打发报录人。这时，得到消息的族人、亲友纷纷上门贺喜，平时冷落的张家府上顿时热闹起来。是日下大雨，虎尾浜一带地势低洼，张家门口积水盈尺。以前那位戏弄张元济兄弟的族中长辈，也一反平日的势利常态，冒雨前来道贺，水塘难过，找人背着蹚水进门。一副势利相，直让人捧腹。

张元济兄弟同时中秀才，张元济母亲内心感到无比欣慰。丈夫早逝，她一个孤寡妇女独自拉扯几个年幼的子女，并把他们培养成才，觉得自己一生无愧。她拿起笔写下了一生中仅存的两件遗墨。

其一是：

甲申岁，大二儿出考。二儿县批，大儿亦在前十名，内心甚喜。其年学使不临，下年4月按临。家贫无考费，到案日亲友贺之，云今晚三更可得报到，莫睡为是。因惜膏早睡，心实不晦之。三更后闻锣声。三女呼，锣声响，两兄有名矣。候之多时不来。心想，一秀才如此之难，恐负托孤矣。到五更仍不来，盐地素无天明报喜，心苦极。睡梦起坐，门上红帘，门外五子西瓜洋灯，十分光彩。惊醒，心喜或有黉门望，随睡去。仍梦此灯挂床中，里床有横匾，挂红朱底金字，左边一字，因右边一字为红，遮

住不见。醒已天明，人传……（缺页）

第二件遗墨写在一张有边框的笺纸上，好像是一副对联底稿。纸已着过水，缺数字："背负肩挑卌车，艰苦荏今放下，任我逍遥；荆钗裙布一生，恃力愧无德业，训益儿孙。……生多是过……行独力苦撑恃。"[①]

考中秀才还只是科举功名路上的第一关，以后的路还很漫长。

拮据的经济状况，始终是摆在张元济一家人面前的关键性难题。估计是出于经济上的考虑，长兄张元煦不得不忍痛放弃科举功名，在1885年（光绪十一年）重返广东谋生。张元济的四弟元瀛从小就不大喜欢读书，他敬慕汉代的班超，有习武志向。长兄元煦去广东后，张元济为了"光大我门闾，显扬我宗祖"，还主动承担了教弟弟读书的任务，而且对弟弟要求十分严格，动辄施加体罚。由于元煦去广东谋生，小儿元瀛又不喜读书，科举扬名的希望，事实上已经寄托在张元济一人身上。谢太夫人一度请了丁忧回海盐原籍守制的翰林院编修朱福诜先生来家教张元济读书。

朱福诜（1841—1919），字桂卿，海盐县澉浦镇人，1879年（光绪五年）中举人，1880年（光绪六年）庚辰科进士，后任翰林院编修。封建时代的制度，逢父母之丧，儿子必须辞官回原籍守孝3年。谢太夫人利用这个机会，虔诚地将朱先生请到家中教儿子读书。请这样一位名师，开支肯定不小。谢太夫人为了儿子的功名，咬紧牙关，一家人节衣缩食。张元济没有辜负母亲的期望，一心苦读。张元济除读经书之外，对张氏先人和海盐先哲的诗文锐意搜求辑佚。他对明末清初海盐籍文人彭孙贻、彭孙遹的著作尤为钦佩，搜求不遗余力。彭孙贻为贡生，清军入关之后杜门不出，著述甚多，又工书画。张元济从族叔祖春溪公手里借到了他的《茗斋诗初集》和其他著作的一些抄稿。张元济除接受朱福诜先生的指点外，还广泛向海盐有学问的人请教，这些人包括徐用福（乡绅）、叶廉锷（前蔚文书院掌教）、司开先（前任海盐县知县）、吴仰贤（前鸳湖

① 张树年：《我的父亲张元济》，东方出版中心1997年版，第3—4页。

书院掌教）以及叔祖张云鹤、张大任等。

他还积极向县学馆索题作文，经山长批改，常占鳌头，以此得到一些膏火费，以改善经济状况。张元济先后作文数十篇，成名后被人装订成册，题名《鸳湖书院课卷》，1976年著名学者谢国桢为之作跋文一篇。

张元济在精心准备5年后，于1889年（光绪十五年）9月初赴省城杭州参加乡试。张元济母亲为他准备了两只考篮，除笔墨、剪刀、糨糊等文具外，尚有锅、碗、面条与油盐酱醋等。三场九天考试吃住均在贡院号舍内，每餐均须自己动手做饭。

9月2日至3日（八月初八至初九日）乡试首场。农历八月的杭州还是骄阳似火，这年“秋老虎”发威，酷暑难耐。考生局促在狭小的贡院号舍内，中暑者甚多。初九晚，“鸣字号”有一考生忽然腹痛声嘶力竭，且吐且泻，哀号声惊动了左邻右舍的众多考生。当贡院号军赶来时，人早已断气。几位同乡考生哀求号军不要上报主考官，只说病了，好从大门抬出。按照制度，如果人死了，只能从墙头吊出，其状更让人难堪。这是旧时科举功名路上的惨剧之一。

9月5日至6日（八月十一日至十二日）乡试第二场，作五经文五篇。

9月8日至9日（八月十四日至十五日）乡试第三场，对策问五道。

乡试考题有《由孔子而来至于今百有余岁去圣人之世若此其未远也近圣人之居若此其甚也然而无有乎尔则亦无有乎尔》《君子之道孰先传焉孰后倦焉譬诸草木区以别矣》《日月星辰系焉》《赋得与君约略说杭州》等。

张元济在《由孔子而来……》一文中，写道：“然而世变方亟，天下争以富强为务，持方枘以内圆凿，既已所如不合。而世之阴托于圣人者，且纷纷而未有所止也。不及予身而论定之，后之学者其将何所别白耶?”[1]张元济已经认识到，孔孟之道与“世变方亟”的当代社会，如方枘圆凿，两者格格不入。张元济最后写道：“所虑者，著再传弟子之籍而亦为好奇兼爱之言，则气化、光景、术数、技巧之流竞作，而区区异端之末流，适为猖狂恣肆者作非圣叛道之资。此亦入主而出奴者之势所必至也。予将以无有者清其源也。噫，予不足道也，

① 张元济：《张元济全集》第5卷，商务印书馆2007—2009年版，第253页。

自今以往，岂天下不复生圣人也乎？予亦惟是述仲尼之意，以告之天下后世而已矣。”[①]对于这篇文章，张元济的恩师朱福诜给予了很高的评价，称赞他“眼光如火炬，笔力如椽”[②]。

其《赋得与君约略说杭州》（得州字五言八韵）亦堪一读：“约略资谈助，差堪说昔游。使君如白傅，漫与忆杭州。形胜应能道，模糊恐未周。山光环四面，湖影洗双眸。柳带三潭月，荷香十里舟。萍踪劳屈指，絮语记从头。雪浪银摇海，风帘玉作钩。长安知更好，佳景满瀛洲。”

张元济身体素质尚好，溽暑下进行的三场漫长难熬的考试终于顺利过来了。考试期间，张元济也闹了一个笑话。以前因为苦读圣贤书，没有做过家务，不会煮面条，张元济将面条放到冷水锅中煮，结果煮成了一锅面糊糊。考毕回家，张元济与家人说起，大家笑弯了腰。

10月9日（九月十五日）发榜，浙江全省共录取155名举人，其中副榜18名。张元济列第10名。同科的还有汪康年（第6名）、蔡元培（第23名）及汪大燮、吴士鉴、徐珂、王甲荣、钱绍桢等。不久，乡试闱墨刊出，张元济捧呈母亲，并回想起当年父亲在广东时为他读讲广东乡试闱墨的情形，不禁感慨万端。

同年冬，张元济与海盐国学家吾乃昌之女吾氏结婚。不幸的是，1年多以后，吾氏即因难产而发生母婴双亡的悲剧。此时张元济正在北京参加会试。

1892年（光绪十八年）春，张元济过完春节后不久，就早早来到了京城，住进了北京前门外的嘉兴会馆，准备参加壬辰科会试，这是科举功名路上的最后一关。

嘉兴府属各县的应考举子们陆续住进了京城的嘉兴会馆，投入会试前的最后复习。会馆内的气氛紧张而又凝重。进士及第，光宗耀祖，这是1000多年来中国读书人的最高理想了。

然而，就在这节骨眼上，张元济家中相继传来两个不幸的消息。母亲驰书

---

① 《张元济全集》第5卷，第253—254页。

② 《张元济全集》第5卷，第254页。

京城，张元济的妻子因难产于农历二月初六日去世，母婴双亡。四弟元瀛身体本来有病，在料理完嫂子的丧事后，病情更加沉重。一个月后会试就要进行，张元济分身无术，只能强忍巨大的悲痛，坚持进行考前的最后冲刺。

会试与乡试一样，也要连续考三场九天。农历三月初七日，张元济与来自全国各地的数千名举子们迈进了京城贡院的“龙门”。“龙门”气势雄伟，上面悬挂着三块木匾，中为“天开文运”，东为“明经取士”，西为“为国求贤”。进“龙门”后，依次排列着五魁祠、明远楼、聚奎阁、会经堂等建筑。贡院东西两侧各有几十排低矮的考棚——号舍，共9000多间，蔚为大观。光绪皇帝钦派的壬辰科会试主考官是户部尚书翁同龢；副主考官有工部尚书祁世长，内阁学士李端棻、霍穆欢；同考官有朱福诜、沈曾桐、袁昶、徐仁铸、洪仁亮等。

三月初八至初九日，会试第一场。考题分别是《子曰君子矜而不争群而不党子曰君子不以言举人不以人废言》《斯礼也达乎诸侯大夫及士庶人》《井九百亩其中为公田八家皆私百亩同养公田》以及诗题《赋得柳拂旌旗露未干》（得春字韵）。三月十一日至十二日，会试第二场。考题分别为《为大涂》、《厥亦维我周至康公田功》、《嗟嗟保介维莫之春》、《公令诸侯盟于薄释定公》（僖公二十有一年）、《兵车不中度》（五句）。三月十四日至十五日，会试第三场。考题分别为《论语古注》《新旧唐书》《荀子》《东三省形势》《农政》。四月十一日，发榜，张元济中第47名贡士。

四月十四日，在紫禁城内的保和殿举行复试。此次复试贡士，除了壬辰科中试的283名，还有庚寅科补应复试的31名，乙丑科补应复试的4名，共计318名。这天天色微明，礼部司礼官唱名后，贡士们由内官带领，从左掖门、右掖门列队进入紫禁城内的保和殿，阅卷大臣带领贡士们向御座行大礼后，贡士们打开自备折叠书案，依次坐到殿上原有的小铺垫上。内官然后散发试题。试题为《大匠诲人必以规矩》、《赋得学如鸟数飞》（得如字五言八韵）。中午，礼部赐参加复试的各贡士奶茶奶酒，御膳房点心局备白糖馅糕饼，每人各给10枚，这是由唐朝科举考试时红绫饼演变而来的，保和殿外西角备有火壶茶水，供贡士们饮用解渴。张元济这次复试的成绩不清楚，他的好友蔡元培列为“第三等”。如果列第四等，则要罚停殿试一科。此次复试只有1人列第四等，其余

317人过关，接着参加殿试。

四月二十六日，在保和殿举行殿试。光绪皇帝钦派的殿试读卷大臣是：武英殿大学士额勒和布，东阁大学士恩承，户部尚书翁同龢，礼部尚书李鸿藻，吏部右侍郎徐郙，户部右侍郎廖寿恒，工部侍郎汪鸣銮，内阁学士陈学棻。所谓殿试，是科举考试中皇帝对贡士在殿廷上亲发策问的考试。光绪皇帝的策试题是：

策试天下贡士刘可毅等317人于保和殿，制曰：

朕纂承大宝，今18年，仰诵列朝圣训，亲奉皇太后明教，期以薄海内外极养治之道，一以爱民为心，以钦若天命。每于边围之要，朝觐之仪，仓庾之储，兵屯之制，或据旧以鉴新，将执中而立极，嘉与宇内之士，共臻上理，尔多士其进谋诵志，以沃朕心。

西藏屏蔽川滇，为古吐蕃地，何时通朝贡？地分四部，由中国入藏有三路，幅员广狭奚若？试详言之。元置吐蕃宣慰司、及碉门等处宣抚司，复置为思藏郡县，以八思巴领之，其沿革若何？唐时吐蕃建牙何地？阿耨达当今何山？其相近大山有几？雅鲁藏布江为藏中巨川，而澜沧江、潞江之属，亦发源藏境，能究其原委欤？由藏至天竺，程途远近何始？中隔部落几许？亦考边备者所宜知也。

五礼之目，宾居其一，周礼大宗伯以宾礼亲邦国，其别有八，而朝之别又居其四，其说若何？书五载一巡狩，群后四朝，与礼记王制不同，而秋官行人六服，与周语五服相抵牾，其说果可通欤？郊特牲旅币无方一节，盖诸侯朝天子庭实之礼，于他书有可证否？朝位宾主之间，儒者讲说不一，何以辨之？古诸侯朝天子礼，自周官外，存于今者尚有遗篇欤？自秦罢侯置守，无复古仪，杜氏通典分为四条，其目若何？于义当否？可详说之。

周官仓人主藏九谷，廪人主藏九谷之数，旟赐稍食，即今京通仓之制所昉也。后世有治粟内史、搜粟都尉、仓部郎等官，专司其事，其官名沿革时代先后尚可考也。明初置京通仓，以户部司员经理之。其以尚书、侍郎专督仓场，始于何年？所属更有何官？与今制若何？能悉数之欤？前代良法，积久弊生，偷漏之私，烂蒸之患，欲彻底清厘，果有尽善之策欤？

三代之盛，寓兵于农，因井田以供军实，自秦以来，法久坏矣，汉文帝募兵耕塞下，于是始有屯田之法，盖犹具兵农合一遗意，历代相沿，大端莫易，而汉时行于西域者为较详。车师、渠犁、乌孙、伊循等名，今为何地？校尉、都护等官，置于何时？傅介子、常惠、郑吉诸人，所屯者为当时何地？赵充国屯田一疏，经画周详，所陈便宜十二事，能举其要否？自时厥后，六朝、唐、宋言屯田者，皆沿汉法，或以民屯，或以兵屯，能援古证今、究极利弊、而详陈之欤？

此皆御世之要图、经国之大业也。朕嘉先圣之道，修古帝王之行事，凡以求于生民有济，汉武有言，君者心也，民犹肢体。夫广仁益智，莫善于问；乘事演道，莫善于对，其言也典，其致也博，策之谓也。多士勤学洽闻，能宣究其意者，毋泛毋隐，朕将亲览焉。①

名为皇帝亲试，但当天光绪皇帝并未到场。殿试的气氛相当宽松，阅卷大臣们三三两两地坐在保和殿的门槛上，有的抽水烟、有的晒太阳。贡士们则杂坐在殿上，各呼相识，谈笑自若，阅卷大臣也不加干涉。坐在张元济一侧的是广西籍的刘福姚，答卷时刘向张元济借小刀刮错字，张递刀时见刘的字写得漂亮，便打趣道："今科状元非君莫属！"自道光以来，殿试、朝考的名次均主要以字的好坏为衡量的标准，内容反而成为次要的。蔡元培就是因为未习楷书，在上年参加会试后就没有参加复试即南下，楷书练习好后再来参加复试的。张元济说刘福姚可以得状元可以说是一言而中。

五月初一日，光绪皇帝御太和殿传胪，授第一甲3人：状元刘福姚为翰林院修撰，榜眼吴士鉴、探花陈伯陶为编修，赐进士出身。第二甲授恽毓嘉等132人，第三甲授饶宝书等182人。张元济列第二甲第24名。他的浙江同乡汤寿潜列第二甲第11名，蔡元培列第二甲第34名。②至此，张元济终于金榜题名。

---

① 《清实录·德宗景皇帝实录》卷三一〇。转引自高平叔：《蔡元培年谱长编》上册，人民教育出版社1998年版，第54—56页。

② 朱保炯、谢沛霖编：《明清进士题名碑录小引》下册，上海古籍出版社1979年版，第2852页。

这一年，张元济不足25周岁。

有学者查阅了张元济当年乡试、会试的考卷后发现，他在考卷上填报的年龄失实，乡试时他少报2岁，会试少报6岁。这位学者由此断定，张元济少报年龄，是他中举人与中进士时的实际年龄稍大了一些。[①]笔者以为，此说恐怕难以成立。笔者查阅有关资料后发现，与张元济同科但比他年纪大的大有人在，如：探花陈伯陶生于1855年，比张元济大12岁；汤寿潜生于1856年，比张元济大11岁；叶德辉生于1864年，比张元济大3岁；唐文治生于1865年，比张元济大2岁。当然比张元济年纪小的也有，如蔡元培要比张元济小几个月，尹昌龄比张元济小2岁。张元济25岁中进士，无论如何也不能说年纪大。因此，张元济卷子上报的年龄不符，可能还有别的原因，这里存疑。

五月初二日，礼部赐“恩荣宴”。

五月初四日，列第二甲、第三甲的进士参加朝考。朝考的阅卷大臣是：体仁阁大学士张之万，吏部尚书麟书，吏部左侍郎谭钟麟，以及翁同龢、贵恒、徐郙、汪鸣銮、廖寿恒等。朝考的试题是《廷尉天下之平论》、《审乐知政疏》、《赋得江心舟上波中铸》（得铜字五言八韵）。朝考的成绩，结合复试、殿试的名次，列第一等的授予翰林院庶吉士，第一等以下则分授各部主事、内阁中书，或外放知县等。

五月初六日，新科进士赴国子监行拜孔子礼。

五月十四日，光绪皇帝亲自召见新科进士，张元济授翰林院庶吉士。

进京考试历时半年，至此告一段落。如果从考取秀才算起，张元济用了8年时间，走完了科举功名路。

自隋文帝废除为世家大族所垄断的“九品中正制”，实行开科取士以来，在1300余年里，参加科举考试，以求金榜题名、光宗耀祖，就成为中国读书人的一条“独木桥”。既然是独木桥，那么在这条“桥”上被挤下去的必然占绝大多数，有人考到胡子发了白，连个举人都考不上，更不用说进士。因此就有数不清的悲剧发生，像范进那样喜极而疯的，尚不算是最惨的；那些屡试不中、忧

---

① 汪家熔：《大变动时代的建设者》，四川人民出版社1985年版，第7页。

郁羞愧而亡、弄得家破人亡、人财两空的也比比皆是。当然，那少数金榜题名者，又是另外一种完全不同的情形。所谓“朝为田舍郎，暮登天子堂”，“一士登甲科，九族光彩新”。不仅中榜者从此跳了“龙门”，就是亲属九族也觉得光彩生辉。

张元济是幸运的，他每试必中，是科场上的大赢家，他以比较短的时间顺利地实现了自己的理想。8年中，他系统地学习和接受了儒家的思想文化体系，打下了坚实的国学基础。

第二章　维新变法的先行者

从翰林院到总理衙门

我国从唐朝开始设置学士院，宋朝称翰林学士院，元朝称翰林兼国史院。明朝将修史、著作、图书等事务归并于翰林院，正式成为外朝官署。清朝承明制设翰林院，职掌编修国史、记载皇帝起居注、选讲经史以及草拟有关典礼的文件等，其长官为掌院学士，由朝廷大臣担任。所属职官有侍读学士、侍讲学士、侍读、侍讲、修撰、编修、检讨和庶吉士等多种等级，统称为翰林。在清代，翰林院是培养和储备高级官吏的场所。翰林院庶吉士以上出身的人，其升迁速度比直接外放知县的进士要快，机会要多。清代大学士、军机大臣多出身于翰林院；六部九卿以及各省总督、巡抚等封疆大吏，大多数也出身翰林院，故士子都以能进翰林院为荣。

翰林院靠近外国使馆林立的东交民巷。翰林院藏书十分丰富，像《永乐大典》《古今图书集成》等大型类书均收藏于此。在张元济等新点的翰林进院以前，光绪皇帝已经钦派刑部尚书贵恒、都察院左都御史孙家鼐教习新点的翰林院庶吉士。

张元济到翰林院不久，即接到四弟元瀛于农历七月十二日病故的噩耗。四弟比张元济小5岁，此时不满20岁。他自幼不爱习文，敬慕汉代班超的为人，爱听人讲武术、弓箭的故事。有几年张元济亲自教四弟读书，管教极严，稍有松懈，就毫不留情地打手板子。四弟挨板子后不敢告诉母亲，有时悄悄告诉姐姐元淑。元淑出嫁后，便无人可以说话。张元济认为这是四弟患病的根源。他自己原本只想“教弟以有成，光大我门闾，显扬我宗祖”，不料却造成今天这样的结局，自责已为时过晚。10多年来，手足情深，而今顿失，张元济于万分悲痛之中，告假回乡祭奠。

在南归的路上，张元济脑海中反复浮现出四弟的音容笑貌，默默地打着祭文的腹稿，到家后，写下了《祭四弟文》，这是张元济一生中写下的最为哀痛伤感的祭文，全文如下：

维光绪十有八年秋七月，弟丧之十九日，兄济归自京师，谨致祭而成服焉。因述其悲悼之怀曰：嗟夫天地，胡为而生汝哉？既生汝不畀汝以年，而又厄以艰难困苦之遇。呜呼！天何酷乎？弟少不得于父，出居姨氏，年十岁遭父丧。家贫，布衣蔬食几不给。婢仆去，炊汲事亦时时任之。读无师，一灯荧然，尝独学焉，如是者几十年。今少舒其困，而天又夺弟以去。呜呼！天何酷乎？弟少余5岁，余幼好弄，难就外傅，暇辄从弟戏，弟亦昵就余。余知弟之可与同乐，而不谓此乐之不可终也。呜呼痛哉！余年14侍母归于乡，兄弟3人师榴生舅氏。师责余，弟辄为余泣，盖乎手足之谊，有发乎天性之挚者。呜呼！余何不幸而不能有是弟耶？明年吾父殁，又明年，余学于查师，不获与弟偕。弟亦出就学，睽隔二三里，朝夕不相见，余甚痛父方殁而即弃弟如遗也。冬，吾母偕父丧归自粤，伯兄从余三人聚处者又数年。弟始学于兄，旋不怿，愿就余，余严于兄而弟不怨也。又三年，兄去粤，余益严，弟益惮。读少懈，余辄棰楚焉。入又畏吾母，有所欲悉不敢言，余默窥之，询再四终不答。时大妹在室，犹稍稍告之。又明年，大妹适冯氏，弟更无可言，而弟之病即在是矣。呜呼！是谁之过欤？夫人未及冠而有童心，宜也，余独何责于弟乎？夫弟受余责而余得教弟以有成，光大我门闾，显扬我宗祖，余犹可自解也。而余已悔之不暇矣，而况其至于此乎？诚早知其如此而又何忍焉？且弟何不才而余责之若此也？余又何能而竟责弟若此也？而弟至死不怨焉。呜呼！余何不幸而不能有是弟耶？弟少有大志，不屑于文字，慕汉班超之为人，有述弓矢拳勇事者，闻之终日无倦容。余不忍遏其志，夫不遏其志诚是也。不惟不范之，而又且纵之，是即所以死弟矣！呜呼！是谁之过欤？前年弟得咯血疾，其始也不敢言，继又作，母奔告于余，余哀之曰：是足以丧弟之命矣！而孰料其如此其速也。呜呼痛哉！初弟之未病也，尝与余侍母侧。母指弟而言曰：是子也，吾不能望其成立。余闻言牵母衣泣，而弟独谈笑自若，为不闻者。呜呼！弟其知命耶？余犹幸母言之不中而不谓其竟效也。呜呼痛哉！余与兄拙于言辞，尤寡断。有相欺侮者，初不觉也，弟辄抗拒之。辩论千言，无少屈，故人多惮焉。吾父之殁至今11年矣，其中疑难挫折之事不可以偻指计也。余每踌躇计无出，商诸弟，弟一言而决。己丑冬，母为余娶妇。时余举于乡，以事至省，内外事悉以委弟，弟处之绰绰有余裕焉。自今以往，其御我侮而决我疑，足以代我之劳者，又将谁恃也？呜呼！余何不幸而不能有是弟耶？前年余公车北上，去年又应花农学使聘去粤，皆出北郭而登舟焉。弟送予，予携弟手行曰：余兄弟暂别，终当久处也。呜呼！孰谓其竟不然耶。今年春余又就礼部试，弟已羸弱不能远行，送余出门外曰：兄此去毋以母为忧，弟当侍膝下不稍离；若家事更无虑，弟犹能任之也。回首至再，郑重而别。呜呼！孰谓余与弟竟不相见乎？五月，得吾母书曰：汝捷音至，家用竭，弟为贷于人，致伤足，然则斯时病犹未增剧也。六月，得弟病剧书。闰月，尧臣至京，询之，曰已行坐如常矣。余固知弟之病之不起，而不谓其如此其速也。余何不早归而必至今始归耶？余命已如此，余又何功名之足云。春予妇殁，余悼之。时兄未归也，弟亟慰予曰：兄毋然。兄万一以悲恸伤其身，吾家又谁恃也？呜呼！弟其自知不久于世耶。余哭妇，弟慰余；今余哭弟，弟能慰余否也？呜呼痛哉！吾不知天之生人，其必畀以逆境，何也？夫生者犹可解，而死者长赍恨以殁矣。呜呼！其余兄弟之命耶？而命又倾听至如此耶？且吾不知人之既死，其犹有知否也？其有知，余犹克见弟；倘无知，吾与弟终无相见之日矣。呜呼痛哉！呜呼痛哉！[1]

---

① 张元济：《张元济诗文》，商务印书馆1986年版，第365—367页。

张元济在翰林院研习两年。1894年（光绪二十年）春参加散馆考试后，改派刑部任贵州司主事，六品衔。六品衔虽不算太低，但月薪却只有白银数两，待遇菲薄。

1895年4月13日（光绪二十一年三月十九日），张元济又完成人生的另一件大事，续娶许子宜。许子宜，号宜春，是军机大臣、兵部尚书许庚身的女儿。

许庚身（1825—1894），字星叔，又字吉珊。浙江仁和（今杭州）人，同治朝进士出身，历任鸿胪寺少卿、太常寺卿、礼部侍郎。中法战争起，任军机大臣兼总理各国事务大臣。1888年起任兵部尚书。许庚身在清廷枢垣近30年，为人通达谙练，仕途畅通无阻。许庚身十分赏识张元济这位浙江家乡子弟的文采和见解。后来，他了解到张元济的原配夫人已经去世，就有意将幼女的终身许配于他。从张元济这一方来说，青年丧妻，在刚走上科举仕途之际，能得到军机大臣兼兵部尚书的垂青，自然没有拒绝的道理。于是，许、张两家开始谈婚论嫁。不幸的是，许庚身于1894年1月8日（光绪二十年十二月初二日）病故，婚礼只好推迟到第二年举行。结婚仪式完成后，许府把京城西皇城根灵清宫的住宅腾出一部分，供新婚的张元济、许子宜夫妇居住。此前，张元济已将老母从浙江海盐接到了京城，随后，张元济夫妇又将母亲接进了许家官邸，一起居住。

正当张元济踏上仕途，准备大干一番之际，发生了甲午中日战争。这场战争以腐朽的清政府惨败而结束，清政府在战败后屈辱求和，派李鸿章、李经方父子到日本马关，与日本首相伊藤博文、外相陆奥宗光签订了中日《马关条约》，其主要内容是中国割让辽东半岛（后在俄、法、英三国的干涉下，由清政府出2000万两白银赎回）、台湾和澎湖列岛给日本，中国赔偿日本军费2亿两白银，中国开放沙市、重庆、苏州、杭州为通商口岸，允许日本在中国通商口岸设立工厂等。

《马关条约》的签订，对中国来说是一次空前未有的大出卖。消息传开后，引起中国各阶层人民的极大愤慨。人们纷纷声讨日本侵略者的罪行，谴责清政府的卖国行径，掀起了一个反对割台赔款的抗议高潮。许多报纸竞相发表文章，反对投降，要求继续抵抗，并发出了“我君可欺，而我民不可欺；我君可玩，而我民不可玩”的呼声。正在北京参加会试的康有为联络来自全国18省的1300多名举人联名上书，要求清政府拒和、迁都、变法，以挽救危机。

甲午战争惨败的严酷事实，无情地宣布了以“中学为体、西学为用”为理论指导的洋务运动的彻底失败。中国士大夫阶层中有不少人认识到，单纯引进西方科学与工艺，不可能使古老的中国走上富国强兵的道路；要使中国富强，就必须从政治制度的改革入手。60年后，张元济回忆说：“甲午中日战争，结果我们被日本打败，大家从睡梦里醒过来，觉得不能不改革了。”①

康有为在发动“公车上书”后，在北京组织强学会，同时创办《万国公报》，强学会的成员除了康有为、梁启超外，还有麦孟华、陈炽、沈曾植、沈曾桐、文廷式、汪大燮、徐世昌等人。不久，又在上海成立了强学会及分会，定期讲演，印行书刊，介绍西学，为变法制造舆论，并聚集力量。强学会会长陈炽，书记员梁启超。陈炽时任户部主事，是一名具有维新思想的低级官吏，甲午中日战争前就发表过宣传维新变法的言论，在社会上有一定的影响。强学会每十天集会一次，每次都有人讲“中国自强之学”。康有为在《强学会叙》一文中指出：中国当时的形势犹如“寝于火薪之上”，“俄北瞰，英西睒，法南瞵，日东眈，处四强邻之中而为中国，岌岌哉”。②

强学会活动的地点一是在北京城南的松筠庵，在今宣武区达智桥胡同内，原是明代因弹劾权奸严嵩而遭杀害的杨继盛的故宅；另一处在今陶然亭公园内的慈悲庵。张元济虽然没有列名为强学会会员，但他与强学会不少会员都有频繁的交往，常常参加他们的集会，议论时政。

在时代潮流的激荡之中，张元济的思想已明显地发生了变化，倾向西学和维新。1896年8月（光绪二十二年七月），张元济参加总理各国事务衙门（以下简称总理衙门）考试，他以第一名的成绩与唐文治、汪大燮等同时录取为总理衙门章京，但到次年10月才正式到总理衙门任职。张元济在写给同乡好友、上

① 《张元济诗文》，第232页。

② 〔清〕康有为：《强学会叙》，中国史学会主编：《戊戌变法》第4册，上海人民出版社2000年版，第384页。

海《时务报》发行人汪康年的信中曾经谈及他此番“跳槽”的动机：“凡鸟固不可与伍，而择木亦不可不慎。”[①]可见，张元济把刑部的那一班守旧不化的同僚看作是“凡鸟”，自己耻于与他们为伍，他要寻找一个更能发挥自己才干的地方。而总理衙门则不仅是专门与外国人打交道的外交机关，而且主管铁路、开矿、造船、练兵、学堂等一切新政，这样的机关，对于有志于西学和维新的张元济来说，显然更对口一些。

然而，当张元济进入这个衙门后发现，这又是一处封建官僚气息浓厚的衙门，光是总理王大臣就有八九位，其中包括恭亲王奕䜣和文华殿大学士、直隶总督李鸿章等。总理衙门人员庞杂，管理却毫无章法，显得懒散而又混乱，大小官员办起事来漫不经心，满足于歌舞升平醉生梦死的生活。有一次，德国公使觐见光绪皇帝，竟从文华殿中门进出，总理衙门官员敬子斋想阻止，便拉了一下这位公使的衣袖，这位公使大为不悦，拂袖而去。第二天竟向总理衙门提出抗议，指责总理衙门无礼，总理衙门被迫负荆请罪了事。这事让张元济感叹不已，对帝国主义列强使节在华的横行无礼有了切身的感受，但张元济同时又认为，德国公使固然横行无礼，但负责接待的总理衙门也不能辞其咎，他在写给汪康年的信中说：“德使之事，虽是无礼，然其咎仍当归诸译署（即总理衙门——引者注）。盖事前并未送仪注单，田贝为领班，向译署索之，乃仅复以照旧一言，一署数十人不知所办何事也。现诸使并欲于东华门栅栏内下轿，向译署力争，而恭邸（恭亲王奕䜣——引者注）乃曰：‘此吾侪下轿之地也，彼辈何能至此？’人之待我若此，而我之自待又若此，何夜之长而梦之沈乎？”张元济认为：“今日已为列国之世界，而在朝诸人胸中横梗一统二字，宜其措置之乖也。”[②]

张元济初到总理衙门，主要工作是管理文件。总理衙门有一个大木橱，里面存放着清政府与外国订立的条约，张元济很惊异地发现，这样重要的外交文件竟然不注意保管，任何人都可以随便翻阅。还有一次，俄国沙皇尼古拉二世给光绪皇帝的电报，竟在总理事务衙门搁置两天无人过问，张元济学过一点俄

① 上海图书馆编：《汪康年师友书札》第2册，上海古籍出版社1986年版，第1677页。

② 《汪康年师友书札》第2册，第1682—1683页。

文，发现后立即请同文馆翻译后呈送到光绪皇帝手中。面对这种人浮于事、管理混乱的衙门，张元济不禁感叹："这样腐败的国家哪能不亡国?"为此，张元济拟定了一套管理文件的办法，使重要文件档案得到系统的清理，为此受到上司张荫桓的称赞。

张荫桓（1837—1900），字樵野，广东南海人。早年纳资为知县，历任道员、按察使。1885年充出使美国、西班牙、秘鲁三国大臣。中日甲午战争失败后，奉命与湖南巡抚邵友濂以全权大臣的身份前往日本议和。骄横的日寇以张、邵二人地位太低、"全权不足"为由，对张、邵恣意侮辱一番后，将他们两人赶回中国。1897年，张荫桓又出使英、美、法、德、俄诸国。归国后曾数次上疏，条陈在国外之所见。不久，升任总理衙门大臣、户部左侍郎。张荫桓地位虽不是很高，但他是光绪皇帝所信赖的大臣。王照说："张荫桓蒙眷最隆，虽不入枢府，而朝夕不时得参密笏，权在军机大臣之上。"[①]张荫桓在总理衙门任职多年，又多次出使国外，见闻较广，对世界潮流有所了解，对维新派寄予同情，是清政府中较为开明的大吏之一。张荫桓对比他年轻30多岁的张元济相当器重，而张元济对这位开明的上司也有很好的评价，认为张荫桓与其他大臣相比，算是晓事之人，由于彼此都有好感，两人成为忘年之交，关系融洽。时人称年龄、官阶相差很大的张荫桓与张元济为总理衙门的"二张"。经张荫桓引见，张元济又得以结识李鸿章这位晚清的重臣。李鸿章也很器重张元济这位年轻的章京，后来在张元济被"革职"处于最困难的时候，李鸿章及时向他伸出了援手。

1895年（光绪二十一年），康有为第三次上书到达光绪皇帝手中，引起光绪的共鸣，光绪皇帝命阁臣将康有为的上书抄录副本3份，一份呈送慈禧太后，一份留乾清宫，一份发各省总督、巡抚、将军议处。年轻的光绪皇帝生逢清朝衰世，又处在慈禧太后的淫威之下，缺乏乾纲独断的大权，但他本质上不是一个无道昏君，而是一个想有所作为的青年明君。他从康有为的上书中受到启发，为了掌握新知识，他亲自用朱笔开列书单，让总理衙门负责进呈。向光绪皇帝进呈新书的任务最后落到了张元济身上。偌大的京城书肆，充斥的都是经、史、

---

① 《戊戌变法》第2册，第356页。

子、集之类传统的国学书籍，有关西方新知识的书籍寥寥无几。张元济只好以自己所藏的书籍，连同向友朋借来的新书，呈送光绪阅览，每次进呈书籍都要署上“总理各国事务衙门章京臣张元济呈”的字样。张元济前后给光绪送呈了多少书籍，已无法考证。张元济晚年还清楚地记得其中有一部黄遵宪编著的《日本国志》，这是光绪皇帝指名要看的书。这部书是张元济托好友汪康年从上海书肆购到的。因为送书的关系，光绪皇帝牢牢记住了张元济的这名章京的名字。张元济后来有幸受到光绪亲自召见，显然与此大有关系。

调处汪康年与梁启超的矛盾

张元济虽在京师为官，却十分关心远在上海的《时务报》等新式报刊的命运。

《时务报》是汪康年等发起创办的。其创办经费，由汪康年以张之洞幕僚的身份接收了强学会余款白银1200两为基础，另由黄遵宪出资1000银圆，邹凌翰出资白银500两。报纸出版后，黄遵宪又向黄幼农、黄爱堂、朱之榛等募捐到数百元。[①]经费落实后，由黄遵宪、吴千潇、邹凌翰、汪康年、梁启超等5人联名发起，于1896年8月9日（光绪二十二年七月初一日）在上海创刊，汪康年任总理，负责馆内行政及经营事务，兼外间酬应；梁启超任总主笔，负责文字编辑工作。该报为旬刊，每月出3期，每期32页，约3万字。书本式，连史纸石印。每期卷首发政论一二篇，约三四千字；下设《恭录谕旨》《奏折录要》《京外近事》《域外报译》等栏目。每期末尾还经常附录国内外学规章程或新译书文等。

《时务报》总主笔梁启超是康有为的高足弟子，也是晚清影响最大的资产阶级启蒙宣传家思想家，他才华横溢，下笔千言，尤擅长写政论文字，他那种骈散合一、笔端常略带感情的文字，尽情倾泻忧国忧民的悲愤心情，宣传变法维

① 廖梅：《汪康年与〈时务报〉的诞生》，载王元化主编：《学术集林》卷九，上海远东出版社1997年版，第206—207页。

新政治主张，文章气势磅礴，极能打动读者的心弦。有学者统计，梁启超在《时务报》发表政论文字60篇。梁启超亦因《时务报》而骤得大名，从此，“自通都大邑，下至僻壤穷陬，无不知有新会梁氏者。”[①]梁启超的文论深受全国读者欢迎，《时务报》的发行量也因此节节上升，最多时达到17000多份，在海内外设立有100多个代销所，成为全国发行量最多、影响最大的报刊。梁启超后来回忆国人争读《时务报》的盛况说：“一时风靡海内，数月之间，销行至万余份，为中国有报以来所未有。举国趋之，如饮狂泉。”辞虽稍显夸张，但也很形象地说明了《时务报》受国人欢迎的情景。

张元济与《时务报》总理汪康年（1860—1911）既是浙江同乡，又是1889年（光绪十五年）浙江乡试同科举人，乡谊加同年之谊，关系自然很亲切。汪后来担任湖广总督张之洞的家庭塾师，成为张的入幕之宾。1892年（光绪十八年），张元济与汪康年同时赴京参加会试，同时中贡士。但汪因足疾突然复发，不及应殿试，遽返湖北。1894年（光绪二十年）入京补应殿试，并谒见主考官翁同龢，执弟子礼。因为关系密切，张元济对汪康年办《时务报》自然十分关心。张元济在读了《时务报》前八期后，十分满意，他写信给汪康年高度评价说：“《时务报》读过八册。崇论宏议，以激士气，以挽颓波。他年四百兆人当共沐盛德，此举诚不朽矣。”[②]

为支持汪康年办好《时务报》，张元济常把京城时政消息及内幕函告汪康年，以增强《时务报》的可信度。张还对办报提过一些建议，如开辟西北销售点，多登国外可供借鉴之事，借以鼓动人心等。有一段时间，张元济还亲自在京城为《时务报》的发行操劳。

《时务报》异军突起，深受全国进步人士的欢迎，立即引起封建顽固派和洋务派的敌视和反对。顽固派辱骂以康、梁为首的维新派“以笔舌倾动人主”，“藉文章鼓簧天下”。如顽固派劣绅王先谦、叶德辉等人则恶毒攻击上海《时务报》与湖南长沙《湘学报》等“背叛君父，诬及经传”，“狂澜不挽，将有滔天

① 《戊戌变法》第4册，第47页。

② 张树年、张人凤编：《张元济书札》中册，商务印书馆1997年版，第621页。

之忧”。要求官方立即查封《时务报》等维新派主办的报刊，以绝后患。

而以两江总督张之洞为代表的洋务派则又是另一种面孔。当维新运动初起之时，张之洞、袁世凯等为代表的洋务派封疆大吏伪装进步，混进维新行列中。当康有为在上海成立强学会时，张之洞首先捐赠1500两白银作为该会的开办费，由于强学会很快被查封，张的这笔捐款尚剩余1200两，即会同该会其他款项，由汪康年“收存”，转为筹办《时务报》的经费。这样，张之洞就成为该报的“当然股东”，汪康年也自然地成为张之洞在该报的代理人。[①]报纸创办之初，主要出资人之一的黄遵宪即提出“论说绝无讥刺”[②]的言论标准。刚开始时，梁启超在政论文中并未指名道姓攻击任何人，只是抽象地谈论维新，善于附庸“时务”风雅的张之洞还称赞《时务报》上的政论文字“识见正大，议论切要”，“实为中国创始第一种有益之报”。还要善后局每年拨款1152元，定购该报288份，寄送两湖各衙门、书院、学堂阅读。对于年仅24岁的梁启超，张之洞甚至不惜肉麻地称之为“卓老”，说什么“甚盼卓老中秋前后来鄂一游，有要事奉商”[③]。

然而，好景不长。梁启超即在《时务报》上指名道姓地斥责以军机大臣、大学士倭仁为代表的封建顽固派和以张之洞等为代表的主张“中体西用”的洋务派，惹得张之洞恼羞成怒，痛诋梁启超的政论文章“太悖缪”[④]。于是，张之洞命令手下幕僚向汪康年施加压力，要他扭转《时务报》的言论方向。于是汪康年与梁启超的矛盾龃龉顿起，在京城的张元济对此十分牵挂，曾十几次给汪康年和梁启超写信，试图调停和劝解汪、梁之争端。下面摘录几封信的片段。

1897年8月24日（光绪二十三年七月二十七日），张元济写信给汪康年，恳切指出：“此间颇有人言公与卓（梁启超号卓如——引者注）意见不合，彼此参商。卓果避去，弟大不谓然。彼此同办一事，意见岂能尽相符？辩论之处，终不能免，然终不当以此贻误大局，稍有识者且能之，况兄与卓之日讲群学者乎？守旧之徒，方目吾辈为无成。果无成，为彼类所笑，患犹浅；使外人所笑，

---

① 方汉奇主编：《中国新闻事业通史》第1卷，中国人民大学出版社1992年版，第566页。

② 《汪康年师友书札》（三），第2335页。

③ 《中国新闻事业通史》第1卷，第565页。

④ 《中国新闻事业通史》第1卷，第567页。

其害不尤深乎？甚愿公与卓之一雪此言也。”①

八月初四日函说：“卓如去沪，果为何事？同人拟议，必外有大阻力相加，而卓故见几而去，然与否？此间颇有人言公与卓意见不合，彼此参商，卓故避去，弟大不谓然。彼此同办一事，意见岂能尽相符合，辩论之处终不能免，然终不当以此贻误大局。稍有识者且能之，况兄与卓之日讲君学者乎！守旧之徒，方目吾辈为无成，果无成，为彼类所笑，患犹浅；使为外人所笑，其害不尤深乎！甚愿公与卓之一雪此言也。闻香帅（张之洞字香涛——引者注）拟设《鄂学报》，杭州出《经世报》，均与贵报为敌，此何足惧！卓亦当不为此，然阻力之来，竟有出人意料之外者。夫欲成一事，阻境愈多，而进境亦愈广。西人知之，故日进。中人一遇便缩，故一事无成。卓岂不知之？而何以故蹈之，此事真令人索解不得矣。尚祈详以示我。”②

张元济在得到张之洞谕令两湖书院禁止师生阅读《时务报》的消息后，于9月5日（八月初九日）致函汪康年，鼓励他咬紧牙关坚持下去。信中说：“闻香帅谕令书院生徒不得阅贵报，有其事乎？凡作一事必有许多魔障，吾兄千万以坚忍持之，一雪黄人之耻。过此以往，未始无坦途也。兄谓何如？”③

9月13日（八月十七日），张元济又写信给汪康年，仍然劝汪坚持：“公与卓如，弟固谓必能融洽。惟屡有所闻，故以贡于左右，欲得君一言以释群疑耳！尚祈坚以持之，天下事有待于两公者固甚众也。”④10月3日（九月初八日），张元济再次致信汪康年，重申调解汪、梁之争，信中说：“凡欲成一事，必有阻力。成就愈远，则阻力愈大。惟望公与卓如始终坚持，毋为所动，庶几其有济乎。”⑤

11月15日（十月二十一日），张元济又致信梁启超说：“近见《实学报》、《经世报》皆有显与《时务报》为敌之意，此皆例有之阻力，执事幸勿为所动

---

① 《张元济书札》中册，第637页。

② 《汪康年师友书札》第2册，第1703—1704页。

③ 《汪康年师友书札》第2册，第1706页。

④ 《汪康年师友书札》第2册，第1707页。

⑤ 《汪康年师友书札》第2册，第1711页。

也。《经世报》言多粗鲁，姑勿论。而《实学报》则最足以动守旧者之听，且足以夺貌新者之心。（元）济料其声势必将日大，然一二十年后民智大开，又必不辩而自屈，则又何必沾沾于目前之是非也？其以天地日月例夫妇，仍不过八股之学。《华盛顿传》后极赞民主，与其平议宗旨大相矛盾。如此之类，不胜枚举，又安能自成一家乎？非谓异我者，即在所必摈，泰西报馆岂无异趋？所恨者以爝火之微，而亦欲与日月争明，使为守旧之徒犹可言也，而为在世似新之辈夫？处今之世，即合此十百有志之士通力合作，犹恐未必有得，况复显分畛域，同室操戈！济处局外，且深悲愤，而何论公与穰卿之身当其际者乎？虽然，出一言，行一事，而天下翕然则已为大同之世矣，而今尚非其时。（元）济敬以两言相勖曰：勿与之相竞，勿因此自馁。迟之既久，必能共明。且此之接踵而起者，何一非公与穰卿之私淑弟子乎？此言公必自知之也。”①

张元济认为维新派的《时务报》是鼓动人心的第一舆论工具，故对此寄予极大希望，他为维持汪、梁合作的局面，可以说是苦口婆心。但汪、梁之争的背后是洋务派和维新派根本利害冲突的反映②，张元济作为局外人不可能了解其中的奥秘。他出于良好的愿望，为维护维新事业的大局，希望调停汪、梁之争，当然也就不可能成功。1897年11月，梁启超终于被迫离开《时务报》，前往湖南出任时务学堂总教习。梁启超一走，《时务报》就成了洋务派的言论机关，充斥版面的都是大小官僚洋务条陈之类的大块文牍。读者形容说：“自梁卓如解馆以来，而《时务报》之文劣事懈，书丑纸粗，大不餍海内之望。”③

在戊戌维新变法期间，康有为、梁启超为了夺回《时务报》这个阵地，与张之洞、汪康年打了一场笔墨官司，甚至惊动了光绪皇帝，但因为维新变法迅速失败，光绪皇帝被囚，康有为、梁启超逃亡海外，夺回《时务报》的斗争也归于失败。

---

①《汪康年师友书札》第2册，第1713—1714页。

② 关于汪、梁之争，耿云志、崔志海合著的《梁启超》（广东人民出版社1994年版）一书有不同的解释，读者可参考之。

③《中国新闻事业通史》第1卷，第570页。

创办通艺学堂

张元济认为，推动维新变法事业，以鼓动人心为第一义，其次即为培植人才。所谓“鼓动人心”，无非是创办报刊，开设书局，用以启发民众觉悟；而“培植人材”则主要靠开办学校。在鼓动人心方面，张元济先后参与创办《外交报》《时事新报》等，但在立言方面始终保持低姿态，不像康有为、梁启超、谭嗣同等那样以激烈的文字宣传闻名于天下。张元济的精力主要用在办学培养人才方面。

1896年6月8日（光绪二十二年四月二十七日），张元济致书汪康年说：“今之自强之道，自以兴学为先。科举不改，转移难望。吾辈不操尺寸，惟有以身先之。逢人说法，能醒悟一人，即能救一人。弟此意颇为卓如所许。兄固具大慈悲者，尤望有以教我也。”[①]张元济还在书信中一再敦促汪康年在上海开办学堂，培养新式人才。

为了身体力行，张元济与陈昭常（后任吉林巡抚）、张荫棠、夏偕复等8人于1895年（光绪二十一年）冬组织了一个名叫“健社”的学会，学习“有用之学”。所谓有用之学，当然指的是西学。组织健社，一是学习西学知识，二是互相勉励，做到自强不息，力戒颓废和消沉。他们学习的课程有一门英文，在几个月中，张元济掌握了常用的英语单词。1896年（光绪二十二年）夏，张元济又与友人合聘教习，设馆教授英文，到年底，参加英文学习的已有20余人。张元济本人也搬到学馆发愤学习。这对于一个通过科举八股走上官场的张元济来说，这是他知识结构上的一个大转换。从科举旧学到新式西学的转变，在张元济的人生道路上具有重大意义。

张元济等决定在英文学馆的基础上成立学堂。张元济为租屋、请教师、买教材、购买参考书籍忙得不可开交。在筹备过程中，张元济还得到了严复、汪康年等友人的大力支持，如汪康年在上海为通艺学堂采购图书文具，并物色合

① 《汪康年师友书札》第2册，第1676页。

格的教员。张元济等拟定的《通艺学堂章程》还规定，“此学堂专讲泰西诸种实学”。所定的课程也十分具体，前3年除英文为必修外，分文学、艺术两大门类，其中文学门包括舆地、泰西近史、名学（即辨学）、计学（即理财学）、公法学、理学（即哲学）、政学（西名波立特）、教化学（西名伊特斯）等；艺术门包括算学、几何（即形学）、代数、三角术（平弧并课）、化学、格物学（水火电光者均在内）、天学（历象在内）、地学（即地质学）、人身学、制造学（汽机铁轨在内）。这张课程表，对于西方近代学科分类已有比较准确的认识。有学者估计，这张课程表很有可能是张元济在严复的帮助下拟定的。

严复（1854—1921），字几道，福建侯官人，福州船政学堂毕业后，留学英国格林尼茨皇家海军学院，系统地学习了西方科学文化知识。学成回国后，历任天津北洋水师学堂总教习、会办、总办。中日甲午战争后，严复成为维新派宣传家，开始系统地向国人介绍西学，主张效法西方，挽救国家危亡。张元济在筹办通艺学堂的过程中，与严复结交，通艺学堂的名称就是严复命名的。张元济此时尚未出过国，对西方近代人文与自然科学的了解有限，据著者估计，单凭张元济本人，他还不可能开出如此准确包括西方全部人文与自然科学部的课程表出来。严复推荐他的侄子严君潜到通艺学堂担任教习。

在准备妥当后，张元济以刑部主事的身份与工部主事夏偕复、内阁中书陈懋鼎、内阁中书王仪通联名，于1897年9月20日（光绪二十三年八月二十四日）向总理衙门呈请设立通艺学堂并予以立案。[①]总理衙门于1897年12月17日

① 呈文全文如下：“本年正月职等联集同志，分筹款项，于琉璃厂赁居民房，延聘教习，先习外国语言文字，业经具呈声明，并蒙发给同文馆书籍，各在案。数月以来，悉心研究，觉其条理之密，孳乳之蕃，字句之后先，词气之轻重，例繁类杂，融贯为难。自非深于华文，无以究洋文之精奥。又其推算之学，格物之理，制气尚象之法，体国经野之规，各有专门，足资借镜。而非博通中国古今之沿革，亦无由考求而得其会通。向来士族儒流，多鄙视别国方言为不屑，而习攻翻译，大抵闾阎寒贱，性识暗钝之人，毋惑乎互市数十年，欲求一二通达中外文字学术之人而寥寥罕觏也。职等设立学堂，来学者多系京员及性质聪颖之官绅子弟，其于中学均已具有规模。现在定立课程，先习英文暨天算舆地，而法俄德日诸国以次推及。其兵农商矿格致制造等学，则统俟洋文精熟，各就其性质之所近，分门专习。一俟筹款稍充，再行延洋教习，广购仪器，分建藏书译书等馆，以期考核精审，温故知新。并遵照光绪二十一年五月总理衙门议复刑部侍郎李端棻推广学校章程，选派优等学生游历外国，扩其才识，或再入各国大学堂肄业，期底大成。”参见《张元济诗文》，第97—98页。

（光绪二十三年十一月二十四日）上奏光绪皇帝请求批准张元济等开办通艺学堂。上奏称：

> 伏查二十一年十二月总理衙门议复御史陈其璋推广学堂一折，准令官绅集资创建，奏明办理。今试办半年，规模粗立，来学者众，自应援案呈请具奏，并援案请将学堂教习比照成案，酌给奖叙，暨学堂成业学生仿照广方言等馆学生例，调考录取等因。臣等查近日中外交涉事宜条目日繁，需才益亟，仅恃臣衙门之同文馆、上海之广方言馆、广东之同文馆及南北洋、闽厂学堂数处，学生有限，诚不足应各省之取求。前议推广学堂，通行各省，而官绅创办尚属寥寥。该员等居京师首善之地，筹款设立学堂，自行讲习，造就人才，留心时务，志趣实属可嘉。其所请酌奖教习一节，应比照安徽成案，略与变通，拟俟3年期满著有成效，由该学堂出具考语，禀由臣衙门核办。有官人员准其保加升阶，无官人员准其作为监生，一体乡试，再留3年，始终不懈，准以府经历、县丞归部铨选。其成业学生愿投效同文馆者，应准其随时报名，听候调考。惟必须由该学堂出具凭单，将学生所习何业，成就分数，考试等第详悉注明，由同文馆查核，再行调考，以防冒滥。所有京员集资自建学堂缘由，理合附片具陈，伏乞圣鉴训示。

当天，光绪皇帝即批示：“依议，钦此。”

随后，张荫桓约了几位大臣联名向各省督抚募捐，捐到数千元。此外，陈夔龙答应“月助百金”。解决了通艺学堂的开办经费问题。

通艺学堂设在宣武门外的海王村，于1897年2月12日（光绪二十三年正月十一日）正式开馆，常驻教习是严复的侄子严君潜，另有帮教一人，是京师同文馆的毕业生。初办时，有20余名学生，后来增加到四五十名，其中名字可考者有叶景葵（揆初）、林旭、林胥生、郑沅、姚大雄、黄敏仲、林朗溪、夏坚仲、雷曼卿、毛艾孙、戴芦舲、曾叔度、陈钧侯、郭则沄、吴鞠农、范赞臣、夏虎臣、孙宇晴、王亮、冯祥光，以及杨崇伊之子。杨崇伊是极端顽固派御史，后来成为扼杀维新变法的罪魁之一。

除教室外，还设有图书馆、阅报处。学堂章程还写明，俟有经费时，还将设立实验室、仪器室、博物院、体操场、印书处，张元济告示为该校规划的远景是相当可观的。图书馆和阅报处章程还规定："本馆专藏中外各种有用图书，凡在学堂同学及在外同志均可随时入馆观览。"这就说明，这个图书馆是向社会公众开放的，说他是中国近代史上第一个公共图书馆也许不为过。

据报道，1898年（光绪二十四年）四五月间，严复应张元济之邀两次到通艺学堂讲学，"考订功课，讲明学术"。八月间，因为光绪皇帝召见，严复再次从天津来到北京，就住在通艺学堂内，通艺学堂学生纷纷求见严复请教。

9月18日（八月初三日），严复再次为通艺学堂学生讲课，题目是《西学门径功用》。严复首先介绍了英国生物学家赫胥黎的著作《化中人位论》（今译为《人类在自然界的位置》）。赫胥黎是英国著名的生物学家。他在这本书中第一次提出了人猿同祖的学说，在生物学界产生了重大影响。严复用简洁的语言介绍了人与动物的区别。人有语言，能积累知识，世代相传，不断发展，由野蛮进化到文明。由此说明，人类必须重视学习。严复说："故生人之事，以炼心积智为第一要义。炼心精、积智多者为学者，否则常民与野蛮而已。"严复在讲演中将学问区分为两种：一为专门之用；二为公家之用。他说：

> 诸公在此考求学问，须知学问之事，其用皆二：一、专门之用；一公家之用。何谓专门之用？如算学则以核数，三角则以测量，化学则以制造，电学则以为电工，植物学则以栽种之类，此其用已大矣。然而虽大而未大也，公家之用最大。公家之用者，举以炼心制事是也。故为学之道，第一步则须为玄学。玄者悬也，谓其不落遥际，理该众事者也。玄著学，一力，力即气也。水、火、音、光、电磁诸学，皆力之变也。二质，质学即化学也。力质学明，然后知因果之相待，无无因之果，无无果之因，一也；因同则果同，果钜则因钜，二也。而一切谬悠如风水、星命、机祥之说，举不足以惑之矣。然玄著学明因果矣，而多近果近因，如汽动则机行，气轻则风至是也，而无悠久繁变之事，而心德之能，犹未备也，故必受之以著

学。著学者用前数者之公理大例而用之，以考专门之物者也。如天学，如地学，如人学，如动植之学。非天学无以真知宇之大，非地学无以真知宙之长。二学者精，其人心犹病卑狭鄙陋者，盖亦罕矣！至于人学，其蕃变犹明，而于人事至近。夫如是，其于学庶几备矣。然而尚未尽也，必事生理之学，其统明曰欧劳介，而分之则体用学、官骸学是也。又必事心理之学，生、心二理明，而后终之以群学。群学之目，如政治，如刑名，如理财，如史学，皆治事者所当有事者也。凡此云云，皆炼心之事。至如农学、兵学、御舟、机器、医药、矿务，则专门之至溢者，随有遭遇而为之可耳。夫惟人心最贵，故有志之士，所以治之者不可不详。而人道始于一身，次于一家，终于一国。故最要莫急于奉生，教育子孙次之。而人生有群，又必知所以保国善群之事，学而至此，殆庶几矣。诸君子力富而志卓，有心力者任自为之，仆略识涂径，聊为老马之导，非曰能之也。①

严复将学问分成自然科学与社会科学两类，前者为微观的专门之学，后者为宏观的公用之学。对于这次演讲，天津《国闻报》以《严观察登台宣讲》为题作了如下的报道："严又陵观察召见后，寓居通艺学堂。……诸生请业者络绎不绝。因约定初三日登讲堂，宣讲西学源流旨趣，并中西政教之大原。事为局外人所闻，是日除本学堂肄业诸生外，京官之好学者，相约听讲，不期而集者数十人。严观察登坛说法，口讲指画数点钟之久，孜孜不倦。有闻其绪论者，退而语人曰：西人之精义妙道乃至如此，此真吾辈闻所未闻。或者严君别有心得，托之西人，亦未可知。"②

遗憾的是，1898年戊戌政变发生后，张元济被革职，学生流散，张元济将校产造册交京师大学堂接收。张元济的第一个办学行动就此夭折。

---

① 王栻主编：《严复集》第1册，中华书局1986年版，第94—95页。

② 《严复集》第2册，第430页。

“百日维新”中的稳健派

1898年（光绪二十四年）春，各省举人来到北京参加戊戌科会试，康有为与御史李盛铎出面倡议成立“保国会”，以救亡图存相号召，并提出“保国、保种、保教”三项宗旨。康有为先后在京城粤东会馆、贵州会馆等处发表演说，张元济亦曾到场听讲。听完后，张元济曾对同乡京官汪大燮发表感想说：“其意在耸动人心，使其思乱，其如何发愤？如何办法？其势不能告人。”“康在桂馆刻俚言书多册分送，其中说话亦无甚奇，惟每说及己，则称康子，而康字必大于余字数倍。”[①]从一开始，张元济对康有为的手段及过于张扬自己的做法是持保留和批评态度的。

1898年6月11日（光绪二十四年四月二十三日），光绪皇帝根据康有为上书的建议，颁布了“明定国是”的诏书，正式宣布变法。诏书中指责了那些主张遵守旧章、排斥变法的顽固派，表示了坚定的变法决心，从此开始了著名的“百日维新”。

6月13日（四月二十五日），翰林院侍读学士徐致靖保荐康有为、黄遵宪、谭嗣同、张元济与梁启超等5人。徐致靖对张元济的评价是：“刑部主事张元济现充总理衙门章京，熟于治法，留心学校，办事切实，劳苦不辞。在京师创设通艺学堂，集京官大员子弟讲求实学，日见精详。若使之肩任艰大，筹划新政，必能胜任愉快，有所裨益。”光绪随即命张元济与康有为于6月16日（四月二十八日）觐见。

16日凌晨，张元济一早来到京城西郊颐和园朝房等候召见。这天，光绪皇帝召见的还有康有为、荣禄及两位即将赴外地上任的知府。康有为先到，张元济、荣禄先后亦到。荣禄（1836—1903），满洲正白旗人，慈禧太后的宠臣，时任直隶总督兼北洋大臣，统率北洋三军，权倾朝野。荣禄到后，康有为即抓住这个机会向他大谈变法，可荣禄却意兴落寞，架子十足，摆出一副尊严不可冒

---

① 《张元济年谱》，第25页。

犯的样子。对康有为的话只是含糊对付，不置可否。张元济从中看出这位后党的权臣志不在此，道不同不相与谋，张元济从中感受到了某种不祥的气氛。

召见开始，两位外放的知府依次进去。他们出来后，太监即传唤康有为第三个进去[①]，康有为出来后，张元济第四个进去，太监将张元济引到仁寿殿。一进屋，张元济看到光绪皇帝穿着衣冠坐在上面，他前面放着一张扎着黄帏的书桌。张元济进去后跪在桌子旁边。当时屋子里没有第三人，只有一君一臣相对。

关于这次召见的情形，张元济在7月27日（六月初九日）致汪康年的信中有如下简略的介绍："第四月二十八日召见，约半钟之久。今上有心变法，但力似未足，询词约数十语，旧党之阻挠，八股试帖之无用，部议之因循扞格，大臣之不明新学（讲求西学人太少，言之三次），上皆言之，可见其胸有成竹矣。"[②]

1898年8月5日（光绪二十四年六月十八日），张元济在致沈曾植的信中，对这次召见有稍微详细的介绍："前者入觐，约两刻许。玉音垂问，仅30余言。大旨谓外患凭陵，宜筹保御，廷臣唯诺，不达时务。（讲求西学人太少，言之者三）旧党阻挠，部议拘执，帖括无用，铁路当兴，一一皆亲切言之。（元）济随事敷陈，首请坚定立志，勿淆异说；次则延见群臣，以宣抑滞；再次则设馆储才，以备咨询，而归重于学校、科举两端（外检传言非无因也）。天颜甚霁，不自觉言之冗长。当时默窥圣意，似蒙听纳，然见诸施行，乃仅空还，题面无人

① 关于这天的召见，康有为后来极力夸大光绪皇帝召见自己的时间，说从早到晚，他与光绪皇帝君臣之间讨论了一整天。在荣禄死后，张元济是这次召见的唯一见证人。在康有为生前，张元济也许是出于礼貌，一直没有揭穿他。直到康死后的1929年，张元济的同年举人汪兆镛（汪精卫之兄）将《清史稿·康有为传》的抄本送给张元济，请他评论。张元济在《康有为传》"自晨入，日昃始退"一行上面，简洁地在空白处加了眉批："并无其事。元济是日同被召见，康先入，不过十余分钟，即退出。"（参见叶宋曼瑛：《从翰林到出版家——张元济的生平与事业》，第40页）张元济在晚年还有另一种说法，他说："余与长素同膺徐学士致靖之荐，4月28日预备召见。是日黎明至西苑门外朝房预候，长素已先在，未几荣禄亦至。膳牌下，长素先入，约历1小时出。余继入……约时不过三刻。"（参见《张元济全集》第4卷，第232—233页）笔者以为，由于记忆的原因，张元济前后说法不一，康有为召见的时间在1个小时左右，张元济召见的时间在45分钟左右比较合理。十余分钟的说法不足为据。

② 《汪康年师友书札》第2册，第1737页。

乎？缪公之侧，岂得谓我皇之不圣明哉？”①

1949年9月，张元济在北平参加新政协会议期间应《新建设》杂志之约，写了《戊戌政变的回忆》一文，对这次召见再次做了叙述：

> 当时滇越边境发生划界的争执，光绪对我说：我们如果派人到云南去，要2个月才会走到，但外国人只要十天八天就会到达。我们中国道路不通，一切落后，什么事都赶不上外国，怎么好和人家办交涉呢？我说皇上现在励精图治，力求改革，总希望国家能够一天比一天进步。他听了之后叹口气说：可是他们都不能赞成呀！我当时听他说这句话，心里觉得这位皇帝也够可怜了，也不便再说什么。光绪就把话头转到我们所办的通艺学堂上去。……光绪对外边的事很熟悉，知道我们在办学堂，那天他就问到学堂的情形，我就把学生人数及所学科目告诉他。他勉励我几句，说要学生好好的学，将来可以替国家做点事。他还问我一些关于总理衙门的事，问些什么事我已忘记了。光绪就叫我你下去罢，问话语气极为温和，看他面貌殊欠刚健。我退出时碰见荣禄进去。②

本来，按照清朝的制度，非四品以上官员是没有资格觐见皇帝的。而张元济作为刑部主事、总理衙门章京，只是六品衔。光绪皇帝这次破格召见张元济，一方面是因为徐致靖的保荐，另一方面与张元济负责为光绪送新书，光绪早已熟悉了这名章京的名字有关。张元济晚年回顾自己的一生，说自己先后见到过中国5位第一号人物：光绪皇帝、孙中山、袁世凯、蒋介石和毛泽东。光绪虽然懦弱，但主观上他确是一位想把国家搞好的皇帝。张元济晚年在《追述戊戌政变杂咏》中，有多首提到光绪皇帝，对他始终抱有知遇和惋惜之情。

> 天禄石渠非所眷，喜从海客听瀛谈；

---

① 《张元济全集》第2卷，第225页。

② 《张元济全集》第5卷，第233页。

丹毫不厌频挥翰，召进新书日再三。
崛起东陲新建国，交邻未可袭常仪；
宸衷独具先知觉，一字低昂未可欺。
微官幸得觐天颜，祖训常怀入告编；
温语虚怀前喜意，愧无良药进忠言。
为拯国危频发愤，反违慈意竟成仇；
幸灾乐祸心何毒，岂是人鸣戴畜头。[①]
帝王末世太酸辛，洗面常留涕泪痕；
苦口丁宁宣国是，忧勤百日枉维新。[②]
何处鸡声鸣不已，风潇雨晦倍萧寥；
分明阴盛阳衰像，应是司晨出牝朝。[③]
围宫何事能轻举，疑案今犹万口留；
莫须有成三字狱，只缘压日有秦头。[④]

在张元济觐见的前一天，慈禧太后即强迫光绪皇帝将协办大学士、户部尚书翁同龢革职，开缺回原籍。翁是光绪的师傅，也是光绪倚重的大臣，翁的去职使光绪顿失主心骨。张元济闻此消息，联想到荣禄对康有为的冷漠态度以及光绪帝的那声沉重的叹息，不禁为维新变法的前途担忧。7月27日（六月初九

① 张元济自注："德宗发愤为强，力求自立。西后惑于奄竖之言，渐成乖忤。宵小乘机煽构，日进谗言。西后厌于听闻，谓屡戒不竣，任其横行，彼必自食其害，我们尽可坐观。噫！此何言也，岂尚有人心者乎？"

② 张元济自注："当时内侍亦尚有忠于德宗者，如寇良材之徒。尝对人言：德宗在宫内，每于无人独坐之时频频叹息，掩面而泣。又言：西后性情暴躁，对德宗一言不合，即责令长跪不起。故德宗入觐问安时，觳觫万状。"

③ 张元济自注："德宗厉行新政，守旧诸臣私相诋毁，造为种种谣言。谓变法为西后所恶，母子不能融洽，将来必有变故。至八月初六日，懿旨宣布由颐和园还宫，于是人心惶惧益甚，咸知大祸即在目前。"

④ 张元济自注："袁世凯有八月十四日日记，载民国15年2月《申报》。"载风岗及门弟子编：《三水梁燕孙先生年谱》卷上，上海书店1990年版，第25页。"果如所言，则德宗之有亏子道，谭嗣同之胆大妄为，荣禄之忠荩老成，袁世凯有功社稷，均赅括无遗。此中奥秘概可窥见。"

日），张元济在致汪康年函中忧心忡忡地说：“近来举动，毫无步骤，绝非善象。弟恐回力终不久，但不知大小若何耳！”[①]在此期间，张元济曾劝康有为利用光绪皇帝谕令各省办学堂之机会，离开北京返回广东原籍创办学堂，韬晦一时，以免过分触怒顽固派。等到将来风气大开，新进盈廷、人才蔚起之时，再图出山。到那时，变法维新不难迎刃而解。但康有为不接受，张元济亦无可如何。从这一事实说明，维新派中存在着激进和稳健两派，张元济无疑属于稳健的一派。

7月3日（五月十五日），光绪谕令创办京师大学堂，派孙家鼐为管学大臣。孙家鼐受命后，亲访张元济，要张元济担任京师大学堂（北京大学前身）总办。7月21日（六月初三日），天津《国闻报》报道说：“京师创设大学堂，所有总办提调，应由管学大臣奏派。……总办一员，刑部主事张元济，稽查功课。提调5员：翰林院侍讲黄绍萁，翰林院编修朱祖谋，翰林院编修余诚格……”张元济如果接受的话，他就是北京大学的第一任校长。然而出乎人们意料的是，张元济却婉言辞却了孙家鼐的邀请。

张元济在翰林院时，孙家鼐曾是他的教习，他们本有师生之谊，但张元济对孙家鼐的办事作风及其所用的人印象却很不好。在此之前，孙家鼐奉旨办官书局，办得很糟糕，给张元济留下了很恶劣的印象。张元济在致汪康年的信中曾有这样的议论：“书局之开，是吾华一大喜事，浮云蔽日，旋即消散，寿州（指孙家鼐—引者注）闻尚有心，弟曾有书上之，后屡谒而不得一见，观其行事，亦终难扫除朝贵气习。所刊局报，多系芜词。阁抄格言，最为可笑。洋报偶有微词，译署原文咨送，均被删削。其人如此，概可知矣。”[②]在致汪康年的另一封信中，张元济再次解释说：“大学堂事，寿州派弟充总办，业已奏准。因其所用之人多非同志，极力辞退。此事亦恐变为官事，步官书局之后尘。可叹！可叹！”[③]可见，张元济不愿与志趣不同的人共事。

封建顽固派势力盘根错节，力量极为雄厚。相反以光绪为首的维新派势力

---

① 《汪康年师友书札》（二），第1737页。

② 《汪康年师友书札》（二），第1676页。

③ 《汪康年师友书札》（二），第1737页。

又是如此的单薄，张元济一开始就为维新变法的前途命运担忧。然而，人非草木，孰能无情？张元济这位六品部曹京官，为光绪皇帝维新变法的热忱和孤立无援之处境深深感动，他经过一番周密冷静的思考之后，于9月5日（七月二十日）给光绪皇帝上了长达7000字的《时局艰难变法自强亟宜痛除本病统筹全局以救危亡而成盛业折》。

奏折一开始，张元济就对皇上忧国伤时、变法心切予以充分的肯定，对满朝文武、各省封疆大吏一味敷衍搪塞深感痛心，同时也冷静地指出，光绪皇帝虽“叠颁明诏”“日言变法”，但并没有“洞见症结”，找到“受病最深之处”，奏折开篇写道：

> 总理各国事务衙门章京、刑部主事臣张元济跪奏。为时局艰难，变法自强，亟宜痛除本病，统筹全局，以救危亡而成盛业，恭折仰祈圣鉴事。窃臣于本年四月二十八日蒙恩召见，仰见皇上忧国伤时达于辞色。近又叠颁明诏，除旧更新，不惑于浮言，不挠于旧党。窃以为圣明在上，提纲挈领，必能振已废之人心，扶将衰之国运矣。乃数月以来，中外因循，一仍旧习，欺罔蒙蔽，毫无朝气。刘坤一、谭钟麟之复奏迟延，怀塔布等之阻塞言路，其最著者也。
>
> 臣尝读五月二十八日上谕，至每待臣下以诚，而竟不以诚相应二语，未尝不痛哭流涕。以为有君如此，臣虽粉身碎骨，亦何足以为报？诸臣乃置若罔闻，其心抑何忍耶？臣尝悉心体察，知其中有受病最深之处。非洞见症结，抉发扫除，虽日言变法，终涉皮毛而不能得其实际也。凡行事有一定之次序，非预为布置，握要以图，虽日诏诸臣力改积习，终有所扞格而不能行也。此其故，廷臣岂不知之？而不肯为我皇上言之者，其实则有漠视朝廷之心。以为旧法终不能废，新政终不能行，任我皇上一人忧劳于上，久将必倦，倦则旧法复，新政废，而彼乃快偿其愿也。彼亦岂不知外患内忧相逼而至，而年已老耄，转瞬凋零，但求敷衍数年，生不复见；即不幸犹存，而若辈赧颜，何所不可？惟我皇上春秋正富，来日方长，设有意外，何堪设想？微臣日夕忧惧，罔知所措。谨就管见所及，冒死上陈，

敬备圣明采择，以为救亡拯急之助。

再，近来臣工条奏，凡有交议，廷臣多不能仰体圣意切实议行。或诡称已办，或极称不便，无非欲暗行驳斥。即有一二议准，亦复支吾影射，貌合神离，迥失原奏本意。盖诸臣贤愚不一，新旧殊途，各怀一两不相下之心，而又不能独行其是。故成此不痛不痒之公事，此近来变法之实在情形也。

臣所条奏，系为变法正本清源起见。如蒙皇上采纳，可否仰求宸衷独断，勿交廷臣核议，以免阻格之处，出自圣裁。除将微臣管见逐款开呈外，谨缮折密陈，伏乞皇上圣鉴训示。谨奏。

接着，张元济在这份上折中具体提出了五项建议：

一是设议政局以总变法之事。根据西方各国行政与立法分开的良法美意，仿懋勤殿、南书房的成例，在内廷设立议政局。议政局大体上以20人为限，选择年富力强，通达时务，奋发有为的官员充当议政局局员，由皇帝特旨简派。议政局的职责在于详细核议各种重大政务，讨论研究有关章奏条陈，并详考西方各国制度，参酌中国的国情，为新设立的各种机构，如学堂、报馆、轮船、铁路、邮政、电报、矿务、工厂、银行和商会等制定统一的法规章程，呈请皇帝裁决。

二是融满汉之见。清朝统治者在入关之后推行满汉分治政策，使满汉之间的畛域如泾渭一样分明。张元济在奏折中历数了满汉分治带来的种种弊端后说："臣知此为我国家受病最深之处。而又痛在廷诸臣只知忌讳，罔顾大局，莫肯一言，痛愤既久，不能复隐，谨昧死直陈。"张元济提出了6条具体办法：（1）内地之满蒙各旗，统宜编入民籍，归地方官管辖。惟宗室为天潢贵胄，不宜与凡民并列，请悉仍旧制。（2）上条如一时不能办到，则不如先令旗汉互通婚姻，并弛出外商贾之禁，任旗民自谋衣食，有愿留居他处者，准呈明所在地方官编入民籍。（3）各衙门堂官有满汉并列者，统宜裁减，只留一人。满而贤能，去汉留满；汉而贤能，去满留汉。（4）旗民生计艰难，就令其编入民籍，现在所有钱粮，亦宜悉乃其旧，勿稍裁减，惟缺出不补。（5）京师及驻防省分，宜速设劝工学堂，专教失业之旗民。(6) 内外蒙古及青海新疆等处，一切制度现在均不变动，俟内地办事有端绪后，再议举行。

三是通上下之情。下情不能上达是中国封建专制制度的痼疾之一，也是中国封建专制制度与西方君主立宪制度的根本区别之一。张元济说："泰西各国君，常巡行于外，得以周知各事，故臣不敢欺其君。又常与民相见，故民亲其上。今我独反其道而行之，皇上励精图治，力行新法，其日日相与讨论者，不过三五老臣而已。至于小臣不能常常见也。除在京各衙门司员外，外官及士民言事，仍须由本管督抚、都察院代奏。其有不奏，皇上乌从而知之也？乘舆无事不出，出则除道警跸，驱逐行人，不使下民得瞻云日，且亦不许自陈其疾苦也。旧制之荡然无存者多矣，而诸臣于此独竞竞奉行而不少失者，岂真有尊崇帝制之心哉？不过欲束缚我皇上之手足，蔽塞我皇上之聪明，以自便其罔上营私之计耳！今岁广东大疫，死者十万人。东南各省，每石米几值银十元。此亦可为谓非常之变矣！皇上其知之乎？臣窃料各省督抚未必为我皇上告也。臣诚痛我皇上之束缚蔽塞，而不能骤脱此牢笼。然以我皇上之英武，又何难尽破此痼习。伏读本月十四日上谕，内外诸臣不准借口体制攸关，多方阻格，此诚变法扼要之论。十六日又谕各衙门堂官，凡司员条陈事件，原封呈进，毋庸拆看，此亦近来变法最为有力之处。皇上果能推广此意，以求上下之情，臣可决于一年之内，全国之事，朝廷了如指掌矣。"为此，张元济提出6条具体办法：(1) 皇帝随时巡视在京城的机关、学院和部门，并巡视各省，游历外洋。(2) 改早朝为午朝。除大典外，寻常觐见，废除跪拜之礼。亲重老臣，赐以座位，以示优礼。(3) 遇有重大事件，可随时请旨进见。(4) 准许士民上书言事，并可直达皇帝。(5) 皇帝分期分批召见外省州县官，既可借此考察其人的才能，又可以从他们口中了解民间疾苦。(6) 请总理衙门负责，将各种新报各备一份逐日送呈皇帝御览，不准择要选录，以杜绝欺瞒皇上之弊。

四是定用人之格。张元济说，变法成功与否全在于人才，现在人们动辄说人才缺乏，不是真正缺乏人才，而是不能善用人才。张元济说："臣则以为人才自在，不善用之，故有才如无才耳。"为了盘活人才，张元济建议：(1) 多裁旧衙门，增设新政衙门。比如有军机处，就不必有内阁；有大学堂不必有国子监。

翰林院人员最多，其所办事件与国计民生毫无关系；太常寺专司祀典，均可以并入礼部。旧衙门裁撤后，可择其有用人才进入新政衙门当差。（2）所有新旧衙门官制，应由议政局重新厘定。（3）各衙门只设堂官、副堂官各一人，副堂官受堂官节制，属员均由堂官辟荐，请旨擢用，以专责成，而免牵制扯皮，一事不能办。（4）一人一职，不得兼差。（5）各衙门官员宜在衙门依次升官，不宜跨衙门迁调，今日兵刑，明日钱谷，于事无补。（6）官风之坏，全在于赏多罚少，裁官后，所有保奖章程均宜废止。对于不行新政甚至阻挠新政者，应治以违旨之罪。（7）根据官吏职务大小、事务繁简等确定官吏禄俸，务必超过他实际需要的数目，免其后顾之忧。（8）特颁明诏，永远停止捐官纳官的弊政。（9）废除科举。（10）京外大小各官员，均必须表明对新政的态度，凡反对新政者均令其按现在的职务退休。三品以上大员可让其一子入京师大学堂学习，以备将来录用。（11）各省各官，除藩臬以上可不论省籍外，其以下各官均宜用本省人，同时必须与官制改革相配套。（12）提升亲民之官——县令的地位，裁去道、府等官。（13）凡州县各官，贤者可以晋级加官，但不许离任。不称职者就地革职，不许降调。

五是善理财之策。张元济说："中国自乙未偿款以后，计臣日日言理财，凡商务、银行、铁路、矿务等事，莫不一一举行，迄今3年，仰屋兴嗟，依然故我，由于未能彻底清厘也。以中国幅员之广，民物之众，决无患贫之理。然徒事搜括，徒事裁减，亦决非致富之方。总之以今之人理今之财，自私自利之不遑，岂能于公家有所裨举益。"张元济提出了清理财政的4条具体办法：（1）请简派官员将户部及各省出入款项数目彻底查清，然后通盘筹划，详议办法。（2）请饬户部速将岁入岁出款目，自前十年开始，切实稽核，详细开列，撰为表格，颁示民间。（3）整理银钱，实行全国统一的货币制度。（4）重商权。京师工农商总局宜扫除官气，实力保护和提倡工商业，不能稍有抑制，无论商民有事均可直接禀明总局。总局办理不当，可援士民言事之例，直接上达皇帝。同时迅速制订商律，颁行全国。

这份奏折全面系统地阐述了张元济的维新变法思想，也是他早年政治思想的集中体现。有学者评论说：这份奏折最突出的特点，并不在于思想的深刻，而在于向皇帝提出种种建议时，所显示的那种清晰的思路和高度的系统性。而这正是一个务实的事业家必不可少的素质，张元济后来事业上的成功很大程度即决定于他具有这种独特的素质。

张元济的奏折涉及几千年的封建制度，有的是满族统治者在特定的政治环境中拟订的成规，张元济直指其弊端，要求从根本上改变这些成规陋政，是要冒很大风险的，弄得不好，很可能招致杀身之祸。[①]张元济在对变法的前景并不看好的情况下，冒险上这么一份奏折，只能有以下两个理由：一是出于中国传统的士大夫知识分子"知其不可而为之"的品格，为了国家的前途，不惜冒险犯难；同时也是为了报答光绪皇帝的知遇之恩，光绪虽贵为皇帝，但他受制于专制守旧的慈禧太后，自小生活在慈禧的淫威之下，是一个真正的弱者。变法开始以来，从部院大臣到地方督抚，绝大多数对光绪发布的新政诏书置若罔闻，根本不予理睬，张元济为了报答光绪的知遇之恩，觉得自己从道义上有必要站到光绪一边，助其一臂之力，他上这份奏折本身就是对光绪皇帝的信任和支持的表现。

那么，光绪皇帝对张元济的这份奏折持什么态度呢？也许是张元济折中有不少敏感的问题，光绪批了个"留中"[②]，没有公布这个折子。但是，我们从之后光绪皇帝颁布的诏书中可以看到张元济的折子所产生的影响：

9月7日（七月二十二日），光绪谕令各省督抚保送通达时务、勤政爱民之州县官进京召见，以备录用。

9月13日（七月二十八日），光绪决心开懋勤殿，设顾问官，以议新政。

9月14日（七月二十九日），光绪谕令准许放宽八旗经商贸易之禁，使其各习四民之业，并令户部重新拟订新章。

9月16日（八月初一日），光绪谕令户部拟定预算制度等。

光绪颁布的上述上谕，虽然并不都是采纳张元济奏折中的建议，而是综合了其他人的意见而颁布的，但它也说明，张元济奏折中的建议也同样得到了光

① 张元济说，对于他的奏章，"闻者为之咋舌"。载《张元济诗文》，第58页。

② 《张元济全集》第5卷，第115页。

绪的重视和采纳。由于不久发生了政变，张元济奏折中的其他建议，光绪皇帝即使想采纳也来不及了。

1898年9月8日（光绪二十四年七月二十三日），光绪谕令将各衙门裁撤下来的官员酌量安插到即将成立的铁路矿务总局和农工商总局中去。上谕发布后，张元济又隐隐约约听到人们私下议论，称铁路矿务总局和农工商总局将全部用来安置被裁撤官员。张元济为如此传说确实，其有害于新政者极大。既然事关重大，不容含糊。于是，张元济又斗胆给光绪皇帝上了第二份奏折，坚决反对这样做。[①]

9月21日（八月初六日）晨，对维新变法已经忍无可忍的慈禧太后从颐和园赶回紫禁城，以光绪皇帝的名义下诏由她重新“训政”。持续103天的戊戌维新变法至此以失败告终。同一天捉拿康有为及其弟弟康广仁的上谕发出，由此拉开了封建顽固派血腥镇压维新派的序幕。据学者的统计，上谕明令追究的内外大小官员共有32人，他们是康有为、梁启超、谭嗣同、杨深秀、林旭、康广仁、杨锐、刘光第、翁同龢、文廷式、宋伯鲁、徐致靖、李端棻、张百熙、李岳瑞、王照、张荫桓、王锡蕃、端方、徐建寅、吴懋鼎、张元济、洪汝冲、陈宝箴、陈三立、黄遵宪、江标、徐仁铸、徐仁镜、熊希龄、皮锡瑞、谭继洵，以上仅是政变后株连的“党人”中的小部分。其中，谭嗣同、杨深秀、林旭、康广仁、杨锐、刘光第等6人于9月28日被押往北京菜市口斩首，史称“戊戌六君子”。六君子之遇难，是戊戌年留在人们印象中最惨痛的一幕。

除喋血的“六君子”之外，其他26人分别被拿办、下狱、革职、圈禁、流

---

① 张元济奏折写道：“京师设立矿路农工商总局，为各行省表率。造端伊始，宏巨艰难。襄事各员非得讲求有素，才识卓著者，断难胜任。现裁各署，其实缺候补各员，大都衰庸猥滥者多，部胥市侩杂出其间，能通晓中国旧学者尚难得一，若令备员充位从事新政，岂不贻误国是，腾笑远人？若专为位置闲员地步，则何如不裁之为愈？此等蒙头盖面恶习，如皇上废八股，则请试四书义；皇上改武科，则请留弓刀石。无非同一伎俩，蒙蔽圣聪，使新政不得畅行。且不新不旧，将来必有流弊，可以寒我皇上变法之心，以议我皇上维新之误。此臣所以太息痛恨，而不能已于言者也。应请明降诏旨，凡新设额缺，令中外大员不拘资格，切实保荐素习矿路农工商学之人送部引见，候旨派充。若裁缺各员果能研求有得，自无不膺保荐之理，亦即无终身废弃之虞。至其中不谙新政之辈，如蒙圣恩高厚，应由吏部严加甄别，取其年力精壮，勤慎趋公者，酌量铨选对品外官，以示体恤。臣为慎重新政，力破蒙混起见。是否有当，谨缮折具陈。伏乞皇上圣鉴训示。”参见《张元济全集》第5卷，第116—117页。

放、撤差、逮捕家属。

9月21日政变发生前后发生的激烈斗争，张元济竟一点也不知情。他后来回忆说：“至于后来所传谭嗣同说袁世凯带兵围颐和园事，真相如何，我不能知悉。因为那时我只在外围，秘密我未参与。”[①]政变发生的当天，张元济带着通艺学堂的同学前往东交民巷日本驻华使馆，拜访前来中国游历的日本前首相伊藤博文，当时伊藤博文也许已经知道政变的消息，所以很含蓄地对张元济等说了一段话：“一个国家要变法，不是一件容易的事。一定要经过许多挫折才会成功的。诸位有志爱国，望善自保重。”

从日本使馆出来，张元济就已听到了政变发生的消息。“六君子”被杀后，极端顽固派御史杨崇伊的儿子（通艺学堂的学生）特地跑来告诉张元济“六君子”被杀的消息，说时还面带喜色。面对这种毫无心肝的学生，张元济能说什么呢？那时，京城处在白色恐怖之下，天天有人被抓，大小官员人心惶惶，翰林院侍读学士徐致靖、礼部尚书李端棻、总理各国事务大臣、铁路矿务大臣张荫桓等均下狱，李端棻和张荫桓先后充军新疆，交新疆巡抚严加管束。他们动身时，张元济等到西郊含泪送别。1900年，张荫桓被杀害在新疆。

得知政局发生变动的消息后，张元济第一个反应便是到贤良寺去看大学士李鸿章，对他说，如果变法突然停止，或者对皇上有不利的举动，恐怕不是社稷之福。中堂大人一身系天下之安危，如能在太后面前剀切敷陈，或有转移事态的希望。李鸿章听了张元济这番不知深浅的话，瞪着两只眼睛看着眼前这位年轻的下属，默然无语。张元济这才知道自己失言，李鸿章显然有难言之隐，张元济只好失望而出。张元济后来写了一首诗，对自己的莽撞失言感到好笑：“不安卑位竞言高，妄欲回天气自豪。未必挥戈难返日，老臣胡事若辞劳。”[②]

“满朝钩党任株连，有罪难逃心自安。分作累囚候明诏，敢虚晨夕误衙班。”这是张元济《追述戊戌政变杂咏》十八首中的一首，张元济在该诗下有如下的注解：“时谣诼纷纭，谓逮捕即将及余，余母处之泰然。余惟恐缇骑到门，不免

---

① 《张元济诗文》，第235页。

② 《张元济诗文》，第61页。

惊及堂上，时步军统领崇礼兼总署堂官，余因每日进署，早到晚退，俾知余在署中，可以就近缚送，不必到家查抄也。”①

张元济列名新党，且受光绪皇帝逾格召见，又连上奏章，与康梁等维新派有着解不脱的关系。在吉凶未卜之际，朋友们劝他效康、梁之举出逃，但张元济不予采纳，他说：“余有母在，此求生害仁之事，余何能为？惟有顺受而已。”而且，张元济担心缇骑到他家捉人时惊动了老母，有意早出晚归，要捉就在衙门里捉去，免得惊吓了高堂老母，这可真算得上是纯孝之子了。

10月8日（八月二十三日），张元济与礼部左侍郎王锡蕃、总理衙门章京李岳瑞一道被“革职永不叙用”，这个相对较轻的处罚，对张元济来说多少有些出乎意料之外。张元济的朋友也都松了一口气，庆幸地说：“张菊生幸免于难，可为遥贺。”②

“同罪岂能行异罚，宽严妙用特恩叨；若非早放归田里，怎免刑书列二毛。”张元济对此有如下的说明：“余与王锡蕃、李岳瑞同拜革职永不叙用之命。越数日，谒廖仲山（即廖寿桓）师。师时值枢廷，语余：是日王、李处分既定，德宗特谕枢臣，张某亦尝上书妄图国事，应并案办理，盖隐有保全之意。余封奏语涉狂妄，设有人弹劾，必膺严谴。即幸而漏网，余亦不能乞假出京。”③

张元济被革职后，他办的通艺学堂也不得不宣布结束，归并到京师大学堂。他将学堂中的所有财产开列清单，呈请管学大臣孙家鼐接收，从此宣告了他京官生涯的结束。

戊戌维新运动的失败原因很多，除了封建顽固派与维新派力量对比悬殊这一客观因素外，作为维新派主角的康有为、梁启超、谭嗣同等是一群缺乏实际政治斗争经验的书生，是一群激进的理想主义者。他们对维新变法持盲目乐观的估计。康有为曾对光绪帝说：“泰西讲求300年而治，日本施行30年而强，吾中国国土之大，人民之众，变法3年可以自立，此后则蒸蒸日上，富强可驾万

---

① 《张元济诗文》，第61页。

② 《汪康年师友书札》（二），第1762页。

③ 《张元济诗文》，第61—62页。

国，以皇上之圣，图自强，在一反掌间耳。”①

梁启超对其老师康有为有如下的评语：“有为之为人也，万事纯任主观，自信力极强，而持之极毅，其对客观的事实，或竟蔑视，或必欲强之以从我，其在事业上也有然。”②梁还说：“谓之政治家，不如谓之教育家；谓之实行者，不如谓之理想者。”③换句话说，即康有为不具备政治家、实行家的条件，而只是一个教育家和理想主义者。

与激烈派的康有为等人相比，张元济则要冷静低调得多。张元济认为：“夫以数千年之古国，一旦欲效法欧美，变易一切，诚非易事。”④正因为张元济把变法看得很艰难，所以他不赞成康、梁及谭嗣同等一味激进硬干的做法。张元济在致好友汪康年的信中，对于领导维新变法的康有为、梁启超有这样的评论：“康（有为）固非平正人，然风气之开，不可谓非彼力……”⑤“卓如固不羁之才，然以云办事，则未见其可，亦其师承然也。中国固患无晓事之人，尤患无任事之人。”⑥在张元济看来，康、梁的个性作风及其领导才干，都有其严重的缺点，不是那种雄才大略的、理想的政治领导人。在维新变法遭到顽固派顽强反抗的时候，张元济劝康有为放弃激进做法，但遭康氏拒绝。张元济后来回忆说：“时诏各省广设学堂，考试并废八股。余劝长素（康有为）乘此机会出京回籍，韬晦一时，免撄众忌。到粤专办学堂，搜罗才智，讲求种种学术。俟风气大开，新进盈廷，人才蔚起，再图出山，则变法之事不难迎刃而解，而长素不我从也。”张元济后来还说：“长素不听，且陈奏不已，益急进，遂致有八月六日之变。”

在张元济看来，戊戌维新之失败如此快而且彻底，与康有为、梁启超等人不讲究斗争策略，一味激进蛮干硬干是有关系的。但张元济也并不因为康、梁

① 王晓秋主编：《戊戌维新与近代中国的改革——戊戌维新一百周年国际学术讨论会论文集》，社会科学文献出版社2000年版，第42页。

② 梁启超：《清代学术概论》，《饮冰室合集》专集之三十四，中华书局2015年版，第57页。

③ 《戊戌变法》第4册，第36页。

④ 《戊戌维新与近代中国的改革——戊戌维新一百周年国际学术讨论会论文集》，第704页。

⑤ 《汪康年师友书札》（二），第1738页。

⑥ 《汪康年师友书札》（二），第1733页。

之短，而抹杀他们发动的这场维新变法的历史功绩：

南洲讲学开新派，万木森森一草堂；
谁识书生能报国，晚清人物数康梁。
一代斯文妖孽尽，英才教育此权舆；
河汾自有千秋业，早赋归与计未疏。

张元济在诗中对康有为、梁启超发动维新变法运动的历史功绩给予了高度的评价。张元济后来主持商务印书馆时，设法搜集“戊戌六君子”的遗著编成《戊戌六君子遗集》，于1918年初由商务印书馆出版，以纪念戊戌变法20周年，张元济在“序”中写道：“戊戌距今才二十年，政变至烈，六君子之遇害至惨且酷，其震骇宇宙、动荡幽愤遏抑以万变，忽忽蹈坎弃移陵湮谷，以祸今日，匪直前代之钩党株累，邪正消长，以构一姓之覆亡已也。故晚近国政转变，运会倾圮。六君子者，实世之先觉，而其成仁就义，又天下后世所深哀者。独其文章若存若亡，悠悠者散佚于天壤间。抑不得尽此区区，后死者之责。循斯以往，将溷于丛残旧文，益不可辑，可胜慨哉！默念当日，余追随数子辇下，几席谈论，旨归一揆。其起而惴惴谋国，盖恫于中外古今之故，有不计一己之利害者；而不测之祸，果发于旋踵。余幸不死，放逐江海，又二十年，始为诸君子求遗稿而刊之。生死离合，虽复刳肝沥纸，感喟有不能喻者矣！”[①]字里行间寄托了对死难的六君子的崇敬与深深的哀思。

---

① 张元济编：《戊戌六君子遗集·序》，商务印书馆1918年版。

第三章　人生角色的转换

主持南洋公学译书院

戊戌政变后被清廷革职，对张元济来说，无疑是人生中的一次重大挫折。因领导与参与戊戌维新而遭受株连的众多“党人”中，能够成功迈过这一劫难而东山再起的可以说是寥寥无几，只有梁启超、熊希龄两人在中华民国成立后东山再起，继续成为政坛风云人物。

张元济虽然没有像熊、梁那样成为政坛风云人物，但他也是最幸运的一个。他所受的处分最轻，“革职，永不叙用”，只是暂时断了他的仕途，并没有断他的生路。岳母埋怨张元济招祸，但他有一个开明的母亲，张母得知儿子受到株连后，有意开导说：“儿啊！有子万事足，无官一身轻。”对儿子宽慰再三。

更加重要的是，大学士李鸿章和在戊戌政变后复出的总理衙门大臣徐用仪（海盐人）及时向张元济伸出了援手。张元济被革职后，李鸿章立即派其亲信幕僚于式枚来慰问，并问张元济今后的打算，张回答说想去上海谋生。过了几天，于式枚又来告诉张元济，说李中堂已经与上海的盛宣怀打了招呼，要盛帮他安排工作。张元济对此很感激，他说：“我平素和李鸿章没有什么渊源，只是长官或下属的关系而已，但他对我似乎是另眼相看。”在张元济举家南下时，他的海盐前辈同乡徐用仪又雪中送炭，致送白银200两，解决了他的迁家费用。①

10月下旬（农历九月中旬），张元济举家南下上海，在虹口隆庆里租屋住了下来，从此开始了一种与此前完全不同的人生。

在漫长的封建社会，知识分子的人生选择只能是非官即隐，像陶渊明那样不想为五斗米折腰的知识分子，只好去采菊东篱下，隐居做农夫。而到了19世纪末，封建社会已经走到了它的尽头。自1840年鸦片战争以后，古老的中国逐步崛起了第一批近代化的城市，到1900年上海的人口已经超过100万。在这座号称远东第一的大城市里，聚集了一个与传统封建士大夫迥然不同的新型知识分子群体，他们有全新的知识结构，不像传统士大夫那样除了子曰诗云、孔孟程朱之外，对近代西方科学知识一无所知；他们有相近或者相似的价值观，不再把传统的重义轻利视为人生不可动摇的准则；他们有相近的人生观，不再把读书做官视为实现人生价值的唯一途径，而往往凭借新的知识服务于现代教育、新闻出版、科技、医学、律师等新兴行业，以实现自己的人生价值。

张元济早年走的是中国传统的科举功名路，但他不是那种不知变通的迂腐儒生，他在京官任上就学习了英语，又创办了新式的通艺学堂，对西方科学文化知识有较多的了解，具备了向现代知识分子转变的基本素质和条件。根据李鸿章和盛宣怀的安排，张元济到上海后的第一份工作便是担任南洋公学下属的译书院主事（即院长）。

南洋公学成立于1897年（光绪二十三年），创办人就是近代著名洋务派官僚盛宣怀。

盛宣怀（1844—1916），江苏武进人，字止叟，是李鸿章的亲信幕僚之一，1873年（同治十二年）后历任轮船招商局会办、督办，中国电报局总办，华盛纺织总厂督办，天津海关道兼津海关监督，中国铁路总公司督办，邮传部大臣

---

① 1900年义和团运动兴起，时任兵部尚书徐用仪与总理衙门大臣兼工部左侍郎许景澄（1845—1900，浙江嘉兴人），太常寺卿袁昶（1846—1900，浙江桐庐人），户部尚书立山（？—1900，蒙古正黄旗人），内阁学士、礼部侍郎衔联元（1838—1900，满洲镶红旗人）因反对清政府利用义和团围攻各国驻华使馆等，反对“向各国宣战”，忤逆慈禧太后而被同时处死，这是继“戊戌六君子”之后的又一次血案。一次滥杀5位大臣，充分证明了叶赫那拉氏的残忍和毒辣，也证明了她的昏聩，以江山社稷做赌注，孤注一掷。

等职，是晚清最显赫、最富有的洋务派官僚。盛宣怀在洋务运动中，深感人才之匮乏。为了培养洋务人才，1895年（光绪二十一年）他在天津海关道兼海关监督任上创办了天津中西学堂，后改名北洋大学，即现在天津大学之前身，这是中国人自己创办的第一所真正意义上的大学。1896年10月（光绪二十二年九月），盛宣怀又奏请在上海设立南洋公学，次年1月26日获清廷批准，4月8日正式开学，校址在上海徐家汇原徐光启故宅，开办费用由盛宣怀主管的轮船招商局、上海电报局出，盛宣怀兼任学校督办，学校另设总理（校长）一人、监院（西文教务长）一人、总教习（中文教务长）一人。首任总理何嗣焜、监院是美国籍的福开森（Ferguson，1866—1945）、总教习张焕纶。南洋公学陆续设立了师范院、外院（附属小学）、中院（中学）和上院（大学）以及相当于专科的特班、政治班。南洋公学的译书院成立于1898年春，其任务是组织熟悉外文的学生翻译公学图书馆购藏的西文书刊，择要刊行。译书院还聘有日本籍顾问多人，翻译日文著作。开始时，根据洋务派的实际需要，译书院译书的选题“以练兵为急务”，“理财、商务、学校次之”。在张元济到任前，译书院已翻译了《日本军政要略》《战术学》《军队内务》《作战粮食给与法》《军队给与法》《陆军学校章程汇编》《宪兵条例汇编》《军队教育方针》等8种，其他准备翻印的23种书也都是军事书籍。

1899年4月，张元济走马上任译书院主事。当时在译书院任译员或校对的有孟森、杨廷栋、雷奋、杨荫杭、黄元吉、郑稚辛、卢永铭、周仲玉、陈昌绪等10余人。在天津的老友严复闻讯后，立即写信给张元济毛遂自荐，他要张与盛宣怀商量，如译书院能出400两月薪，他愿意抛弃一切事务，到译书院担任专职翻译。严复在信中还解释说，月薪400两看起来很多，但因为他家老小有30余口，加之银价日落，非此数目无以解决生计问题。而且与聘外国人动辄1000余两相比，又不可同日而语了。严复是中国当时第一流的翻译人才，他做专职翻译本来是一件最合适的好事，也许是盛宣怀无法满足严复月薪400两的要求，严复到译书院任职之事未能成为事实。

张元济虽然是维新派，但他对西学的了解毕竟很有限，故对于翻译上的事，不能不仰仗严复的指点。1899年3月29日（光绪二十五年二月十八日），张元济致函严复，一连提出5个问题：（1）拟延上等英文译员一人，专译书，不理他事，每日6小时能译几何？月薪须若干两？（2）门类以政治、法律、理财、商务为断，选书最难，有何善策？（3）拟先译专门字典。（4）选定书籍，发人包译，以严复为总校。（5）包译如何办理，如何给费？张元济还请严复举荐他所深知的翻译人才。严复于4月5日复函，对张元济提出的问题一一予以解答。此后，张元济又多次写信给严复请教有关译书的专业问题。

张元济采纳严复的建议，对译书院原来拟定的选题范围进行了较大的修订，扩大了翻译范围，除以军事书籍为主外，还有物理、历史、经济学、哲学等书籍。物理教材有法国包尔培与英国莫尔显合著的《格致读本》，英国保罗与伯德台合著的《中等格致读本》。翻译的历史类书籍，主要有美国韦尔生的《政群源流考》、英国琐米尔士的《万国通商史》、勃克鲁的《英国文明史》、日本松平康国的《美国宪法史》、下山宽一的《万国政治历史》以及《日本近政史》《欧洲全史》《欧洲商业史》《社会统计学》。有学者统计，1904年前，南洋公学译书院共翻译了各类图书67种，其中军事类24种、地理类4种、历史类7种、商务类10种、政法类5种、宗教类1种、科学教育课本16种，其中正式出版的不少于36种。①

南洋公学译书院翻译出版的图书，当以《原富》、《英国文明史》（英国历史学家巴克尔著）、《计学评议》（美国兰德克略著，今译为《近代经济学大旨》）等影响最大，下面重点介绍一下《原富》的出版情况。

《原富》的原作者是英国著名经济学家亚当·斯密（Adam Smith，1723—1790），他是英国古典政治经济学体系的建立者，他的代表作是《诸国民之富的性质及其原因之研究》（*An Inquiry into the Nature and Cause of the wealth of Nations*），后译作《国富论》。该书初版于1776年，是资产阶级经济学的经典著作之一。该书从人类利己心出发，以经济自由为中心思想，以国民财富为研究对象，第一次系统地论述了政治经济学的主要内容，相当深刻准确地揭示出资本主义经济体系的内在关联，但又把它的外表现象庸俗地加以叙述，认为劳动是

① 邹振环：《20世纪上海翻译出版与文化变迁》，广西教育出版社2000年版，第39页。

财富的源泉和价值的尺度，是他的一大功绩；但又说价值是由工资、利润和地租所构成，为庸俗的生产费说开其端。在分配理论上，科学的成分和错误的见解同时并存。他主张自由竞争，抨击重商主义。全书分五篇：第一篇（部甲）论劳动生产力改良的原因，并论劳动生产物分配的自然顺序；第二篇（部乙）论资财之性质、蓄积与使用；第三篇（部丙）论诸国民之富的进步；第四部（部丁）论政治经济学上之诸体系；第五篇（部戊）论君主或国家之收入。

严复之所以翻译这本书，是因为“此书的系要书，留心时务、讲求经济者所不可不读。盖其中不仅于理财法例及财富情状开山立学，且于银号圜法及农工商诸政、西国成案多所征引。且欧亚互通以来，一切商务情形皆多考列，后事之师，端在于此。又因其书所驳斥者，多中吾国自古以来言利理财之家病痛，故复当日选译特取是书，非不知后来作者之愈精深完密也”。严复在译稿完成后，还约请桐城派大家安徽人吴汝纶为该书写了序，序言高度评价了该书翻译出版的意义与价值。

张元济得知严复在翻译《国富论》后，即与他往返函商，要求将该译稿交南洋公学译书院出版。严复起初开价3200两白银，这在当时是个很大的数目。最后张元济说服盛宣怀以规元银2000两购买了严复的译稿，并由严复定名为《原富》，由南洋公学译书院于光绪二十七至二十八年（1901—1902）分卷出版。2000两白银占译书院全年总开支的26%。该书初版印了2000部，很快销售一空，因为赚了钱，张元济主动提出给严复增加20%的版税。之后，严复又向张元济提出，要求南洋公学译书院出具字据，在20年内付给他版税，版税率前10年为20%，后10年为10%。此事后来是否落实，不得而知，但这是我国近代实行版税制度较早的实例之一，其意义不可低估。对比现在的情况，张元济开出的稿费是相当优惠的。

1901年（光绪二十七年）初冬，沈曾植担任南洋公学总办。某一天，沈曾植与张元济纵谈朝廷“变法之诏”，张元济认为我国变法必须以日本为师，而要学习日本，则翻译日本政治法律方面的书籍就成为当务之急。沈曾植完全赞同张元济的看法，于是两人商定翻译出版《日本法规大全》。因国内无担任此项翻译工作的人才，张元济向驻日本使馆参赞兼留日学生监督夏偕复求助，请他在日本组织中国留日学生翻译此书。1903年（光绪二十九年），南洋公学译书院因经费原因停办，此书翻译也不得不中止。张元济主持商务编译所后，重新组织力量，于1907年（光绪三十三年）将《日本法规大全》校改补译，由商务印书馆以《新译日本法规大全》的书名出版，张元济并请他的恩师、军机大臣瞿鸿禨题写了书名，请御前大臣奉恩镇国公载泽以及戴鸿慈、吕海寰等大臣分别写序。

南洋公学代总理

1901年春，南洋公学总理何嗣焜病故，由张元济兼代总理。

张元济代总理后的第一件事，便是促成附属小学如期开学。1900年夏，何嗣焜开始筹划设立外院（即附属小学），同年冬已招收学生74名，拟于次年2月正式开学，但办学计划、经费及课本均未落实，何嗣焜即突然去世。张元济上任后，积极筹划，并聘请吴敬恒（字稚晖）主持，汪荣宝、林祖潜、陈懋治任教习。吴敬恒是举人出身，会试落第后，先后在江阴南箐书院、北洋公学任国文教员。

然而为时不久，吴敬恒即与张元济发生了严重冲突。第一件事是吴敬恒建议在“浙江三忠”（即徐用仪、许景澄、袁昶）的灵榇路过上海时，南洋公学全体师生随行执绋。张元济以有荒学业为由婉言劝阻；吴敬恒则坚持如果不允许，他就要号召公学全体师生罢课。事已至此，张元济不好再坚持，勉强应允，并亲自带领公学师生参加了路祭活动。其次，在教学管理上张元济与吴敬恒也很不一致。吴主张南洋公学应由校方、教师和学生共同治理，张不同意这样做。随后，吴敬恒又因组织卫学会，与学校当局大起冲突，学校当局因此开除学生10余人，吴敬恒本人也不得不宣布辞去教职。但他不是一气之下甩手不干，还是向张元济提出要到日本去留学，学习新知识，请校方提供旅费。张元济同意了他的要求，于是吴在这年的四五月间携带家眷东渡日本。此后的吴敬恒走上了与张元济完全不同的人生道路，他后来在欧洲接受了无政府主义思想，却又热衷于参与政治，成为中国民主革命领袖、同盟会总理孙中山的朋友，到20世纪20年代中期以后更成为国民党新贵蒋介石的军师，成为一言九鼎的党国大老。1948年，在南京政府中央研究院第一届院士榜上，张元济与吴敬恒两人均榜上有名，而且是年龄最长的两名院士。

在附属小学开学后，张元济又着手筹办特班。1901年4月13日（光绪二十七年二月二十五日）张元济呈请盛宣怀开设南洋公学特班，呈文称："伏查公学中院每年招考学生虽悉凭汉文取录，而根柢既薄，成就自必较迟。师范一班，现在专攻西学，积久有年或不难中西贯通。然学额不过十人，造成终究未广。窃维数年以内风气顿开，硕彦名流大都有喜通彼学，徒以学堂有限，肄习无门，浅尝辄止，良堪悯惜。兹奉钧谕增设特班，广招秀出之材，俾跻大成之域，济济多士，钦感同深。"

特班章程规定：设立特班旨在"以待成材之彦士有志西学"，"凡学识淹通，年力健强者均可入学，有无出身勿论，曾习西文否勿论。"特班课程分前后两期：初级功课为英文、算学、格致、化学；高等功课除进一步学习格致、化学外，还需学习地志、史学、政治学、理财学、名学。同时，还要求学生在攻读西学的课余，博览中外有关政治的书籍。不久，盛宣怀批准了设特班的计划，并指示："公学设此特班，系本达成馆初意，所取必须品学合格，为将来造就桢干大才之用。"

张元济亲自主持了特班考试，先笔试，后口试。黄炎培后来回忆起当年张元济对他进行口试的情形：

张元济问："你信宗教没有？信哪种宗教？"

黄炎培答："什么宗教都没有信。"

张元济说："好。"

这样简单地一问一答，口试就结束了。

特班录取的学生有黄炎培、邵力子、李叔同（即弘一法师）、谢无量、王世澄、胡仁源、殷洪亮等30余人，这些人不是秀才，就是举人，有一定的旧学根底，拟教授外国语言及经世之学，择优保送经济特科。为了办好特班，张元济聘请赵从蕃为管理，蔡元培为特班教授（也称总教习）。

张元济与蔡元培是浙江大同乡，两人都生于1867年（清同治六年），又是光绪己丑年（1889年）举人和壬辰年（1892）的进士，他们初识于1889年杭州省城乡试考场，重逢于1892年北京紫禁城内的保和殿，后同在翰林院充庶吉士，朝夕相处，切磋学问，友谊日进。翰林院散馆后，张元济历任刑部主事、总理衙门章京，蔡则任翰林院编修兼国史馆协修，两人不在一处共事，但过从甚密。蔡虽未像张那样直接参与戊戌维新运动，但他也是这个运动的同情者。蔡元培对维新变法的激进分子谭嗣同尤为服膺，曾赋诗说“浏阳（谭嗣同）是我师”。戊戌政变后，张元济被革职回到上海，蔡元培也意识到清政府已不可救药，遂毅然弃官归里，回到老家绍兴从事教育事业。蔡元培认为，康、梁领导的维新运动之所以失败，是由于“不先培养革新之人才，而欲以少数人弋取政权，排斥顽旧，不能不情见势绌”[①]，与张元济的观点基本相同。

1899冬，蔡元培出任绍兴中西学堂监督（校长）。绍兴中西学堂教员分新旧两派，新派教员如马用锡、杜亚泉等笃信进化论，提倡民权与女权，与旧派时起争论。蔡元培因为支持新派，遭到守旧派的忌恨，旧派暗中运动堂董（即董事长）徐某出来干预。堂董将“正人心”的上谕送到学堂，要蔡元培“恭书”后挂在礼堂，蔡不能忍此大辱，愤而辞职，出走上海，一对志同道合的老友在上海重聚，张元济立即请蔡元培担任特班总教习，王舟瑶、赵从蕃等任教习。

史料显示，特班学生有34名，他们是：王世澄、胡仁源、洪允祥、王世谦、邵闻泰（力子）、刘伯渊、黄大钧、穆湘瑶、贝寿同、黄炎培、陈锡民、殷崇亮、李广平（叔同）、谢澄（无量）、项骧、钟枚、林祖同、钟观浩、范况、储桂山、徐敬熙、魏斯灵、陆征瑞、吴宝地、周光庭、张承樾、朱履龢、唐忠行、潘钰、钱诗桢、郭弼、程志姚、林松生、文光等。特班学生后来多半成了各行各业的风云人物。

蔡元培着重对特班学生灌输爱国思想，并提倡民权与女权。规定学生自由读书，写日记，每月课文一次，送他亲加批改，并教授学生读日文办法，让他们自译日文，由他改正。

张元济代总理后不久，又与监院（西文总教习）福开森在学校管理思想上

---

① 周天度：《蔡元培传》，人民出版社1989年版，第8页。

产生了矛盾。福开森（1866—1945），美国马萨诸塞州人，毕业于波士顿大学。1886年由美国美以美会派到南京传教，中文名福茂生。创办南京汇文书院（金陵大学前身），担任首任监院，1897年担任南洋公学监院。福开森其人做事负责，在拟订学校制度、制订教学方案等方面做了不少工作，但他主张照搬美国的教育制度和方法，这是张元济所反对的。张元济虽然为人很开明，主张学习西方文化，但他并不赞同这种全盘照搬外国的做法，两人为此发生矛盾，而福开森的作风又“比较霸道”[①]，两人的矛盾无法调和。为此，张元济向盛宣怀提出辞职，盛不允。在天津的严复知道后，对张元济的请退深有感慨，曾致书慰问，并发感叹道：“今日时事无往而不与公学相同。无所立事，则亦已矣；苟有所立，必有异类横亘其间，久久遂成不返之势。”[②]由此看来，严复对于洋人在中国的专横也是深有体会。

为了培养日文翻译人才，南洋公学于1901年在译书院下附设东文学堂，张元济自任学堂主人。首批招收120多名学生，专门学习日文。

8月间，张元济终于辞去公学代总理兼职，由劳乃宣继任。张专任译书院主事。在此前后，福开森也被盛宣怀辞退。张元济与福开森的争论，最后以福开森的去职而告终。

1902年1月，张元济在离开南洋公学不久，在王国维主编的《教育世界》杂志上发表了《答友人问学堂事书》，就办学宗旨、办法及学堂通病等方面，就办学过程中应当避免的十个问题提出自己的见解。转录如下：

（一）勿存培植人才之见。非谓学堂不足以育才，然念念在育才，则所操者狭而所及者浅。泰西人罕不学，非必皆人才也，然于人当知之事无不知之，而民智大开，在上者有所施行，亦不至于妄为阻抗。此善政之所以能行也。吾国民多愚蠢，饮食男女之外几无所知，国之危亡非所问，种之衰灭非所计，屯蒙浑噩，蠕蠕于群动之中。临如是之人民，虽有善政，行

① 熊月之主编：《上海通史》第6卷，上海人民出版社1999年版，第241页。
② 《张元济年谱》，第37页。

且见恶。故诏兴铁路，则谓有碍本地风水矣；诏废书院，则谓绝寒士生路矣。吾皇圣明，而海内谤之，亦此故也。今设学堂，当以使人明白为第一义。德被法败，日本维新，均汲汲于教育之普及者，无良无贱、无智无愚、无长无少、无城无乡，无不在教育之列也。本此意以立学，则必重普通而不可言专门，则必先初级而不可亟高等。

（二）勿标讲求西学之名。吾国同文馆、广方言馆、船政学堂、水陆师学堂之设，皆以通商订约，因故皆隶于总理衙门，故所习者人亦目为洋学，而学堂遂与旧有之学校判然为二，此可哂者也。泰西教育之法，莫不就其本国之民质、俗尚、教宗、政体以为之基础，各有其独立之道而不可以强同。一切教授规则皆受成于部，凡所损益，一以国民精神为主。故学成之辈，无不知爱其国、卫其种。中国开化甚早，立国已数千年，亦自有其不可不学之事，何必舍己芸人？窃谓今日设学亦宜抱定此意，必学为中国人，不学为外国人。然又非中学为体，西学为用之谓也。吾儒言修齐治平，宁非西儒言 Physics and philosophy，宁非体是之肤论，吾未敢言。吾之意在欲取泰西种种学术，以与吾国之民质、俗尚、教宗、政体相为调剂，扫腐儒之陈说，而振新吾国民之精神耳。

（三）勿以洋文为常课。语言文字者，生民之大用，立国之精神也。未有语言文字亡，而其国尚能存者。近人译日本高田早苗所著《国家原理》论之最详。俄亡波兰而强习俄语，美据菲律宾而议用英文，灭国手段，此为最酷。各国教会入华为传教计，故竞设西文学堂。昔之人不暇审察，贸贸然踵而行之。至于今日，或英、或法、或德、或俄、或日本，樊然并举，彼国之人亦遂欣焉以助其成，盖欲储为异日之用也。夫我国立学而他日可收为己用，此中利害盖可见矣。今设学堂，惟省会及通商各埠可别立洋文一科，余悉用华文教授，庶于教育之道不至背驰，可以保持国民自立之性，亦可以杜塞旧党汉奸之诟。

（四）勿以外人主持学事。尝闻美人之言曰：支那财赋之权在英，军事之权在德，教育之权吾美人其勿失之。斯言之可畏也，国家之气恃教育以维系之，此为何事，岂可授之外人者？自学堂有讲求西学之名而根本既歧，施行遂误，彼见吾国人之中无所主也，乃阴使其攘窃之计，不肖者肥其囊橐，行黠者植其羽翼，而学堂人才遂不复为中国有矣。吾友伍昭扆为余言。洋人之为吾国教习者尝曰：Any thing is good enough for Chinese。呜呼吾国人曷三思之！

（五）勿滥读四书五经。往圣大义微言，髫龀之子讵能解悟？强令诵习，徒耗丧脑力而已。天下事唯求其是，断非可以意气争。四书五经虽先圣遗训，而不宜于蒙养，至于今日要已大明，则又何必故为袒护乎？愚意《论》《孟》二子只宜中学。其他诸经必列专门，非普通毕业者不令讲授，似于尊经重道之意亦未尝刺缪也。

（六）勿沿用洋人课本。童子于入学之始，脑质空灵，先入一误，始终难拔。无论洋文读本宜自编纂，即华文教科学书各教会学堂所刊者，大都以阐扬彼教为宗旨，亦取径迥别，与中学绝无关合，愚意均不可用。最上速自译编，其次则集通儒取旧有各本详加改订，虽未必佳而流弊要较少矣。

（七）勿留学生驻堂。房膳滋费，弊一。高明之士易逾闲检，留之生事，去之丧才，欲筹两全，实无良策，弊二。办事各员终日营营，均重食宿，而干预教育之事愈离愈远，弊三。窃谓前此学堂寥寥，有异方就学者，自不得不尽宿堂中，以免羁旅之苦。今奉明诏，各省遍设学堂，入学者必系土著，朝集暮散，毫无窒碍。即论经费，所省亦不少也。

（八）勿给学生膏火。此事京师大学堂、北洋头二等学堂、南洋公学已行之，恐边省借风气未开，欲得是以为鼓舞，则国家縻费必多，学生成就必少，而他日亦无推广之望矣。

（九）勿轻用外省人为教习。八股既废，号读书者方哓哓然虑无以为生，学生教习若悉招自外省，则本省士子群起疵议，而种种阻碍因之以生。胡文忠办厘金，系用本地绅儒，最为有见，可师其意。本省士夫有通达者固宜礼聘，否亦只可聘一外省人为导，余乃以土著充之。

（十）勿滥派游学。近年以来，无人不称游学日本之善。余谓为一人计则是，为大局计则非也。民质、俗尚、教宗、政体不能尽同，一岁三百元，用之中国可教数人，若派游学只一人耳。且普通学未习，远适异国仍入预科，又何取乎？今设学堂既重普及，则教育之事只宜推广于国中，而不恢张于域外也。

张元济这篇答友人书中，全面系统地阐述了他的办学思想，即使在今天读来，也仍闪耀着不少真知卓见。这篇答友人书，也标志着张元济的教育观发生了根本性的变化，即从早期的英才教育转变为普及教育。张元济早年受过系统的儒家教育，走的是科举功名之路。科举制度的目标就是为培养少数治国平天下的英才，对于广大芸芸众生是视而不见的。

张元济从戊戌维新失败的惨痛教训中，深深感到中国应该走普及教育的道路。1901年10月5日，张元济向盛宣怀上条陈，要求广设学堂。条陈称："国家之政治，全随国民之意想而成。今中国民智过卑，无论如何措施，终难骤臻上理。国民教育之旨，即是尽人皆学，所学亦无须高深，但求能知处今世界不可不知之事，便可立于地球之上。否则，岂有不为人奴，不就消灭者也。今日世运已由力争而进于智争。力争之世，不必开民智也，取用□□而已足也；智争之世，则不得不集全国之人之智以为智，而其智始充。中国号称四万万人，其受教育者度不过四十万人，是才得千分之一耳。且此四十万人者，亦不过能背诵四书五经，能写几句八股八韵而已，于今世界所应知之事茫然无所知也。"因此，张元济呼吁，广设学堂，"要者在使人能稍稍明白"，一改"大厦将倾，群梦未醒，病者垂毙，方药杂投"之弊陋。

将"条陈"和"答友人书"联系起来看，张元济的普及教育思想已经阐述得十分透彻。

创办《外交报》

在南洋公学任职期间，张元济还与蔡元培、温宗尧、赵从蕃等创办了《外交报》。

《外交报》的筹办有一个商讨的过程。据蔡元培的日记记载，他们第一次商讨办报刊是在1901年10月8日。10月13日，张元济与蔡元培、温宗尧、杜亚泉等4人再次集会讨论，决定办一旬报，拟命名《开先》，因温宗尧所拟英文刊名，“有前队，冲锋之意”。12月初，最后定名为《外交报》（*The Diplomatic Review*）。

1901年12月11日，张元济在万年春邀宴蔡元培、温宗尧、赵从蕃，共同议定了《外交报试办章程》共五条：

（一）同人集资创办，不募外捐，计集股本洋银5000元正，本年十一月初一日每股先缴300元，余200元限明年三月初一日续缴。

（二）收到第一次股银后，先立收据，由董理、撰述、西文翻译、编辑四人公同署押，俟收到第二次股银后换给股单。

（三）设董理一人，撰述一人，编辑一人，译西文报一人，均由创议股东分任，概不支薪。

（四）经费收支计划。

（五）如有赢余，按十成均派，五成归股东，二成酬办事，三成归公积。

大家推举张元济为董理，蔡元培担任撰述。张元济前后两次缴股本银洋1000元（合2股）。

1902年1月4日（光绪二十七年十一月二十五日），《外交报》第1期问世，报馆在棋盘街，蔡元培为《外交报》所写的《叙例》称：“同人议发旬报，荟我国自治之节度，外交之政策，与外国所以对我国之现状、之隐情，胪举而博译之，将以定言论之界，而树思想之的。”蔡元培在这篇《叙例》中提出了一个“文明排外”的理论：“吾闻日本政界有文明排外之论，是何言欤？吾国言排外数十年，撤藩、割地、偿兵费、租界、势力圈，主权尽失，而转为世界之诟病，皆排外之效。呜呼！彼所谓文明排外者，是何言欤？盖人之生也，无不以自利为宗旨者；国之立也，即无不以自利其国为宗旨者，是以有凌侮劫夺之事。凡以凌侮劫夺人为事者，例不以见凌侮劫夺为怪，是以彼我之间，荡荡然无界畔、无契约，缘隙生事，罄竹不胜书。及其迭经自然、人为之两淘汰而残存于兹者，渐趋知力平等之势，又以经历既多，识见渐澈，知前者凌侮劫夺之为两不利，而自利者不得不行以两利之术，于是人与人有伦理，而国与国有外交。要之，以保有主权，不受凌侮劫夺为界说，是故外交其表面，而排外其里面也。”“当世君子诚欲审国势、诇国情，出文明手段，以尽排外之天责，于吾此报，当不无涓壤之助。”①

“文明排外”理论是《外交报》的宗旨。张元济、蔡元培等人都是温和的改良主义者，他们信奉这样的宗旨是不难理解的。

《外交报》出刊后，引起严复的注意。他在《外交报》第八、九期上连载《与〈外交报〉主人论教育书》，对《外交报》所持的“文明排外”宗旨提出驳议。严复指出：“当此之时，徒倡排外之言，求免物竞之烈，无益也；与其言排外，诚莫若相勖于文明。果文明乎，虽不言排外，必有以自全于物竞之际；而意主排外，求文明之术，傅以行之，将排外不能，而终为文明之大梗。”严复也是温和的改良主义者，但他对《外交报》宗旨的批评是中肯的。只有使国家真正走上了文明富强之道，才有文明外交之可言。

《外交报》创刊时，共有八个栏目，它们是论说栏：“选译东西外交家所著，间由自撰，或登来稿。”谕旨栏：登载皇帝谕旨，“即不涉及外交者亦恭录之。”文牍栏：“凡章奏、条约、规则、报告之类，皆恭录之。”译报第一栏：登载东西各报内“各国对我国政策”。译报第二栏：登载各国互相交涉之内容。译报第三栏：登载各国内政之文章。要电汇录栏。后来，栏目略有调整，如取消了“要电汇录”，增辟“外交家传”“外交大事记”等栏目。

《外交报》最初由杜亚泉所办的“普通学书室”发行。张元济、杜亚泉相继加入商务印书馆后，报纸也转由商务印书馆代印和经销。

1902年10月，赵从蕃离开上海去北京。蔡元培从1902年春起，先后在上海组织中国教育会、复国学社、爱国女学、光复会，以主要精力从事政治运动。《外交报》事实上由张元济、杜亚泉负责编辑。《外交报》每期一篇论说（即社

---

① 关于《叙例》的作者，张树年主编的《张元济年谱》判断“为张元济所写”，但高平叔所编《蔡元培年谱长编》根据蔡元培的手稿，判断为蔡所作。见《蔡元培年谱长编》上册，第223页。

论），除署名者外，绝大多数出自张元济的手笔。《外交报》从1902年1月4日创刊，到1911年1月15日停刊，前后共出版了9年，按每月3期计，总共出版324期。[①]

① 张人凤：《智民之师 · 张元济》，山东画报出版社2001年版，第47页。

第四章　士绅问政

清末的十几年间，张元济拒绝了清政府无数次要他重返官场的征召令。张元济虽不再做官，但并不意味着他不再过问国事。相反，他以在野士绅的身份，参与了清末最后十几年里许多重大政治事件和运动，这是张元济以士绅身份问政的第一个活跃时期。

推动“东南互保”的幕后人物

20世纪的中国，是从一个悲壮和惨烈的年头开始的。

1899年（清光绪二十五年），以中国北方农民为主体的义和团在民族危机和帝国主义瓜分中国狂潮的强烈刺激下，公开树起“扶清灭洋”的旗帜，打击外国教会势力，反对外国侵略者，势力迅速扩展到华北、东北及内蒙古等广大地区。

1900年（光绪二十六年）春，义和团进入清朝统治的心脏地区——北京和天津。列强各国对此极为恐慌，5月下旬，借口保护使馆，先后派军队进驻京、津地区。6月10日（五月十四日），俄、英、美、日、德、法、意、奥等组成八国联军，共2000余人，由英国海军中将西摩尔指挥，从天津向北京进犯，沿途遭到义和团和清军的打击。义和团用大刀、长矛等旧式武器，打死侵略军62人，打伤228人，八国联军进犯北京的侵略计划受到严重打击。八国列强政府在进犯北京受阻后，调兵遣将，组织更大规模的军事行动，并于6月17日（五月二十一日）攻下了天津大沽炮台，扩大对华侵略战争。

戊戌政变后，掌握清朝政权的皇太后慈禧一直企图废掉光绪皇帝，1899年12月，慈禧宣布立端王载漪的儿子为大阿哥（即帝位继承人），企图在适当的时候废黜光绪。各国驻华公使拒绝入宫庆贺，表示不予承认。慈禧集团的废立计划不能实现，因此对列强感到愤懑。载漪、刚毅、徐桐等极端顽固的封建大员极力主张利用义和团对付帝国主义列强，防止他们扶助光绪皇帝。大沽炮台失守后，慈禧又接到谎报，称列强要勒令她归政光绪，更激起她对列强的忌恨。6月21日（五月二十五日），已经失去常态的慈禧太后在愤激状态下悍然颁布"向各国宣战谕旨"，命令各省督抚招民成团，"借御外侮"。清政府的宣战上谕称："与其苟且图存，贻羞万古，孰若大张挞伐，一决雌雄。"摆出了与各帝国主义列强"决战"的架势。

英国最害怕义和团势力波及它的势力范围——长江流域。1900年6月15日（五月十九日），英国外交大臣索尔兹伯里授权英国驻上海代总领事霍必澜通知两江总督刘坤一，假若他采取维持秩序的方法，他将受到帝国海军的协助。霍必澜同时也将同样的保证转达给了湖广总督张之洞。6月16日（五月二十日），英国海军部命令在上海的海军将领，派军舰"赫密思"号开到南京，"黎乃脱"号开到汉口，分别向刘坤一、张之洞传达英国政府的意见，保证以武力支持他们"维持秩序"。英国政府这样做的目的是企图通过刘坤一、张之洞来维护英国在长江流域的利益。刘坤一、张之洞本来就竭力要求慈禧"明降谕旨，力剿邪匪"，在得到英国政府的保证后，立即表示要尽力镇压中国人民的反帝斗争并不惜代价采取措施，切实维护英国在长江流域的利益。

这时正在南洋公学的张元济，与洋务派著名人物盛宣怀保持着密切的联系。盛宣怀很器重张元济，他的文牍和电文大都交给张元济起草。在义和团运动兴起后，张元济也极为关注。1900年春夏间，他曾约吴禄贞、陈锦涛、温宗尧等在上海虹口隆庆里寓所磋商，"谋所以安定之策"。

在八国联军攻陷大沽口的当天，盛宣怀等即联衔电奏请挽救危局。张元济从报上看到盛宣怀等人的联衔电报后，于6月18日（五月二十二日）晚致函盛宣怀，请求他立即出面联络各省督抚，维持东南大局。该函全文如下：

杏荪先生大人赐鉴：敬启者，顷闻大沽炮台昨已开炮，轰击各国兵舰，德兵官受伤，炮台失守。此信若确，各国必并力前进。螳臂当车，胜败可决。祸变之惨，将不忍言。政府一蹶，东南各省必乱事蜂起。哀我生民，何堪遭此荼毒？窃谓祸乱之来，虽关天意，人力未始不可小有挽回。今督两江、粤、鄂诸公，皆负时誉。阅报并知先生昨有联衔电奏请救危局之举。惟现在事变更急，断非寻常举动所能挽回。我公负天下重望，且为各国所引重，似宜速与各省有识督抚联络，亟定大计，以维持东南大局。祷甚盼甚！援匹夫有责之义，贡千虑一得之愚，冒率上陈，伏祈鉴察。敬叩台祺。张元济谨上。[①]

从这封信中可以看出，张元济的思想认识与盛宣怀等人是一致的。

之后，盛宣怀即在帝国主义列强和洋务派的东南各省督抚之间穿针引线，出谋划策。清政府颁布“宣战上谕”后，两江总督刘坤一、湖广总督张之洞都明确宣布拒绝执行。在英国驻华外交人员和盛宣怀的串通下，刘坤一、张之洞授权盛宣怀和上海道台余联沅同各国驻上海领事会商，搞了一个所谓的《东南互保章程》，规定：“上海租界归各国公同保护，长江及苏杭内地均归各督抚保护，两不相扰。”《东南互保章程》出台后，两广总督李鸿章、山东巡抚袁世凯表示支持，浙江巡抚刘树棠宣布参加“东南互保”，闽浙总督许应骙宣布与刘坤一、张之洞不谋而合，并于7月14日（六月十八日）同俄、美、英等六国驻福州领事搞了个《福建互保协定》。东南各省督抚与帝国主义联合防范、镇压东南各省人民的反帝斗争，八国联军得以集中全力镇压北方的义和团反帝爱国运动。

6月27日（六月初一日），张元济的母亲谢太夫人病故。7月12日（六月十六日），盛宣怀亲到张元济的寓所奠祭。7月14日（六月十八日），张元济再次致函盛宣怀，对盛亲自上门祭奠其母表示感谢后，笔锋一转，用长达1000余字的篇幅阐明他对时局的观点和立场，并继续为盛宣怀及刘坤一、李鸿章等洋务

① 《张元济书札》，第1005页。

派官僚出谋划策。该函写道：

丧事少竟，展阅各报，乃知东南十余省之安全，悉由我公调剂之力，不能不俯首顶礼矣。报称江督札饬沪道遇事奉承方略，岘帅（即刘坤一）固知人善任，然非我公感以至诚，亦乌能使其推心置腹，一至于是。元济窃谓今日之事，我公正宜破除成说，统筹全局，毋泥人臣无将之义，一守事豫则立之训，剀切为东南各帅一言而谋所以联之之道，庶无负岘帅倚托之重，与夫东南数千万生灵仰望之诚。嗟乎！祸患至亟，事变之奇，固非寻常举动所能支此危局也。各疆臣既不奉伪诏矣。外人亦声明专攻团匪矣。为督抚者，正宜认明各国代剿乱党，正所以保全政府，亦明知掩耳盗铃。然舍此一层，亦无可以着手之处，则何如抱定此义以与从事，将来议结尚可少留余地。何李鉴帅、既帅、武卫先锋各军以行，而苏抚、湘藩又均有统兵北上云，信将以清君侧乎？师以义举，不宜无宣示之文将以剿团匪乎？中国之兵，岂能与外人共事。元济窃恐此勤王之举，非徒无益，而又有害者也。徒博一时之美名，而不顾后来之祸变。元济诚不解主此事者之出于何心！此时此事祸犹未甚，数月而后朝局一变，各省疆臣有一于此，由南方必大扰乱。裕寿帅尚非全无知识之人，且有攻击租界之事，况南方督抚固明明有媚嫉洋人者乎。彼时再假忠义之名，以泄其一时之忿，则官军、洋兵、土匪必至融成一片，参互错综，乱无已时。我民何辜遭此涂炭！此我公之所最宜切筹者也。南方主保护之义，自是应尽之职，然使北方糜烂至此，咎实在我顽固政府。我既不能遣兵靖难，致外人受此荼毒，复劳各国兴师动众代平内乱。返躬自思，能无愧怍。鄙意南方今日交涉似不宜仅以保护为事。各国何以征兵，为我殄孽也，则宜有以犒劳之。外人何以受困，由我之无道也，则宜有以抚恤之。南方各省，似宜勉力互筹数百万金充此两项之用。明知巨款虚縻，然未始不可少平外人之气。将来洋兵入京办理各事，于极不和平之中，或可望其稍留体面。即至不堪设想之时，而东南遗民亦可稍免压抑之苦。至各国调兵，现以日本为最多，似宜暗与联络，由是而英，而美，以为外交之根基，以为后日斡旋之地步。此我公之所亟宜商办者也。傅相（著者按：李鸿章）奉召，无非为外交之事，然政府方持两端之见，岂能听受善言？即听受矣，各国岂肯于兵未入京之前，遽行开议？两宫受逼，使馆濒危，各国兵未入京之前，又岂能保无他变？傅相于此亦窃恐束手无策矣！非特此也。傅相办理洋务数十年，而庸耳俗目之何以相待，公当亦习闻其说。京津之间，兵匪麇集，方欣欣然以灭洋为号，岂无以非礼相加者。或曰可提兵自卫，然以南兵北上，必至迁地不良，且傅相履粤未久，所部营队必足为股肱心膂之用。或又谓可招集北洋旧部，然宋、聂各军不能与团匪划清界限。傅相又乌从而用之？为傅相计，目前实无可以入京之势，且一离粤，粤必乱。彼时入京不能，归粤不得，岂不为失水之鱼，离巢之虎乎？傅相为今日中外倚赖之人，岂可自失凭藉。故元济终谓其不宜离粤也。袁慰帅雄才伟抱，亦当今之豪杰，自去年出抚山左，团匪即移徙而北，今江北犹能安全，未始非其保障之力。山左为江南屏蔽，稍有疏虞，淮徐必乱。淮徐乱而江南危，江南危而全局散矣。东南各省似宜并力接济，毋令少有支绌，庶各省得以一意南顾。此又我公之所兼宜代谋者也。井蛙之见，芻臣谋国，断无不虑及之，然未见有所举行，毋宁赘陈，以备采择。元济读礼家居，本不当冒昧言事，只以事关大局，故敢越礼率陈，并祈鉴宥为幸！肃布。敬颂勋祺！①

张元济这封信，内容十分广泛。至少表达了以下几层意思：一是要盛宣怀设法制止南方各省督抚出师勤王，以免破坏东南互保的大局；二是口口声声称义和团为“团匪”“孽”，八国联军镇压义和团是代替中国政府“平内乱”，要盛宣怀出面筹集数百万金，用来慰劳镇压义和团的八国联军和“抚恤”在义和团运动中“受困”的外国人，以稍稍消洋人之气，以便将来好与外国人谈判；三是建议盛宣怀暗中与日本、英国、美国等国外交人员联络，以便为将来谈判打下基础；四是建议李鸿章不要轻易离开两广，以免失去凭借；五是建议南方各省支持在华北全力镇压义和团的袁世凯。从上述几点来看，张元济完全是站在

① 《张元济书札》，第1006—1007页。

敌视义和团反帝斗争的立场来思考问题的。他的主张比盛宣怀、刘坤一、李鸿章等洋务派官僚还要走得更远。这封信可以说是代表了当时中国东南地区精英士绅阶层的观点与主张。

8月14日（七月二十日），八国联军攻下北京，慈禧挟持光绪皇帝，在其亲信臣仆的保护下仓皇逃出北京，经河北、山西向陕西西安逃窜。在逃窜途中，慈禧授权李鸿章“便宜从事”，赶紧与帝国主义商谈投降条件，同时发布命令，要清朝官兵配合八国联军对义和团“痛加铲除”。

李鸿章受命北上，在途经上海时，张元济立即跑去求见，劝他不必再替清朝效力了。李鸿章仍以其一贯的“痞子腔”回答说：你们小孩子懂得什么呀！我这条老命还拼得过。确实，论搞起妥协卖国的勾当，李鸿章是一个老手，也是高手。

在此前后，康有为、梁启超、唐才常等策划在长江流域发动自立军起义，张元济险些糊里糊涂被卷了进去。

1899年（清光绪二十五年），康有为在加拿大成立保皇会，在美洲、澳大利亚和南洋华侨中发展组织。随后康有为坐镇新加坡，通过在日本的梁启超指挥在国内的唐才常等组织武装起义，拯救光绪皇帝。唐才常等联络了长江流域的10多万会党群众，准备利用北方义和团运动兴起的机会在长江流域起事。义和团爆发后，康有为认为时机已到，于1900年6月发出勤王布告，声明将起义兵“勤王讨贼”，“救皇上复位，重行新政”。唐才常鉴于“自立会”“自立军”的名称过于刺激，便改名为中性温和的“中国国会”。1900年7月26日（清光绪二十六年七月初一日），唐才常邀请在上海的维新派人士80多人在愚园南新厅集会，张元济应邀参加了这次集会。会议宣布成立“中国国会”，推举容闳、严复为正、副会长，唐才常为总干事，同时向海内外发表宣言，主张“保全中国自主之权，创造新自立国”；“不认满清政府有统治中国之权”；“请光绪复辟”。既要否定清朝政权，又要拥护光绪皇帝复辟，其口号显然是自相矛盾与混乱的。7月29日（七月初四日），中国国会在上海愚园举行第二次集会。会长容闳提名张元济与孙宝宣担任会计，也许是张元济看出了“中国国会”背后暗藏的杀机，立即辞谢不敏，抽身而出，从此不再参与此类活动。

8月7日（七月十三日），大通自立军仓促起义，很快失败。8月22日（七月二十八日），唐才常等20多人被张之洞逮捕，壮烈牺牲。自立军起义被清政府血腥镇压了下去。

1929年，丁文江等人为编写《梁启超年谱长编》，曾就“中国国会”这段历史询问过张元济，但张元济的回答不得要领。显然，自戊戌政变以后，张元济不再参加此类带有流血性质的政治活动。

策动清政府宣布立宪

1901年9月7日（光绪二十七年七月二十五日），清政府与俄、英、美、日、德、法、意、奥、西、比、荷等11个帝国主义国家签订了彻底投降的《辛丑条约》，其主要内容是：清政府向各国赔款白银4.5亿两，分39年还清，本利共9.8亿余两，另加上各省地方赔款2000多万两；在北京设立“使馆区”；惩办在义和团运动中与帝国主义作对的官吏等。条约签订后，以载漪、刚毅、徐桐等为代表的顽固守旧派或被杀、或自杀、或被监禁，受到致命打击。从此清朝大小官员“人人欲避顽固之名”，维新与新政成了时髦名词，各大员上条陈时无人再敢提“祖宗成法”。但清朝官吏主动推行的“新政”不新，仍不脱洋务的翻版，难以满足资产阶级维新派的愿望。

1904年2月6日（清光绪二十九年十二月二十一日），日本对驻扎在旅顺口的俄国舰队发动突然袭击，日俄战争爆发。日俄战争的目的在于争夺对中国领土——东北三省的控制权。日俄两个帝国主义“强盗”为争夺中国领土而在中国领土上厮杀，而清政府竟厚颜无耻地宣称“彼此均系友邦”，甚至将辽河以东划为“交战区”，而自守什么“局外中立”。

日俄战争一起，张元济即于2月11日（十二月二十六日）写信给盛宣怀，称有要事对他说，希望盛宣怀能单独接见。函称：“敬启者，俄日战事已成，东方局面必大有变动，其结果又非庚子可比。元济迁谪余生，本不当再谈国事，惟既生此土，终觉未能忘情。且见庚子东南公保之约，成于宫保之手，则维持大局，济尤不能无一再之望。现在时机已迫，若再失误，以后将无可措手。元济窃欲为宫保效一得之遇，不知能许其进而面陈否？临颖不胜迫切待命之至。倘蒙俯诺，愿请独见。肃此，敬承起居。”①

那么，这次张元济又要向盛宣怀进献什么样的计策呢？

原来，张元济与在上海的张美翊、赵凤昌、张鹤龄、吕景瑞等士绅大佬们紧急磋商后，担心日后各国大会媾和，将中国排挤于局外，剥夺中国主权。因此，他们提议遣使分赴各国，声明中国对东北三省所拥有的主权。议定后，即由张美翊将意见转告盛宣怀，由盛宣怀出面邀约湖北巡抚端方和在上海的通商大臣吕海寰，三人联名电奏清政府实行。盛宣怀考虑到光凭他们三人的身份地位还难以引起朝廷的足够重视，又拉了两江总督魏光焘和署理两广总督岑春煊列名，魏、岑均表示同意。3月9日，吕海寰、岑春煊、魏光焘、端方、盛宣怀五人联名上奏清廷称：中立政策不能保障东北三省主权不受日俄侵害，欲避其害，必须早作准备，与诸国政府直接协商，否则将来各国开会干预日俄，中国恐将被摒之局外。为防止出现这一最坏的后果，中国政府宜乘美国宣布保全我国土地主权之机会，“迅速特简亲重大臣，以考求新政为名，历聘欧美有约诸邦，面递国书，以维均之势立说，东三省开通商埠，利益均洽为宗旨，恳派使臣设会评议”。并且向各国申明东北三省为我国主权，不得误认为中国已失之地；日俄战争有损各国商务，请各国调停息战；日俄战争结束后，中国允以东北三省遍开商埠及厂械路矿诸项利益作为酬劳；同时切实推行新政，以动天下各国之观听。

在五大臣上奏之前，张元济等立宪派人士还与盛宣怀商定，最好由贝子溥伦兼任出使大臣。因溥伦即将以中国馆监督的身份赴美国参加世界博览会，可以借此游历各国而不露痕迹，避免日俄猜忌。对于五大臣上奏，首席军机大臣、庆亲王亦劻认为时机未成熟，须待日俄战争分出胜负时再定，将上奏留中不发，皇帝未能见到此折。

张元济也承认，他们提出的以夷制夷，在列强间维持均势的善后方案并非上策。日俄战争，无论是俄国胜利，或者是日本胜利，对中国来说都是不利的，

① 《张元济书札》，第1009页。

都无异于前门驱虎，后门进狼。[1]但面对孱弱不堪的国势，张元济等立宪派又能提出什么高明之策？

派遣亲使大臣出使欧美各国的建议，清廷一直没有采纳。同年6月初，张元济又与张謇、汤寿潜、张美翊、许鼎霖、吕景端、夏瑞卿等连日进行了会谈。5日，由张美翊写了一份说帖让人转呈军机大臣兼外务部尚书瞿鸿禨。说帖分析了当时的形势后，请求瞿鸿禨果决地倡导立宪，派人出国调查宪法，促朝廷于年内颁布诏令。在在野立宪派和各省督抚的合力请求下，清政府于7月9日（五月二十六日）正式作出了遣使出洋考察政治的决定。经过一番曲折，考察政治五大臣于当年12月和次年1月分两批出洋。

1906年7—8月间，考察政治五大臣相继回国，向慈禧太后力陈实行立宪的种种好处。他们指出，天下人心思变，如果拒不实行改革，就不能安定人心；而人心不安，革命党人就容易争取到群众，革命的“祸乱”就难以避免。他们还说：只要先定下立宪的“国是”，就能安抚立宪派，稳定人心。如果因顾虑实行宪政的种种困难，而继续犹疑观望，就会使立宪派失望。同年8月29日（七月十九日），慈禧召集御前会议，询问立宪之事，除最保守圆滑的鹿传霖、王文韶默不作声外，其他诸大臣都回答说应实行立宪。9月1日（七月二十二日），清政府颁布仿行立宪的上谕，从此开始了预备立宪时期。

立宪派欢迎清政府的决定，并相继组织起立宪团体。1906年12月16日（清光绪三十二年十一月初一），在上海成立了预备立宪公会，这是在国内成立最早、人数最多、影响最大的一个立宪团体，会员中有许多全国知名的大绅士、大资本家和一部分在籍官吏。公会会长郑孝胥，副会长张謇、汤寿潜，会董张元济、沈同芳、李钟珏、王清穆、陆尔奎、刘垣、李厚祐、周晋镳、许鼎霖、周廷弼、高凤岐、胡琪、王震、孟昭常、张广恩、王同愈、李家鏊、高凤谦等18人。据1909年的《预备立宪公会会员题名录》所列会员统计，共有358人。其中有77人曾经做过知县以上的官吏，约占会员总数的21.5%；会员中企业主、公司经理、商会总理及在各种工商企业中任职的，有84人，约占会员总数的

[1]《张元济书札》，第1010页。

23%。据估计，实际数字可能比统计的要多。因为当时的社会风气，仍以官为贵，所以绝大部分亦官亦商的人或先官后商的人都只登记为官的身份，而不登记其经商的身份。

以张元济来说，他虽然屡次辞官，可在“职业”一栏上依然填上了“邮传部参议”的虚衔，而不是商务印书馆编译所所长的实职。商务印书馆同人参加预备立宪公会的，除张元济外，还有夏瑞芳、高梦旦、陆尔奎、孟森、印有模、李拔可、陶葆霖、高凤岐等。大体上可以认为，预备立宪公会基本上是一个资产阶级的政治团体。预备立宪公会从1908年开始出版《预备立宪公会会报》半月刊（上海）和《宪志日刊》（北京），讲座国会、宪法等问题，也有批评时政的言论，还登载谘议局、资政院的有关文件，以及报道本会会务。

立宪派内部也有激进派和稳健派的区分，张元济大概是其中最稳健、最低调的一类人。在预备立宪公会成立后的5年里，张元济很少参加实际活动，据说，《预备立宪公会会报》中找不到他的文章，现有的研究清末立宪运动的著作也很少提到他的名字。[①]张元济赞成立宪，但他似乎更倾向于清政府主动实行宪政，而不大赞成向清政府施加压力的做法。

1908年（清光绪三十四年）8月，清廷宣布自1908年起，9年后正式实行君主立宪制度，即以9年作为从君主制到君主立宪制的过渡期。

张元济对此是很满意的，他于8月31日（八月初五）从日本致函高梦旦、陶葆霖、杜亚泉，称：“知开设国会期限已定九年，议院法及选举法亦已宣布，皇上并于今日誓庙。在海外闻此消息，不觉欣喜。但不知其言果可恃否？……平心而论，九年之说诚不为迟，但求上下一心，实力准备，庶免为各国所嘲笑耳。国内舆论若何？鄙见此时国民不必再与政府抗争，姑且退求诸己，将应办之事一一举行，二三年后稍有端绪，若得机会再行争辩未为失时，未知诸公以为何如？”

显然，对于清廷9年后立宪的承诺，不同的人做出了不同的反应。张元济等务实的稳健派表示十二分的满意，而激进派的汤化龙等人则嫌9年过渡期太

① 《智民之师·张元济》，第84页。

长，从1909年（宣统元年）起，他们有组织地进行了四次全国性的国会请愿活动，要求清政府将预备立宪的时间缩短为3年，即在1911年（宣统三年）即宣布实行宪政。

张元济从清廷宣布预备立宪中看到了出版业的商机，有关宪政的书籍将大行其道。他在致高梦旦、陶葆霖、杜亚泉的信中叮嘱："预备立宪公会现在定何方针？鄙见不宜随声附和，宜时时从高一层着想，以为国民之向导。……政法书籍亟宜着手编译，为公为私均不可缓。《时事新报》载上谕胪列应办各事，可否即就所举各事选定编译次第，先行试办？鄙意尤重在先编浅近诸书，层层解说，如何为议院，何为选举，每类一册（如条目过繁者，即分数册亦可），排列次第，如第几集第几编之类，成一丛书，专备内地绅士入门研究之用。文字宜稍优美，而解释务宜明晰，理想切戒过高。诸公如表同情，请即举办。"

1907年初，在张元济主持下，商务印书馆推出了一部400万字的巨著——《新译日本法规大全》。大家知道，清末的立宪运动完全是模仿日本而进行的。因此，集日本法律之大成的《法规大全》自然也是立宪派人士关注的一部重要参考资料。如前所述，这部书的翻译从1901年即已开始，由原驻日使馆参赞兼留日学生监督夏地山主持，不到一年就完成了十之七八；但因为译文者多为留日学生，译稿水平参差不齐。张元济辞去南洋公学译书院院长职务后，翻译工作停顿了下来。1904年，民间要求立宪的呼声高涨，张元济去拜会盛宣怀时，盛宣怀重提此书，希望由商务印书馆续成。张元济同意，经高梦旦介绍，聘请留日学生刘崇杰来馆主持。因为商务印书馆内懂日文的不多，且日本数年以前颁布的法律大半已经修订过，必须重译，工作量相当大。最后，经张元济同意，刘崇杰将稿件带到日本，请他的留日同学分任翻译和校订工作，抢在清廷宣布预备立宪前完成，由商务印书馆出版。

张元济请他的恩师、军机大臣瞿鸿禨为《新译日本法规大全》题写了书签，撰写序言的有载泽、戴鸿慈、吕海寰、沈家本、袁世凯、端方、岑春煊、大隈重信（日本伯爵、内阁首相）、织田万（日本京都帝国大学法科教授）、高田早苗（早稻田大学教授）、盛宣怀及张元济本人，共计12人，这恐怕是创造了古今中外图书序言篇数最多的纪录。

张元济所写的序言全文如下：

今上御极之二十四年，诏行新政。盛杏荪侍郎既立南洋公学于上海，乃复设译书院。翌年以元济董院事，始稍稍译东文书。越三年，两宫复下变法之诏，京外臣工仰体宵旰忧勤，汲汲求治，百废具举。嘉兴沈子培（曾植）提学适以是时摄南洋公学总理。余语子培，我国变法不能无所师，求师莫若日本。法律之学探本穷原，非一朝夕之事，欲亟得师，莫若多译东文书，先条件而后理论。子培韪其言，于是有翻译日本法规大全之议。顾其游学日本者少，国内学校多未设日本语学科，求一解东文者已不易得，遑论法律之学，议而中辍者屡矣。同学夏地山水部方赞使日本，兼留学生监督，驰书赞成，引为己任。未及一载，译稿至者十之七八。顾文字多直译，循用术语未加笺释，且稿出数人之手，译例歧杂，未可行世。整理数月，稍积卷帙，而南洋公学经费不继，乃撤译书院，而是书遂中辍矣。甲辰冬，侍郎为元济言，欲赓续成书。商务印书馆主人夏粹方观察慨然愿任刊印之役。元济既受侍郎之命，惧不胜任。长乐高梦旦茂才为之商定体例，介刘君子楷来馆综司厥事。刘君肄业日本早稻田大学校者六年，以法律学闻于时。然襄校者寡，且距译时已四五年，彼国法令更易太半，搜补剔抉程功匪易。而朝廷是时乃有遣派大臣出洋考察政治之举，四方学者争以书询出版之日。于是刘君携稿东渡。抵东京丐昔年同学分任校订，冀克期藏事。归安钱念劬观察、仁和董恂士孝廉方有事日本，道出上海，元济请为刘君助，皆欣然许诺。未久考察政治大臣设编译局于东京，以念劬充局长，京外大吏亦先后檄调。刘君归国，佐理新政。元济谓二君去，是书必又中辍矣。刘君毅然辞谢，谓必始终其事。念劬亦践前约，时时兼顾。迨去年七月预备立宪法诏下，而全书亦同时告成。夫以四百万言之巨册，值此法学句萌，译才寥寂之际，而又有无数人事为之障碍，宜若必不能成而卒能有成，且成于诏行立宪之日，足以备邦人研究宪政之助，此亦元济建议之日所念不到此者也。校雠既竟，以付手民，阅时六月，印刷始竣。因有感于成事之难，故述其颠末于此。

这是商务印书馆开办以来，出版的第一部大部头的巨著。书出版后，半年内预约及零售达3000余部，两江总督端方一次订购200部，发给江苏省内重要官员人手一部，并命他管辖的安徽、江西两省也各订200部。这部书成为国人系统了解日本法律制度最重要的书籍。

之后，张元济又围绕宪政的主题，先后组织编写出版了《立宪国民读本》、《钦定宪法大纲讲义》（杨廷栋编）、《新编现行法制大意》（陶葆霖）、《新编法学通论》（孟森编）、《九年筹备宪政一览表》（高梦旦编）、《咨议局、资政院、自治会议员必携》、《十六国议院典型》、《议会政党论》、《新译日本议员必携》、《自治论》、《地方自治浅说》等一系列书籍。商务印书馆从出版此类时事书籍中，得到了可观的经济利益。

1911年3月25日（清宣统三年二月二十五日），张元济与方表、沈钧儒、林长民、孟森、孟昭常、邵羲、金邦平、秦瑞玠、高凤谦、陶保霖、陈承泽、陈时夏、陈敬第、陆尔奎、贺绍章、雷奋、杨廷栋、蒲殿俊、蔡文森、熊范舆、刘春霖、刘崇佑、刘崇杰等24人共同发起的《法政杂志》月刊创刊。张元济将创办此杂志的目的归结为："冀上助宪政之进行，下为社会谋幸福。"[①]《法政杂志》是我国最早的法政杂志之一，辛亥革命后，内容从宣传君主立宪转变为宣传民主共和，1915年停刊。从杂志的发起人看，绝大多数都是江苏、浙江、福建立宪派的骨干分子，其中还有好几位是担任过各省的谘议局议长、副议长之类的重要职务。

预备立宪吵吵嚷嚷进行了3年，清廷在立宪派激进分子发起的请愿运动的巨大压力下，不得不宣布缩短预备立宪期限，决定先成立责任内阁，后依次颁布宪法、召集国会。1911年5月8日，内阁成立，成员有总理大臣奕劻（皇族），协理大臣那桐（满族）、徐世昌（汉族），外务大臣梁敦彦（汉族），民政大臣善耆（皇族），度支大臣载泽（皇族），学务大臣唐景崇（汉族），陆军大臣荫昌（满族），海军载洵（皇族），司法大臣绍昌（皇族），农工商大臣溥伦（皇

① 《张元济诗文》，第291页。

族)，邮传大臣盛宣怀（汉族)，理藩大臣寿耆（皇族)。成立内阁，这在中国历史上还是破天荒，从制度上讲是一大进步。但这个内阁的人选却极端不得人心。在内阁13名成员中，满族人有9位，汉族人仅4位；而在9名满族人中，皇族又占了7名。所以，这个内阁是名符其实的“皇族内阁”。这个内阁不仅违反了立宪国皇族不任国务大臣的原则，而且内阁中无一新人物，全是原军机处的老班底。总理大臣奕劻是一个以贪赃枉法著称于世的无才又无德的人物，他无钱不收，无贿不要。他与袁世凯这样的枭雄狼狈为奸，使整个官场贪污贿赂成风，腐败透顶。因此，奕劻内阁一出台，全国上下一片哗然，“一般稍有知识者，无不绝望灰心于政府”①。

在举国上下对奕劻内阁失望之际，张元济等人的看法却又似乎不同。1911年5月中下旬的一天，驻日公使汪大燮从日本回到上海，招张元济与唐文治在张的寓所密谈。他们三人议定请摄政王载沣陪小皇帝溥仪赴英美留学，请庆亲王奕劻当国。“多招贤士，夫为之辅佑，或可挽国运于万一。”他们并推汪大燮赴北京向摄政王载沣当面陈述。汪抵京后见到载沣。载沣置之不理。汪重返日本任所。

8月（闰六月)，张元济利用在北京主持中央教育会的时机，向庆亲王上了一个手折，提出“行政之宗旨”共五条：宜审察国情，以握行政之纲；宜划定区域以作行政之校准；宜扫除旧习，以清行政之根源；宜表明诚意，以结国民之感情；刚断行之，以示政府之威信。在五条宗旨之外，张元济还就“理财”“外交”“民政”“教育”“产业”“交通”“司法”“军备”等具体问题提出建议。从这个手折看来，张元济对庆亲王奕劻这位内阁总理大臣还寄予着很大希望。但问题是，奕劻如此不得人心，又如何去推行张元济的建议呢？张元济对奕劻这个国人皆曰“可杀”的大贪官寄予如此厚望，希望他力挽狂澜，可见他的政治嗅觉是迟钝的。张元济上手折后不到2个月，辛亥武昌起义就爆发了，全国各省纷纷响应，清政府土崩瓦解。一个已经彻底腐朽的封建王朝，是任何人也挽救不了的，何况奕劻这样一个贪庸卑鄙、毫无品格的昏官？

---

① 转引自侯宜杰：《二十世纪初中国政治改革风潮》，中国人民大学出版社2009年版，第386页。

江浙保路运动中的稳健派

20世纪初，随着民族的觉醒，中国人民对帝国主义列强控制中国经济命脉的严重性有了更加深刻的认识，纷纷成立各种路矿公会或协会，开展了声势浩大的收回利权运动。继各省收回矿权斗争后，江浙两省人民首先起来开展收回铁路权的斗争。

1903年（清光绪二十九年）9月，清政府商部奏准各省设立路矿公司。以“宁波帮”资本家李云书为首的浙江绅商闻风而动，于1904年初请准与德国荣华洋行合资建设由上海浦东至浙江乍浦海口，然后再延伸至浙江杭州城外湖墅的墅浦铁路。5月25日（四月十一日），上海《新闻报》登出了这个消息。张元济看到后，认为这条铁路绝对不能修，于是立即致函墅浦铁路总经理沈守廉，指陈利害：

> 昨阅《新闻报》，见乡诸君有创建铁路之举，公推长者主持其事，甚感！甚感！惟是事关桑梓，元济有不能默尔息者，敢为长者一言，并请转告具呈诸君详加筹度。我国未能收治外法权，华洋合股利害本不相敌，铁路于民有无数密切之关系，流弊尤甚。惟部章既定，自不能禁人之来。甬沪一线已归英商承办，呈词虑其独擅利权，设法牵制，用意似深甚或运。然所谓牵制者，不过虑英人之吞并我浙江，而故借德人以相抵制耳。不知德人行政专以帝国主义为准，其进取之手段视英尤急，引与英抗，正无异招虎以拒狼也。如曰铁路有大利，可以为吾民开拓生机，诚然，诚然。然此线所经之地，川渠交错，水运极便。今风气未开，地利未尽，产物无多，水程尽足转运，无俟铁路以为之助。铁路一兴，则向来操此航业者，必致生计转蹙。此中情形不同，固不得援舟车辐凑之地以为解也。且购地、铺土、设轨、行车，事事与土人交涉，而必有洋人参错其间。内地民智晦塞，无异澳非，临事周张，不知有几许纠葛。未见其利，先受其害，又可取焉？且不见德人之在山东乎？请举两事可为龟鉴：友有偕西人赴济南者，见沿

途乡民无不俯首鹄立，不敢方笑，询其何以如是？则曰见外国人不敢不然。此可见德人之积威矣。英人某游历山东，暮投一旅店，店主人将华人纷纷迁去。无何有德人至，见英人之先至也，令其让己。某不从，德人怒，几将用武。某曰吾英人，非华人，何畏汝？德人无如何而退。德人无礼，则其同类犹如此，而华人更可知矣。济南非通商口岸，而胶济路成，德即强派办事委员。司马昭之心路人皆知，而我又何可引虎入室乎？外人今日断不能瓜分我国，事机之熟其必在二三十年后铁路大通之时。此理较隐，今姑不言，言亦人莫之信。然铁路之在中国，其必为资敌之具，则可决也。运会所至，我辈只手之力，亦岂能障狂澜而东之。然大祸之来，终窃窃焉冀共少缓。病在频危难，时知其必死，而当其未死之时，未有曰汝终不免，毋宁早焉之为愈也。铁路非不可办，而在我国是彷徨内力萎缩之中国，则不可办。而民智未到、手产有限之浙西，尤不可办。洋股非不可合，而在我主权日削，外力增进之中国，则不可合。而强权自逞，凌厉无前之德人，尤不可合。元济不揣冒昧，谨代我浙西亿万生灵请命于仁人君子之前，务祈乘此将定未定之时，设法拒绝。若虑华股已集，势难解散，则或兴工艺或修农业，皆可以挽回已失之利权，拓无穷之生路。一转移间，利害相悬，判若天壤，又何惮而不为乎？元济沉溺西学，久已见摈清议，然于此中外之界，利弊之分，则斤斤自持，不取稍弛。亭林有言："天下兴亡，匹夫有责。"元济不肖，窃援斯义，妄献刍荛，幸乞省览。

从信中可以看出，张元济反对修建墅浦铁路的理由是相当充分的。不仅如此，张元济还对墅浦铁路发起诸人的动机和目的有强烈的怀疑。他在致汪康年的信中有这样的诛心之论："具呈列名诸人，皆有父兄，何以皆避去？此其心最为可诛。列名第六之许宝枢，系弟之内侄，其人行径行同无赖，询其何以为此？则云冀将来可以得钱耳！沈洁斋（即沈守廉）亦舔犊之流，乃郎在沪终日嫖赌，乃谋此事，借供挥霍。乃翁不责惩之，而反为之主持，真可浩叹！"

为了制止这些别有用心的人修建墅浦铁路，张元济立即联络了汤寿潜、汪康年、夏曾佑等一批浙江士绅出来反对，张元济还请《中外时报》主笔夏曾佑等在报上发表长篇论文，详细剖析墅浦铁路不可修建的理由，呼吁浙江人民起来抵制。张元济的呼吁，得到了汤寿潜等浙江绅民的支持，他们运动浙籍京官出面，阻止清政府邮传部批准修建墅浦铁路，斗争终于取得了成功。事后，张元济写信给为此出了大力的汪康年表示感谢。信中说："墅浦铁路得公运动，事能中止，是我浙西亿兆生灵之福。"

甲午战争后，江苏、浙江两省成为英国的势力范围，这里的铁路干线基本上为英国控制。1898年10月15日（光绪二十四年九月初一日），清朝督办铁路总公司大臣盛宣怀与英国怡和洋行签订了由江苏省之苏州，至浙江省之杭州及宁波的铁路建设草约。草约签订后，英国银公司并未及时照约勘测线路。1903年，盛宣怀向英国银公司催促过一次，并声明如6个月之内再不勘路估价，过去所议即作罢论。但到1905年英国银公司仍无动静，亦未签订正式的条约，照理草约已经自动失效。

1905年（光绪三十一年），美国协丰公司代表人柏士（又译作"倍次"）向清政府外务部提出修建杭州经常山至江西边界的铁路，外务部大臣王文韶让柏士与浙江官绅商酌办理。3月29日（二月二十四日），柏士在浙江洋务道许鼎霖、沪宁路总办沈敦和的陪同下来到上海，召集旅沪浙江绅商张元济、汤寿潜、夏曾佑、张美翊等在上海一品香饭店集议。商谈过程中，柏士拿出纸和笔，强行要张元济等签名同意由美国协丰公司修建这条铁路。张元济等均以建造铁路，事关重大，不能由他们几个人擅自做主允诺，必须呈请浙江巡抚及中央政府最后做决定，因而坚决拒绝签字，结果不欢而散。

事后，张元济等从中受到启发，既然要修建铁路，何不援四川、江西成例，集资自办，何必假手外人、丧失利权？5月25日（四月二十二日），张元济与汤寿潜、夏曾佑、张美翊联名致函沪宁路总办沈敦和，正式建议浙江人集资修建铁路。张元济等人建议立即得到沈敦和与浙江绅商们的一致支持。

7月24日（六月二十二日），浙江绅商在上海斜桥洋务局集会，决定成立浙江铁路公司，集资自造铁路，公举道台衔前署两淮盐运使汤寿潜为总理，在籍候补京堂、南浔富商刘锦藻为副总理。张元济被推选为股东代表之一，后又担任董事会董事。与此同时，江苏绅商于同年农历九月集会讨论筹建江苏全省铁路，并于次年四月宣布成立了江苏铁路公司，公举王清穆为总理，张謇为协理，并决定先修沪（上海）嘉（兴）线与浙江的杭（州）嘉（兴）线相衔接。

英国人闻讯后，不甘放弃苏杭甬铁路修筑权，英国公使朱尔典（J.N.Jordan）接连向清政府外务部提出照会，要求清政府收回苏浙路商办的成命。清政府不敢贸然答应，令外务部右侍郎汪大燮与英国方面磋商两全之策。在磋商过程中，汪大燮提出这样的方案：筑路与借款分开，筑路的事不列入合同，算是由“中国自办”；但清政府向英国借款150万镑，存入邮传部，再由邮传部转拨给苏浙两个铁路公司，并由两公司负担各项折扣利息。同时筑路仍选用英国人担任总工程师并由英方代购器材。按照汪大燮的方案，表面上苏浙路由中国人自己建造，但实际上将铁路作抵押，权柄操在英国人之手，路权大部分丧失。英国人对此方案自然表示欢迎，清政府与英国方面于光绪三十三年九月间达成协议。10月20日（九月十四日），清廷谕令江、浙两铁路公司接受这种拨款，“以昭大信，而全邦交”。

对于清政府这种自欺欺人的做法，浙江、江苏两省人民是看得很清楚的。当时浙江铁路学校散发的《敬告同胞》揭露说：“人家有钱，偏逼人家借钱！……借钱不过是面子话，实情是霸占路权。……叫我们把股子去附在他名下，明明他是铁路主人，我们附股的不过是客，将来一切主意，都要他出，一切事情，都要他管，这条路全是他的了！借债哪有这种借法?!”

江浙两省人民愤怒地指斥清政府是“宁令国人死，勿触外人怒!”

10月21日（九月十五日），浙江铁路公司在杭州福圣庵口教育总会召开股东大会，会上一致表示：“款本足，无待借；路已成，岂肯押，浙人除遵旨自办外，不知其他。”大会决定，号召浙江各地召开拒款会，以壮声势，同时分电各省请求支持和声援。江浙两省从此开始了声势浩大的拒款运动。

11月10日（十月初五日），浙江旅沪同乡会在上海西门外浙绍公所召开集股大会，张元济、周金箴、何阆仙、杨信之等在沪绅商出席大会。下午大会开始，由张元济宣布开会宗旨，宣布推宁波籍资本家、上海商务总会总理周金箴提任临时议长。周金箴随即登台宣布开会的目的在于备款以拒借款，并勉浙人尽力筹款。随后，俞国祯、马逢伯、王熙普、张元济依次发表演说，反复陈述筹款以拒款的利害，闻之者动容。

在这次会议上，浙江各府代表以及法人团体、个人当场认股，共计2200余万元，认股最多的宁波府700万元，绍兴府500万元，湖州府400万—500万元，杭州府约300万元，张元济代表嘉兴府认股100万元。认股后，张元济再次上台劝勉到会代表，说“今日集股踊跃，深为可喜，然仆恐明日上海某报必将登载其事，诮吾等所资之股，全系空话，以悦外人之观听，故深望诸君已认之股数，必当尽力招足”云云。随后，杭州拒款会代表何阆仙登台宣布，如清廷强迫借款，则不纳练兵费及各项杂税，并举行“同盟罢工”。张元济反对罢工这样的激进主张，说罢工系消极主义，不宜宣布，并提出三点办法：一是，力请朝廷收回成命；二是，叩阍；三是，江浙路事见由江浙人自办。会后，浙江各地股东发表通电表示：“路之存亡，即浙之存亡，亦国之存亡！”“宁死不借外债”。

三天后，江苏铁路公司股东也在上海愚园召开特别大会，会上共认股1300余万元。

就在这个敏感时刻，《上海泰晤士报》却发表一则毫无根据的消息，称张元济与汪康年、夏曾佑、叶瀚正在与日本人私议借款造浙江铁路。在民气同仇敌忾保利权的时候，发布这样一条消息确实非同小可。①张元济见报后，委托哈华托律师致函《上海泰晤士报》令其更正。同时，张元济又听说浙人连横将根据该报消息印发传单，立即致函连横，告以他已委托律师让报馆更正不实消息，并请连横毋轻信谣言。但连横不听，还是据《上海泰晤士报》的消息刊发了传单。为还击连横的轻率举动，张元济与汪康年等就连横诬捏事向清政府商部提出控告。商部接到张元济等人的控告后，请上海道台袁树勋查办。

1905年10月24日（光绪三十一年九月二十六日），袁树勋托张謇、赵凤昌出面与张元济谈话，交换意见，张謇、赵凤昌希望控告连横一案“和平了结”。次日，张元济致函袁树勋，就连横擅发传单一事表明态度：“弟等再四思维，只

① 外务部右侍郎汪大燮（浙江钱塘人）因与英国人签订严重损害中国利权的协议，饱受浙江人的攻击，“全浙士民泣血控诉”汪大燮的“十大罪状”，宣布开除汪的浙江籍，永不认其为浙江人，并扬言要毁汪的祖坟，要为他铸铁像长跪在浙人面前，甚至有人扬言要刺杀汪大燮，浙人当时之激烈情绪可见一斑。

可先行登报声明，然欲免浙路前途之障碍，不能不求此事之水落石出。迫不获已，只可至商部呈诉。……现商部既请钧处查办，自不能不以公事行之。且连君先有非至公堂不肯呈出凭据之言，则弟等不请堂讯转似有心规避。……现夏、叶两君均在沪静候传质，不敢擅离。”

11月13日（十月十七日），由浙江知名绅商周金箴、王存善、严信原、沈敦和等出面在上海一枝香菜馆设宴调解，张元济、汪康年及连横等到会。连横提出先由他致函日本调查，以两周为期。到会诸人会议，如连横逾期不能交出，即作无证据论。11月28日（十一月初二日），周金箴等又集于一枝香菜馆，以致函日本调查约期已满，而连横又托故不到场，所谓凭据亦不交阅，公议作无证据论。由于连横捕风捉影，拿不出真凭实据，被迫于12月13日（十一月十七日）在《南方日报》刊登两则告白：一则为上上海道呈文，二则为致全浙同乡会公鉴。连横在告白中对前据《上海泰晤士报》消息轻率散发传单，“讹传”汪康年、张元济、夏曾佑、叶瀚四人与日本人私议借款造路事“引咎自责”，表示愿为张元济、汪康年等“广为洗刷”。一场官司终以连横认错道歉而告结束。

1906年10月26日（光绪三十二年九月初九日），浙江铁路有限公司股东会第一次会议在杭州小米巷法政学堂举行。在推举会议议长时，有人推张元济，有人推张美翊，“两张”均表示“实业首重资本”，谦让议长一席。于是众推湖州资本家刘锦藻为议长主持会议，张元济在会上当选为查账人。

当时，有一个重大的问题，就是是否聘请外国工程师。在会议讨论是否聘请外国工程师前，张元济曾单独约汤寿潜谈话。张元济主张推荐英国人罗士担任浙路工程师，不赞成聘用日本人。张元济说：“日本逼近我国，挟其新胜之势，攫取权利惟恐稍后，其工程师不免挟国家主义而来，则应付更难。”汤寿潜当时未表态，只是表示待考察后再定。但实际上，汤寿潜是不主张聘请外国工程师的。果然，1907年5月1日（光绪三十三年三月十九日），汤寿潜即以全浙铁路董事会的名义致函张元济，声称聘外国工程师须俟至江墅铁路安轨之后，并邀张元济赴杭州相助汤寿潜。次日，张元济复函全浙铁路公司董事会，质问何以不用可恃之外国工程师，而必专用不可恃之华工程师？最后表示：“弟与诸君子暨蛰公（汤寿潜）意见不敢苟同，故不敢来。”由此看来，张元济与汤寿潜等人在一些具体问题上发生了严重分歧。

尽管如此，张元济作为全浙铁路董事会董事，仍就他力所能及做了不少工作。

1907年10月22日（光绪三十三年九月十六日），浙江全省铁路公司召开股东大会，抗议清政府向英国借款筑路，并成立“拒款会”。同日，张元济与王文韶、陆元鼎、陶葆霖、濮子潼、樊恭煦等浙江11府115名绅士联名请浙江巡抚代奏公呈，请求浙路自办，不借外款。

11月25日（十月二十日），全浙国民拒款会在杭州召开，官绅商学各界3000多人参加，大会推举告老回原籍的前大学士、军机大臣王文韶为会长，张元济与王廷栋被推举为副会长，决定通电各省，寻求舆论支持。随后，江浙两铁路公司又推举王文韶为总代表，张元济、孙诒让（代表浙江铁路公司）与王同愈、许鼎霖（代表江苏铁路公司）为副代表，专程入京要求清政府收回成命。王文韶因为年老多病，未能入京，他专门上了一个折子，陈述他的意见。

12月10日（十一月初六日），张元济、孙诒让、王同愈、许鼎霖等4名副代表从上海启程进京谈判拒借英款事，数百人到码头为代表送行，并行鞠躬礼，大家欢呼“代表万岁！铁路万岁！中国万岁！”的口号，场面令人感动。

12月16日（十一月十二日），张元济等4名代表抵达北京，住米市胡同。到京后，张元济即往访汪大燮，了解与英国谈判借款的始末。12月19日（十一月十五日），张元济等4名代表谒见外务部尚书袁世凯，历陈两省民情高涨，不可轻视。袁世凯却打着官腔说：“国势积弱，外交棘手，民间亦应仰体。”但袁世凯同时也表示，日内将到部查阅档案。

12月25日（十一月二十一日），庆亲王奕劻在外务部召见4名代表，奕劻表示：“无论如何磋商，总须政府、外交、民情各方面处处顺合。”一名代表回答说：“系铃解铃，应责成盛宣怀磋废草约。”盛宣怀起初还想推诿，但迫于众议，始允尽力磋商。庆亲王令各代表查阅档案，各代表粗览后发现，英国历次有关借款照会，均系前总理衙门英国股及路矿局所办，王文韶批定。张元济本人当时担任英国股路矿局章京，并有分办稿在案。张元济阅后，十分气愤地对汪大燮说：“皆误于法政生之胡闹”，“上下相蒙”。次日，张元济等4名代表再次往谒奕劻，重申遵旨商办，不认借款的立场，奕劻答以宜彼此设法。

1908年1月7日（光绪三十三年十二月初四日），张元济等4名代表再次往谒外务部各堂官磋商，袁世凯提出所谓“邦交民心两面兼顾”的“部借部还”方案，即将此款改为邮传部承借，另筹顾全商办的办法。4代表回答：“现在募股已经达到4200万元，遵旨自办，不难措手，请外务部谅解微衷。”双方各持一端，无法取得一致。1月10日（十二月初七日），张元济等又与铁路局长梁士诒会谈，梁称“部借部还”大纲已经确定，不可更改，其他问题可以代向部中商量。

由于谈判不成功，4名代表经商定后，派张元济与王同愈先返回上海报告。1月28日（十二月二十三日）晚，张、王回到上海，即到浙、苏两铁路公司报告在京中谈判情形。

1908年2月5日（光绪三十四年一月初四日），张元济发表公启，宣布辞去浙江铁路公司董事会董事等所有职务。此举遭到一些人的非议，认为张元济有意规避，推卸自己的责任。汤寿潜代表董事会挽留，张元济致函汤寿潜表白说：“所登告白业已于今停止。至‘风波’二字，公意指路事言，而弟则指个人言。到京后，谣言蜂起，俨各有刀锯在前之象。南中故交，都门至友，均劝弟不必留京冒险。弟以既受委托，本已预备此著，生死之事亦遂度外置。维时事事均作查抄拿问之准备。（金仲濂回沪，将所有文件托其带归即此意也。）迨公司既定转圜办法，而谣言不大，即弟以不能遂吾初志，故亦翻然思归。（拒款拼命值得，若转圜则不值得矣。）此意迄未为公一言，辱承关爱，故特一披露耳。”[①]

浙江自办铁路，本来是张元济等资产阶级立宪派上层人士提议并发动起来的，但随着运动的深入开展，资产阶级革命党人甚至会党群众均参加了进来。尽管立宪派绅商们极力主张“文明争路”，极力把拒款运动限制在函电请求与依法争辩的层次，但资产阶级革命人、会党群众和中下层劳动人民却越来越激烈。1907年11月3日（光绪三十三年九月二十八日），章太炎、陶成章等在东京锦辉馆召开苏杭甬路事研究会，章太炎发表演讲称，目前苏杭甬路事非口舌舆论

① 《张元济年谱》，第75页。

所能挽回，只有派代表回国鼓动人民摆脱立宪派绅士的控制，举行全体罢市，罢市以后，占据电报局，打破抚台衙门，宣布江浙两省同时自主。

11月25日（十月二十日），在浙江全省国民拒款大会上，同盟会浙江分会副会长顾乃斌在会场散发传单，提出了“不完粮，不纳税，谋江浙独立”的口号，革命党人还组织了以平洋党首领竺绍康为首的决死队，图谋刺杀盛宣怀等人。此外，商人罢市、工人罢工的口号也提了出来，这不仅使清政府内外官吏胆战心惊，而且也直接威胁到资产阶级立宪派和上层绅商们的利益。正是在这个时候，江浙两省饥民抢米风潮迭起，会党分子乘机活动，整个局势相当紧张。两江总督端方在给朝廷的奏折中说：“两省人心嚣然不靖，苏、松、嘉、湖枭匪方炽，设若附合，深为可虑。上海宁波帮人最多，工商劳役皆有，向称强悍，屡有路事决裂，全体罢工之谣。”①

正是在这样的背景下，作为资产阶级立宪派上层绅商中最温和稳健的一员，张元济害怕局势继续发展下去会失去控制，重演“庚子之乱”，因此首先打起了退堂鼓。1908年2月26日（光绪三十四年一月二十五日），张元济写信给浙江铁路公司副总理刘锦藻，提议对浙路合同事“只有隐忍了结”②，即接受清政府提出的“部借部还”方案，以免局势失控。

张元济的提议得到汤寿潜、刘锦藻等上层人士的赞成，他们决定在一定条件下承认部拨借款，并由邮传部奏定了一项“章程”，作为存借清还的依据。但是，第一批“部拨存款”领到后，浙、苏省铁路公司相约存入银行，不用分文，准备随时缴还；同时不让英国总工程师过问路事。这样，英国如不肯如期交付借款，邮传部也就无法如期拨款。“章程”还规定：到期不拨或拨付不全，“章程”自动作废。1909年上半年，两公司以此为依据向邮传部提出退款废约，邮传部支吾搪塞。

1909年12月1日（宣统元年十月十八日），清廷宣布革去汤寿潜的浙江铁路公司总理，改授江西提学使。这是清廷的调虎离山之计，浙人为此大哗，本

---

① 李新主编：《中华民国史》第1编下册，中华书局2011年版，第37页。

② 《张元济年谱》，第76页。

已沉寂一时的浙江人心又被激起来。12月8日（十月二十五日），浙路沪杭新旧董事褚成博等44人联名致电浙江籍京官葛振卿等，请求清廷收回成命。褚成博等事前未征求张元济的同意，亦将其列名于电报中。张元济发现后，立即分别致书葛振卿及浙路公司董事会，公开声明自己不赞成挽留汤寿潜。函称："蛰老（汤寿潜）总理浙路于今4年，心力交瘁，须发转白。昔年公司成立之始，元济曾以大义责令受事，今见其艰苦至是，而又无从为之旁助，抚心自思，实有不忍。故今岁股东常会之前，蛰老宣布辞职意见书，即语元济勿再反对，元济诺之。今忽列名挽留，出尔反尔，无以对蛰老，抑亦无以对己。"[①]张元济此函，表面上说是不忍看到汤寿潜过于劳累，但实际的原因还是不同意与清朝作对到底。

12月17日（十一月初五日），张元济在致朱福诜的私函中申述了不愿挽留汤寿潜的真实原因，信中写道："日前浙路公司因蛰翁简赣学，电恳请同乡设法挽回一事，元济并未与闻。除具公函声明外，谨再为函丈陈之。蛰翁任总理四年，精力交瘁，公司定章，本以四年为一任，于理可去。每届股东开会，蛰仙无不求退。今有可退之机，则其求退之心愈切，且关系全省之事，似无一人永远担任之道，于义亦可去。且今之必欲留蛰仙者，以为蛰去则路亡耳。事果如此，元济岂不赞成，而无如揆之事实有不然之事，请得而详言之：洋工程师在邮部定章范围之内，不能不用。而蛰仙深恶痛绝，恐日后必大启冲突，一也；又杭甬路线限三年竣工，今已虚度一年有十月尚未着手，蛰仙诿咎于洋工程师之故为迟缓。无论有无此事，就如其言，而洋工程师之敢于迟缓，实亦总理不能驾驭有方，二也；缴股之事已成弩末，不用存款，恐无观成之日。蛰仙创议不用在前，岂能出尔反尔，三也。其他理由尚多，元济不必尽述。故今春股东常会，蛰仙先期刊布公启，坚辞总理，曾语元济勿再出阻。元济诺之，谓匪独不阻，且极赞成。夫所以赞成者，非有恶于蛰仙，正所以爱蛰仙也。元济尝谓邮部存款章程既定，蛰仙若辞去总理，最为恰到好处。及今放手，已嫌过时，若再迟疑，恐更减色。蛰仙在侪辈中最为有用之材，正惟为有用之才，而不能

---

① 《张元济书札》，第1317—1318页。

不曲尽其保全之策。函丈于蛰仙期之最深，而亦爱之最挚，元济确有可见，故敢贡其愚忱。诸乡老中恐有未能尽悉者，可否以管蠡之见婉为转陈，不无裨益。”①

事实上，张元济与汤寿潜的分歧，除是否聘请外国工程师等具体问题外，主要还是两人在对待清廷的态度上有根本的分歧。

在保路运动中，汤寿潜的态度也越来越激烈。与张元济同样持低调态度的汪康年就对汤寿潜的所作所为持严厉的批评立场。他说：“蛰仙之于路，究欲始终其事乎？抑欲借端自脱乎？其对于汪（大燮）、盛（宣怀），诚恶而思去之乎？抑以为题目乎？外交之为难，彼诚不知乎？抑故意示异乎？吾辈浅人实不能测。唯有可断言者，则蛰仙之识见、才能、经验实不能办此事，且相去甚远。观彼于对内对外绝无可法，惟知说蛮话为种种挟制之计，亦足知其无能矣。”

这时，全国政治局势的发展已明显走向与清政府对抗和革命的道路上去，张元济无力制止，他只能采取消极沉默的办法。

对于清政府邮传部要求浙江铁路公司改选总理的命令，浙江铁路公司在上海召开股东临时大会，决定一致挽留汤寿潜，否则宁可解散公司。浙江铁路公司致邮传部电报以十分强硬的措辞说：“浙路遵大部另举总理前电，特开大会，全体以解散要求汤寿潜续任，即赴赣亦需遥领，不允不已！”

由于民情激烈，清政府也不敢采取高压手段，汤寿潜终于没有去江西，浙江铁路公司也没有改选总理。这件事说明，已至末世的清政府已经完全失去了其统治的权威！就在这种对抗的气氛中，沪杭铁路于1909年8月13日全线竣工通车！

1910年8月17日，清廷令盛宣怀回邮传部右侍郎本任，这是准备对外借款的一个信号。汤寿潜于22日致电军机处，直斥盛宣怀为浙路风潮的“罪魁祸首”，要求把盛宣怀调离邮传部，“以谢天下”。汤寿潜此举再次激怒了清廷。但此时的清廷已经是摇摇欲坠，也不敢对汤寿潜做过分的打压。

辛亥武昌起义后，各省纷纷独立响应。浙江省光复后，汤寿潜这位立宪派

① 《张元济书札》，第351页。

大老被年轻的革命党人拉去当上了浙江军政府的第一任都督。汤寿潜没有忘记他的立宪派朋友，几次电请张元济担任浙江代表，赴武汉参与筹组未来的共和国中央政府。汤寿潜的电报说：“浙得我公为代表，浙有人矣！”在这个问题上，张元济一开始就比较清醒，婉言谢绝了汤寿潜的好意。在回电中说：“欲建新事业，必得新人物。腐败如弟，断非所宜，误公兼误浙。乡邻有斗，公撄冠，而我闭户可乎？”张元济的回答基本上是对的。确实，面临巨变的伟大时代，作为温和低调的立宪派，张元济的思想状态肯定不适应骤然到来的共和国。但汤寿潜不能理解张元济的心情，同一天，他再次打电报给张元济，要张元济担任“赴鄂代表之领袖”。

推翻清王朝，建立中华民国，本来是资产阶级革命党人多年浴血奋战的成果，但年轻的资产阶级革命党人竟然与政治主张对立的立宪派“咸与维新”，将立宪派的头面人物拉进革命的军政府，从而模糊了两者之间的界限，这是辛亥革命失败的一个重要原因。在这个问题上，张元济一直坚持着“道不同，不相与谋”的古训，不想浑水摸鱼。11月20日（九月三十日），张元济复电说“代表责任重”，“必从事于军政府或向来有功于革命事业者，方可胜任”。看来，张元济在这个问题上倒还是表现出了自知之明和君子风度！

就在这时候，有人用“国民公启”的名义散布传单，诬称张元济受袁世凯的嗾使，为之运动报馆，造汉阳失守的谣言云云。此事非同小可，不仅关系个人名誉，而且事关革命大局，不能不辩清。1911年12月8日（十月十八日），张元济特在革命党人的机关报《民立报》第一版广告栏发表《张菊生启事》：

> 昨见国民公启传单，谓鄙人受袁世凯嗾使，为之运动报馆，造汉阳失守之谣云云。揣言者之意，不过谓鄙人欲借此以博富贵。鄙人于丙午复职以后，始终未入官途，何独于危亡颠覆之时转发做官思想？若欲得钱，则取不义之财，孰有如做官之便者？终岁勤劳，仅博砚田之获，亦十有余年矣，何一旦改其初志也。钟鸣漏尽，及时报复，哀我同胞，何必甘为阮圆海乎？此等无稽之言，本不足辩，因名誉有关，兼恐有损各报馆之名誉，故特声明！

启事登出后，谣言也就被人们渐渐忘记了。

与清廷藕断丝连

1904年（光绪三十年），慈禧太后七十大寿，大赦天下。大赦令宣布：在戊戌政变中受到处分的大小官员，除康有为、梁启超外，“其余戊戌案内各员，均着免其既往，予以自新。曾经革职者，俱着开复原衔；其通饬缉拿，并现在监狱及交地方官管束者，一体开释；事犯在此次恩旨以前者，概行免究”。这样一来，张元济等人的处分全部勾销。

清廷宣布张元济等复职不久，军机大臣、外务部尚书瞿鸿禨有意起用自己的门生张元济，并托汪康年出面试探张元济是否有意重返官场，到外务部任职。

瞿鸿禨（1850—1918），湖南善化（今长沙）人，曾任浙江学政，是张元济、蔡元培等中举人时的座师。他很赏识张元济，有意拉他一把。但此时，张元济因经营商务印书馆成功，已无意于重返官场。1904年8月14日（光绪三十年七月初四日），张元济写信给汪康年，坦率地说出了自己的真实想法：“善化师（即瞿鸿禨）拳拳于弟，至为可感。惟数年以来，自镜稍明。如今时势，断非我一无知能者所可补救。若复旅进旅退，但图侥幸之一官，则非所以自待，抑亦非所以对师门也。晤时如再询及，尚祈婉达鄙意。来书吾辈既为国民云云，诚然，诚然。然亦只能尽其力所能为者。弟近为商务印书馆编纂小学教科书，颇自谓可尽我国民义务。平心思之，视浮沉郎署，终日作纸上空谈者，不可谓不高出一层也。”①

然而，张元济虽不想做官，清政府的衙门却没有忘记他。1906年1月（光绪三十一年十二月），清学部奏准将张元济开复原官，调到学部任参事厅行走。张元济虽然对仕途已不再热衷，但面对这突如其来的任职通知，思想上还是有一番激烈斗争。他函告汪康年：“学部奏调函电络绎，敦促北上。此事究于前途

---

①《汪康年师友书札》第2册，第1741页。

关系至大，已允痔疾稍痊，即便就道。惟行期尚款定耳。到京之后，决不久留。如有人询及，乞代宣布。弟不欲与人争，不可不使人知我意也。”[①]可见，这时张元济的内心还有一些矛盾。

二月二十四日，张元济离沪入京到学部报到。闰四月十三日，外务部筹设储才馆，奏调张元济为提调，负责筹办储才馆。在短短3个月内，张元济先后为学部、外务部草拟各种章程、办法及条陈19件。从上述文件中，我们可以看出张元济的教育思想。

《关于学费标准致学堂官书》指出，要普及教育，就必须多设学堂；如学费过低，则教育经费不足，学堂建不起来；而学堂少，失学者就多。在当年学堂建设刚起步的时候，张元济建议稍为提高学费标准，他还就初小、高小、中学、高等学堂及实业学校的收费标准提出了上下浮动的标准。

《关于教会学校章程致学部堂官书》建议对教会学校不宜歧视，应允许信仰基督教的学生免行祭拜孔子礼。

《议管理留学欧美学生办法致学部堂官书》建议请驻英美德各国使馆查明留学生的情况，动员他们回国，由学部奖励录用，优秀的由学部破格录用。其余的可以派遣办学堂，或担任教员，或兴办实业。

《为寺庙办学致学部堂官书》建议对寺庙办学予以提倡并予保护，而不宜淡漠视之。

不久，张元济调到外务部任职。当时外务部总管大臣是奕劻，协办大臣是瞿鸿禨，侍郎是唐绍仪。张元济到外务部不到10天，即称病请假南返。离职的原因是与顶头上司唐绍仪意见不合。唐是清朝第一批留美学生出身，是著名的洋务派官僚，中华民国成立后担任第一任国务总理。张、唐冲突的内容现在还不清楚，按说唐是洋务派官僚，不是那种顽固派，他们办的又是洋务，应该不致有太大的冲突。

张元济南下后，储才馆的同事李审之、文溥、陈懋鼎写信告诉张元济，称他所拟的储才馆折片及附件已为光绪皇帝批览。瞿鸿禨在张的请假呈文上批示：

---

① 《汪康年师友书札》第2册，第1742—1743页。

“着给假3个月调理，假满即速来京当差，不可因病推诿，致负委任。”李审之等将瞿鸿禨的批示抄给张元济，并一再函请他去北京继续供职。在上司与同事的一再邀请下，张元济于光绪三十二年五月下旬致函恩师瞿鸿禨，称“前夕匆匆出都，实因有不得已之事，不能不托故而去。……现已就医诊视，据云尚易调治，可勿动刀。一俟假满秋凉，遵即入都供职”。

1906年11月30日（光绪三十二年十月十五日），张元济再度北上任职。12月8日（十月二十三日）到学部报到。12月13日（十月二十八日）谒见庆亲王奕劻。奕劻嘱将应调储才馆的员生名单开给他。次日，张元济即拟定了《拟请调员生说帖》，名单上请奏调伍光建、温宗尧、严璩、夏偕复、容揆、戴陈霖、文惠厢、李家鏊、陈锦涛、董鸿祎、张煜金等11人，另推荐正在国外留学的王宠惠、严锦荣、薛颂瀛等人。

此外，张元济还陆续拟了《筹划开办储才馆事宜说帖》《草拟储才馆办事章程》《草拟储才馆学习员章程》等。

奕劻于十一月二十八日面谕张元济即日开办储才馆。但数日后，张元济又不告而别，南下上海。次年（1907年）二月初旬，才具呈外务部请求开去馆差。但外务部仍不允，来电敦促他进京，并拨款5000两白银让张元济在上海采办储才馆所需的中西图书。张元济没有接受这桩差使，回电指出采购西文最好请驻外使馆在当地国购买。3月26日（二月十三日），张元济致函瞿鸿禨，解释其辞职苦衷：“去冬乞假南旋，实非得已。邸堂知遇，函丈栽培，每以念及，辄思奋勉。惟长官未尽融洽，同列复多猜疑，就念黾勉从公，日夕趋奉，而阻力丛生，安能事事禀承，必有颠覆之日。筹思再四，宁可元济受畏事之诮，而不可使邸堂暨吾师有失知人之明。”

事情往往有些奇怪。张元济不热衷于做官，而清廷却偏偏盯住他不放。张元济好不容易辞去外务部和学部的差使，邮传部奏调他为丞参上行走的任命又接踵而来。邮传部尚书岑春煊函电交加，催张元济赴京任职。但张元济终没有应召，其原因，张元济在致度支部侍郎林绍年书中有所表白：“近荷云帅（指岑春煊）奏调，驰电促行，并述俯念之深，尤为愧对。然此中有万不得已者，非敢矫情绝俗也。外部积弊甚深，欲大加整顿，堂宪恐无此魄力。去春上书邸堂疏通旧有人员，虽蒙嘉纳，而至今未能实行。储才馆调员之始，复有阴力，风声所播，罗致愈难逆料。贤者必不肯来，而来者志在利禄，所谓国家思想渺无所知。若辈在官，安能与之共事！既食其禄，不能不尽其职，元济一身精力几何，馆事已不能胜，其于部务更有何益？明知于事无裨，而虚与委蛇，问世问心，能不自疚？与其空言无补，有负列宪委任，何如早自引退，免致素餐之讥。至于邮传一席，尤不敢滥竽，部属所司均系新政，素未研究，吾信未能，业已电辞，部中亦不相强。今云帅出镇两粤，局面又一变矣。元济非敢自外知音，实自分无此才力。既出为国家任事，而又一无事权，身在局中而坐视其日就败坏，无术挽救，则不如不在其位，心犹少安也。谏臣被黜，闻者不平。朝政清明，岂宜出此。为邸堂计，更不宜以此致滋清议。我公日夕相见，还望忠告善道，毋令天下士气为之短也。”[①]从这封信看来，张元济的基本思想还是不愿做个无所事事、尸位素餐的官僚。而在蒸蒸日上的商务印书馆，张元济则有干不完的实实在在的事要做。

1907年8月11日（光绪三十三年七月初三日），清廷上谕授张元济邮传部左参议，张元济依旧坚辞不就。

1909年7月31日（宣统元年六月十五日），清政府度支部又奏派张元济与唐文治、张謇等三名在野的大绅商为度支部咨议官。

1911年6月20日（宣统三年五月二十四日），清政府学部成立中央教育会，派张謇为会长，张元济与直隶提学使傅增湘为副会长。中央教育会是半官方、半民间性质的学术团体，张元济以其“事关公益”，爽快地接受了。

7月10日（六月十五日），张元济与傅增湘、刘春霖（末代状元）等同车入都。7月15日（六月二十日），中央教育会开幕，出席会议的有学部官员及来自全国各地教育界的代表共150人，学部大臣唐景崇致开会辞，指明开会的动机和宗旨。他说：“现在朝廷开设议院期限业经缩短，教育之重要紧急者莫如普及……方今学界意议，大致分理想、实验两派，理想家以急进为主义，实验家以慎重为主义。本会诸君殚精教育历有年所，又皆熟悉地方利弊，其于进行之

① 《张元济书札》，第764—765页。

秩序，社会之情形，必能平心商榷，务推本所学及一己之经验，殚竭义蕴，折衷至当，备本部之咨询采纳，上以助国家宪政之治，下以开教育普及之盛。”唐景崇还强调，振兴地方学务必自调查户口、划分学区始；欲筹地方学款必自厘定税则始；欲举行强迫教育，必自地方自治始。这些职权或隶民政部，或属度支部，或属于外省之封疆大吏，决非学界一部分所可主政。“诸君亦应统为提议，果系意见不大，深与教育有裨，本大臣亦应提至内阁与各大臣。”[①]唐景崇强调教育应该配合宪政的推行。

会长张謇的演说又是另外一种声音。他认为，在中国处列强竞争的时代，最迫切的是救亡图强的教育。当务之急是提倡国家主义和军国民主义教育。张謇因为发动立宪请愿运动与清政府发生正面冲突，心绪恶劣，对于中央教育会兴趣不大，只是出于唐景崇的一再敦促，也勉强答应担任半个月的会长。会议开始后，张謇屡次请假，会议议程刚过半，他即离京而去；另一副会长傅增湘因人们对他的身份有疑义，也很少露面，近四分之三的会议由张元济主持。会议共接受议案66件，其中学部提出的9件，各省代表提出的57件。会议历时1个月，共开大会17次。但会议过程中，学部代表与各省代表形成对立的局面，会议过程中，人言庞杂，争论异常激烈；有时甚至互逞口舌，意气之争，让人无所适从，会议进行得很不顺利。直到会议闭幕，仅通过了12件议案，未及开议的有44件之多。通过的12件议案为：（1）停止学生毕业奖励案；（2）军国民教育咨询案；（3）国库补助小学经费案；（4）义务教育章程案；（5）变通考试章程案；（6）教育经费咨询案；（7）初级师范改归省辖案；（8）各省学务公所开讨论会案；（9）统一国语办法案；（10）振兴实业教育案；（11）国库补助养成小学教员经费案；（12）变更初等教育方法案。[②]

也许是出于对中央教育会的失望，在会议闭幕前，张謇等50人又发起成立中国教育会，其中至少有38人是中央教育会成员。中国教育会推选正、副会长，张元济被推举为会长，伍光建、张謇被推举为副会长。显然，张元济的年

---

① 关晓红：《清末中央教育会述论》，《近代史研究》2000年第4期。

② 关晓红：《清末中央教育会述论》，《近代史研究》2000年第4期。

龄、资历和声望都不如张謇，故张元济对张謇屈居己之下感到很不安，当即请求辞职，但没有被接受。不久，招来上海《申报》的批评。8月22日（闰六月二十八日）《申报》刊登一篇未署名的文章——《中国教育会之内幕》，指名攻击张元济“系金港堂主人所雇之商务印书馆经理人，中国教育会既归其主持，则表面上操全国之教育权虽为一书商，而里面操全国之教育权者实为一日本人，于中国教育之前途生莫大之危险”。文章虽然过甚其词，但亦事出有因。因商务印书馆是中日合资的企业，里面有日本人股东、董事、顾问等，这一点，常被人当作攻击的口实。

8月25日（七月初二日），张元济给张謇写了一封表示谦卑的信，试图平息张謇的不满。信中说：“中国教育会蒙公允发启，幸借德望，始能成立。而选举之际，元济乃愧在示前。当众请辞，坚不许可。惟有仍祈俯赐主持，畀以指南，俾得徐达改良教育之目的，不徒元济一人之私幸也。”

由于清政府很快垮台，有关中国教育会人事上的矛盾也就随之烟消云散了。

第五章　主持商务编译所（上）

加盟商务印书馆

商务印书馆是中国第一家现代意义上的新式出版社。在清末至民国的50余年间，它一直始终是全国规模最大、影响最大的出版社，在中国现代出版史上具有突出的地位。

商务印书馆创办于1897年2月11日（清光绪二十三年正月初十日），馆址在上海英租界江西路德昌里，发起人为夏瑞芳、高凤池、鲍咸恩、鲍咸昌等人，核心人物则是夏瑞芳。

夏瑞芳（1871—1914），字粹方，江苏青浦县（今上海市青浦区）人，他父亲在上海董家渡做小摊贩，母亲在美籍牧师家做帮佣，夏瑞芳8岁随父母来到上海，入北美基督教长老会在上海城南开办的清心义塾半工半读，18岁毕业后到同仁医院做护士，一年后改入英国人办的《文汇报》馆学习排字，1894年转到英文《字林西报》馆任排字工，后又转到英文《捷报》馆当排字工头。

高凤池（1863—1950），字翰卿，江苏青浦县（今上海市青浦区）人，与夏瑞芳是同乡，父亲早逝，由母亲一手抚养成人，1874年（时年11岁）入清心义塾半工半读，与夏瑞芳系清心义塾前后期同学，1884年（时年21岁）入美华书馆[1]工作，任校对8年，管理货栈5年、管理银钱账目8年，前后21年。1905年（时年42岁）离开美华书馆，加盟商务印书馆。[2]

鲍咸恩（1861—1910）与鲍咸昌（1865—1929）兄弟是浙江鄞县（今宁波市鄞州区）人，其父鲍哲才为基督教牧师。鲍哲才有三子三女，三子即鲍咸恩、鲍咸昌、鲍咸亨；三女为鲍大姑、鲍钰（翠芳）、鲍懿（翠凤）。鲍咸恩、鲍咸昌兄弟俩均毕业于清心义塾，后至美国基督教长老会在上海创办的美华书馆当学徒。后来，夏瑞芳娶鲍家次女鲍钰（翠芳）为妻，夏与鲍氏兄弟成为郎舅。

那时，上海滩的洋人经常欺侮华工，《捷报》馆总经理兼总编辑英国人奥夏脾气极坏，时常怠慢侮辱华人工友。雄心勃勃且有冒险精神的夏瑞芳不甘心受洋人的窝囊气，于是，他时常邀请高凤池、鲍咸恩、鲍咸昌等同学在上海城隍庙的湖心亭喝茶或者在附近的小饭馆聚餐，讨论将来的出路问题。夏瑞芳与高凤池及鲍氏兄弟都有在外国人办的报刊、出版机构工作的经历，熟悉印刷业务。当时印刷业是一个有利可图的新兴行业。夏瑞芳等估计，只要每月有700元的收入就可以维持，于是他们决定自己出资创办一家印刷所。

刚开办时，印刷所的总资本是3750元，号称4000元，500元为1股，共8股。夏瑞芳、鲍咸恩、鲍咸昌、徐桂生各1股，各500元，高凤池、张桂华、郁厚坤各半股，各250元。最大的股东是张桂华介绍来的沈伯曾，沈是天主教徒，与张桂华是上海电报局的同事，他认两股，共1000元。最初购有手摇印刷机1部，脚踏圆盘机和压印机各3部，租屋3间。鲍氏兄弟在清心义塾任教的大姐给这家印刷所起名为——商务印书馆（英文名The Commercial Press.）。1898年，在北京路顺庆里置房，有屋12间，增添了设备，改用煤油发动机。1900年，盘下日本人在上海经营的修文印书局，获得了一批先进的印刷设备，还从修文印书局那儿学到了用纸型印书的技术，从此业务得以扩大。

① 美华书馆系美国基督教长老会在澳门创办后迁往上海的第一家新式出版印刷机构，业务包括大量印刷《圣经》等基督教图书。该馆用活字机印刷图书等，精美迅速，后又推行石印彩印，比中国传统的木板雕刻印刷更有突出的优势。在商务印书馆、中华书局等中国本土出版机构崛起之前，美华书馆是中国最大的新式出版企业，也是中国新式出版业人才的摇篮。

② 叶新整理：《高凤池日记》，中华书局2022年版，第32、55页。

起初，张元济与夏瑞芳纯粹是出版业务上的关系。南洋公学译书院搞了一批课本书稿要交印刷商承印，夏瑞芳为承揽这笔印刷生意而和张元济相识。两人交往既多，彼此逐渐相识而相知。有一次，夏瑞芳缺少周转资金，求张元济帮忙，张觉得夏为人正派、办事公道，存心想帮他一把，于是为夏介绍了一家钱庄，由张担保透支1000元，帮夏渡过难关。从此，张、夏更加接近。20世纪初，国人翻译日文书籍成为时尚，有的因此大发其财。夏瑞芳为之心动，遂花钱购买了10种日文译稿付印，想大赚一把。不料，书印出来后，销路不畅，光买稿费就损失了1万元。夏在吃亏后向张请教，问这些书为何不能畅销？张回答："你何不把书稿带来给我看看？"张元济看了书稿后告诉夏瑞芳，这些书之所以不能畅销，是因为书的内容太差，故很少有人问津。从这件事上，夏瑞芳意识到，他们几位股东接受的都是初级教育，从事的是排字工作，知识学问十分有限，商务印书馆要想发展壮大，做出一番事业来，非有大学问的人出来掌舵不行，于是他主动邀请张元济这位翰林出身的大学问家加盟商务印书馆。

1901年夏，张元济与印有模同时入股商务印书馆有限公司，原有资本估价为26250元，张元济、印有模两人入股23750元，使商务印书馆的总资本达到5万元。这是张元济加入商务印书馆的第一步。

夏瑞芳的最终目标是把张元济本人拉到商务印书馆来。有一次，夏瑞芳与张元济谈话，夏说，你既然在译书院不得意，能否离开，我们来合作？张以玩笑的口气说，你能请得起我这样高薪金的人吗？夏连忙答复：你在译书院多少薪金，我也出多少。事实上，张元济在南洋公学的月薪是100两银子，而到商务后，夏瑞芳给他的月薪是350两银子。1902年初，张元济正式加入商务印书馆。他与夏瑞芳商定，夏管印刷、发行，张管编书。两人还约定："吾辈当以扶助教育为己任。"①

张元济的加盟，改变了商务印书馆高层成员的知识结构。如前所述，夏、高、鲍诸人都是教会义塾出身，所受的都是初级教育，懂印刷业务但不懂学术，是学术圈外的人，也不熟悉文化人圈内的情况，对所出图书的学术价值亦很难

① 张树年：《张元济年谱》，商务印书馆1991年版，第42页。

做出判断。张元济是进士、翰林出身，又是稳健务实的维新派，学贯中西，与上海、北京、天津、南京、杭州、长沙、成都等大都市的知识分子领袖严复、蔡元培、傅增湘、叶德辉、梁启超、汪康年、沈曾植、劳乃宣、夏曾佑、刘葆良、蒋梦麟、胡适等人关系良好，在学术界、文化界有广泛的影响和知名度。而夏瑞芳虽是排字工人出身，但他为人豁达大度有事业心，能识人、用人，是难得的事业型人才，张元济与夏瑞芳的搭档，奠定了商务印书馆事业发达的人才基础。

商务编译所的发展

张元济从1903年起任商务印书馆编译所所长，1916年出任商务印书馆经理后，编译所事务实际上由高梦旦主持；1918年，张元济正式辞去编译所所长职务，由高梦旦接任。张元济主持编译所15年，基本上奠定了商务印书馆的出版风格及其地位。

1903年，商务编译所成立时只有几个人，在张元济主持下，随着商务印书馆出版事业的发展，编译所的规模也迅速发展扩大，1908年为64人，1921年为160人左右，其中包括少量编辑业务人员，但不包括工友。编译所的编辑和翻译大体上有以下四类：第一类是传统科举功名出身的知识分子，张元济、高梦旦、杜亚泉、庄俞、蒋维乔等是其中的杰出代表；第二类是毕业回国的留学生，如陈承泽、邝富灼、郑贞文、周昌寿、蒋梦麟、杨端六、竺可桢、朱经农等；第三类是国内大中专学校毕业的学生，如沈雁冰（茅盾）、郑振铎、胡愈之等；第四类是一般性的“谋事”的人，这类人流动性较大，在商务印书馆未留下什么踪迹。

曾在编译所参与编辑过小学教科书的著名记者、作家包天笑在《钏影楼回忆录》中描述说：

> 我那天去了，就算是拜访庄百俞，他那里有个小小的会客室，坐定以后，百俞出现，他说：“今天竹庄没有来（按：蒋竹庄，名维乔），要见见

菊生先生吗？你们也是熟人。”张菊老我前在金粟斋译书处时，曾经会见过多次（现在金粟斋出版的严复所译各书，也归商务印书馆发行了），他也和狄楚青相熟，但不甚亲密，不过商务出版的新书广告，只登《时报》一家（有一时期，商务每日出版新书两种，规定登《时报》封面报头旁边，以包月计，每月似为2000元），到上海后，数年来没有见过张菊老，从前的所谓维新党人物，今亦寥落了。

张菊老出见，长袍马褂，风采不减当年，就是同我一样，脑后少一条辫子了。先谈谈金粟斋的旧事，旋问问《时报》馆的近状，然后谈到了正文。他说：“我们出版的小学国文教课书，年年改版，现在革命以后，又要重编了，要请阁下来担任其事。”我说：“我没做过这个工作，恐怕才力不及。”他说：“看过你写的教育小说，深知你能体察儿童心理，必能胜任愉快。”又加上我几顶高帽子，我算是答应了。后来我和庄百俞商量，我只能去编译所半天，因《时报》馆里已去得迟，早晨起不了身，于是定了每日下午1点至5点，星期日休息，他们送我每月40元。

这个编译所规模可大了，一大间屋子，可能有四五十人吧？远不同我从前所游历过的那些编译所，每人一张写字台，总编辑的那张写字台特别大，有一个供参考用的书库。既不像叶浩吾那个“启秀编译所”的杂乱无章，又不同蒋观云那个“珠树园译书处”的闭户著书的型式。虽然这个大厦聚集许多人，却是鸦雀无声，大有肃穆的气象……

我觉得这一个编译所，像一个学校里的课堂。张菊老似一位老师，端坐在那里，披阅文稿，也难得开口；编译员似许多学生，埋头写作，寂静无哗，真比了课堂，还要严肃。我却一向习于松散，自从出了书房门，又当教书匠，以及现在的记者生涯，都是不大受束缚的。而最大的原因，自顾才力疏陋，学殖荒落，商务编译所正多通才博学，珠玉在前，自惭形秽。大约还不到1年，我患了一个头痛之病，却就借病辞职了。①

---

① 包天笑：《钏影楼回忆录》，香港大华出版社1971年版，第390—393页。

著名文学家沈雁冰在他的回忆录《我走过的道路》中说，他一进入编译所，就有同事悄悄告诉他：“编译所中有好多人月薪百元，但长年既不编，亦不译，只见他每天这里瞧瞧，那里看看，或则与人（和他同样的高薪而无所事事者）咬耳朵说话。这些人都有特别后台，特殊社会背景，商务老板豢养这些人，是有特殊用心的。”为此，沈雁冰大发感叹说：“这些内幕情况，使我不胜感慨。我的母亲写了极诚恳的信，请卢表叔不要把我弄到官场去，真料不到这个‘知识之府’的编译所也是个变相的官场。”[①]

但实际上，沈雁冰本人之所以能够进入编译所，也是有其特殊背景的，他的表叔卢学溥[②]（字鉴泉）当时是北京政府财政部公债司司长（1912年3月至1921年3月在职），正是商务印书馆承印政府公债券的最大主顾，故沈雁冰到编译所报到时，不仅张元济亲自接见，而且派了总经理高凤池的座车送沈雁冰及其行李到宿舍。用总经理的座车送一个见习编辑，这是史无前例的举动，于是，立即就有编译所同事很好奇地向沈雁冰打听：“你与总经理是不是亲戚?”沈答：“不是。”这位同事不信，并反问道：“你说不是亲戚，可是自有编译所以来，从没听说一个起码编辑是坐了总经理的专用汽车并由茶房头脑伴送来的。”显然，这些敏感的同事已经看出了沈雁冰的不寻常来历。从这些事可以看出，编译所虽是个文化机关，但它是不可能脱离社会、存在于空中楼阁之中的，社会运行的一般规则在编译所也是通行的，毕竟谁也不能免俗。

在私人企业里，劳动力是一种特殊的资本，作为编译所所长，张元济的责任是要尽可能或最大限度地发挥编译所每一名编译人员的作用，创造尽可能多的利润，让他们多编著、多翻译。要做到这一点，严格的监督检查是必不可缺少的。

1920年7月8日，编译所事务部部长江经畬（字伯训）在奉命调查沈雁冰

---

① 茅盾：《商务印书馆编译所和革新〈小说月报〉的前后》，蔡元培、蒋维乔等：《1897—1987商务印书馆九十年——我和商务印书馆》，商务印书馆1987年版，第145—146页。

② 卢学溥（1877—1956），字鉴泉，浙江桐乡乌镇人，早年中举人，后考进士落第，遂在其祖父创办的乌镇国民初等男学堂（初名乌镇立志书院）担任堂长（即校长）。沈雁冰是卢学溥表侄，曾经就读于该校，得到表叔卢学溥的精心培养。辛亥革命以后，卢学溥历任北京政府财政部秘书、机要科长、公债司司长、次长等职务。沈雁冰进入商务印书馆工作也是卢学溥推荐介绍的。

的工作情况后，向张元济汇报说：“雁冰近3月中本馆所付译费兹另单呈核。此君月薪48元，办事精神尚好，惟担任外间译件不少。近又充共学社社员，终恐不免有分心之处。向来座位设在《四部丛刊》中，此数月来实与《四部》事甚少关系。每月约担任《东方》《教育》杂志1万字左右，不付稿费。前星期起座位移于楼上，夹在（杨）端六、（江）经宇二座位之间，较易稽察。此后成绩或可稍佳。此复菊生先生。”①

对于这种无时无刻不在的监督，不是每一个人都能忍受的。章锡琛亲眼见证了这么一幕。一天，张元济循例巡视编译所，他巡视到一位抄写员的案旁，看他正在写准备石印的尺牍书底样，张元济随手拿起一张细看后，很不满意地发出了“嘻——哈——”的叹气声。不料，这位抄写员突然把笔在案上用力一拍，立起身来大声喊道：“我赚你24块的工钱，你嘻哩哈拉做什么?!”说完转身跑出了办公室。张元济面对这突如其来的情景颇为发窘，立即叫人把他唤住，这位抄写员却头也不回地扬长而去。张元济连连摇头，苦笑说：“好大脾气!”②

这个故事发生在民国元年（1912），这位抄写员姓王，绍兴府萧山县人，清末曾任过多年的府、县衙门幕友，清王朝垮台后失业，投入商务印书馆当抄写员，深感委屈，在受到张元济的不满意指责后，深感自尊心受到严重伤害，立刻爆发“师爷”脾气，卷起铺盖走人。

编译所职员的工资是由总经理和经理商量决定的。大体上，根据各人的学历、资历、职位等因素制定工资的多少。沈雁冰在《我走过的道路》中介绍说，他是国内专科学校毕业，进编译所后最初月工资是24元，而他的同事胡雄才只是中学毕业，月工资只有18元。24元是“编译”人员的最低工资，工作一、二年后可加薪，以5元为度，依次递增，最高可达60元。但那时你可能已经在编译所工作了10多年。但也有一进来就享受50元以上高薪的，那都是已在社会上做过事，有一定资历的人，但这也要看介绍人的来头；如果介绍人就是编译所中的高级职员，也要看他的地位和势力。例如，周由廑是周越然的哥哥，而周

---

① 汪家熔：《商务印书馆史及其他——汪家熔出版史研究文集》，中国书店出版社1998年版，第93页。

② 章锡琛：《漫谈商务印书馆》，《1897—1987商务印书馆九十年——我和商务印书馆》，第110页。

越然在英文部势力极大，除了部长就数他，而他又是创办“函授学校”的建议人，为商务印书馆开辟一条新的生财之道，此时风头正健。周由廑本人在湖州的湖郡女校（教会办的贵族女子学校，毕业后可以由学校保送美国留学）任教多年，本来薪水每月100元。平海澜的情况与周由廑相同。但黄访书进编译所多年，又是部长亲自介绍进来的，此时的月薪也只有40元。①

1921年7月，应邀来商务印书馆进行考察的胡适对编译所职员的月薪做了一个统计。商务印书馆编译所职员169人，300元及以上的2人，250元以上的1人，200元以上的4人，150元以上的8人，120元以上的17人，100元以上的5人，70元以上的14人，50元以上的17人，30元以上的46人，30元以下的62人（其中有学生8人）。月薪50元以下的共108人。这个工资水平还不如高等学校。胡适由此得出的结论是：“除部长、所长及有特别情形者外，其余职员所得薪水非常之少。生活不宽裕，身体上大受影响。”

当然公司的高级职员，如三所所长、各部部长以及各个分馆经理以及部门负责人员等，除工资外，还有津贴、花红等种种额外的收入，有时额外收入超过工资。《张元济日记》中有许多关于给人加津贴、花红等的记录：

> 平海澜前4日要求加薪，已托庐达，以缓至明年。今日又来信要求，庐云可否暗加。与梦翁商定，每月加20元。今年5月，共送100元，作为津贴，无加班、补薪等事。何时需付，即照付。至明年始照加，列入薪水单。——1917年8月9日
>
> 李伯仁要求津贴，已允给200元矣。犹未餍，要求加薪及兰馆贴花红。翰约培初、梦旦与余晤商。余意不能通融，必不得已另换人。梦谓章程之外，如已有奖励金，不能再给花红。翰谓只可少为通融。余谓津贴加给50元，此外不管。翰谓川资可照给，沪旅费，因铁路不通，可以付给。遂定议给津贴250元，上海旅费及赴晋川资均照章给与。由梦与说，并声明加薪须于7年底看成绩再议。——1917年8月16日

① 茅盾：《我走过的道路》上册，人民文学出版社1981年版，第106—107页。

孙振声要求出外双俸。翰意不允，云缓商。余告翰翁。许笃斋月薪45元，明年总当酌加。孙次于许，亦应加。不如明年加至45元，出门一律全年酌给津贴，可否。总宜早说，延宕非计云。——1917年12月24日

从张元济以上三则日记可以看出，公司中下级人员得津贴、花红是有限的。真正能够从中得到好处的，只是公司少数高级管理人员。商务印书馆业务最盛时，公司总经理、经理仅花红收入一项就有一二万元。

“在商言商”的出书原则

作为编译所的所长，张元济的身份就具备双重特性，他既是文化人，又是文化商人。商务印书馆的管理体制是编译所、印刷所、发行所三所并立的体制，商务出什么样的书，张元济有最终的决定权。

有学者说，商务印书馆从来只出版好书，没有出版过一本不像样的坏书。[①]这种说法大体上是可以成立的。但问题是什么是坏书？除去坏书，也不一定就是好书。笔者以为，1949年以前，特别是“张元济时期”，作为私人企业的商务印书馆，其出书大致有以下几个原则：

第一个原则，“纯粹营业主义”。

张元济在考虑选题时，首先要对股东负责，即必须千方百计让股东的股本升值。所以，张元济及其后任都把握一条原则，即商务“从来不出亏本书”[②]。

1914年间，在英国留学的皮宗石（后任北京大学教授、武汉大学法学院院长），杨端六（后任中央研究院研究员、武汉大学教授），周鲠生（历任北京大学、中央大学、武汉大学教授、武大校长、中央研究院院士、评议员），李傥（后任北京大学教授、国民政府财政部国库署署长）等4位湖南学子通过吴稚

---

① 杨宪益：《只出好书的商务印书馆》，《商务印书馆一百年（1897—1997）》，商务印书馆1998年版，第93页。

② 郑贞文：《我所知道的商务印书馆编译所》，《文史资料选辑》第53辑，中国文史出版社2000年版，第158页。

晖、蔡元培向张元济提出，由商务印书馆出版他们的译作，但张元济鉴于销路问题拒绝了。为此，蔡元培在致吴稚晖函中感叹道："昨得菊生函，对于皮、杨、周、李四君之要求，毫不通融，政治、经济、历史等书，销路甚滞，学术界程度之幼稚，可为浩汉！而商务之纯粹营业主义，不肯稍提赢余以应用于开辟风气，且为数年以后之销路计，亦可谓短视者矣。原函奉上，请转致四君一览，且为道歉。"[①]

现存的《张元济日记》中也有许多这方面的记载：

1917年12月14日，在商务编译所会议上，当讨论到《南洋调查录》一书销路不好时，张元济当场指示："以后多退外稿，即总务处答应，亦应驳回。"[②] 1917年9月间，编译所理化部主任杜亚泉提出编《欧洲大战前编》，张元济的答复是："和局不久即定，既定再出后编，前编必不合用，必须修改。且此等销路无多，不如从缓。"[③]

1918年1月中旬，蒋维乔提出翻译出版《佛学词典》，张元济答复："销路不多，为时尚早。"[④]4月3日，张元济在日记中写道："《西溪丛语》已印连史毛边纸2000部。余意难销，且将好版埋没，不如毁去。"[⑤]同一天，张元济在日记中又写道："前数日，裨君以德（国）人某君所著《未来之共和》一书，劝本馆译印。余复以此等政治书销路无多，拟不印等语。"[⑥]

1918年6月间，杜亚泉又向张元济、高梦旦提出办《理科杂志》，张元济的答复是："余意可缓，因无利，又呆占一人也。"[⑦]1929年间，丁文江向张元济建议出版李瀚章女婿孙仲屿的《日益斋日记》。丁文江在致胡适的函中，对这部日记的史料价值有如下的评价："孙（仲屿）是李瀚章的女婿，和丁叔雅、陈伯严、谭复生齐名，当时所谓'四公子'也。……就所抄的十几张看起来，的确

① 高平叔、王世儒编注：《蔡元培书信集》上册，浙江教育出版社2000年版，第208页。
② 《张元济全集》第6卷，第296页。
③ 《张元济全集》第6卷，第260页。
④ 《张元济全集》第6卷，第312页。
⑤ 《张元济全集》第6卷，第355页。
⑥ 《张元济全集》第6卷，第355页。
⑦ 《张元济全集》第6卷，第374页。

是很重要的史料。比如庚子年上海容闳、严又陵所组织的‘国会’，是一件很重要的事件，而《申报》上没有一个字的记载。我问过了当时与闻其事的人（如菊生、楚青）都不得要领，从孙的日记得到了最详细、最忠实的叙述。余樾园说，这日记每天有几百字到几千字，关于学问的札记极多，有刊行的价值。但是我曾向菊生提过，他说商务现状太坏，决计印不出来。”①

如果销路不好，即使已经答应出版的书稿，也必须退稿。1918年9月12日，张元济日记记载道：“邝（富灼）言麦克老所编《生物学与教育》一书，余意不印。但麦曾先来询问，拟编此书，可否印行。渠曾问蒋（维乔）或庄（俞），记忆不真，谓可印行。但此时不印，又有为难。余谓此时营业甚坏，又纸张缺乏，非销路确有把握之书，不欲印行。可以此意婉告。邝谓，是否现在不印，将来仍可印行？余云不能说定，亦不知何时营业方有起色。”②

但在极端特殊的情况下，商务印书馆也不得不“略牺牲营业主义”③。1919年五四运动前后，商务印书馆因其保守的政治立场，出版物滞销，营业陷入空前低谷。为了走出低谷，商务印书馆急需与新文化运动的风云人物合作，以挽回商务印书馆的声誉。1919年2月26日，张元济代表商务印书馆，与代表北京大学的蔡元培校长签订了《北京大学月刊》出版合同，规定该月刊样式仿《东方杂志》，每年出10册，每册以10万字为限。所有制版、印刷、工料及广告等费用，由发行人（商务印书馆）代垫。“销数不满2000部时，所有损耗，由发行人担任。”“销数满2000部以后，如有余利者，著作人得十分之六，发行人得十分之四。”④对于这份出版合同，出版家陈原评论说：“这也是中国近代出版史上罕见的‘买卖’，张元济精于经营，却如此‘迁就’北大……”⑤但是，如果考虑到签订这份合同的特殊时代背景，也就不足为奇了。

---

① 洁甫：《丁文江和商务印书馆》，《商务印书馆九十年》，第558页。

② 《张元济全集》第6卷，第405页。

③ 《张元济日记》上册，第619页。

④ 高平叔撰著：《蔡元培年谱长编》中册，人民教育出版社1998年版，第165页。

⑤ 陈原：《陈原出版文集》，中国书籍出版社1995年版，第414页。

第二个原则，在商言商，与时政保持一致。

作为资本人格化代表的张元济，他必须遵循“在商言商”的原则，与时事政治保持一致，不论时事政治是前进还是倒退，这就叫“趋时”。教科书是商务印书馆早期最大的利润来源，而教科书是尤其需要紧跟时政的。1915年的夏秋间，袁世凯的洪宪帝制复辟活动如火如荼，“筹安会”“全国请愿联合会”等御用请愿团体相继成立，洪宪帝制已经是呼之欲出。当时商务印书馆刚发完秋季用课本，正筹划次年春季使用的教材。张元济为此大费周章：当时商务印书馆出版的小学课本名为《共和国教科书》，一旦洪宪帝制复辟成功就与国体、政体不符，课本就要报废，就将造成巨大的经济损失。为了避免出现这种严重状况，几经衡量后，张元济想出一个两全其美的折中办法：即停印《共和国教科书》，将课本中与帝制有冲突的字眼，如“平等”“自由”等统统删去，改名《普通教科书》，并呈报教育部请求批准。[①]

同年11月26日，张元济写信给老朋友傅增湘，请他在北京就近向官府疏通。函中写道：“敝处先将《共和》书更名《普通》，以为过渡时代之用。已送部复核（照《审查图书规程令》），乞代托张、袁诸君即予批准。陆氏（费逵）在北京，恐出而破坏也。”[②]张元济信中提到的张、袁分别是当时的教育部总长张一麟和次长袁希涛。张元济的这一行动，比袁世凯正式下令“接受推戴”还要早20天。张元济在教科书上煞费心机，并不能说明他内心赞成袁世凯复辟帝制。[③]但为了公司的商机不受损失，他又不得不这么做。1916年3月22日，窃国大盗袁世凯在众叛亲离的局面下宣布撤销帝制，张元济当天即提出“共和（教科）书稿本应即还原”，25日通告各分馆：“帝制取消，应推广共和（教科）书。并将普通（教科）书速即销去，勿退回。”同时电告同业：“现非共和（教科）书不适应，请勿再误会。”[④]5月22日，张元济又命总务处负责人陈叔通起

① 汪家熔：《商务印书馆史及其他》，第45—46页。

② 《张元济傅增湘论书尺牍》，商务印书馆1983年版，第66页。

③ 1916年3月，梁启超离开天津南下广西领导反袁战争时途经上海，张元济立即登门访梁，并答应代为照应梁氏家属。1916年6月6日，袁世凯在全国人民的讨伐和唾骂声中毙命，张元济闻讯后，在当天的日记中写下了“闻袁世凯病毙”6个字，充分反应了他对袁世凯的厌恶之情。

④ 《张元济全集》第6卷，第33、35页。

草上教育部呈文，“为声明校勘及复用共和民国书名事”[①]。6月9日，张元济与编译所同人商定：“普通（教科）书一切改订，但将底稿及纸版留存。共和（教科）书速备新版向（教育）部存案。”6月10日，又命向南方各省组织的中华民国护国军军务院递禀，“请推行共和教科书”[②]。

张元济秉承“在商言商”的原则，对身份敏感者的著作一律不出版，也不代销。

康有为是戊戌维新变法运动的领袖，与张元济的私人关系也不错，辛亥革命后康有为定居上海时，与张元济多有私人往来。但康氏在辛亥革命后一直坚持所谓“虚君共和”、反对民国的立场。1913年2月，康有为在上海办《不忍》杂志（月刊），继续宣传他的“虚君共和”的“救国良方”，多方面攻击诋毁共和民主制度。从1913年2月到11月，共出版8期。1917年，康有为在张勋复辟事件中扮演了重要角色，被封为“弼德院”副院长。张勋复辟成为昙花一现的政治闹剧，复辟失败后，康有为受到北京政府的公开通缉。鲁迅曾以幽默的语调说：“康有为、严复原都是拉车前进的好身手，腿肚粗大，胳膊也粗，这回还是请他拉，拉还是拉，然而却是拉车屁股向后，这里只好用古文，呜呼哀哉，尚飨了。”在通缉令取消后，康有为于1918年1月潜回上海，将《不忍》杂志续出了第九、十两期。康有为鉴于张元济主持的商务印书馆及其分馆与发行机构遍及全国，如果能够替他发行，一定可以扩大他的杂志和著作的影响，于是写信给张元济，询问商务印书馆能否代售《不忍》杂志和他的攻击诋毁共和的《共和平议》一书。对于这位顽固坚持开历史倒车而声名狼藉者的要求，张元济毫不迟疑地拒绝了。[③]

1919年，商务印书馆拒绝出版孙中山的《孙文学说》，引起了一场风波。

1918年5月，在广州的中华民国军政府改组，大元帅孙中山被降为军政府七总裁之一。孙中山在军政府内部受到滇桂军阀唐继尧、陆荣廷等人的排挤，

---

① 《张元济全集》第6卷，第58页。

② 《张元济全集》第6卷，第67、68页。

③ 《张元济日记》1918年3月26日写道：“康长素函询能否代售《不忍杂志》《共和平议》。作函却之。”

愤而于5月21日宣布辞去大元帅职务，离开广州，在访问日本后于6月26日抵达上海寓居。北京的段祺瑞政府命淞沪护军使卢永祥与上海租界当局交涉，要求引渡孙中山，但未能得逞。孙中山回到上海后曾对人说："据近年来经验，知实现理想中之政治，断非其时，故拟取消极态度。将来从著述方面，启发国民。"孙中山认为中华民国成立以来，革命事业一再遭受挫折，其中一个重要原因就是革命党人"于革命宗旨、革命方略亦难免有信仰不笃，奉行不力之咎"，而这又是由"思想错误"造成的，这个"思想错误"就是"知之非艰，行之惟艰"。孙中山有鉴于此，从1918年下半年着手撰写《孙文学说》卷一《行易知难》，于1919年4月初脱稿。孙中山在自序中强调，他写作此书的目的在于破除"知之非艰，行之惟艰"这个"心理之大敌"，使自己的学说为国人所理解和实行。据在孙中山身边的胡汉民说，孙中山以前发表文章或文告，很少自己下笔，唯有这本书自始至终，都是亲笔。4月初，《孙文学说》脱稿，孙中山派他的广东同乡、上海金星人寿保险公司部经理卢信（又名卢信公）将《孙文学说》的一部分手稿送到商务印书馆。当时，南北两个政府正在上海进行和谈，北京政府虽然已于1919年1月8日宣布取消了对孙中山的"通缉"令，但当时南北和谈陷于僵局，孙中山依然是个敏感的政治人物。对于卢信送来的《孙文学说》手稿，在商务印书馆高层看来等于是送来了一个烫手的山芋，张元济不知道该如何处理为好。

请看张元济日记的相关记载：

> 又询，《孙文学说》如何答复？（1919年4月7日）
>
> 《孙文学说》，与梦（旦）商定，先去信问其意见如何？（1919年4月8日）
>
> 卢信公交来《孙文学说》数卷，尚未完全。梦（旦）意恐有不便。余云不如婉却。当往访（卢）信公，并交还原稿。告以政府横暴，言论出版太不自由，敝处难与抗，只可以缓。（1919年4月14日）[①]

---

① 《张元济全集》第7卷，第50—53页。

张元济、高梦旦权衡利弊后，最终决定婉拒《孙文学说》出版。后该书于6月5日由位于上海法租界内的一家小型出版社——华强书局出版发行。尽管《孙文学说》出版了，但孙中山对他的著作遭到国内最大的出版社退稿一直耿耿于怀。张元济9月19日日记记载："本年4月□□日退还《孙文学说》一书不印。本日卢信公来言，当时两商，或商务印，或伊出钱印。今安福部及大学校均印，何以商务竟不肯印，阻碍伊之学说。孙文大怒，将登告白，遍告全国，并出告白一纸见示。余谓，此告白系孙君自有之权，且本馆出书系有关教育，亦极愿闻过。至当时不肯承印，实因官吏专制太甚，商人不敢与抗，并非反对孙君云。卢嘱复一信解说，余允之。26日复去一信，留稿。"①也许是张元济致孙中山的解释信发生了作用的缘故，孙中山的告白暂时压了下来。

事情并没有到此结束。国民党人曹亚伯也许是为领袖孙中山抱不平，又拟了一份攻击商务印书馆的告白送到《申报》《新闻报》《时报》等上海几家大报要求刊登。《申报》等与商务印书馆有多年业务关系，没有刊登曹亚伯的告白，还把它送到了老主顾商务印书馆当局的手中。于是，商务印书馆决策层又进行了一番讨论。张元济9月24日日记记载："《申报》送到曹亚伯诋毁本馆告白一纸，云不登。其词句，与前日卢信公持来之稿大致相同。即持访丁律师。据云，可以起诉。但曹君家住法（租）界，其亚林药厂又在华界，其人太无价值，不值与讼。如能不登最好。即访仙华，告知一切。仙华往《新闻报》商阻，并派人至《时报》接洽矣。"②《申报》等虽然表示可以考虑不登曹亚伯的告白，但要求商务印书馆补偿他们的广告费损失。张元济9月25日日记载："曹亚伯告白事，《申报》告赵，言恐终难拒绝。《新闻报》颇有要求，谓失去告白费一百数十元。仲谷来商对付。余代拟致两报公信、私信各一封，仍托赵廉丞送去。"③9月26日，商务印书馆总务处会议决定：《新闻报》馆前借商务印书馆的2000元续借；《申报》《新闻报》各给特别告白一份，约180元之谱。商务印书馆这才

① 《张元济全集》第7卷，第131页。

② 《张元济日记》，1919年9月24日。

③ 《张元济全集》第7卷，第132页。

将报馆摆平。在商务印书馆做了这番工作后，曹亚伯的告白终于被上海报界“封杀”。孙中山从这一事件中认识到了出版机关对于一个政党的重要性。1920年1月29日，他发表《致海外国民党同志函》。在函中，孙中山以极严厉的措辞，不指名地批评了商务印书馆负责人张元济，并由此提出了创办“最大最新式之印刷机关”的计划。[①]

当时统治上海的是北洋皖系军阀、淞沪护军使卢永祥，他严禁在他的地盘上出版宣传革命党及所谓“过激主义”的书刊。据《张元济日记》载，1919年6月30日，商务印书馆替某俄国人印刷报纸，引起旧沙俄驻华领事馆的注意并提出交涉，淞沪护军使卢永祥即命警察来到公司查问。次日，交涉使又来信查问，并索阅该报。由此可见，商务印书馆作为旧中国最大的出版企业，为了在动荡纷争的乱世中长久生存，必须避免卷入政治纷争中去，绝不可能充当政府反对党派的宣传工具，不能出版为政府当局忌讳的出版物。不与政府当局作对，这是商务印书馆自身生存的需要。因此，张元济等拒印《孙文学说》，并不说明他反对孙中山，更不能由此说明他就是孙中山所指责的“保皇党余孽”，这是必须指出的。

1925年“五卅运动”中，上海各报慑于帝国主义租界当局的淫威，都不敢

---

① 该函声称：“我国印刷机关，惟商务印书馆号称宏大，而其在营业上有垄断性质，固无论矣，且为保皇党之余孽所把持。故其所出一切书籍，均带保皇党气味，而又陈腐不堪读。不特此也，又且压抑新出版物，凡属吾党印刷之件，及外界与新思想有关之著作，彼皆拒不代印。即如《孙文学说》一书，曾经其拒绝，不得已自己印刷。当此新文化倡导正盛之时，乃受该书馆所抑阻，四望全国，别无他处大印刷机关，以致吾党近日有绝大计划之著作，并各同志最好有价值之撰述，皆不能尽行出版。此就吾党宣传宗旨之不便言之。至由营利上观察，现在出版书报，逐日增加，商业告白与时俱进，而印刷依然如前，无资力者不能改良机器，扩张营业，故印刷事业为商务印书馆所独占，利益为所专，而思想亦为所制。近者陈竞存兄提倡在广东设西南大学，已有成议。大学成后，于印刷事业上又增一新市场。吾党不起而图之，又徒为商务印书馆利。综观近日印刷品之增进，其所要求于印刷机关之供给者甚多，断非一二印书馆所能供其要求，又断不能任一二家所垄断。试观日本一国印书馆，大者何止十数，小者正不可胜计。其营业之发达，乃与文化之进步为正比例。今者我国因新文化之趋势，一时受直接影响者，如全国各学校之改良教科、编印讲义，硕学鸿儒之发愤著作等等，均有待于印刷事业之扩张。至于商场上之各种新式告白，需求更切。故以现势度之，此种印刷机关，营业上必可获利。以故吾人深感现在之痛苦，预测将来之需要，从速设立一大印刷机关，诚不可谓非急务矣。”参见《孙中山全集》第5卷，中华书局1985年版，第209—211页。

如实报道运动的真实情形。在此背景下，中共中央于6月4日在上海创办《热血日报》。商务印书馆中的中共党员及进步同人于6月3日创办《公理日报》。商务印书馆当局虽然用公款暗中资助出版《公理日报》，张元济、王云五、高梦旦等还各自捐了100元，但不肯承印此报。《公理日报》出版22天后不得不停刊，其原因之一就是找不到承印的印刷厂。

1928年春夏，在国民党狱中的原中共中央总书记陈独秀撰《中国拼音文字草案》一书，想售予商务印书馆出版，也同样遭到拒绝。张元济经与王云五、胡适、傅斯年、赵元任等商量后，决定赠给陈独秀几千元稿费。

张元济与商务印书馆当局在决定出书选题时，始终遵循着“在商言商”和“避免与政治抵触”的原则，即无论如何不出版为现政权所不能容忍的出版物，以免被当局抓住把柄。因为像商务印书馆这样大规模的私人出版企业，一旦因出版了为当局所不能容忍的出版物，而遭到罚款或查封的处罚，那损失就太大了，商务印书馆当局也就无法向众多股东交代。

1941年9月30日，日伪当局印发的调查报告《上海租界内中国出版界的实况（二）》一书说：抗日战争爆发前三年间，三大出版社（商务印书馆、中华书局、世界书局）“保持着与国民党的关系，又采取有利于自己的出版方针，出版了自然科学、应用科学、古典书籍之类的东西，它大体上维护着政治统治，又不出版富于激进的带有煽动性的书籍”[①]。

第三个原则，不出版诲淫诲盗及品格低下的图书。

旧中国的文化产业，格调普遍低下，无论新闻出版，还是戏剧、电影等各种文化产品，充斥着大量诲淫诲盗的东西，张元济对此现象是深恶痛绝的。

1928年5月17日，张元济曾写信给他的好友、南京国民政府大学院院长蔡元培，希望对方利用自己的政治地位登高一呼，改变此种局面。信中写道：

窃有陈者，近来上海有数事于社会教育最有关系，而影响于青年者尤大。其一曰电影，大都来自美国，其情节不外诲盗与诲淫。偶赁数椽，便

---

① 《商务印书馆史及其他——汪家熔出版史研究文集》，第47页。

可开演。今且推行及于内地，取赀极廉，故人皆趋之若鹜。冥冥中我少年品性不知被破坏几许矣。其一曰性学，冒哲理之名词，行诲淫故技，报章广告几于盈篇累幅。观其出品之多，可决其销路之广。昔日会审公廨尚有时示禁淫书，今则寂无所闻，未知何故？以上二事，若不严加取缔，窃恐积极上谋教育之发达，消极上导教育于破产。何不于此大会之时严定检查及禁遏方法？各省教育专家经过一番讨论，异日各归其乡，必能切实施行。此不能不有望于我兄之登高一呼矣。①

在完全市场经济条件下，文化产品的媚俗及诲淫诲盗是不可避免的。蔡元培个人地位再高，也不可能从根本上改变这种局面。

虽然改变不了全国的局面，但张元济主持商务印书馆数十年，是有他的底线的，其底线就是不许涉嫌诲淫诲盗的图书杂志出版发行。下面请看张元济日记的相关记载：

1917年8月14日，张元济在日记中写道："林琴南译稿《学生风月鉴》不妥，拟不印。《风流孽冤》拟请改名。"②

1917年12月14日，张元济日记又记："到编译所会议。小说《妻乎？财乎?》拟改名。"③

1918年2月23日，张元济让商务印书馆发出通告，明令禁止各分馆代销《官眷风流》《换巢鸳鸯》《姨太太之秘密》《情欲宝鉴》《中国黑幕大观》及《礼拜六》《游戏杂志》等121种"近于诲淫及有关碍者"的图书杂志。

第四个原则，不允许机器闲置不用。

资本的目的是追求最大的利润，作为商务印书馆的负责人，张元济也不能例外，这点可以张元济日记的记载为证：

1916年6月5日，张元济日记云："送旧小说《南北宋志》《东西汉演义》

① 《张元济书札》下册，第1254页。
② 《张元济全集》第6卷，第242页。
③ 《张元济全集》第6卷，第295页。

《梼杌闲评》三种与编译所，请梦翁酌定可否付排。”[①]

1916年6月8日，张元济日记又云：“梦翁拟嘱星如更选《名人尺牍》十数种。已出数种，多者万余（册），少者亦四五千（册）。答称照办。”[②]

商务印书馆在教科书之外，大量影印或排印古籍图书，其中一个重要原因，就是此类图书不要支付稿费，编辑亦十分简单，而且又有可观的销路，正是获取利润的终南捷径。

上述原则，大体上也为张元济的继任者王云五等人所遵循。有人说，商务印书馆只出好书。如果是说1949年以前的情况，显然是过于抬高了商务印书馆这样一家民营出版社。实事求是地说，商务印书馆在1897年至1949年间出了不少好书，但也出过不少平庸的书，只是没有出很坏的书。

在旧中国出版格调普遍低下的情况下，商务印书馆的品格相对来说应算是比较好的。郑振铎在《1919年的中国出版界》一文中说：“我统计这一年间出版的书籍，最多的是定期出版物，其次的就是黑幕及各种奇书小说，最少的却是哲学、科学的书，除了《北京大学丛书》和尚志学会出版的丛书外，就没有别的有价值的书了。我听见我的朋友说，某会出版的《欧战全史》在北京只卖了百余部。我又看见许多朋友，每见一种杂志出版，都去买来看，他的案头却不见有别的科学的书籍。我尝问一个在某著名书馆办事的朋友说，你们怎么不出版几部科学的专书？现在这类书，中国最是缺乏呵！他说：不差！我们也想出版一些。可是出版了几部，都没有人买，我们怎么还敢再出版呢？由这种事实，我们可以知道中国思想界的毛病了。总而言之，1919年的中国出版界虽然很热闹，而可以总评一句话，就是浅薄，无科学的研究。”[③]郑振铎文中提到的《北京大学丛书》共6种，即《心理学大纲》（陈大齐著）、《印度哲学概论》（梁漱溟著）、《欧洲政治思想史》（上中卷，高一涵编）等；《尚志学会丛书》共40多种，有总类、哲学、宗教、社会科学、自然科学、史地等，如哲学部分有

---

① 《张元济全集》第6卷，第65页。

② 《张元济全集》第6卷，第67页。

③ 宋原放主编：《中国出版史料》现代部分第1卷上册，湖北教育出版社、山东教育出版社2001年版，第383—384页。

《形而上学序论》（杨正宇译）、《物质与记忆》（张东荪译）、《笑之研究》（张闻天译）等；以上两种丛书均由商务印书馆陆续出版。这一事实说明，与其他的出版社相比，商务印书馆出书的品位相对要高一些，这是不争的事实。

平生唯一一次环球之旅

张元济1903年正式加盟商务印书馆，与蔡元培、蒋维乔、高梦旦等在日本专家长尾桢太郎等人的帮助下编辑小学教科书，一炮打响，获得巨额利润，商务的业务蒸蒸日上。①

商务印书馆业务扩大后，有了足够的财力，商务印书馆高层开始走出国门，实地考察欧美、日本等国家的印刷出版业，兼游览异国风光名胜。夏瑞芳、张元济、鲍咸昌、高梦旦、王仙华（一度作为商务总经理培养，后在担任经理期间因有负众望被劝告辞职）以及王云五等都在任职前或任职期间出国考察过。

张元济进馆后曾于1908年去过一次日本。1910年又有一次环球之旅。与张元济同行的有爱尔兰籍医生柯斯太福。②当时清王朝统治下的男性臣民，脑后都拖着一根长短粗细不一的辫子，被外国人讥之为“豚尾”。按照清廷的政策，剪辫属于大逆之罪。但中国人拖着一根辫子走出国门，又难免成为外国人嘲弄取笑的靶子。为避免在欧美受辱，张元济根据柯斯太福的建议，由上海租界内的

---

① 商务历年资本额如下：1897年4000元（实为3750元）；1901年5万元；1903年20万元；1905年100万元；1913年150万元；1914年200万元；1920年300万元；1922年500万元。商务历年营业额：1903年300000元；1904年441230元；1905年866728元；1906年1377444元；1907年1597564元；1908年1519817元；1909年1548099元；1910年1731695元；1911年1676052元；1912年1819078元；1913年2789073元；1914年2687921元；1915年3070921元；1916年3150367元；1917年3772828元；1918年4026180元；1919年5150646元；1920年5806729元；1921年6858239元；1922年6909896元；1923年8150195元；1924年9117401元；1926年9738087元。参见高崧编选：《1897—1992商务印书馆九十五年——我和商务印书馆》，商务印书馆1992年版，第750—752页。

② 柯斯太福（Stanford Cox）系爱尔兰裔英国人，生于1860年，1900年来到上海行医，曾任中国红十字会首任医官，以治疗白喉而著名。张元济是经严复介绍认识柯斯太福的。有一段时间，张元济与两位著名翻译家严复、伍光建常在上海苏州河畔柯斯太福的寓所聚会，张元济的英语口语水平也有了很大提高。

西式服装公司专门设计制作了一个发套，把辫子盘在头顶，然后用发套罩住，外人一点也看不出痕迹。然后，张元济又脱下长年穿的长袍马褂，换上了西装店定做的西服、大衣、领带及皮鞋。张元济穿上这套西式行头，整个人焕然一新，他高兴之下专门到照相馆拍了照，又请画家画了一幅肖像，以作纪念。

1910年3月17日（宣统二年二月初七日），张元济偕柯斯太福在上海登上了赴欧洲的轮船，船至福建厦门时，有被西方殖民者骗买到南洋一带去做苦力的“猪仔”1722人上船。西方殖民者在中国沿海各省份骗买“猪仔”已非一日，张元济对此早有耳闻，但这次却是第一次与这么多“猪仔”同船，心中不禁有无限的感慨。他设法弄清了西方殖民者在中国掠夺“猪仔”的内幕，他很同情被骗买的同胞，但又爱莫能助。船至新加坡近海，“猪仔”被小船接去。

船抵新加坡港停留，张元济上岸游览了英国殖民地新加坡、马来亚一带的热带风光。张元济所到之处，发现华人已远远超过当地土著人口，张元济不禁联想到，清政府如果是一个有作为的政府，华人又有自治能力的话，南洋群岛完全有可能成为中国的殖民地，但令人遗憾的是，事实完全相反，华人在南洋只配做苦力和“猪仔”，高高在上的主人是白种的欧洲人。更让张元济感慨的是，马来亚一带赌馆、烟馆、妓院、酒馆林立，而从事这些行业的，又大都是华人。张元济不禁哀叹：“吾民程度之卑劣，亦可见矣。”①

数日后，船继续前行，进入印度洋，风浪不大，船上相当平稳。张元济每日站在船头，观看飞鱼跳跃。到黄昏时，落日余晖照耀在海水上，成为无比壮丽的奇观。船抵锡兰（今斯里兰卡），张元济上岸游览了著名的佛教寺庙克兰奈耶寺，相传该寺为释迦涅槃之处。随后，船经印度洋西行至阿拉伯亚丁，入红海，经苏伊士运河抵埃及塞得港。上岸后，张元济发现这个已经沦为殖民地的文明古国，也与中国一样，到处都是破败的景象，令人触目惊心。

1903年，商务印书馆曾出版过日本柴世郎著的《埃及近世史》中译本，张元济曾为该书撰序。埃及是世界四大文明古国之一，1840年后沦为英、法的半殖民地，1882年又沦为英国的殖民地。张元济认为，近代埃及之所以遭受亡国

---

① 《张元济诗文》，第190页。

的命运，就在于埃及统治者没有进行真正的改革，“不务其实而务其名，徒以为涂饰耳目娱乐外人之用。未行之先，不暇推究；既行之后，遂无一不与国势民情相触，以至溃败决裂而不可收拾也。既种是因，应结是果。纵极惨酷，于人何尤？特是埃及已矣，而欧洲之帝国主义、民族主义已由近东而推至远东，凡与结接为构者，能履霜坚冰之惧乎？虽然，吾不患他人之以埃及待我，而特患我之甘为埃及也。”[①]张元济撰写此序的用意已经表达得再清楚不过了，就是希望清朝统治者和中国人民能够从埃及亡国痛史中吸取教训，勿重蹈其覆辙。然而，张元济此番却在塞得港看到，海关登轮检疫的都是埃及人，即使是西方白人船长也要在他们面前受命唯谨。张元济马上联想到中国海关掌权的却是清一色的西方白人。从这一点看，半殖民地的中国竟连殖民地的埃及都不如，又不禁感慨系之。

在游览了塞得港后，张元济乘坐的轮船经地中海，到达直布罗陀海峡。过直布罗陀海峡时已是深夜，但两岸灯火通明，如同白昼。英国殖民当局在直布罗陀海峡建立了牢固的防线，偷渡者也只能望而生畏。

出直布罗陀海峡，进入大西洋，波涛险恶，轮船颠簸得十分厉害，与印度洋的风平浪静形成鲜明对比，所幸张元济并没有不适反应。5月2日，轮船抵达荷兰鹿特丹港。

从5月2日起，在半年多的时间里，张元济先后游览了荷兰、英国、爱尔兰、比利时、德国、奥地利、匈牙利、瑞士、意大利、法国等10国。在此期间，有几件事给张元济留下了深刻印象。

一是在英国期间，经历了英国国王爱德华七世（1841年11月9日—1910年5月6日）病危、逝世及丧礼的全过程。张元济发现，英王病危期间，白金汉宫挤满了探问病情的英国人，医官及时对外公布病情；英王死后，英国人如丧考妣，十分悲痛。英国君主与臣民的这种亲热感情在中国是看不到的。

二是在爱尔兰考察期间，张元济发现，爱尔兰虽是欧洲一个比较穷的边缘小国，但其首都都柏林大学有1200名学生，其贝尔法士造船厂能造载重45000

---

① 《张元济诗文》，第287—288页。

吨的轮船。光是这两点，就让中国这个古老大国望尘莫及。

三是在比利时期间，首都布鲁塞尔正举行世界博览会。张元济认为，中国要走向世界，与各国进行商战，博览会是先导，因此极为重视，他先后数次前往观看博览会的陈列品。世界各国参展的物品“无一不新奇夺目”。而此次中国方面参展的物品是官商合办的，陈列室虽有5间，但位置十分偏僻，建筑风格又是不中不西，不用说与法、德等欧洲强国无法比，就连世界袖珍小国摩纳哥的展馆都比不上。中国馆陈列的物品仍是老一套的绸缎、扇子、字画、刺绣、漆器等传统手工艺品，而且粗陋不堪，布置又凌乱琐杂，没有一点观赏价值，好似苏杭一带的广杂货店。张元济每次来到中国馆，发现西方人来中国馆参观的寥寥无几，少数几个来看的人也是转瞬即去，而且总是摇首蹙额，带着鄙夷不屑的神态。张元济每当看到这些，心灵受到极大震撼。他想，如果这样的话，清政府又何苦花费巨资来买西方人的鄙夷？张元济有感而发，立即写了《中国出洋赛会预备办法议》寄给《东方杂志》发表。张元济希望政府当局及相关行业能够重视赛会（即博览会）的意义和作用，认真学习西方国家的办法，向世界充分展示中国的产品和物产，以促进中国的经济和贸易的发展。

在比利时游览马士河时，张元济看到这个欧洲小国国富民安，有感而发，在自己照片背后题诗一首：“小小山河点缀多，居然名胜数欧罗。故乡风景非无此，举目荆棘可奈何?”

在欧洲，张元济考察的重点还是出版业与教育事业。

在伦敦时，张元济仔细参观了正在那里举行的印刷展览会。张元济本人对印刷机器是外行，所以他写信请夏瑞芳经西伯利亚去欧洲，商量决定购买欧美的新式印刷机器，以便淘汰商务印书馆原有的旧机器。张元济认为，商务印书馆在购买新式机器后，“如有要书可以克期出版，平时不必存印过多，免致危险。且印装均用新机，必能格外出色，则代印之事亦可推广。本馆营业将来恐不能全恃教科书，必须办到仅仅代人印刷亦能支持，方为稳固。”[①]遗憾的是，此时夏瑞芳卷入了上海橡皮股票风潮，损失巨大，已无心去欧洲商量买机器了。

① 《张元济书札》下册，第956页。

张元济在欧洲期间，得到了清政府学部规定今后学校教学科学书籍一律用英文原版教材的消息，立即与英国著名的朗曼图书公司商洽，由商务印书馆代售朗曼图书公司的图书。

张元济还实地考察了英国、德国等国家实行的强迫教育（即义务教育），给他留下了深刻的印象，他在致陶葆霖、高梦旦的信中说："在柏林约看学堂有三十处，实非他国所及。凡剃头、扫街、送信、卖肉之徒，均有特别补习学堂，就其所业而教之。其教送信之人，即教以邮政之事；教铁店学徒，则教以铁之历史；教鞋匠，则教以人足之构造及皮革之种别及应用之法。此仅就弟所亲见者言之。凡分门一百有二，即柏林一区，在柏林之中心，学生有33000人，岁费1兆马克，能毋令人惊讶。至盲哑学堂之外，又有顽钝学堂与残废学堂；城市学堂之外，又有山上学堂、林中学堂，真有观止之叹！归国之后，当纂述成书，敬求教正。"①

11月9日（十月初八日），张元济从英国苏当波敦港登上了赴美国的轮船，数日后抵达美国纽约港，受到清政府驻纽约总领事和几位华商的欢迎。张元济抵美后，即向新闻界发表了简短谈话："我过去半年在欧洲访问，已获得大量有关教育制度之资料，我将在美国逗留数周，考察这个国家的初等教育制度。我已决定当下月回国之后，将建议至少在初等学校实行强迫教育制度。"《纽约先驱报》即以《中国官员莅美考察我国教育制度》为题，报道了张元济抵美情况及上述谈话。

11月25日（十月二十四日），由清朝驻纽约总领事陪同，张元济访问了《纽约先驱报》馆，参观了报纸编排的全过程。11月26日（十月二十五日），张元济应邀出席在纽约举行的中国留学生特别大会，并在会上发表了演说。张元济在演说中，首先回顾了耶教（即基督教、天主教）在中国传教的历史，指出耶教在明末传入中国时，中国人民并不敌视耶教，士大夫且多喜与罗马传教士相往还，有许多人还皈依了耶教，徐光启就是一例，上海徐家汇的天主教堂就是由徐光启捐献的宅院建成。甚至明代皇室也有信耶教者，他本人在参观罗马

① 《张元济书札》下册，第982页。

梵底冈教皇宫时，就见到了明代皇太后致罗马教皇的国书两封。清朝初年，康熙皇帝也很信用罗马传教士，并钦派他们担任钦天监及宫廷顾问。为什么到现在，耶教反而与中国人民处于敌对，教案层出不穷呢？张元济认为主要有两大原因，一是西方列强在逼迫清政府签订不平等条约时，强行将传教列入，使中国人产生耻辱感，心中遂隐隐有一种敌忾同仇之意；二是在华传教士不懂中国人的习俗及性格特点，又享有领事裁判权，甚至连传教士雇用的中国人也享有此种特权，不受中国法律之判裁，在中国境内犯罪不受处罚，必然引起中国人民的恶感。教案发生后，西方列强往往借机向清政府勒索赔款，甚至割地，这是中国人民仇视耶教的又一原因。张元济认为这种冲突对于中国极为危险，要消除这种危险的唯一办法是，由中国人当传教士，逐步取代外国传教士。张元济预言，当中国耶教教会的传教士全部是中国人时，相信不会再发生教案。张元济希望中国留学生中信仰耶教的能够回国承担起传教的责任，“如是则耶教人与非耶教人可以永远好合，而吾国庶几有信仰自由之一日，且从此中外友谊，可以除去一大障碍，是造福于中国，岂浅鲜也？诸君子有以救国为志者，当不河汉斯言！”张元济本人没有任何宗教信仰。他对中国人民反对耶教的原因所做的分析是很有道理的，他主张由中国人自己办教，遵守中国法律，这也是很有见地的思想。

12月上旬，张元济离开纽约，先后访问了华盛顿、芝加哥、萨克兰门托、旧金山等地。同月下旬，自旧金山启程回国，经夏威夷首府火奴鲁鲁，至日本横滨，然后至东京，与在那里考察的高梦旦会合。12月中旬至神户，访问梁启超。12月18日返抵上海。

协助夏瑞芳渡过橡皮股票危机

1910年，在外国投机冒险家、金融骗子的操纵下，上海发生了有史以来最大的一次金融风潮——“橡皮风潮”，商务印书馆总经理夏瑞芳深深卷入其中无法自拔。

英国人麦边于1903年在上海挂牌成立蓝格志拓殖公司，声称经营橡胶园、石油、煤炭、木材业等。其实，这是一个完全骗人的皮包公司。之后，西方投机冒险家纷纷在上海成立此类骗子公司。1909年世界橡胶价格上涨，蓝格志拓殖公司等在上海的此类公司便大量发行橡胶股票，扬言南洋橡胶利润可达千万。[①]受外国金融骗子恶意炒作和虚假宣传的影响，上海市民疯狂购买此类股票，最高时，蓝格志公司的股票被哄抬到超过股票面值的十六七倍。曾经购买过此种股票的关䌹之回忆说：

> 在1910年上海市面出现一种橡皮股票，没有多时，有钱人竞相购买，一些公馆太太小姐换首饰、卖钻戒，转买股票，如痴如狂，有了钱，还要四面八方托人，始能买到股票，我因做会审官多年，认得洋人，费了许多力买到若干股，买进时每股为30两银子左右。上海县知事托我买，我也代他买到一些股。我买进之后，股票天天涨，最高涨到每股九十几两。有许多外国人知道我有股票，手里拿着支票簿，只要我肯卖，马上签字。有一天星期五，股票开始下跌，但为数极小，第二天星期六，只有上午行市，比昨天又小，我心中有点动摇。当时有一老洋人，系研究外国股票的权威，我去问他橡皮股票下跌的意见。他说：“股票下跌，正是大涨的先声，据我看，这种股票最高可以涨到两百两一股，你如愿意卖出，就卖给我好了。”我听了他的话，决计不卖。第三天星期日无行市，不料自下星期一起股票价天天下跌，由每股九十几两，跌到八十几两，由八十几两跌到70、到60、50、40，只跌不涨。……到了后来，我每股只卖得2两银元。[②]

当股票价格被哄抬起来后，外国金融骗子当即抛售股票，总共将大约9000万两白银卷走。外国金融骗子卷走白银后，与之相呼应的外国驻华金融机构宣布不再为橡胶股票抵押货款。转眼间，股票变成废纸，这就是有名的“橡皮风潮”（上海人称橡胶为橡皮）。在这场金融风潮中，受损最严重的是上海的钱庄，

① 《上海通史》第4卷，第487页。

② 杨扬：《商务印书馆：民间出版业的兴衰》，上海教育出版社2000年版，第70页。

在随后的一年中，上海有近一半的钱庄倒闭或暂时停止营业，引发上海金融危机。最后，上海道台蔡乃煌奏请清政府批准，由上海总商会出面向汇丰等9家外国银行借款350万两才勉强维持了上海金融的稳定。

在这场金融风潮中，损失惨重，甚至破产的还有一大批上海市民（包括富人和穷人），商务印书馆的总经理夏瑞芳就是其中之一。

夏瑞芳以其所拥有的商务印书馆股票作抵押向公司借款10万，用于购买橡皮股票，结果血本无归。夏瑞芳在这次金融风潮中究竟损失了多少，现在还不清楚。从以下两则材料可以略见其一斑：

"午后，商务印书馆开特别会议，夏瑞芳经手，被钱庄倒去14万。"①

"本公司被正元（钱庄）等家倒欠共7万之数，为之惊骇不置。又闻粹翁（即夏瑞芳）为正元调票，致被波累，有6万之巨。"②

有人研究，夏瑞芳及商务印书馆在橡皮风潮中所受的损失实际上还不止以上数目。如商务印书馆投资经营，由沈季芳负责的宝兴房地产公司也在这次橡皮风潮中破产倒闭。

夏瑞芳之所以深深卷入橡皮风潮中，与他一贯喜欢冒险的性格有关。商务印书馆总务处负责人陈叔通说："夏的长处是有气魄，但有危险性。高翰卿、张元济对他有帮助，3个人合起来，能取长补短，于事有利。"③夏有气魄，富于冒险性，开拓进取性，但也常因此给公司招来风险，带来麻烦。而张元济、高梦旦两位文化人性格平和稳妥，思虑周密，能补夏之不足。要是张元济不出国，大概夏瑞芳也不至于如此深地卷入橡皮风潮中。

张元济在欧洲得到消息后，立即致函郑孝胥、印有模、高凤池，提出两点建议：第一，对于公司宜示外人以镇静，而自己宜竭力筹备一切办法，宜主收束，但不知市面坏至何等地步？公司有款，宜分存信誉最好的钱庄，每庄最多不超过5000元。有余款宁可存入外国银行，利息虽然少一些，但可以免除破产的危险。第二，从前本公司办事，不能尽按法律，以至总经理夏瑞芳屡屡被外

---

① 《郑孝胥日记》，1910年7月22日。

② 《张元济全集》第2卷，第515页。

③ 《1897—1987商务印书馆九十年——我和商务印书馆》，第139页。

界牵累，公司亦因此受到重大损失。以后宜按照法律，严格规定办事权限，以保全公司。[①]应当说，张元济的两点建议，都是对症下药的良策。

夏瑞芳在橡皮风潮中不仅使公司受到重大损失，而且个人经济上破产，精神上受到巨大打击，上班时无精打采，也连带影响到公司的经营管理。张元济十分同情夏瑞芳的处境，有意帮助他渡过危机。在商务印书馆的一次董事会议上，张元济发言说："夏君去年所为之事，由于冒险之性质，其负众股东之委任，贻公司之损害固不待言。然商务印书馆十年来能臻此地步，虽有种种之原因，而得力于夏君冒险之性质者，亦甚不少。此次虽不能不责其非，然亦宜有所报之。故能筹得一策，使其可以清理债务，仍将来之希望，则既以报夏君往日之劳，仍可得其后日之力，而公司可冀发达，股东亦仍有利益可沾。"张元济提议：由公司旧股东以高于原值代价承购夏氏股票，帮助他清理债务。张元济的发言，既批评了夏的错误，也实事求是地肯定了夏的贡献，他的提议应该说是合情合理的。但可惜的是，张元济的提议却未能得到全体股东的同意。张元济不得不另想办法。1911年（宣统三年）9月以后，张元济几次写信给日方最大的股东原亮三郎[②]，商讨帮助夏瑞芳的办法，并请日方股东派代表来上海商量对策。1912年1月22日，张元济又致函日方股东原亮三郎及其三女婿山本条太郎，建议将夏瑞芳借款利息减为常年5厘，5年之内暂不还本，"将夏君所抵押之10万金钞移于三井洋行"；同时增加夏瑞芳的月薪及全年应酬费，使其无内顾之忧，能够"专心一志于公司之事"。张元济为帮助夏瑞芳，可以说是费了很大心思。但最后商务印书馆股东及董事会采取了什么样的措施，帮助夏瑞芳摆脱个人经济破产的危机，现在还不清楚。

至于商务印书馆本身虽然也在橡皮风潮中受到了一定的影响，但情况并不太严重。商务印书馆的存款大多存在外国银行，金融危机过后，最终都如数取

---

① 《张元济全集》第2卷，第515页。

② 据商务印书馆1914年1月6日清退日股时的资料，当时商务印书馆股份共15000股，每股100元，股金150万元，日方股东共17人（其中有1人为法人股），总共持股3781股，其中，原亮三郎持有1055股，此外，他的长子原亮一郎持有515股，他的三婿山本条太郎持有764股，原亮三郎家族共持有2334股，占日方股东总股份的60%以上。参见《商务印书馆史及其他——汪家熔出版史研究文集》，第32—33页。

回。另外，商务印书馆通过日方股东山本条太郎的关系，又从日本三井银行贷到5万两作为流通资金，也发挥了重要作用。1911年，商务印书馆的营业额虽比上年略有下降，但到1912年又超过了1910年。张元济在1912年2月11日写给日方股东山本条太郎的信中说："商务印书馆经济状况近来似稍宽裕。"从1912年起，商务印书馆营业额每年均有较大的增长。

第六章　主持商务编译所（下）

新式教科书的革命

一个出版社的成功必须拥有一批优秀的编辑人才，作为商务印书馆核心人物的张元济，在上任后，就不断地物色和网罗优秀的编译人才。在他的诚心邀请下，蔡元培、高梦旦、蒋维乔、夏曾佑、杜亚泉、庄俞、邝富灼、郑贞文、陆尔奎、陈叔通、郑贞文、沈雁冰（茅盾）、杨贤江、杨端六、郑振铎、陶孟和、竺可桢、胡愈之、周建人等近现代史上一大批大名鼎鼎的文化人、学者在各个不同的时期先后进入商务印书馆编译所工作，这一批高素质人才的加盟，是商务印书馆事业发达的基础。

张元济加盟商务印书馆后，首先组织队伍编辑新式教科书。

中国最早的新式教科书，是外国在华的教会学校编辑出版的。早在1876年，基督教在上海成立了“学校教科书委员会”，由傅兰雅、狄考文等负责，到1890年，共编出89种教科书。在教会学校的影响下，中国人也开始自编新式教科书。1895年，钟天纬编辑的《语体文教本》是最早的一本语文教科书。1897年起，南洋公学师范生合编了《蒙学课本》《笔算教科书》《物算教科书》《本国初中地理教科书》等。1901年，澄衷学堂校长刘树屏编了蒙学课本《字课图说》。1902年，俞复、丁宝书等创办的文明书局编辑出版了第一套完整的新式教科书，吸取西方教科书的优点，遵循由浅入深、循序渐进的教学规律，标志着中国教科书向近代化的方向迈出了重要的一步，但以上教科书的编辑，大都是学者个人或合伙行为，很少完善配套，而且缺少有实力的出版社支持，影响不是很大。

1902年冬，张元济推荐蔡元培担任商务印书馆编译所所长。因为当时清政府已经颁布新学制，新式教科书是最大的商机之所在。蔡元培到任后提议编教科书。但蔡元培同时还主持着中国教育会、爱国学社、爱国女校等，异常忙碌，不能常驻编译所，且编译所人员不多，蔡不主张聘专任人员，建议采用“包办”的形式，亲自拟定了国文、历史、地理三种教科书的编纂体例，然后聘请爱国学社的教员分任编辑，蒋维乔任国文，吴丹初任历史、地理。1903年夏，蔡元培准备去德国留学，张元济接任编译所所长，聘蒋维乔为常任编辑员，蒋维乔又介绍庄俞、徐隽参加编辑。

教科书的编辑过程中采用合议制，由张元济、高梦旦、蒋维乔、庄俞等共同讨论决定。庄俞说：“当时张元济、高梦旦、蒋维乔、庄俞、杜亚泉诸君围坐一桌，构思属笔，每一课成，互相研究，互相删改，必至多数以为可用而后止。”①

蒋维乔在回忆文章中还讲了一个他们互相切磋的故事。有一次，蒋维乔在编某一课时，用了一个“釜”字，高梦旦提起笔来改为“鼎”字。蒋维乔立即抗议说：“鼎字太古，不普通，不可用。”高梦旦说：“鼎乃日常所用之字，何谓不普通？”蒋维乔说：“鼎如何是日常所用之字？”高梦旦则说：“鼎如何不是日常所用之字？”随后，两人声色俱厉地争吵起来。争吵过后，江苏籍的蒋维乔发现，高梦旦是福建人，福建人称“釜”为“鼎”，而不称“釜”。两人弄清原委后，相互抚掌大笑。②

不久，商务印书馆实行中日合资，聘请日方专家小谷重（日本文部省图书审查官兼视学官）和长尾桢太郎（日本高等师范学校教授）指导教科书的编辑，由毕业于日本早稻田大学的刘崇杰担任翻译。③因此，商务印书馆早期的教科书

① 庄俞：《三十五年来的商务印书馆》，《商务印书馆九十五年》，第724页。
② 蒋维乔：《高公梦旦传》，《商务印书馆九十五年》，第51—52页。
③ 郑贞文：《我所知道的商务印书馆编译所》，《文史资料选辑》第53辑。

是模仿日本教科书编辑出来的。

《最新国文教科书》第一册“编辑大意”中，提出了十八条基本原则[①]，这些原则是对初等教育进行深入细致详尽的研究后提炼出来的，遵循由简入繁的道理，顾及初学者的接受能力。《最新国文教科书》包括初等小学10册、高等小学8册。这些教科书均署蒋维乔、庄俞合编，张元济、高梦旦、长尾桢太郎、小谷重校订。

高梦旦后来告诉胡适，当日他们编辑教科书时，感到最难以下手的是“修身”一门。他们翻遍了中国古籍中的子、史、集三部，发现可传的男子都是做官的，可传的女子都是杀身的。他们想寻一些不做官的男子、不杀身的女子，并且可以作为修身教材的素材，竟然不可得。商务印书馆最后编成的《最新修身教科书》署名蔡元培、高梦旦、张元济合编，其中初等小学10册，高等小学8册。该套教科书在“编辑大意”中申明：“人之恒言，曰德育、智育、体育。诚哉！德育为万事根本，无古今、无中外，一也。我国往籍之言道德者，不可胜数。然高深之理论，奇特之事迹，非乳臭者所能骤几。本编采取古人嘉言懿行之切近者，以为模范。间借寓言以启发其兴趣，而为惩劝之助，或亦言德育者所不弃欤?”

所有教科书每出一册，皆按照三段教授法次序加入练习、问答、联字、造句等，编辑教授法，供教师使用。从1904年起，一套16种78册冠以“最新”二字的小学教科书相继由商务印书馆推出，包括国文、格致、中国历史、地理、修身、笔算、农业、商业等各种课程，此外还有专供女子学校使用的教科书。

这些教科书出版后，立即风行全国。在以后的二三十年里，商务印书馆教科书的发行量长期高居榜首。高梦旦曾以简明风趣的语言说明小学教科书市场的变迁。癸卯（1903）以前，是无锡三等学堂编的《蒙学读本》时代，当时传

① 十八条原则：（1）单字讲授索然无味；（2）笔画太繁不易认识；（3）连字、介字、助字等难于讲解；（4）深僻之字不适目前之用；（5）生字太多难于认识；（6）语句太长难于上口；（7）全用短句，不相连贯，则无意味；（8）数句相连，不能分句解释，难于讲授；（9）语太古雅，不易领会；（10）语太浅俗，有碍后来学文之初基；（11）陈义太高，不能使儿童身体力行；（12）墨守古义，不能促社会之改良；（13）外国之事物，不合于本国习俗；（14）不常见闻之事物，不易触悟；（15）不合时令之事物，不易指示；（16）文过诙谐，有碍德育；（17）文过庄严，儿童苦闷；（18）进步太速，失渐进之理。

诵一时的句子是“花下不可戏，伤花失母意”；甲辰（1904）以后，商务印书馆编辑出版的《最新国文教科书》最风行，其中脍炙人口的句子是“我问客姓，客问我年”[①]。

1906年，清朝学部选定的第一批初等小学教科暂用书目共102册，其中商务印书馆出版的54册，占总数的一半以上。商务印书馆在这些通过学部审定的教科书上打上“学部第一次编纂”字样，通行全国。其中有些教科书，到1910年止，单册的销售数目达到30万册以上，商务印书馆因此大获其利，实力迅速壮大，商务印书馆成为全国出版业的龙头老大。

1905年，商务印书馆在闸北宝山路购地50亩，建造了规模宏大的商务印刷总厂和编译所，同年接盘北京官书局。1906年，在天津、奉天（今辽宁）、福州、开封、安庆、重庆设立分馆，到1913年，商务印书馆已在北京、天津、奉天、广州、汉口、长沙、开封、福州、潮州、南昌、龙江、济南、重庆、太原、杭州、成都、西安、芜湖、安庆、桂林、保定、吉林等大中城市设立了22家分馆和支馆，以及数百家销售点，成为一家集编译、印刷、出版、发行、销售于一体的大型出版社。[②]商务印书馆出版教科书成功后，教科书一直是商务印书馆利润的主要来源之一。民国时期，商务印书馆的教科书销售量更加惊人，单小学国文教科书在10年中就销售了七八千万册。[③]商务印书馆在逐年编订、修改完善教科书的实践中，总结出一整套规律性的经验。

组织出版汉译名著

张元济在商务编译所所长任上用力抓的第二件重要工作，便是组织汉译社会科学和自然科学名著的出版。

周昌寿在《译刊科学书籍考略》一文中将从明朝到1936年共计668年间的汉译科学著作划分为三个时期，据他统计，第二期（清咸丰至清末）与第三期

---

① 曹伯言整理：《胡适日记全编》第5册，安徽教育出版社2001年版，第28页。

② 参见汪耀华编：《商务印书馆史料选编》（1897—1950），上海书店出版社2017年版，第6页。

③ 《商务五十年——一个出版家的生长及其发展》，《商务印书馆九十五年》，第768页。

（清末至1936年）共译科技书籍963种，多数是1936年前翻译出版的。这些译著的出版，大多数出自张元济的精心挑选。这是17世纪（明朝万历年间）徐光启和利玛窦合译《几何原本》以来，在旧中国翻译西方科技书籍的第一个高峰。这也是张元济生平事业中的一个重要组成部分，也是中西文化交流史上的一件盛事。

说到张元济与商务印书馆编译所的汉译科学名著，我们不能不提到张元济的重要助手，他们是杜亚泉、郑贞文、郑太朴、段育华、周建人、高觉敷、周昌寿等一大批科学家和学者，正是因为他们的辛勤努力才使得汉译科技名著得以出版。下面简要介绍一下编译所最早的两位杰出的自然科学学者。

杜亚泉（1875—1933），原名炜孙，字秋帆，别号亚泉，后以号行于世。浙江绍兴人。杜亚泉早年无意科举功名，刻苦自学数理化学博物，是一位自学成才的科学家和学者。1898年应蔡元培的邀请担任绍兴中西学堂（后改名绍兴府中学堂）算学教师。1900年，杜亚泉到上海创办亚泉学馆，在青年中普及理化博物知识；同时编印《亚泉杂志》，发表数理化方面的论文，被公认为是中国最早的自然科学杂志。亚泉学馆后改名普通学书室。1903年，杜亚泉应张元济的邀请加入商务印书馆编译所，长期担任该所理化博物部主任，主持科技图书的编译工作。胡愈之说："商务印书馆初期所出理科教科书及科学书籍，大半出于先生手笔，其中如《动物学大辞典》《植物学大辞典》，尤为科学界空前巨著。"[①]王云五称，杜亚泉"三四十年来编著关于自然科学的书百数十种"[②]。1912—1921年，杜亚泉兼任《东方杂志》主编，在刊物上刊登了大量翻译科技文章，大力宣传西方科技成果和自然科技思想。1933年，杜亚泉在绍兴老家病

① 胡愈之：《追悼杜亚泉先生》，许纪霖、田建业编：《一溪集：杜亚泉的生平与思想》，生活·读书·新知三联书店1999年版，第9—11页。

② 《一溪集：杜亚泉的生平与思想》，第250页。

故后，张元济撰写了《杜亚泉先生诔辞》[1]，高度评价他的贡献。

郑贞文（1891—1969），字幼坡，号心南，福建闽侯人。早年在家乡接受教育，16岁赴日本留学，初入东京高等学校，在日本期间加入中国同盟会。后考入东北帝国大学理科。1911年辛亥革命爆发后回国到福建军政府教育司任职，不久应陈嘉庚之聘，任集美学校教务长。1913年再度前往日本东北帝国大学完成学业。路过上海时，经朋友介绍，和商务印书馆的张元济、高梦旦两位先生见了面，张、高托郑贞文到日本后与帝国大学的周昌寿、罗鼎等七八位留日同学，参考几部著名的英日文辞书，编成《综合英汉大辞典》初稿，此稿后经黄士复、江铁等加工修订后由商务印书馆出版。1918年秋，郑贞文毕业回国，张元济聘他担任编译所理化部编辑。1919年，编译所理化博物部划分为博物生理部和物理化学部，由杜亚泉、郑贞文分任部长。商务印书馆初期的理化教科用书，都是参考日文书籍编成，杜亚泉、郑贞文在编译过程中发现有机化学名词复杂，译音冗长，读不下去，必须从创字定名着手。郑贞文从搜集结构已定，有代表性的化合物，拟出规则百余条，以中国原有文字，或采用中国文字中形声，别创新字，分类命名，提出草案，与杜亚泉商榷后并由孙豫寿、谭勤余、顾均正、曹钧石等同人协助检核，著成《无机化学命名草案》，1930年由商务印书馆出版，引起科学界的关注。1932年8月，中国化学会成立，郑贞文担任中国化学会译名委员会和化学名词审查委员会的委员，主持编写了《化学命名原则》一书，此书的公布使化学界有了一个共同遵守的标准，在我国化学专名的统一上发挥了奠基性的作用。郑贞文在商务印书馆编译所任职15年，他所做

[1] 诔辞如下："先生于前清光绪末叶在沪自设普通学书室，营废著之术。其时商务印书馆亦既成立，先生以所业不振举而并入商馆，并受聘为馆中服务，遂获与先生订交，各守职事，朝夕编摩相处奉教者几二十年。今元济辞职已垂十稔，而先生之任编辑益为馆中倚重，虽其闲瞻晤疏阔，未尝不叹其勤且劳也。不幸前年遭日兵祸乱，全馆被毁。先生始蒙难而出，退休珂里，然犹任馆外编辑事，至病中不辍。盖先生与商馆共安乐、共患难，有始有卒积30年。闻其逝时，妇病于室，子读于校，幼女犹待字。世经丧乱，家鲜盖藏，一棺戢身，幽明永隔。乌乎！伤已。谨缀辞而诔之曰：鹤语岁寒，传来薤唱。闻我杜君，负疴属纩。与君同舟，汪汪在望。缉柳编蒲，学术相饷。功系人文，卅年以上。奄忽告殂，身随道丧。赴书远来，惨闻清况。妻老子孤，室无盖藏。感念人琴，能无凄怆。遥想阶前，芝兰茁壮。培养成林，大宗足亢。渺渺予怀，临风怅恨。乌乎！愚弟张元济拜撰。"参见《一溪集》，第5页。

的工作还有：译介西方自然科学的新思潮和新成就。他从英文翻译了《原子说发凡》（罗素著），从日文翻译了《化学本论》《化学与量子》《最新物理学概观》等书；并在《东方杂志》和《学艺》杂志上编译了大量介绍西方新科学新思潮的文章。其次，编译中小学教科书和参考读物。郑贞文编写的教科书有《化学》《有机化学》《实用自然科学》《化学学生实验教程》《物理学学生实践教程》等，另外还著译了《燃烧与碳素》《比及比例》《二次方程式》《百分算及利息算》《直线及平面》《电磁电机无线电》《有机化学概要》《大气与航空》《动物与虫》《植物的根和茎》等一批科普读物。

张元济也十分重视西方社会科学和文学著作的译介，在这方面的出版物，不能不提及严复、林纾和伍光建。

严复（1854—1921），字几道，号又陵，福建侯官人。14岁入马江船政学堂，毕业后被派往建威、扬武等兵舰上实习5年。1877年由清政府派往英国留学，初入抱穆士德大学院，不久转入格林尼茨海军大学。严复留英期间，正是英国资本主义发展的全盛时期，西方的工业文明与中国古老的农业文明相对比，严复心灵受到震撼，他对海军课程渐渐失去了兴趣，而将主要精力用于考察英国富强的原因，探讨中国复兴的道路。1879年6月，严复毕业回国，到福州船政学堂任教习，1880年奉调至天津北洋水师学堂先后任总教习、总办。1897年，他与夏曾佑、王修植等在天津办《国闻报》，成为维新派在北方的重要宣传阵地。1896年创办俄文馆兼总办，培养俄文翻译人才。戊戌维新运动开始后，严复也受到了光绪皇帝的召见，在此期间与张元济有交往，他支持张元济办通艺学堂，两人结下友谊。之后，严复“致力于译述以警世”，即介绍西学以影响国人，成为中国近代史上有重大影响的启蒙思想家。他翻译的第一部著作是赫胥黎著的《天演论》，该书的中心思想“物竞天择，优胜劣败”，成为中国人自强保种的理论，影响很大。

张元济主持南洋公学译书院时，曾以优厚酬金购买了严复翻译的《原富》一书。张元济主持商务印书馆编译所后，请严复陆续翻译了《群学肄言》《群己权界论》《社会通诠》《法意》《穆勒名学》《名学浅说》等6种西方名著，连同以前出版的《天演论》《原富》，共8种，这就是风行国内的严译八大名著。

表1　严译初版和商务印书馆的出版时间、版次情况表[①]

书名	字数	初　版	商务印书馆版
天演论	约7万	1898年湖北沔阳慎始基斋木刻本	1905年铅印本，至1921年第20次印刷
原富	约5.5万	1901—1902年上海南洋公学译书院版	1903年铅印本，后多次重印
群学肄言	约21万	1903年文明编译局版	1903年铅印本，1920年第7次印刷
群己权界论	约8万		
社会通诠	约11万		1904年铅印本，1915年第7次印刷
法意	约52万		1904—1909年铅印本，1913年第4次印刷
穆勒名学	约29万	1905年金陵金粟斋木刻本	1912年铅印本；1913年第2次印刷，1921年新版
名学浅说	约10万		1909年铅印本；1921年第11次印刷

严译八大名著都是西方哲学、政治学、经济学和方法论（逻辑学）方面的代表作，将西方资产阶级政治与学术思想比较系统地介绍到中国，使国人耳目一新，在西学东渐史上开创了一个新的局面。有学者指出："严复对西方资产阶级学术思想的系统介绍，及时满足了当时人们进一步寻找真理、学习西方的迫切要求。……这样，中国近代先进人士向西方寻求真理的行程便踏进了一个崭新的深入的阶段。这一事实是极为重要的，它从根本上打开了人们的思想眼界，启蒙和教育大批的中国人，特别是爱国青年，从严复同代或稍晚一些的人，到鲁迅的一代，到比鲁迅更年轻的一代，无不身受其赐。他们一开始都是用严复搬来的这些思想武器进行反帝反封建的斗争，构成他们思想历程中所必然经过的一环，并对其中一些人留下了不可磨灭的深远痕迹。其后，资产阶级革命派和其他人介绍卢梭和各家各派西方资产阶级理论学说，尽管政治路线可以有所

① 《1897—1987商务印书馆九十年——我和商务印书馆》，第515页。

不同，翻译形式可以大有发展，但就介绍西学、新学的整个理论水平来说，却并没有超过严复。严复于是成了近代中国学习和传播西方资本主义新文化的总代表，成了中国资产阶级最主要的启蒙思想家。不能低估严复的这种作用和影响。鲁迅就是很尊重严复的。在接受马克思主义阶级论以前，鲁迅一直是相信严复介绍过来的达尔文进化论的。毛泽东同志青年时代十分重视阅读严复的译作，更是大家熟知的事情。所以，在某种意义上，也可以说，与其是严复本人的主观思想，不如说是受严复译作重要影响的后人的思想作为，使严复在中国近代史上取得如此光荣的一席。”[①]毋庸讳言，严译名著也宣传了庸俗进化论等方面的糟粕，有些学说对于当时的中国人来说也许是新鲜的，但在西方已经是十分陈旧甚至是反动的了。

严复在为商务印书馆翻译西方名著的过程中，与张元济之间有频繁的交往和书信联系，现存的严复致张元济的书信有20封之多。两人在通信中探讨过很多问题，既讨论版税、版权等具体问题，也讨论国家时事等大问题。严复在商务印书馆出版了大量译著，也获得了可观稿酬。由于商务印书馆在社会上信誉好、存款利息高，严复的一部分稿酬收入通常存在商务印书馆。后来，严复又利用这些存款购买了商务印书馆的股票，成为商务印书馆的股东。1911年严复的股息有5476元，到1919年6月股息加存款达到2万元左右，1921年严复在商务印书馆拥有500股。

与严译社会科学名著齐名的，当推林纾翻译的欧美小说。[②]

林纾（1852—1924），字琴南，号畏庐，别署冷红生，福建闽县人。他自幼勤奋好学，手不释卷，到30岁时，已是“读书破万卷”，“下笔七千言”。1882

① 商务印书馆编：《论严复与严译名著》，商务印书馆1982年版，第128—129页。

② 当时为商务印书馆翻译西洋小说且与张元济有数十年密切交往的，还有著名翻译家伍光建。伍光建（1867—1943），字昭扆，广东新会人，留学英国，先后就读于英国格林威治海军大学、伦敦大学。回国后，任过外交官、海军军官。1906年，他翻译了《侠隐记》交商务印书馆出版，署笔名“君朔”，张元济建议他署真名，伍光建回答说：“我不愿人家因为伍光建三个字去看这书，——老实说，我要看人家会不会读此书。”伍光建是用白话文翻译的，但当时还是文言文一统天下，故他的翻译作品没有林纾的翻译作品那么畅销。维新派汪康年曾对伍光建说：“昭扆，你的《侠隐记》真好，但我总觉得林琴南的古文译法是正当的办法。”可见当时社会风气未开，白话文著作难以打开市场。

年（光绪八年）中举人，以后多次赴京参加会试，均名落孙山，遂放弃科举功名，转而以教书为业。先在家乡，后到福州、杭州及北京京师大学堂执教。林纾一面教书，一面从事古文研究，他特别推崇左、马、班、韩四人，称他们的文章为“天下文章的祖庭”。林纾写了多种体裁的作品[①]，都是由商务印书馆先后印行的。林纾的创作作品数量大，也很畅销，一般都有数千册至上万册的销量，这在当时的文坛是少见的现象。

但真正使林纾扬名的还不是他创作的作品，而在于他翻译的欧美文学作品，郑振铎说：“林琴南先生自己的作品，实不能使他在中国近代文坛上站得住稳固的地位，他的重要乃在他的翻译的工作，而不在他的作品。”让人不可思议的是，林纾本人不懂外文，他的翻译完全是与懂外文的人合作的，由懂外文的人将所要翻译的作品口述其意思，再由林纾用中国古典文字翻译出来。1897年，林纾与留学法国的友人王子仁、魏瀚合作翻译了《巴黎茶花女遗事》，这是法国作家小仲马的作品，1899年在福州用木刻刊印后，在中国士大夫阶层中产生了强烈的反应，严复盛赞“可怜一卷《茶花女》，断尽支那荡子肠”，林的译作一举成名。从此一发不可收，从1897年到1921年封笔为止，林纾在24年里翻译了179种欧美小说，其中包括英、法、美、俄、希腊、挪威、比利时、西班牙、瑞士和日本等10多个国家的文学作品，原作作者包括莎士比亚、狄更斯、华盛顿·欧文、笛福、斯威佛特、孟德斯鸠、大仲马、小仲马、雨果、巴尔扎克、托尔斯泰、塞万提斯、易卜生和德富健次郎等世界著名作家。

张元济也很欣赏林译作品，《茶花女》出版后，张元济不仅自己读，而且将书带回家给高龄的母亲阅读。张元济与林纾当时虽未谋面，但彼此知道对方的大名，大有相见恨晚之意。林纾与严复的长子严璩、侄子严君潜合作翻译的

---

① 林纾文集有《畏庐文集》、《畏庐续集》（1916年）、《畏庐三集》（1924年）；笔记类有《技击余闻》（1913年）、《畏庐琐记》（1922年）、《畏庐漫录》（1922年）；长篇小说有《金陵秋》（1914年）、《冤海灵光》（1916年）、《京华碧血录》（1923年）；剧本有《天妃庙传奇》、《蜀鹃啼传奇》、《合浦珠传奇》，（以上均1917年）；诗集有《畏庐诗存》（1923年）；画集有《畏庐遗迹》（1925年）；文论有《韩柳文研究法》（1914年）；教材有《修身讲义》（1916年）、《庄子浅说》（1923年）、《中学国文读本》（1908—1910年）、《浅深递进国文读本》（1916年）、《古文辞类纂选本》（1918至1921年）、《左传撷结》（1921年），以及《林氏选评名家文集》（1924年）等。

《伊索寓言》，由商务印书馆于1903年5月出版，这是商务印书馆首次出版林纾的译作。后来，张元济主持编译《最新国文教科书》时，有好几课采用了《伊索寓言》中的故事。1903年底，林纾的福建同乡高梦旦加入商务印书馆编译所后，与林纾的联系又多了一个渠道。张元济身为编译所所长，对于出版物有最后决定权，商务印书馆大量出版林纾的译作当然也是张元济的决定。1906年，林纾在《蛮荒志异》一书的跋文中写道："长安大雪三日，扃户不能出。此编誊缮适成，临窗校勘，指为之僵。……雪止酒热，梅花向人欲笑，引酒呵笔，书此数语邮致张菊生先生为我政之。光绪三十一年十二月二十七日畏庐书于雪中。"①

从1903年起，林译小说收入商务印书馆的"说部丛书"陆续出版，以后又选择部分收入该馆出版的《万有文库》《新中学文库》《新学制中学国语科补充读物》等出版。后来，鉴于读者对林译小说的喜爱，商务印书馆又将他从"说部丛书"中全部抽出来，以《林译小说》为书名重新结集整套发行。林译小说中，出版后印刷次数最多、印刷数量最多的是《撒克逊劫后英雄略》（英国司各特原著，林纾、魏易合译）。

林译小说的出现，从商业操作上说，正好赶上了好时机。胡适回忆说："从14岁到19岁，正当一个人最容易受到影响的时代。那时，出版界萧条极了，除了林琴南的小说之外，市上差不多没有什么书。《新民丛报》已近死期，《民报》还没有出来，别的杂志也没有可看的。"②于是，在这种无书可看的年代，林译小说就恰逢其时成了畅销书。商务印书馆负责发行业务的黄警顽说："民国初年的畅销书是林译小说。"③

林译小说发行量大，影响自然也大。鲁迅、沈从文、钱锺书、冰心、丁鲲西、苏雪林等现代著名作家、学者都专门谈到林译小说对他（她）的影响。

作家沈从文早年在湘西小城当税收员时，曾在他家的远房亲戚熊希龄（民国初年曾任财政部总长、热河都统、国务院总理等要职）的旧宅中发现了两大

① 东尔：《林纾和商务印书馆》，《商务印书馆九十年》，第538—539页。

② 《胡适日记全编》第5册，第490页。

③ 黄警顽：《我在商务印书馆的四十年》，《商务印书馆九十年》，第95页。

箱“说部丛书”，其中有林译小说，后来他回忆说：“我却用熊府那几十本林译小说作桥梁，走入一崭新的世界，伟人烈士的功名，乡村儿女的恩怨，都将从我笔下重现，得到更新的生命。”[①]沈从文认为，是林译小说带领他走上了文学创作的道路。

作家冰心回忆说：“到了八九岁，我会看课外读物了，不但爱看《三国》《水浒》《西游记》，还喜欢看新小说。那时我的塾师是林伯陶先生，他让我造句，句造得‘好’时，他就批上‘赏小洋两角’。我攒够了赏金，就请海军学校每天到烟台市取信的马夫，到市上的明善书局去买商务印书馆出版的《说部丛书》，大多数是林琴南先生译的小说，如：《块肉余生述》《孝女耐儿传》《黑奴吁天录》等。这些书中的动人的句子，至今我还能背了下来！无疑这些课外阅读对于我的作文，有很大的帮助。”[②]

学者钱锺书说：“林纾的翻译所起‘媒’的作用，已经是文学史公认的事实。他对若干读者，也一定有过歌德所说的‘媒’的影响，引导他们去跟原作发生直接关系。我自己就是读了林译而增加学习外国语文的兴趣的。商务印书馆发行的那两小箱《林译小说丛书》是我十一二岁时的大发现，带领我进了一个新天地，一个在《水浒》《西游记》《聊斋志异》以外另辟的世界。我事先也看过梁启超译的《十五小豪杰》、周桂笙译的侦探小说等，都觉得沉闷乏味。接触了林译，我才知道西洋小说会那么迷人。我把林译哈葛德、迭更司、欧文、司各德、斯威佛特的作品反复不厌地阅览。假如我当时学习英语有什么自己意识到的动机，其中之一就是有一天能够痛痛快快地读遍哈葛德以及旁人的探险小说。”[③]

林译小说，大致以1913年左右为界，前期的译作感情真切，文字生动，令人爱不释手。但到了后期，也许是为了多得稿酬，不仅翻译时粗制滥造，错误百出，质量严重下降，而且选题格调趋向低下，翻译了一些近于黄色或不宜出

---

① 《20世纪上海翻译出版与文化变迁》，第53页。

② 冰心：《我和商务印书馆》，《商务印书馆九十年》，第312—313页。

③ 钱锺书：《林纾的翻译》，《钱钟书集·七缀集》，生活·读书·新知三联书店2001年版，第92—93页。

的书。但考虑到林纾是老作者，张元济还是决定对来稿照收不误，不忍过于驳林的面子。但因为译稿质量实在太差，张元济不得不亲自参与林译作品的处理，做编辑加工。有些作品因质量不高，不宜出单行本，便放到《小说月报》上发表。随着五四新文化运动的到来，刊载林译小说和旧小说的《小说月报》再也不能引起读者的阅读兴趣，发行量连年下降，迫使张元济等不得不对刊物进行改革。新上任的《小说月报》主编沈雁冰提出的第一个条件就是积存的稿子一律不用，其中包括已经买下的林译小说数十万字。后来，商务印书馆当局为了减少损失，另行创办通俗刊物《小说世界》，在“化无用为有用”的口号下，把沈雁冰封存的鸳鸯蝴蝶派作品和林纾的译作全部发表出来。

张元济给林纾开的稿酬是每千字6银圆。《小说月报》主编沈雁冰说，商务印书馆各杂志的稿酬标准是每千字最低2银圆，最高5银圆。张元济决定稿酬标准完全是因人而异的，对梁启超、严复、林纾等大名鼎鼎的著译者，而且印数比较大的著作，稿酬标准就定得比较高。因此，林纾的稿酬收入相当可观，以至林纾的朋友们戏称他的书房是“造币厂”。

主持编纂汉语辞书及双语辞典

中国的辞书源远流长。就汉语辞书来说，在汉代就有了第一部字典《说文解字》和第一部词典《尔雅》。但我国传统的汉语辞书有严重的缺点，即所有的解释以经传所见名物为限。成语典故虽有类书，但仅供写作诗文时选用典故，不加注释，不便于查检。而且这些都是知古不知今，对文物制度、历史沿革、职官等无书可查。这种非皓首穷经无法弄通的读书法，已完全不能适用于多学科齐头并进的现代新式教育的需要。张元济的“参谋长”高梦旦对此有深切的认识，曾多次建议商务印书馆编一部综合性辞书。但当时该馆正全力编辑出版有大利可图的中小学教科书，一时不能兼顾。1908年春，高梦旦到广州，认识了江苏武进人陆尔逵（炜士），此人是学贯中西的饱学之士，他对辞书的重要性也有深切的体认。他认为："国无辞书，无文化之可言也。"①高梦旦与陆尔逵经过交谈后引为同调，正所谓英雄所见略同。高梦旦回到上海后，征得夏瑞芳、张元济同意，邀请陆尔逵进入商务印书馆编译所负责编纂《辞源》。

为此，张元济为陆尔逵配备了五六名助手，原计划用两年的时间编成。然而，编《辞源》是一项前所未有的巨大文化创新工程，张元济等人都把困难估计得太小了。编纂工作正式启动后，才发现工程之艰巨超出想象之外。《辞源》初稿完成后，又经过两次大的返工。直到1915年10月才出书，历时8年，先后参加编辑的学者近50人，使用的资料达10余万卷，耗资13万元。卷首有陆尔逵撰写的《〈辞源〉说略》，论述辞书的类别和作用，多发前人之所未发，有很高的学术价值。这部《辞源》在中国固有的字书、类书、韵书的基础上，汲取外国辞书的长处，突破《尔雅》派词典按内容分类的藩篱，突破传统以经传注疏的严重不足，以单字为词头，下列词语，这是体例上的首创；既收古语，也收录新词，在一定范围内反映了世界学术成果，这是内容上的革新。《辞源》出版后，立即受到社会的欢迎，一再修订重印，到1919年累计发行400万册，为商务印书馆赢得了可观的利润。

第一部《辞源》的出版，在中国辞书史上具有承前启后，继往开来的作用。有学者指出，《辞源》在词典编撰上至少在三个方面具有开创性：第一，收录了大量近现代的自然科学、社会科学和应用技术词汇；第二，规定了这些复音词以第一字列于该单字后，便于检索；第三，单字义项严格以单音词所含意义为限，即严格以词的单位释义。以上第二、三两个原则，至今仍为所有汉语和双语词典所遵循。②正因为是第一部，自然也有许多不足之处。有人批评商务印书馆的"《辞源》无源"、中华书局的"《辞海》无海"，此论虽然有点夸张，但也有几分道理。中华人民共和国成立后，从1958年8月起（"文化大革命"十年中断），组织广西、广东、湖南、河南四省专家和商务印书馆编辑协作，对《辞源》进行了全面修订，纠谬补缺、改善体例、充实内容，到1983年底大功

① 陆尔逵：《〈辞源〉说略》，《商务印书馆九十五年——我和商务印书馆1897—1992》，第161页。

② 汪家熔：《商务印书馆之最——略举其对文化的贡献》，《商务印书馆一百年1897—1997》，第292页。

告成，《辞源》修订本分4册出版，共收词近10万条，加上解说共1200万字。修订本出版后，受到各方面的好评，有学者誉之为“风靡学界，饮誉中外”。在商务印书馆成立百年之际，国务院总理李鹏欣然题词：“辞源开新宇，名著集大成”，对新版《辞源》作了高度评价。

继《辞源》之后，张元济又相继组织编写了《中国医学大辞典》（共4册，1921年7月出版，2459页）、《中国古今地名大辞典》（1931年初版，1718页）、《中国人名大辞典》（8册，1936年4月初版，4548页）等大型辞书。

说到商务印书馆出版的汉语辞典，有必要提一下张元济亲自编选的《节本康熙字典》。

《康熙字典》成书于1716年（清康熙五十五年），张玉书等人奉旨编撰，依据《字汇》《正字通》等加以增订而成。载古文以溯其字源，列俗体以著其变迁。末附录《补遗》，收冷僻字；又列《备考》，收有音无义或音义全无之字。总计全书收47035字，是中国有史以来第一部收词最全的大字典，康熙皇帝亲自为字典写了《御制康熙字典序》。1930年，商务印书馆影印出版《康熙字典》（分装12册，共1873页），作为《万有文库》第一集。收字全，是康熙字典的优点，但缺点也不少。音切、释义杂糅罗列，漫无标准，疏漏和错误的地方甚多。后来王引之作《康熙字典考证》，改正引用书籍字句讹误2588条。而且因为收字太多，普通人根本不必要认识这么多字，使用起来白白浪费时间精力。张元济在数十年使用《康熙字典》的过程中，对此深有体会。于是，张元济以其深厚的国学根底为基础，凭借多年来整理校古籍和翻检字典的经验，对《康熙字典》做了一番“披沙拣金”的工作，以方便学人使用。1949年3月，张元济编选的《节本康熙字典》由商务印书馆出版。节本前有张元济自撰的《小引》①，

① 《小引》全文如下：“余自束发受书，案头置一《康熙字典》，遇有疑义，辄翻阅之。其于点画之厘正，音切之辨析，足以裨益写读者殊非浅鲜。后出诸书，陈义多所增益，然于形、声二事终不能出其范围。且搜罗之备，征引之富，尤可谓集字书之大成。然求全务博，亦即其美中之憾。全书凡40200余字，益以《备考》《补遗》，又得6400有奇。每检一字，必遇有不能识亦不必识者参错其间，耗有限之光阴，糜可贵之纸墨。时至今日，穷当思变。不揣冒昧，尝于翻阅之际，汰去其奇诡生僻、无裨实用者，凡38000余字，留者仅得十之二弱。非敢谓披沙拣金，抑聊谋艺林之乐利。原序云‘部分班列，一目了然’，亦犹是此意而已。古盐官涉园主人识。”参见《张元济全集》第5卷，第431页。

既肯定了《康熙字典》的价值，同时指出其缺陷，说明了出版《节本康熙字典》的理由。

《节本康熙字典》收字8600字左右。张元济通过《节本》告诉国人，只要掌握了8600字左右，就可得心应手地阅读古今书籍，至于日常应用就更不用说了。张元济的大胆探索，在30多年后得到科学的验证。1985年，国家文字改革委员会（今国家语言文字委员会的前身）公布了现代汉语字频调查数据。它利用计算机对1100多万字的书籍材料进行检索，得出这些文字所使用的汉字共计7745个，这就是说，只要掌握了7745个单字，一般地说就能无障碍地阅读现代汉语书刊。对此结果，出版家陈原说："因为这次字频测定所用的语料取材于1977年至1982年印行的资料，其中只包涵极少量的文言成分。如果考虑到文言文（古籍）所用单字，共结果将会接近张元济在《节本》所得的数据。只此一端，后人不得不惊叹这位学人功力之深厚了。"[①]陈原对张元济所从事的这项工作的意义给予高度评价，他说："自有《康熙字典》以来，指讹正谬者不少，但披沙拣金者却不多见。博大精深的大学者竟肯费时费力去做这等烦琐吃力、乍看似无多少创造性的工作，是为着什么呢？简而言之，这样的尝试不止是整理汉字的一种探索，而且是为着达成张元济念念不忘的'开发民智，拯救中华'崇高目标的一项措施。正因为如此，世俗一般学人所不愿做或不屑做的繁重工作，张元济却在83岁高龄时完成了。"[②]

张元济编选的《节本康熙字典》初版之时，正是国民党政权即将崩溃的前夕，兵荒马乱的时代，商务印书馆财力物力极为有限，所以，初版印数不多，行销不广。商务印书馆为纪念建馆105周年和张元济诞辰135周年，于2002年重印《节本康熙字典》，引起学术界的高度重视。

在双语辞典的出版方面，在张元济进馆之前就已出版了中国大陆第一部英汉词典《商务印书馆华英字典》（1899年）和《华英音韵字典集成》（1901年），为中西文化交流提供了便利的工具书。张元济在主持南洋公学译书院时曾打算

---

① 陈原：《重刊〈节本康熙字典〉小识》，《光明日报》2001年9月27日。

② 陈原：《重刊〈节本康熙字典〉小识》，《光明日报》2001年9月27日。

翻译若干英语辞典。张元济加入商务印书馆时正值《华英音韵字典集成》付梓之际，张元济约请好友严复为该书撰写了长篇序言。之后，张元济以很大的精力继续从事中西双语辞典的编纂工作。有学者根据现存的张元济1917年的日记统计，这一年的日记记载有关双语辞典编写事宜多达48次，所提及的双语辞典有：《汉英字典》《汉英辞典》《和译熟语本位英和中辞典》《英文法字典》《大英百科全书》《英汉大辞典》《仙脱利英字典》《英文法名词表》《汉英大辞典》《英华大辞典》《汉英分类字表》《汉英类辑字表》《袖珍英汉辞标》《汉英分类字汇》《汉英分类词汇》等，有十几种之多。

出版中西双语辞典，张元济主张"门类齐备"，"所采名辞以普通眼光选用"，"科学以普通为限，必须用通行名词，商业名词亦须用通行者"，"名词非通用者不采"。[①]但限于多种原因，1949年以前基本上局限于英汉双语辞典。

商务印书馆出版的双语辞典一般都保持了较高的学术水准。如颜惠庆领衔编辑的《英华大辞典》是其中的一个成功例子。颜惠庆（1877—1950），出身于上海一个基督教牧师家庭，在上海教会学校读完初中后，赴美留学，1900年从美国弗吉尼亚大学毕业，返回上海任教于圣约翰大学。颜惠庆因家庭环境及所受的教育，他精通英语。颜常到商务印书馆购书得以与张元济结识。张元济了解到颜惠庆的资历和学识后，有意延聘他到编译所任职。但颜惠庆有意向政界发展，不愿做终身的编辑，只同意在馆外编纂英汉词典。张元济不强人所难，便在1905年初夏亲自登门造访颜惠庆，请他领衔编辑《英华大辞典》，颜接受委托后，以英国纳韬尔词典标准版为蓝本，并以美国韦氏大辞典作补充，在16名同事、朋友的协助下，他们经过两年多的努力，完成初稿，经修订后于1908年3月由商务印书馆以精装上、下两巨册出版。这部大辞典"集华英诸合璧之大成"[②]。严复所作序言称赞这部大辞典："蒐辑侈富，无美不收。持较旧作，犹海视河。至其图画精祥，迻译审慎，则用是书者，将自得之，而无烦不佞之赘言也。"[③]

① 张荣华：《张元济评传》，百花洲文艺出版社1997年版，第67页。

② 颜惠庆等编辑：《英华大辞典・例言》，商务印书馆1908年版。

③ 严复：《序》，颜惠庆等编辑：《英华大辞典》，商务印书馆1908年版。

张世鎏、平海澜、厉志云、陆学焕等人编辑的《英汉模范字典》（1929年初版，1935年出增订本）以及李登辉、郭秉文、李培恩编辑的《双解实用英汉字典》（1935年版）也都是高水平之作。《英汉模范字典》从1929年至1935年重印34次，1935年又出增订本，可见很受社会欢迎。著名作家林语堂专门写了《两部英文字典》一文，推介以上两部袖珍英文字典。林语堂说，英汉模范字典及其增订本"以求解作文两用为主旨，多列成语，引证用法，得社会欢迎，独步一时，乃理所当然。"①

商务印书馆之所以能够出版较高水准的双语辞典，关键就在于张元济等主持人有独到的眼光，能够请到有真才实学的编辑。

组织出版高层次学术丛书

五四新文化运动以后，适应时代的需要，商务印书馆的出版物，由原来的出版中小学教科书和工具书为主，转到出版有一定学术水准的学术著作，这是全国知识界和商务印书馆编译所新式知识分子（大多数是从欧美及日本等国留学归来）的迫切要求。

最早向张元济提议编译西方学术丛书的是章士钊。章士钊从日本人翻译欧美新书而给日本带来的变化中受到启发，他建议张元济等出版社负责人也翻译西方学术名著。1917年10月初，章士钊将翻译欧美名著计划提交张元济，希望商务印书馆垫款。因为所需款项数目较大，张元济答以细商后再答复。不久，章士钊到北京大学任教，向蔡元培校长建议组织编译会，以编译西方名著为基本任务。这一建议得到采纳，北大于1917年12月正式成立编译会，后改名编译处。1918年3月，章士钊南下上海，代表北大编译处与商务印书馆签订了出版合同。合同规定，北京大学编译处每年为商务印书馆提供200万字左右的著作或翻译稿，合同对版税、版权等做了具体规定。但不知何故，这个合同后来并

① 林语堂：《两部英文字典》，《商务印书馆九十五年——我和商务印书馆1897—1992》，第331—332页。

没有很好地履行。

与此同时，蒋梦麟也向张元济提出了编辑出版高等学术著作的建议。1917年8月，从美国哥伦比亚大学获得哲学博士学位的蒋梦麟进入编译所工作。10月29日，张元济在日记中写道："蒋梦麟来谈，学界需要高等书。谓一面提高营业，一面联络学界。所言颇有理，余请其开单见示，以便酌定延请。"[①]蒋梦麟见自己的建议得到张元济的首肯，极为兴奋。他在致胡适的信中说：

> 弟自杭返后，聆各省教育代表之伟论，咸谓吾国所出新书，无一可读。研究西文，究非易举。皆抱脑中饥饿之叹。又参观上级学校，教员皆不读书。诘之，则多以无书可读对。故不喜读书者，则竟不读一书；喜读书者，则多读古书。窃谓吾辈留学生，可得新知识于西书、旧知识于古籍。若不通西文者，则除读古籍外，此又何道以得新知识？若是以往，中国文化前途不堪设想，弟实忧之。于是，商之于商务印书馆主事诸公，请编辑高等学问之书籍。主事诸公以此种书籍于营业上不利，颇觉为难。厥后彼此协商，允先行试办。虽略损资本，以吾国文化前途故，亦不敢辞。同事中如张菊生、高梦旦诸公，均赞成斯议。诸公以他事羁身，不克兼顾，所事必由弟承乏。故拟邀集同志故交，以进步之精神，协力输入欧西基本之文化。昔大隈伯诸人倡议书社，欧化遂得以输入日本。吾国学术之衰落，至今日已极。非吾辈出而提倡，有谁挽此狂澜乎？吾兄文章学术高出侪辈，此事非大家帮忙不可。请兄于课余之暇，著书立说，弟当效校阅之劳。一切酬谢方法，可后议。弟意吾兄可先将加校之博士论文付印，以后可择兄之所乐为者接协办理。兄素长哲学，可于此一门发挥宏论。他若达善诸君，可各以所长著译。弟拟以北京、南京、上海、广东为中心。北京一方面，必须烦劳吾兄及独秀先生。孑民老师处当另函述略。商务以伟大之资本，全国50余处之分行，印刷、发行均甚便利。吾辈若不善为利用，殊若可惜。弟学识肤浅，惟区区之心，不容苟安过去，故不惜绵力，函求同志，吾兄

① 《张元济全集》第6卷，第272页。

素抱昌明学术之志，想必赞同斯举。将来出版、装订及作索引（Index）、点句等，均当以进步之精神，最新之方法行之。一人做事，东扶西倒。请兄速赐复音，并示高见。[①]

从信中可以看出，海外学成归来的蒋博士可以说是雄心勃勃，想大干一番。11月1日，蒋梦麟将所拟的编译高等书籍的条议交到张元济手中。次日，张元济批交高梦旦处理。按照蒋梦麟的设想，编译此套丛书的目的有二："一则欲首尾衔接，出一部西洋基本文明的全书；二则欲其不散漫，使读者见其一而欲读其余。"蒋梦麟在他的计划得到张元济同意试办后，极为兴奋，称5年之内非不得已决不离开商务印书馆。也许是当时销路有问题，张元济等对此选题并不怎么热心，蒋梦麟折腾了近一年，似乎只出了一本刘经庶翻译的《思维术》（美国杜威著），这等于是给蒋梦麟泼了一盆冷水，从此意兴索然。1918年夏，蒋梦麟离开了商务印书馆。

也许是形势逼人，就在蒋梦麟辞职后不久，张元济本人却来到了北京。此时他的好友蔡元培正担任北京大学校长。张元济此行的主要任务之一便是请北大的名教授撰写专著或讲义，由商务印书馆以《北京大学丛书》之名出版。张元济到北京后，与蔡元培、陈独秀、马衡、胡适、沈尹默、李石曾、章士钊等北大名教授进行了广泛的接触。1918年7月9日，张元济与蔡元培、陈独秀、胡适等在北大举行茶话会，蔡元培当场出示了3部书稿，即陈映璜著的《人类学》、陈大齐著的《心理学大纲》、周作人著的《欧洲文学史》。双方还就出版合同、出版样式、印数等进行了协商。《北京大学丛书》从1918年10月起，由商务印书馆陆续出版。列入该丛书的除以上3种外，还有胡适著的《中国哲学大纲》上册、梁漱溟著的《印度哲学概论》、陶孟和著的《社会与教育》、张慰慈著的《政治学大纲》、高一涵著的《欧洲政治思想史》、陈世璋著的《定性分析》、丁绪贤著的《化学史通考》以及何炳松译的《新史学》（美国鲁滨逊原著）等。这套丛书均是各学科中带有开拓性的力作，在中国近代学术史上具有重要

① 马勇：《蒋梦麟传》，河南文艺出版社1999年版，第39—40页。

地位。

1920年春，高梦旦又专程来到北大，与蔡元培、胡适、蒋梦麟等达成了出版《廿世纪丛书》的意向，张元济从销路出发，建议“专史不宜译”。这套丛书仍由北大教授撰写。从当年10月开始，这套丛书改名，以“世界丛书”的书名出版，共收25种，包括政治、经济、法律、教育、美术、文艺、戏剧等各学科。

20世纪30年代，商务印书馆又出版了由吴敬恒、蔡元培、王云五领衔主编的《新时代史地丛书》，主要有中国历史、中外关系史以及世界历史、帝国主义史、外交史等，多数是国内学者的著作，少数是翻译著作，先后出版了近百种。

除北京大学外，商务印书馆与东南大学、南京高等师范学校、武汉大学、武昌高等师范学校、大同大学、燕京大学、北京师范大学、厦门大学、上海美术专科学校等著名高校也都有合作关系。1921年，商务印书馆董事郭秉文出任东南大学校长后，即与商务印书馆合作推出了《东南大学丛书》。同年，商务印书馆还出版了《南京高等师范学校丛书》。

商务印书馆的第二条渠道，便是与民间学会或文艺团体合作出书。

1918年，商务印书馆推出了《尚志学会丛书》，其中除冯承钧译自法文的13种书外，还有张东荪、潘梓年、张闻天等人翻译的柏格森著作，詹姆斯的《实用主义》，杜里舒的《伦理学上之研究》，爱因斯坦《相对原理及其推论》，彭加勒的《科学之价值》《倭伊铿哲学》《柏拉图之理想国》《柏拉图对话集六种》等。以上都是西欧社会颇有影响的学说。特别是柏格森的著作，这是第一次全面介绍给中国读者。影响尤其深远。

柏格森（1859—1941），法国生命哲学与直觉主义的主要代表之一，创造进化论的创立者。曾任法兰西学院教授、法兰西语文学院院士，1928年获诺贝尔文学奖。他用“生命冲动”和“绵延”两词来解释生命现象，认为生命冲动就是绵延，亦即“真正的时间”，它是唯一的实在，只能靠直觉来把握。直觉即创造，直觉的境界就是与上帝合而为一的境界。柏格森将人类社会区分为“封闭社会”和“开放社会”，分别以“暴力统治”和“个性自由”为特点。在文艺上，柏格森主张作家应跟着人物的“意识流”来刻画人物，对“意识流小说”

的形成和意识流的技巧的采用起了发轫作用。其主要著作是《试论意识的直接材料》（英译本改名为《时间与自由意志》）、《物质与记忆》、《形而上学导论》、《创造进化论》、《笑》等。此次，尚志学会翻译的柏格森著作就是从英文本翻译过来的。

商务印书馆合作的第二个民间学术团体就是梁启超组织的共学社。

1920年3月初，梁启超偕研究系主要骨干从欧洲考察后回到上海，就住在张元济寓所。在商谈中，梁启超提出拟成立一个学术团体，同人之著译均交商务印书馆出版，张元济原则上赞成，并请梁尽快拟订计划。梁回到北京后，与蒋百里、张东荪、张君劢等研究后，于4月正式宣布成立共学社，发起人除梁启超外，列为发起人的还有张元济以及蔡元培、王敬芳、蒋百里、张君劢、张东荪、蒋梦麟、蓝公武、赵元任、张謇、胡汝麟、蹇季常、刘垣、丁文江、梁善济、籍忠寅等社会名流及文化名人。核心人物则是梁启超及张君劢、张东荪、蒋百里等人。按照梁启超的设想，共学社的活动范围不只限于组织著译，而且还应包括购置图书，出版杂志，选派留学生，以期达到培养新人才，宣传新文化，开拓新政治的目的。但限于经费等方面的原因，共学社的主要活动仍集中在著译书方面。他们组织著译的《共学社丛书》，分时代、教育、经济、通俗、文学、科学、哲学、哲人传记、史学、俄罗斯文学等10类，从1920年9月起，由商务印书馆陆续出版，共收入著译87种。除掉重复出现的4种，实收83种。其中8种是共学社同人的著作，如梁启超的《清代学术概论》与蒋方震的《欧洲文艺复兴史》，是其中影响较大的名著。译作75种，有考茨基的《马克思经济学说》《人生哲学与唯物史观》，拉尔金的《马克思派社会主义》，托尔斯泰的《艺术论》，萧伯纳的《不快意的戏剧》，爱尔乌特《家庭问题》，丘浅次郎的《进化与人生》，勒朋的《政治心理》，克鲁泡特金的《互助论》《社会之经济基础》《公有收入分配论》，罗素的《算理哲学》《政治思想》《战时之正义》《哲学中之科学方法》《德国社会民主党》，马赫的《感觉之分析》，赫屺尔的《生命之不可思议》，冯特的《心理学导言》，爱因斯坦的《相对论浅释》，杜威的《平民主义与教育》，以及俄国奥斯特洛夫斯基、普希金、屠格涅夫、托尔斯泰等一批著名作家、诗人的文学名著。

商务印书馆与共学社的合作还不止于著译。1920年9月，梁启超又发起成立讲学社，它的宗旨是邀请世界著名学者来华讲学，每年邀请一人。讲学社的经费，北京政府每年提供2万元，商务印书馆每年资助5000元，其余由讲学社董事会成员捐助。张元济与梁启超、汪大燮、蔡元培、王宠惠、熊希龄、张一麟、范源廉、蒋梦麟、王敬芳、金邦平、张伯岑、严修、张謇、黄炎培、郭秉文、胡汝麟、林长民、沈恩孚、陈小庄等20人组成董事会，蒋百里任总干事，负责接待来华学者。张元济还与梁启超商定，来华学者的讲演稿均交由商务印书馆独家出版。讲学社先后邀请了美国哲学家杜威、英国哲学家罗素、印度诗人泰戈尔和德国生物学家、哲学家杜里舒来华讲学，在中国知识界产生了强烈的反响，影响是巨大的。

在所有的合作者中，商务印书馆与文学研究会合作的时间最长，合作的成果最多。

1920年10月22日晨，在北京高校就读的两位文艺青年郑振铎与耿匡（号济之）按照蒋百里的指点，来到张元济在北京的下榻处拜访他们素未谋面的出版界前辈，不巧的是适逢张外出未能谋面。次日晨，郑振铎又独自一人上门求见。张元济在日记中记道："昨日有郑振铎、耿匡（号济之）两人来访，不知为何许人，适外出未遇。今晨郑君又来，见之。知为福建长乐人，住西石槽六号，在铁路管理学校肄业。询知耿君在外交部学习，为上海人。言前日由蒋百里介绍，愿出文学杂志，集合同人，供给材料。拟援《北京大学月刊》、艺学杂志例，要求本馆发行，条件总可商量。余以梦旦附入《小说月报》之意告之。谓百里已提过，彼辈不赞成。或两月一册亦可。余允候归沪商议。"①

郑振铎鉴于自办文学刊物的计划一时不能实现，便决定先成立一个文学研究会，先把声势造出去再说。同年12月4日，郑振铎、王统照、周作人、朱希祖、耿匡、蒋百里、朱经农、叶圣陶、孙伏园、沈雁冰、郭绍虞、许地山等12人发起成立文学研究会，随后在北京《晨报》，上海《民国日报》《新青年》《小说月报》等报刊刊登成立宣言。1921年1月4日，文学研究会在北京中央公园

---

①《张元济全集》第7卷，第240页。

来今雨轩召开了成立大会，到会21人，郑振铎被选为书记干事，主管会务。沈雁冰既是文学研究会会员，又是商务《小说月报》主编，双方首先在《小说月报》上开始了合作。

1921年5月，郑振铎也应聘进入商务印书馆编译所工作，高梦旦最初安排他编小学教科书，雄心勃勃的郑振铎自然不能满足这样的工作，于是他在工作之余以主要精力搞了一套“文学研究会丛书”，郑振铎既是主编，又是责任编辑。从1922年5月起，丛书陆续面世，十余年中共出书101种，包括创作作品和翻译作品两大类。

文学研究会会员创作的作品有：《俄国文学史略》（郑振铎）、《太戈尔传》（郑振铎）；《俄乡纪程》（瞿秋白）、《赤都心史》（瞿秋白）；《旅途》（张闻天）；《法国文学史》（李璜）；《沉落》（巴金）、《人生之忏悔》（巴金）；《西洋小说发达史》（谢六逸）；《青春底悲哀》（熊佛西）；《老张的哲学》（老舍）；《缀网劳蛛》（许地山）；《繁星》（冰心）、《超人》（冰心）；《火灾》（叶圣陶）、《叶圣陶短篇小说集》（叶圣陶）；《海滨故人》（庐隐）；《春雨之夜》（王统照）；《石门集》（朱湘）；《旧梦》（刘大白）；《惨雾》（许杰）等。“文学社丛书”更多的是翻译作品，包括文学作品和文学理论、文学史等各方面的有影响的著作。文学研究会集中了一大批杰出的作家、学者兼翻译家，如郑振铎、周作人、梁宗岱、朱湘、李健吾、傅东华、黎烈文、陈望道、胡愈之、张闻天、冯雪峰、朱希祖、耿匡、蒋百里、朱经农、叶圣陶、孙伏园、沈雁冰、郭绍虞等。他们在商务印书馆出版的《小说月报》上先后出版了“俄国文学专号”“法国文学专号”“被损害民族文学专号”“安徒生专号”“拜伦专号”“莫泊桑专号”“陀斯妥耶夫斯基专号”“泰戈尔专号”“屠格涅夫专号”“法郎士专号”“罗曼·罗兰专号”等。据学者统计，从1921年1月的第12卷第1期至1926年12月的第17卷第12期，《小说月报》发表的译作中，有俄罗斯文学33种、法国文学27种、日本文学13种、英国文学8种、印度文学6种。此外，收入《文学研究会丛书》的翻译作品也有近100种。①

① 《20世纪上海翻译出版与文化变迁》，第143—145页。

1924年初，商务印书馆还出版了《文学研究会通俗戏曲丛书》共9种，这是我国近代文学史上第一套剧本丛书。同年底，商务印书馆又出版了《小说月报丛刊》，共出5集60册，辑录文学研究会会员在《小说月报》发表过的作品。1930年起，商务印书馆又先后出版了《文学研究会世界文学名著丛书》14种和《文学研究会创作丛书》12种。

以上文学研究会主编的丛书，总计达206种之多，其规模是空前的。有研究者指出，文学研究会因为与实力最雄厚的商务印书馆合作，才使他得以执中国文坛之牛耳达十余年之久；相反，创造社、语丝社、新月社等文学社团虽然也都有不同的出版社作为背景，但他们的实力显然不能与商务印书馆相比。例如，郭沫若、郁达夫、成仿吾等组织的创造社与又穷又乱的泰东书局合作，结果《创造季刊》没出几期就只好停刊，创造社的几名大将也各奔东西。

张元济组织出版的上述“丛书”，不仅传播了西方的新思想新知识，也扶植培养了一大批学者和文学新人，对中国的新文化运动做出了卓越的贡献。同样，通过这些丛书的出版，也提高了商务印书馆出版物的文化学术品位。在旧中国唯利是图的出版界，商务印书馆出版的图书品位相对要高些，出了不少有价值的图书。名家编译名著，比较系统地向国人介绍西方学术名著，是从张元济主持的商务印书馆开始的。

第七章　商务印书馆的“张元济时期”

商务印书馆同人有一个不成文的按照主持人名字划分馆史的习惯。从商务印书馆创办，到1914年1月10日夏瑞芳遇刺身亡为止，是“夏瑞芳时期”。夏亡故后，由印有模、高凤池、鲍咸昌先后任总经理，张元济自1915年起先后任经理、监理（1920年至1926年），在名义上他始终未担任过商务印书馆的一把手，但大家公认张元济是这个时期的核心或者灵魂人物，故称这一时期为“张元济时期”，直到1926年他辞去监理职务退居二线为止，前后共11年。

夏瑞芳遭暗杀身亡

1914年1月6日，商务印书馆与日本股东签订日方退股协议。1月10日，公司在上海《申报》刊登广告，宣布自己是完全由国人集资营业之公司，已将外国人股份全数购回。此举对于公司来说，等于甩掉了时时可以被同业攻讦的把柄和借口。

然而，就在这一天傍晚，却发生了总经理夏瑞芳遭遇暗杀身亡的悲剧。当晚6时，夏瑞芳与张元济处理公司事务完毕，从位于棋盘街的发行所下楼准备回家。还没有走到楼下，张元济突然想起什么返身上楼取物，夏瑞芳独自一人走到大门口，刚登上停在大门口等待的马车，一个刺客突然迎面奔来向夏开枪射击，子弹从夏氏左肩射入，从左胸穿出。夏中弹后倒在大门前的石阶上，马车夫胡有庆见状立即跳下马车追赶凶手，也被刺客击中身受轻伤，追到泗泾路口，凶手被警察捕获。暗杀事件发生后，公司同人急忙将夏瑞芳送到附近的仁济医院抢救，终因伤及要害，于当晚7时不治而亡。

一代雄才大略的实业家突然遇刺身亡，对于商务印书馆来说无疑是一个巨大的打击。所有的材料都证明，夏瑞芳是被中华革命党巨头陈其美指使的党徒暗杀的。陈其美之所以要指使凶手暗杀夏瑞芳，大致有以下几点原因：

第一、夏瑞芳拒绝陈其美“借军饷”。

胡愈之在《回忆商务印书馆》一文中说：“夏（瑞芳）是怎么死的呢？孙中山先生于第一次革命失败后出国，宋教仁被袁世凯暗杀了，袁准备做皇帝。国民党人一部分到海外去了，一部分到了上海，1913年要搞第二次革命，推翻袁世凯，其中主要人物是陈其美。他们到上海后，和上海的流氓势力结合起来了，曾进行攻打南市制造局，未成功。陈下面的一些人生活发生困难，到处‘借军饷’，那时商务印书馆正是发展很快的时候，他们要向商务印书馆借军饷，据说数字很大，大概夏瑞芳没有满足他们的愿望。当时南市是由北洋军阀的部队驻扎，闸北没有什么军队，陈其美的部队搞了一尊大炮，放在宝山路口，炮口向北，声称要打吴淞炮台，实际那里离炮台30多里，主要目的是把商务印书馆的厂房放在它的射程以内，以此来威胁商务印书馆，作为向商务印书馆借军饷的要挟手段。可能夏因为原来就与英国人有些关系，这时就和英租界当局进行了接洽，英国人出来和陈（其美）讲话，不允许在租界附近构筑炮兵阵地，要离开租界一定距离，这样就把商务印书馆划入了保护范围，而陈其美部属的借军饷一事亦全告失败，因而怀恨在心，终于采取了暗杀手段。据说，当时执行枪杀夏瑞芳的凶手，就是蒋介石。蒋在那时是充当打手的。”①

当时商务印书馆的总资本已达到150万元②，在上海乃至全国都是有数的大企业之一。如果夏瑞芳倾向革命党人的话，他是有财力供给革命党人“军饷”的。但问题是，“二次革命”时，上海商界十分害怕战争，上海总商会及上海著名资本家大多数倾向在袁世凯及北京政府之下维持现有的社会秩序，而不肯同

① 胡愈之：《回忆商务印书馆》，全国政协文史资料委员会编：《文史资料选辑》第61辑，文史资料出版社1979年版，第205—222页。

② 李新、孙思白主编：《民国人物传》第1卷，中华书局1978年版，第29页。

情陈其美等革命党人，他们害怕革命党人的讨袁战争破坏了既有的社会秩序，从而损害他们的商业利益。作为上海商界重要人物的夏瑞芳不“借军饷”给陈其美，其原因也在这里。

第二、夏瑞芳请求英美工部局以武力阻止陈其美残部进入闸北地界。

邓云乡说：“陈（其美）为何要刺夏呢？辛亥革命，湖州人陈英士在上海起义成功，被选为都督。当时上海南市一带及闸北一带归中国政府管辖，两边联络，都要经过租界。‘二次革命’反对袁世凯时，陈英士失败，要把残余部队由南面迂回撤回闸北，要向商务印书馆借一笔经费，把武器寄存在商务印书馆。当时商务印书馆印刷总厂和涵芬楼藏书楼都在闸北宝山路一带，要发生战事，十分危险。当时夏（瑞芳）不但不答应陈（其美）借钱、存放武器，反而借来了租界内帝国主义的武装万国商团，在闸北和租界交界处盘查行人，使陈的残部不能进入闸北地界，以此结怨。郑孝胥当时是商务（印书馆）董事长，查阅其《日记》，对夏之被刺记载颇详。早在遇刺之前，已接警告书了。”[①]

第三、夏瑞芳等上海绅商请求英美工部局以武力驱逐陈其美驻闸北的司令部。

上海讨袁战争打响后，陈其美指挥讨袁军进攻南市的江南制造局失利，袁世凯委任的上海护军使郑汝成致函南市商团威胁说，如果陈其美不取消设在南市的司令部，他的军队就要进攻南市。陈其美为使南市商业繁华区免遭战火破坏，同时也为了他的司令部的安全，遂于1913年7月24日将司令部迁到闸北的南海会馆。而商务印书馆正好位于闸北宝山路，夏瑞芳担心陈其美的司令部迁到闸北后，炮火波及公司，遂又做了一件令陈其美等人更加难以忍受的事，就是领头请求英美租界工部局以武力驱逐陈其美的司令部。上海《时报》报道说：“陈英士之司令部迁至闸北南海会馆后，该处人心惊惶。前日由华界公民夏粹芳等十七人，恐扰乱闸北，是以函请英美工部局派洋兵及租界商团保护各丝厂及居民等之生命财产。至昨晨8点半，总巡捕房捕头卜罗司君带马队三十余人，先至火车站北南海会馆，驱逐驻沪总司令部。而陈英士已往吴淞，唯该部员司

① 邓云乡：《百年商务之创办人》，《商务印书馆一百年》，第213—214页。

及南兵等尚有207名。当经卜君将各人驱出。只准带衣服席子，所有子弹、洋枪及机关炮留存该会馆，当派洋兵一队驻馆保护。”[1]曾经亲自参与上海讨袁战争的陈果夫在《癸丑讨袁》一文中也说：“当晚，英捕房应闸北士绅夏粹芳等之请，突然派万国商团及巡捕，把总司令部及奋勇军与松军之退至闸北者，一律缴械。我军至此遂无力再举。”[2]27日晨，租界当局以商人夏瑞芳等要求保护闸北为由，派遣军警闯入闸北，强行占领驻在南海会馆的上海讨袁军司令部，将驻在这里的由蒋介石指挥的207人缴械。[3]因此之故，陈其美、蒋介石等对夏瑞芳更加痛恨。

夏遇难后，郑孝胥在当天的日记中写道：“梦旦约晚饭。出访俞恪士、张让三，皆不遇。至宝山路梦旦新宅，甫坐进食，有走报者曰：‘夏瑞芳于发行所登车时，被人暗击，中二枪，已入仁济医院。’梦旦、拔可先行，余亦继至，知夏已殁，获凶手一人。此即党人复闸北搜扣军火之仇也。众议：夏（瑞芳）卒，公司镇定如常，菊生宜避之。余与菊生同出，附电车送至长吉里乃返。”[4]

在夏瑞芳遇难17年后，商务印书馆高层之一的高凤池在日记中有如下的一段回顾：“夏（瑞芳）君于民国3年1月10日遇害，至今已17年，合成阴寿60岁。彼时，陈英士为上海都督（陈在辛亥革命后短期任沪军都督，此时的职务是中华革命党总务部长、中华革命军江浙司令长官——引者注），领有军队约千名，欲移驻闸北。此项军队纪律不严，闸北工商界虑其扰害不利，于是运动领事团出为反对，夏君亦发起反对之一。陈（英士）氏迭向夏君借款维持军饷，夏君拒之因之怀恨甚深，乃使死党狙击之。”[5]熊尚厚著《夏瑞芳》称：“1913年7月，国民党人陈其美在上海发动反袁，欲占闸北福州会馆作司令部。夏（瑞芳）与吴子敬等害怕在闸北发生战争，遂暗中勾结英美租界工部局，派兵驻扎闸北入口处阻止陈军，陈部被迫改驻吴淞。1914年1月10日，陈其美派人将

① 莫永明等：《陈英士纪年》，南京大学出版社1991年版，第244页。
② 《陈英士纪年》，第244页。
③ 《上海通史》第7卷，第85页。
④ 《商务印书馆：民间出版业的兴衰》，第79页。
⑤ 叶新整理：《高凤池日记》，中华书局2022年版，第12页。

夏瑞芳暗杀。”[①]《张元济年谱》也说：“夏瑞芳被刺原因，乃因先前出于维护商界利益，曾联合诸商抵制沪军都督（应为前沪军都督——引者注）陈英士驻兵闸北，陈疾恨之，嗾使人暗杀。”[②]由此可见，夏瑞芳遇害的原因是非常清楚的。

传说，夏瑞芳遇刺前几天，收到一封勒索巨款的恐吓信。夏遇刺后，上海富商丁汝霖也接到恐吓信，说他民国2年夏天不该和夏瑞芳一起拒绝陈其美的摊派。刺夏的凶手王庆余，又名王庆瑞，山东人。他在法庭上供认是受周栖云指使刺夏的。王庆余于1914年2月20日下午被处决。1917年7月，周栖云被上海租界巡捕房捕获，租界工部局向商务印书馆询问夏瑞芳遇刺时的马车夫胡有庆的下落，以便对质。深知此案内幕的张元济坚决主张此案不再追究。张元济在7月10日的日记中写道：“翰翁告知，巡捕房派包探来问粹方遇害时马夫何在，欲令到堂与被获之周栖云质证，问余如何？余言千万不可告知，只言现在不知去处。此事于粹无益，于粹夫人有损，于公司亦有损，千万不可游移。翰似不谓然。少顷又告余，谓万一被捕房查出本馆实用此人（现在济馆），可以责本馆为犯法。余云恐无此理，马夫并未犯罪。翰仍默然。后不知如何，余不便再问矣。”[③]此时，喜欢搞暗杀的陈其美已经于1916年被袁世凯指使的刺客刺杀于上海，但陈其美的同党还在上海滩活动，一旦追究下去，对商务印书馆未必有好处。张元济极力主张隐忍不发，显然，他是心有余悸。在上海滩，陈其美的革命党徒与帮会流氓势力结合在一起，让人闻之色变，不敢轻易得罪。

夏瑞芳之死，无论对于商务印书馆来说，还是对于中国的文化出版事业，都是一大损失。张元济后来每谈起夏瑞芳，“常常黯然神伤”[④]。

关于夏瑞芳的为人，蒋维乔说：“君豁达大度，性果断，知人善任，喜冒险进取，百折不回，故能以微细资本，成极大之公司，于我国工商及教育事业，影响绝巨。君本基督教徒，其待人接物，和易宽厚，爱人如己，视敌如友，深合基督教义焉。其弟瑞芬，幼孤，抚养之至成人，为之授室。瑞芬视君如父，

---

① 《民国人物小传》第1卷，第293页。

② 《张元济年谱》，第116页。

③ 《张元济全集》第6卷，第228—229页。

④ 《商务印书馆一百年》，第340页。

而视嫂犹母也。君居商界久，积有资望，被举为总商会议董，凡商人因账务受平成于商会者，多为君所区理，在职三年，人无闲言。君平生于公益，多所尽力，尝独力设一学校于其乡，教里中子弟。以清心堂为所从受教也，则合同学为联旧会，集资为扩充黉舍，改为清心中学校。其他如爱国女学校、尚公小学校、孤儿院，皆有所资助焉。葬之日，执绋者数千人，闻其事者，无知与不知，皆为泪下云。”①

蔡元培撰写的《商务印书馆总经理夏君传》最后一段写道：“君信仰基督教，内行甚修，接人甚和易，宜若可以尽其天年，而卒被暗杀，倘所谓天道无知者邪？然君虽殁，而君所创设之事业方兴未艾，其及于教育之影响，则展转流布而不能穷其所届，虽谓君永永不死可也。”②

在夏瑞芳遇害30多年后，陈其美的侄子陈立夫被蒋介石当作国民党在大陆失败的替罪羊流放到了美国。陈立夫到美国后，美国哥伦比亚大学正在搞口述历史，将1949年流亡到美国的原国民党政府党政军要人及各方面的知名人物请到该校“口述历史”部，因为这些人都“有话要说”。俗话说冤家路窄，负责为陈立夫录音的，竟然是夏瑞芳的孙女夏莲英女士。夏莲英每周抽一天时间到陈立夫的寓所作录音，陈立夫则以午餐招待她，此事前后进行了1年多。有意思的是，夏莲英却不知道当年指使他人暗杀她祖父的就是陈立夫的叔叔陈其美。后来，夏莲英嫁给泰国的一位华侨，直到1982年去世止，每年都要与陈立夫互寄年卡。但陈立夫是清楚这件历史成案的，但他心照不宣，始终没有说出这段往事。陈立夫于94岁高龄时出版的个人回忆录中写下了这么一段话：“她的祖父是夏瑞芳（前商务印书馆老板），曾一直帮袁世凯做事。肇和起义之失败，是他连夜拿巨款去运动另一军舰应瑞号，使他们不参加肇和起义之役而失败的，后来被人暗杀的，但夏小姐本人大概不大知道这件历史故事。”③陈立夫说夏瑞芳一直帮袁世凯做事，用巨款运动“应瑞号”军舰，恐怕不是事实。仔细读一下这段简短的文字，脱不了厚诬夏瑞芳的嫌疑。

---

① 蒋维乔：《夏君瑞芳事略》，《1897—1987商务印书馆九十年——我和商务印书馆》，第5页。

② 《1897—1987商务印书馆九十年——我和商务印书馆》，第2页。

③ 陈立夫：《成败之鉴——陈立夫回忆录》，台湾正中书局1994年版，第393—394页。

在夏瑞芳遇刺前，还发生过一件很蹊跷的事。张元济为涵芬楼搜购古籍，特在寓所大门前挂了一块特制的红底黑字的铁皮招牌，上书“收买旧书”四个字。1914年1月初的一天，有人送来旧书一包，时张元济尚未回家，送书人留下书即走了。第二天清晨，张元济因事匆匆出门未及打开包裹来查看。不久，送书人又转回来将那包书取走。几天后，租界巡捕房包探来到张元济寓所探询，称那包书内藏有炸弹，送书人回去后，炸弹爆炸，当场殒命。此事很蹊跷，也许是刺客发现了他们要下手的对象是夏瑞芳而不是张元济，故及时派人将书取走，张元济及其家人因此侥幸躲过一劫。

夏瑞芳遇刺身亡后，商务印书馆董事会召开临时紧急会议，推举印有模出任总经理，高凤池出任经理（相当于副总经理）。据陈叔通说，夏瑞芳亡后，张元济本来是有资格做总经理的，但总经理是公司的法人代表，要向官厅进呈，要与官方应酬，而这些工作在士大夫中被认为是不体面的。张元济不做总经理，就可免去与官方的往来及应酬。

1915年11月16日，印有模病逝于日本神户。18日，商务印书馆董事会推举高凤池任总经理，张元济为经理（相当于副总经理），标志着商务印书馆“张元济时期”的开始。

商务印书馆管理体制改革

1915年冬，对商务印书馆发展有重大影响的陈叔通，应张元济的邀请进入公司任职。

陈叔通（1876—1966），名敬第，字叔通，以字行，浙江杭州人。1903年癸卯科进士，授翰林院庶吉士。1906年毕业于日本东京法政大学，1910年当选为资政院议员，1912年当选为中华民国第一届国会众议院议员，兼《北京日报》经理。1913年4月加入进步党，1914年5月任袁世凯政府政事堂政事处礼制官，兼《民国公报》主笔。在袁世凯洪宪帝制开场前，陈叔通挂冠南下。当时上海的两大出版机构商务印书馆和中华书局争相礼聘陈叔通，中华书局出的月薪是300元大洋，而商务印书馆出的月薪是200元大洋。当时外间认为中华书局出的月薪高，陈叔通肯定去中华书局。而结果，陈叔通却选择了商务印书馆。陈叔通之所以做出出人意料的选择，主要是抹不开张元济的情面。他们结识于1906年，介绍人是汪康年。张曾几次邀请陈进商务印书馆，但陈先后担任北京资政院议员和国会议员，地位较高，所以一直没有应聘，直到此番国会被袁世凯非法解散，陈被迫南下时，张再次邀请他加盟，陈看在多年老友的情谊上，决定舍弃月薪优厚的中华书局而选择了商务印书馆。

陈叔通进入商务印书馆后，很快就发现了商务印书馆领导层之间的矛盾及其症结。商务印书馆历来有教会派与书生派的矛盾。所谓教会派，便是从上海清心书院出身的，如夏瑞芳、鲍咸昌、鲍咸恩、高凤池等，他们是商务印书馆的创办人和元老。因为他们都是基督教教友，故称为“教会派”。而后来陆续加入的张元济、高梦旦等一批学贯中西的知识分子，则被称为“书生派”（或非“教会派”）。1902年，商务印书馆成立编译所、印刷所、发行所，全局由总经理夏瑞芳协调，三所相对独立，但盈亏总计。三所中，教会派掌握着印刷所和发行所，而以张元济为首的书生派则掌握编译所，两派之间虽然矛盾较深。但夏瑞芳在世时，他有很高的威望，对张元济及编译所的编辑人员又非常尊重，能够起到缓解和消除矛盾的作用。夏瑞芳去世后，印有模、高凤池相继任总经理。高凤池文化水平不高，器量较小，而且喜欢以商务印书馆元老自居，缺乏夏瑞芳那样的胸怀和才干，商务印书馆内部教会派和书生派的矛盾迅速激化，两派人员互不买账，遇事相互推诿，三所之间各行其是，弄成一国三公的局面。陈叔通了解到商务印书馆存在的情况后，向张元济建议在三所之上建立总管理处。陈叔通回忆说：

> 到了商务，每天只是看看各分馆的信札，有头无尾，使我觉得无事可办。有一天我便与张谈，想回杭州扫墓。张看出我的意见，要我说出应办什么。我就提出商务有三个所（编译所、发行所、印刷所），各搞各的互不相关，如何搞下去，计划从那里来，你（指张）在编译所下班后再到发行所，辛苦忙碌之极，没有一个制度怎么办得下去，以我看来应建立一个统一机构，把三所联系起来。这个机构的名称，我最初是提出叫总管理处，

后来正式定名叫总务处。张同意了我的意见，我就说有了事可办，那么扫墓就可以后再说。这就是总务处这个组织的发起和来源。但是要建立机构还不是很简单的，我和张谈完后，张就把高翰卿、鲍咸昌、高梦旦约齐了五个人一块儿谈。我就自荐抓总务处工作，大家同意，工作由我来承担。讲明三所所长定期叙谈，最重要的是每年订计划，所与所发生关系开会解决，讨论什么事，除五人之外，再通知其他有关的人员出席。对这个倡议，初时印刷、发行二所并不感到有此必要。讨论结果总算大家同意，我拉了盛桐荪参加并在棋盘街三楼开始筹划，正式成立总务处。从此商务才有一个统一的机构来联系三所的事，开会时三所所长皆出席，意见一致便通过执行，意见倘若不一致，便将意见写下来或在会外商量，或在下次开会时商量。在这个基础上逐渐订出许多规则来。我在商务便做了这一件事。①

陈叔通建议的总管理处，后来为何变成了总务处？原因在于高凤池和张元济这两位一、二把手意见时常相左，要在公司内部找出一个能够指挥高、张的人是不可能的。陈叔通从商务印书馆的实际出发，只好退而求其次，建议成立三所协商一致的总务处，而不是总管理处。总务处会议由总经理、经理及三所所长（或实际负责人）等五人组成，定期聚会，是为常会。所与所之间需要协商称为特别会议，涉及到所以下部门，该部门负责人可列席陈述，但无表决权。会议采协商一致原则，意见一致即执行；不一致则下次再议。此外，公司财务、文书等事务集中到总务处，成为总务处会议的事务部门，但不指挥三所。总务处由陈叔通负责。有研究者认为，陈叔通到馆并负责总务处，是受命于危难之时，自从总务处会议建立后，商务印书馆重新振作，而且开始形成规章制度，以适应日益发展的业务。公司文书档案制度也在这时建立起来，陈叔通在商务印书馆的历史上功不可没。

陈叔通主持总务处，一直扮演无名英雄的角色。当时在编译所主编《小说

---

① 陈叔通：《回忆商务印书馆》，《1897—1987商务印书馆九十年——我和商务印书馆》，第136—137页。

月报》的茅盾回忆说：“我当时不知陈叔通为谁何？可有人告诉我，这位陈先生是商务印书馆总管理处权力很大的一个大人物呢！我当时付之一笑。”[①]

茅盾虽然不知道陈叔通是何许人，但张元济却没有忘记陈叔通的贡献。1922年陈叔通离开商务印书馆时，张元济将自己的20股过到他名下，让他担任了商务印书馆董事。在陈叔通离开后的第二年，张元济与高凤池等联袂拜访了陈叔通，张元济对他说，自从他建议成立总务处后，商务印书馆受惠不少，章程案卷都办得很好，经商务印书馆董事会议决送他600元大洋，作为以后养老的生活费。这件事也说明，陈叔通倡议的改革确实给商务印书馆带来了好处。陈叔通虽然离开了商务印书馆，但他一直关注着商务印书馆，以后每当商务印书馆需要的时候，总是及时伸出援手。

商务印书馆大换班

1915年9月5日，陈独秀创办《青年杂志》，并在该杂志创刊号上发表《敬告青年》一文，第一次高举起了“民主”和“科学”两面大旗，揭开了一场在思想文化领域反对封建复古和封建专制主义的新文化运动的序幕，站在这个新文化运动前头的是以陈独秀、李大钊、鲁迅、胡适为代表的一大批先进的知识分子。

新文化运动在形式上，是以白话文取代文言文。张元济以出版家敏锐的眼光看到了新文化运动的巨大威力。1916年8月，张元济提议用白话编初等小学国文教科书，但遭到杜亚泉、高梦旦等保守派的反对。张元济在8月1日的日记中记载此事：“《初等国文》用白话文编。亚泉以为难，谓内地读官话与文言无异，且官话亦不准，将来文理必不好，而官话又不适用。梦旦谓，教授甚难。”[②]杜亚泉是东方文化派的代表人物，他是坚决反对白话文的。他曾做打油诗讥讽《新青年》倡导白话诗：“一个苍蝇嘶嘶嘶，两个苍蝇吱吱吱，苍蝇苍蝇

---

① 茅盾：《商务印书馆编译所和革新〈小说月报〉的前后》，《1897—1987商务印书馆九十年——我和商务印书馆》，第197页。

② 《张元济全集》第6卷，第89页。

伤感什么？苍蝇说：我在作白话诗。”[①]

五四新文化运动兴起后，康有为、辜鸿铭、林纾等文化保守派已经无力抵抗。在新旧思潮的激战中，真正能够同新青年派相对抗的是以杜亚泉、梁启超、梁漱溟等人为代表的东方文化派。

杜亚泉是最早出来对抗新文化运动的代表人物。1910年底，杜亚泉继徐珂、孟森之后担任《东方杂志》第三任主编，直到1919年，前后共9年。杜亚泉主持《东方杂志》后，对刊物进行了一次大的调整。增加撰述文章，增设“科学杂俎”以普及自然科学知识；增设“谈屑”以针砭时弊。杜亚泉本人也用真名或高劳、伧父等笔名发表了数十篇著译，内容涉及哲学、政治、经济、法律、外交、思想文化、教育等广泛的领域。杜亚泉先后在《东方杂志》发表《再论新旧思想之冲突》《静的文明与动的文明》《战后东西文明之调和》《矛盾之调和》《迷乱之现代人心》《中国之新生命》等一系列论文，阐述他对关于东西文明的基本观点。杜亚泉从第一次世界大战中看出了西方文明的种种弊病，他对东西文明进行了比较，认为东方文明是静的文明，西方文明是动的文明，东西文明各有长短，各有利弊。杜亚泉诊断，东方文明的优点是中国固有的伦理道德，纲常名教；西方文明的优点是科学。他主张以中国固有的文明去“统整”西方文明。杜亚泉认为，西方民主、科学、自由、平等学说的输入中国，“直与猩红热、梅毒等之输入无异！”其结果导致中国“国是之丧失”和“精神界之破产”。杜亚泉认为，要阻止西方学说的输入是不可能的。“救济之道，在统整吾固有之文明：其本有系统者，则明了之；其间有错出者，则修整之。一面尽力输入西洋学说使其融合于吾固有文明之中。西洋之断片的文明如满地散钱，以吾固有文明为绳索，一以贯之。今日西洋之种种主义主张，骤闻之似有与吾固有文明绝相凿枘者，然会而通之，则其主义主张往往为吾固有文明之一局部扩大而精详之者也。吾固有文明之特长，即在于统整。且经数千年之久，未受若何之摧毁，已示世人以文明统整之可以成功。今后果能融合西洋思想以

① 胡愈之：《回忆商务印书馆》，《商务印书馆九十五年——我和商务印书馆》，第124页。

统整世界之文明，则非特吾人之自身得赖以救济，全世界之救济亦在于是。[①]杜亚泉还说：“西洋文明与吾国固有之文明，乃性质之异，而非程度之差；而吾国固有之文明，正足以救西洋文明之弊，济西洋文明之穷者。西洋文明腴美如肉，吾国文明粗粝如蔬；而中酒与肉之毒者，则当以水及蔬疗之也。”[②]杜亚泉立足于本土文明，同时输入西洋文明来建设中华新文明的文化构想，在现在看来，也许有他合理性和可取的地方。[③]

杜亚泉的东西文化调和论，首先遭到新文化运动领袖人物陈独秀疾言厉色的批判。陈独秀斥责东西文化调和论为“人类惰性的恶德”。1918年9月，陈独秀在《新青年》上发表《质问〈东方〉杂志记者——〈东方〉杂志与复辟问题》，对《东方杂志》第15卷第4号发表的《迷乱之与现代人心》和第15卷第6号发表的《中西文明之评判》（译自日本《东亚之光》杂志）和《功利主义与学术》（作者钱智修）三篇文章，提出十六点严厉的质问，要《东方杂志》记者一一赐以详明之解答，实际是指名要杜亚泉作答。针对陈独秀的质问，杜亚泉在《东方杂志》第15卷第12号发表了《答〈新青年〉杂志记者之质问》，对陈独秀提出的十六点质问，从十个方面作了答复。杜亚泉重申：“共和政体决非与固有文明不相容者。民视民听，民贵君轻，伊古以来之政治原理，本以民主主义为基础。政体虽改，而政治原理不变，故以君道臣节名教纲常为基础之固有文明与现时之国体融合而会通之，乃为统整文明之所有事。”杜亚泉还指出：某些人借中国传统文明进行复辟活动，与中国传统文化本身应该区分开来。批评西方文明中的功利主义，并非反对民权自由和立宪共和；批评功利主义之民权自由，非反对民权自由；批评功利主义之立宪共和，非反对立宪共和。杜亚泉的答复文发表后，陈独秀又于1919年2月发表《再质问〈东方杂志〉记者》。

在此前后，梁启超、梁漱溟、章士钊等一大批知名文化人也参加了东西文

① 陈独秀：《独秀文存》，安徽人民出版社1987年版，第210页。

② 伧父：《静的文明与动的文明》，《东方杂志》第13卷第10号。

③ 20世纪末以来，以王元化、高力克、许纪霖为代表的一批学者，对杜亚泉的学术思想进行了重新评估和阐释。高力克著《调适的智慧：杜亚泉思想研究》（浙江人民出版社1998年版）是其中的代表作。

化的论战，历时多年。

杜、陈的论战尚未落幕，商务印书馆主办的几种杂志再次受到新文化人士的激烈抨击。北京大学学生罗家伦在北大《新潮》杂志上发表《今日中国之杂志界》一文，对商务印书馆主办的几种主要杂志进行了十分尖锐的批评。罗家伦将当时国内的杂志分为四类：第一类是官僚派，是政府机关办的公报，如《内务公报》《财政月刊》《农商公报》等。第二类是课艺派，主要是各大中学校所办的杂志。第三类是杂乱派。罗家伦说："这派大都毫无主张，毫无选择，只要是稿子就登，最可以做代表的，就是商务印书馆的《东方杂志》。这个上下古今派的杂志，忽而工业，忽而政论，忽而农商，忽而灵学，真是五花八门，无奇不有。你说他旧吗？他又像新；你说他新吗？他实在不配。民国二三年黄远生先生在主持的时候，还好一点，现在我看了半天，真有莫明其妙的感想。这样毫无主张，毫无特色，毫无系统的办法，真可以说对社会不发生一点影响，也不能尽一点灌输新知识的责任。我诚心盼望主持这个杂志的人，从速改变方针。须知人人可看，等于人人不看；无所不包，等于一无所包。我望社会上不必多有这样不愧为'杂'的杂志。"①第四类是学理派。罗家伦又将其划分为两类，一类是脑筋清楚的，一类是脑筋混沌的。其中脑筋混沌的又细分为市侩式和守旧式。罗家伦称商务印书馆主办的《教育杂志》《学生杂志》《妇女杂志》都是市侩式的杂志。他说："这班市侩式的杂志，上面高扯学理的大旗；就实际而论，做的人既对学理无明确的观念，又无研究的热心，不过打空锣鼓，以期多销几份。而且最讨厌的莫过于商务印书馆所出的《教育杂志》。这种杂志里面，虽然也有过蒋梦麟、黄炎培两君所著几篇还朴实点的东西，其余多半不堪问了。还有一位贾丰臻君专说空话，他做一篇《欧战后学生之觉悟》，说到要旨只是'其责任之重，重于千钧；时期之急，急于燃眉；地位之苦，苦于尝胆'的几句话。又做了一篇《教育宜保存国粹说》，说到归根，只是'名教中自有乐地，纲常外别无完人'两句。诸位，这种话着一点边际吗？贾君提倡名教，请问名教的界说是什么，是谁造的？说到纲常方面，难道贾君还相信'君为臣纲，

① 《中国出版史料》现代部分第1卷下册，第395—396页。

夫为妻纲’一类的话吗？听说这位贾君还是江苏第几师范的校长，许多人还崇拜他做‘中国当代的大教育家’呢！还有商务印书馆的一种《学生杂志》，本是一种极不堪的课艺杂志，然而也要帮着《教育杂志》谈谈学理，论论职业教育。五卷十二期里有一篇《任职之第一年》说：‘讲究社交之术，养成谦让克己之德，以除学生习气幻想恶弊，庶几出而任事，有措施适宜、志得意满之乐，得任用者之欢。’我真不解这是什么话？说到学生有习气，我是绝对不承认的。习气是恶社会污赖我们学生的名词。社会以为是我们学生的‘习气’，正是我们没有与社会同化的‘朝气’。出来任职，原是契约上的关系；至于要委曲求媚‘以得任用者之欢’，那岂不是娼妓行动吗？办杂志的人可以用这种的话，来教我们心地清白的青年吗？其余若《妇女杂志》专说些叫女子当男子奴隶的话，真是人类的罪人，听说有好几处学校还只许学生看这种杂志呢！总之这种种谬处，指不胜指。这类的杂志，若不根本改良，真无存在的余地。”[①]罗家伦真是初生牛犊不怕虎，他的批评言辞十分尖锐激烈。[②]文章发表后，在国内学术界引起强烈的反响，杜亚泉对罗家伦的批评虽有文答辩，但却显得苍白无力。

《新青年》《新潮》《进步》等宣传新思潮的杂志创办初期，张元济与高梦旦、王仙华等商量后，决定将《东方杂志》大减价，以与《新青年》等杂志竞争，同时招徕广告。然而，《东方杂志》等杂志不仅思想内容保守，而且又是文言文，越来越不受读者的欢迎，发行量连年下降。商务印书馆出版的各种杂志，1917年销14.6万元，1918年销11.1万元，1919年打六五折发行仅得7.659万元，销售额比1917年减少约一半。[③]胡愈之说：“到了‘五四’运动时，商务印书馆不吃香了，因为它出的书用文言文，有的编辑也反对新文化运动，后来商务印书馆就到北京去招人。”[④]至此，张元济等商务印书馆决策者们真正感受到了危机。张元济坦承：“时势变迁，吾辈脑筋陈腐，亦应归于淘汰！”高梦旦则说：

---

① 《中国出版史料》现代部分第1卷上册，第396—397页。

② 罗家伦虽然以激烈的言辞批评商务印书馆主办的杂志，但张元济对罗本人似乎并没有恶感。后来北京大学校长蔡元培给张元济的女儿张树敏介绍对象，其中之一就是罗家伦。从张元济写给胡适的信来看，张对罗相当中意，并要求胡适代为调查罗的家世等情况。但不知何故，这件事没有成功。

③ 《张元济日记》上册，第671页。

④ 陈原：《记胡愈之》，生活·读书·新知三联书店1994年版，第200—201页。

“我们只配摆小摊头，不配开大公司。”面对新文化运动的咄咄逼人，张元济经与高梦旦等多次交换意见后，终于决定首先将各杂志主持人来一个大换班。

首先换人的便是《东方杂志》主编。张元济首先派陶保霖对《东方杂志》进行了一番调查。陶保霖在调查后汇报说：“《东方杂志》投稿甚有佳作，而亚（泉）均不取，实太偏于旧。”[①]张元济当即决定派陶保霖担任《东方杂志》主编，杜亚泉专管理化部。陶保霖，浙江嘉兴人，其父陶模历任新疆巡抚、署理陕甘总督、两广总督，是晚清一代名臣。陶保霖毕业于日本法政大学，后来与张元济等参加预备立宪公会，并编辑《法政杂志》，长期在编译所任职。陶保霖在接办《东方杂志》前后，发表了《今后杂志界之职务》和《中国杂志界应有之标准》，对罗家伦的批评做出正式回应，陶声称杂志本有“大杂”“小杂”之分，而《东方杂志》就是“大杂”，研究一切学问，所以“自不必以不纯为嫌，亦毋以杂乱自慑”。实际上是拒绝了罗家伦的激烈批评。陶保霖上任后，提议将《东方杂志》由月刊改为半月刊，开始张元济不同意，引起陶保霖的不快，最后还是采纳陶的意见，自第17卷第1号起，改为半月刊，每月10日、25日出版。但这只是形式上的改革，在指导思想上，陶保霖虽然不再宣传杜亚泉的主张，但陶本人与五四时代激烈的思想潮流仍有很大距离，换人后的《东方杂志》没有实质性的改变。

继《东方杂志》后，《教育杂志》《妇女杂志》《小说月报》也相继更换了主编。主编换班后，刊物面貌发生重大变化的当推《小说月报》和《学生杂志》。

《小说月报》创刊于1910年（清宣统二年），王莼农、恽铁樵先后任主编。从创刊之日起，一直是鸳鸯蝴蝶派的主要阵地之一。对于这种局面，张元济并不是很满意的。早在1917年10月12日，张元济就与高梦旦商量过《小说月报》的改革事宜。张元济提出：“《小说月报》不适宜，应变通。”[②]王莼农是南社社员，虽然不是鸳鸯蝴蝶派，但他属于旧式文人。当时代表进步方向的新文学还在萌芽阶段，即使改革自然也不会有什么结果。沈雁冰1916年8月进入编译所

---

① 《张元济全集》第7卷，第145页。

② 《张元济全集》第6卷，第266页。

后，逐步显露出了文学才干。1917—1920年，商务印书馆主办的各种杂志除《英文杂志》以外，都拉他撰稿译稿。1919年底，沈雁冰进入《小说月报》任编辑，从第11卷1期（1920年1月出版）起开始半革新，开辟“小说新潮”栏，以三分之一篇幅刊登新文学作品，这一栏目由沈雁冰负责。1921年1月，茅盾正式接任《小说月报》主编，将鸳鸯蝴蝶派文人的稿件一律封存，改为与文学研究会合作，采用他们的稿件。在第12卷第1号（1921年1月出版）上发表《改革宣言》，宣布自该期起，将于译述西洋名家小说而外，兼介绍世界文学界潮流之趋向，讨论中国文学革新之方法；旧有门类，亦略有改变。宣言同时提出六条主张，宣称革新文学的目的在于创造中国之新文艺，对世界尽可能贡献之责任则预备研究，愈久愈博愈广，结果愈佳，即不论如何相反之主义咸有研究之必要。故对于为艺术的艺术与为人生的艺术，两无所袒，必将忠实介绍，以为研究之材料。①

张元济、高梦旦在选择沈雁冰主编《小说月报》时，答应了沈提出的三条要求：一是《小说月报》现存的“礼拜六派”文人（即鸳鸯蝴蝶派的稿子，包括林纾的译稿）全部不用；二是全部改用5号字（原是4号字）；三是馆方应当给他全权办事，不能干涉编辑方针。沈雁冰全权主编《小说月报》后，很快与文学研究会的郑振铎、周作人、瞿世英、叶绍钧（圣陶）、耿匡（济之）、蒋方震（百里）、郭梦良、许地山、郭绍虞、冰心、庐隐、孙伏园、王统照等结合起来，发动他们撰稿，稿件源源不断涌来。从此，《小说月报》重点宣传“为人生的艺术”，刊载清新向上的有着浓厚生活气息的作品；介绍外国，特别是被压迫民族的文学作品，把以文艺为娱乐的鸳鸯蝴蝶派清除出去，为中国新文学的成长壮大提供了重要的阵地。当时在《东方杂志》任编辑的胡愈之说：“由沈雁冰代替王西神主编《小说月报》，可说是新文学运动取得胜利的一个里程碑。”叶圣陶也说：“《小说月报》的革新是极有意义的事。……雁冰兄接办《小说月报》了，理论与作品并重，对于文学，认认真真做一番启蒙工作。在以前，梁任公先生以及其他也出过小说杂志，用意也在启蒙，然而他们的观点太切近功

① 沈雁冰：《〈小说月报〉改革宣言》，《中国出版史料》现代部分第1卷上册，第46—48页。

利，刊载的作品又是谴责性质的居多，反而把文学的功能缩小了。我不说革新以后的《小说月报》怎样了不起，我只说自从《小说月报》革新以后，我国才有正式的文学杂志，而《小说月报》革新是雁冰兄的劳绩。”①

改革后的《小说月报》很快赢得了读者和社会的肯定，改革后的《小说月报》第1期印了5000册，第2期印了7000册，到年末的最后一期，印数达到1万份。当时，在商务印书馆领导层中，也不是所有人都容忍沈雁冰的改革。总务处负责人就对《小说月报》的革新表示了十二分的不满意，沈雁冰送给他的刊物，他都原封不动地退回以示“抗议”。但是不改革，刊物就没有销路，“顽固派对于新思想的憎恶终竟屈服于他们的拜金主义势力之下”②。但两年后，商务印书馆当局违背当初不干涉沈雁冰编辑方针的承诺，沈因此愤而辞职，后相继由郑振铎、叶圣陶任主编，直到1932年因“一・二八”淞沪会战而被迫停刊。

1921—1932年，《小说月报》始终掌握在文学研究会重要作家手中，沈雁冰、郑振铎、叶圣陶三任主编都没有宗派主义情绪，不论哪一派的作家，只要作品水平高的一律刊登，以作品的水平高低为唯一取舍的标准。沈雁冰说：“这11年中，全国的作家和翻译家，以及中国文学和外国文学的研究者，都把他们的辛勤的果实投给《小说月报》。可以说，‘五四’以来的老一代著名作家，都与《小说月报》有过密切的关系。”③

杨贤江实际主编后的《学生杂志》也成为一个很有影响的杂志。杨贤江（1895—1931），浙江余姚人。1917年自浙江省立第一师范学校毕业后到南京高等师范学校当职员，1919年加入少年中国学会，并任该会南京分会书记。1921年初进入商务印书馆主办的《学生杂志》当编辑。此后，杨贤江先后加入了社会主义青年团和中国共产党，并担任了中共上海地方兼区执行委员会候补委员，1924年担任改组后的中国国民党上海市党部青年部长。1923年6月，中国共产

---

① 叶圣陶：《叶圣陶序跋集》，生活・读书・新知三联书店1983年版，第270—271页。

② 茅盾：《商务印书馆编译所和革新〈小说月报〉的前后》，《1897—1987商务印书馆九十年——我和商务印书馆》。

③ 《大变动时代的建设者》，第197页。

党第三次全国代表大会通过《关于国民运动及国民党问题的决议案》，决定中国国民党与中国共产党合作，共产党员加入国民党，使国民党成为国民革命运动之大本营。之后，中共上海区党组织成立了国民运动委员会，杨贤江与恽代英都是委员，负责青年和学生方面的工作。《学生杂志》的主编虽然一直是朱元善，但从1922年后实际由杨贤江主持。杨贤江在恽代英的帮助下，对刊物进行了比较彻底的改造，将原来的课艺杂志变成教育青年走向社会，揭露帝国主义侵略，抨击北洋军阀反动统治的政论性杂志。杨贤江在刊物上发表了《复活五四的精神》《从救国运动到社会运动》《教育者与政治》《学生与政治》《团体纪律与个人自由》《列宁与中国青年》《再论学生与政治》《唐山大学生和开滦矿工》等一系列文章，对于指引青年走向进步、走向革命起了很大促进作用。在《中国青年》创刊前，《学生杂志》成为中国共产主义青年团中央委员会的代用刊物。李一氓回忆说：“代英同志对青年工作的实际指导多，而贤江同志则对于学生的教育工作多。当时比较进步的中学生和大学生，大体上都受《学生杂志》的影响，而实际则是贤江同志的影响。”叶圣陶说，在《中国青年》创刊前，联系知识青年这样密切的刊物，就只有《学生杂志》一种。在《中国青年》创刊后，《学生杂志》依然配合它。杨贤江主持《学生杂志》后的进步倾向，引起敌对势力的注意和敌视。上海澄衷中学校长曹慕管在一次群众集会上发表演讲，支持北洋军阀提倡的学校读经，杨贤江立即予以批驳。曹慕管恼羞成怒，向商务印书馆负责人告状，并在报上以变相广告的形式将信公开发表。为此，杨贤江遭到商务印书馆当局的警告，杨贤江为了守住《学生杂志》这个阵地，采取了灵活的斗争策略，将反对读经的斗争转移到其他刊物上。杨贤江虽然保住了《学生杂志》，但还是引起商务印书馆当局的猜疑，杨贤江升任主编已无望。1926年底，杨贤江辞去编辑职务，直接投身于大革命。但他一直与《学生杂志》的后任主编保持联系，继续为《学生杂志》写稿。

在这次商务印书馆杂志的改革中，张元济、高梦旦等商务印书馆负责人以开明进步的立场引进了一批年轻的共产党人、进步知识分子和国民党左派文化人，主持各杂志的编辑工作。周予同回忆说：“那时，正当‘五四’运动之后，商务印书馆受了这文化运动的刺激，对于所出版的杂志，不能不有一种革新的计划。那时，我们都还年轻，办公的地点在一起，那种放言高论以天下为己任的激越情形，到现在回忆起来，还历历如在眼前。”[①]这个时期商务印书馆的几种主要杂志“具有罕见的进步性”。但这只是昙花一现，随着“王云五时期”的到来，商务印书馆的左翼和进步分子，如郑振铎、杨贤江、茅盾、章锡琛、胡愈之等先后被排挤出去，出版物重又趋于“右倾”与保守。

编译所的整体改革

编译所的改组或改革，出自所长高梦旦的主动提议。1912年后，编译所所长张元济以主要精力参与公司决策，高梦旦以编译所国文部部长的身份实际主持编译所。高梦旦思虑周密，其所定选题切合社会需要，所出图书很少积压库存。因其思虑周密，断事无不中，故公司凡遇重大决策，皆由高一言以定。张元济视之为左右手，人称他是张元济的“参谋长”。

面对汹涌澎湃的新文化运动，高梦旦因为自己不懂外文而深感力不从心。他认为，作为全国最大的出版机构因为自己跟不上潮流而没落，则与他从事出版工作的初衷相背，高梦旦经过深思熟虑后，决定主动让贤。1919年7月14日，张元济在日记中写道：“梦旦晚饭后来谈公司大局，及一己去留事，甚久。”[②]他们两人当天谈论的具体内容已不得而知，但从张的日记中可以看出，他显然是赞同编译所进行改革的。

编译所聘用大批知识分子专职编译书稿，从经济成本来说是很不合算的。郑贞文说，当他在日本东京留学时，他卖稿给商务印书馆，每千字约大洋3元或4元。而他加盟编译所后，他所得的薪俸与所编的书稿字数计算，每千字合大洋10元以上。由于稿费支出比例过高，制约了商务印书馆出书品种的增加，改革势在必行。在随后的一段时间里，张元济与高梦旦、陈叔通、李拔可等多次碰头商讨改革方案。他们提出的第一个改革方案便是：“编译可在外办事者，

---

① 周予同：《追念杨贤江》，《1897—1987商务印书馆九十年——我和商务印书馆》，第280页。

② 《张元济全集》第7卷，第92页。

一律包办，宁宽勿严。其重要人，每部留一二人任审查。拟分三部：一、审查，二、编辑，三、函授。”[1]按照这个方案，编辑在外办事，不再是公司的正式职员，而是特约的著译人员。公司对那些可以信任的著译者，给予一定数目的报酬，让他们完成书稿的著译。但如果全面推行这个改革方案，那么编译所现有的一百五六十位编译人员，绝大多数都要推到社会上去，这显然不是一件小事。也许是实行起来阻力太大，在事隔8个月后，张元济与高梦旦于1920年3月8日又商量出了第二个改革方案，即在新文化运动的中心——北京设立商务印书馆的第二编译所，专办新事。他们设想以高薪聘请新文化运动的风云人物胡适在北京就近主持。先试办1年，费用为3万元。[2]根据这一方案，商务印书馆先后组织了《世界丛书》（蔡元培主持）、《共学社丛书》（梁启超主持）和《文学研究会丛书》等有影响的丛书。

最后，改革的重点又重新回到聘请新人担任编译所所长，以取代高梦旦，他们首先锁定的目标是五四新文化运动风云人物胡适。根据张元济日记的记载，在1919年上半年就向胡适表达过“借重之意”[3]。随后，高梦旦前后几次前往北京当面做胡适的工作。1921年4月间，高梦旦在北京找胡适谈话，力劝他辞去北京大学教授职务，到商务印书馆去主持编译所。高告诉胡适：他现在决定辞去编译所所长，因为近年时势所趋他觉得不能胜任。高梦旦还说：“我们那边缺少一个眼睛，我们盼望你来做我们的眼睛。”高梦旦还诚恳地说：“北京大学固然重要，我们总希望你不会看不起商务印书馆的事业。我们的意思确是十分诚恳的。”对此，胡适回答说：“我决不会看不起商务印书馆的工作。一个支配几千万儿童的知识思想的机关，当然比北京大学重要多了。”胡适还说：“我所虑的只是怕我自己干不了这件事。”话虽如此，但在内心上，胡适虽然也认为编译所所长的职位很重要，比在北大更能发挥作用。但他同时又认为，他还只是30岁出头的人，还有他自己的事业要做；自己至少应该再做10年、20年自己的事业，况且他认为自己不是一个没有贡献能力的人。因此，胡适对商务印书馆

---

① 《张元济日记》下册，第816页。

② 《张元济日记》下册，第958页。

③ 《张元济日记》下册，第765页。

的邀请总是婉言辞谢。高梦旦于是向胡适提出一个折中的办法：请胡适在暑假期间去上海玩3个月，做他们的客人，替他们看看他们办事的情形，和商务印书馆同人谈谈。胡适同意南下到商务印书馆去考察一番，但拒绝了带家属随行的邀请。胡适认为带家属南下是商务印书馆的一个“诡计”，他不想上当。

高梦旦回到上海后，张元济于5月15日致函胡适，重申借重之意。信中说：“敝公司从事编译，学识浅陋，深恐贻误后生，素承不弃，极思借重长才。前月梦翁入都，特托代恳惠临指导，俾免陨越。辱蒙俯允暑假期内先行莅馆，闻讯之下，不胜欢忭，且深望暑假既满，仍能留此主持，俾同人等得常聆教益也。”①

1921年7月16日上午10时，胡适乘坐的火车抵达上海车站，张元济与高梦旦、李拔可、庄俞、王仙华等主要负责人几乎全部出动到车站恭迎，并将胡适送到大东旅馆，可见他们对胡的到来寄予厚望。胡到上海的当天，张丹斧（胡适称他是一个“顽皮的玩世家”）任主笔的上海《商报》刊登了许文声化名“丽天”写的《胡老板登台记》的花边新闻：

> 北京大学赫赫有名的哲学教员、新文学的泰斗胡适之，应商务印书馆高（梦旦）所长的特聘来沪主撰，言明每月薪金五千元（比大总统舒服）。高所长亲至北京迎来，所有川资膳宿，悉由该馆担任。今日为到馆第一天，该馆扫径结彩，总（经）理以次，均迎自门首。会客室、编辑所均油漆一新。另辟一精室，器具悉为红木，左图右史，明晶却尘。所长、部长及各科主任趋侍恐后，方之省长接任，有过之无不及。所内著名的编辑，均由胡博士一一延见，分班叙谭，宛如下属，实为我秃笔文人扬眉吐气。其薪金待遇，诚开我国文学家未有之奇局，可谓匆负十年窗下矣。然胡博士是创新文化的人，其批评为重要职任。今被收买，将来对于该馆出版物如何评判呢？恐怕要失于公允了。再闭目一想，其阶级不是比政界更利害么？哪里是什么文学家就职，简直同剧界大王梅兰芳受天蟾舞台的聘，第一日

① 《张元济全集》第2卷，第536页。

登台一样。将来商务印书馆一定大书特书本馆特由北京礼聘超等名角来沪，即日登台了。[①]

这则花边新闻写得很幽默，而且很夸张，但也说明胡适的上海之行确实引起了一部分人的关注。

在高梦旦等人的陪同下，胡适对商务印书馆进行了为期1个半月的考察，和编译所的编辑进行交谈，了解情况。编译所的改革之所以步履艰难，一拖数年之久，商务印书馆财务部长杨端六曾向胡适和盘道出了其中的奥秘：改良编译所不容易，因为现在馆中事权不统一，馆中无人懂得商业，无人能通盘筹算，无人有权管得住全部。馆中元老皆退职官僚、工人以及文人，没有一个人知道营业的道理。馆中最大的弊病是不用全力注重出版，而做许多不相干的小买卖。编辑所中待遇甚劣，设备（图书、房子）甚不完备，决不能得第一流人才（终年无假期。暑假名为可以自由，而又以加薪之法鼓励人不告假。薪俸也极薄）。对此，胡适也有同感，他在日记中写道：“杨君所言，极中肯要。他们方以为待编辑员甚优，然一入门即可见所谓‘优待宾师’之道了！”

在胡适的鼓励下，编译所的郑贞文、华超及杨端六等分别提出了他们的改良方案。郑贞文还说：“一个学者在商务编译所久了，不但没有长进，并且从此毁了。”那么，怎样才能免掉这样的危险呢？在高梦旦家中举行的座谈会上，胡适当场提出以下几条建议：第一，每年派送一二人出洋留学或考察，须年少好学，外国语精通，对于学问有兴趣的。第二，办一个完备的图书馆，专为编译所之用，但也许外人享用。第三，办一个试验所，内分物理、化学、心理、生物等项的试验室。第四，减少编译员的工作时间，增加假期。第五，把图书馆从编译所迁出，把现在藏书的一层改作编译所。下层为校对、缮写诸部，工作时间不妨稍长，但工资亦应提高。上层为分部的编译室，每部为一室，或数室，打破现在聚百余人于一大室之制。时间应自由，使人人有休养的机会。对于胡适的建议，在座的高梦旦、杨端六、郑振铎、郑贞文、钱智修、胡愈之、沈雁

---

① 《胡适日记全编》第3册，第383—384页。

冰等都表示十分赞成，后来大部分也为当局采纳，付诸实施。

1921年8月13日，张元济约胡适谈话，重申要他担任编译所所长，胡适还是婉言谢绝了。胡还是原来的老观点：“这个编译所确是很要紧的一个教育机关，一种教育大势力。我现在所以迟疑，只因为我是30岁的人，不应该放弃自己的事，去办那完全为人的事。”[①]张元济等自然不能勉强，便退而求其次，请胡适推荐一个合适的人。当时，高梦旦还问胡：“刘伯明如何？”刘伯明即刘经庶（1885—1923），字伯明，江苏南京人，1911年赴美国留学，在西北大学先后获得硕士、博士学位。1915年回国任金陵大学教授，1919年任南京高等师范学校（1921年改为东南大学）文史地理主任。胡适了解这个人的思想倾向，当即脱口而出，刘经庶绝对不可以。次年1月，刘经庶与梅光迪创办《学衡》杂志，与新文学运动抗衡。看来，胡适还是有知人之明的。

那么推荐谁呢？胡适在日记中写道：“他们要我推荐一个相当的人，我竟不能在留学生里寻出一个人来，想来想去我推荐了（王）云五。”胡适说他“想来想去”，可见是动了不少心思的。胡适郑重推荐的王云五，在当时却是一个名不见经传的人。胡适也说：“我推荐了云五，他们大诧异，因为他们自命为随时留意人材，竟不曾听见过这个名字！”那么，这个王云五究竟是怎样一个人呢？

王云五（1887—1979），号岫庐，晚年自称岫庐老人，祖籍广东香山（今中山市），出生于上海。由于家境贫寒，14岁时奉父命进上海的五金店当学徒，但他很有上进心，白天当学徒，晚上进夜校学习。特别是在读了美国科学家富兰克林的传记后，决定自学成才。自此以后，他广泛地阅读了西方学者亚丹、斯宾塞及孟德斯鸠等人的著作。1906年，王云五被上海益智书室聘为教员，次年春担任振群学社社长，同年10月转入中国新公学担任英文教员，他的学生中有胡适、朱经农、杨铨（即杨杏佛）等后来大名鼎鼎的新派人物。1912年1月，因为广东中山小同乡的关系，王云五担任了中华民国临时大总统孙中山的秘书，此后又担任了北洋政府教育部科长、专门教育司司长。1913年8月，王云五辞去教育部的职务，回到中国公学大学部任教授。1916年担任苏粤赣三省“禁烟

---

① 《胡适日记全编》第3册，第432页。

特派员"。旧中国的所谓"禁烟"，说白了就是合法贩卖烟土。王云五在任上参与了一起特大鸦片烟的贩卖，捞取了一笔不义之财。[①]他因此受到舆论的抨击，不得不于1917年辞去"禁烟特派员"职务，在上海家中闭门读书。1919年，王云五与他人合办公民书局，创办《公民杂志》，编译《公民丛书》，先后出版了十二三种，其中第一本就是他自己翻译的《社会改造原理》，这是他从事出版业的开始。当时，王云五在学术上还不是一个很有名气的人，但胡适对他推崇备至："他是一个完全自修成功的人才，读书最多、最博。家中藏西文书一万二千本，中文书也不少。他的道德也极高，曾有一次他可得一百万元的巨款，并且可以无人知道，但他不要这种钱，他完全交给政府，只收了政府给他的百分之五的酬奖。此人的学问道德在今日可谓无双之选。他今年止三十四岁，每日他必要读一百页的外国书。"[②]胡适的评价是同党之间无原则的吹捧，不足为据。

据说，高梦旦曾一度想在何公敢与王云五之间选择一个。何公敢（1888—1977），字崧龄，福建闽侯县人，1903年（清光绪二十九年）留学日本，毕业于日本第七高等学校。在日本留学期间加入同盟会，参与辛亥革命。后再入日本留学，毕业于日本京都帝国大学经济系，获学士学位。曾任商务印书馆编辑、福建省盐政处监督等职务，论条件比王云五要优越得多。但为何高梦旦最后决定选择王云五而舍弃福建同乡何公敢？对此，郑贞文的解释是：

> 高何以舍何（公敢）而用王（云五）呢？主要的原因是何不会久安于文墨生涯，高看得明白；而且何是福建人，高虽然用人唯才，不避同乡的嫌疑，但社会上则不免地方派别的成见。至于王云五呢？高和他本不相识，由当时鼎鼎大名的胡适极力推荐，已负去重大责任；而况王本来与教会有深厚的渊源，他自和商务发生关系之后，便大大发挥其买办式的手腕，和商务教会派当权人拉拢，尤其和创办人夏瑞芳的继承人夏筱芳（商务经理）搞得很好（原注：王云五当总经理后，对夏筱芳常闹意见，逼得夏不得不

---

① 王云五承认自己得了3万元回扣，但一般估计远不止这么一点。

② 《胡适日记全编》，1921年7月23日。

去，深悔当时捧他上台的失策。）高梦旦见他和教会派臭味相投，顺水行舟，觉得用王可泯“教会派”和“书生派”的无谓意见，自己也可轻些责任。在这种情况之下，高为着急于卸肩，不曾从远处大处着想，竟把王云五送上所长的宝座，不能不说是一念之差，铸成大错。①

1921年8月31日，张元济在王仙华的陪同下，亲自登门请王云五出山。王云五虽然没有当场答应，但允于中秋节回话。编译所所长是一个足以让人怦然心动的美差，王云五的所谓“允于中秋节回话”，是一种故作矜持的战术。果然，数日后王云五即应允出山了。

对于商务印书馆当局诸公的此次纳贤之举，胡适有这样的评论：“王云五先生是我的教师，又是我的朋友，我推荐他自代，这并不足奇怪。最难能的是高梦旦先生和馆中几位老辈，他们看中了一个少年书生，就要把他们毕生经营的事业付托给他；报到来又听信这个少年人的几句话，就把这件重要的事业付托给了一个他们平素不相识的人。这是老成人为一件大事业求付托的人的苦心，是政治家谋国的风度。这是值得大书特书，留给后人思念的。”②

但是，《小说月报》的主编沈雁冰却有这样的评论：“胡适如此了解了一个多月，终于不干，却推荐了他的老师王云五以自代。胡适早年曾在上海中国公学读书，王云五是英文教员。据说他当时对商务印书馆当局说：他是个书呆子，不善于应付人事关系，王云五则既有学问，也有办事才能，比他强得多。我们当时猜想，胡适在来编译所了解情况以前，不会不知道堂堂编译所长除了制订编述翻译书籍的方针计划而外，必然还有人事关系。他之所以答应来了解情况，原有‘俯就’之意，因为中国最大出版机构的编译所长，论收入比一个大学教授高出几倍，论权力也比一个大学的文学院长大得多，他可以网罗海内人才，或抛出夹袋中人物。可是了解情况以后，还是不干而推荐王云五，他一方面既可以仍然是中国最高学府的名教授，门墙桃李，此中大可物色党羽；而另一方

① 郑贞文：《我所知道的商务印书馆编译所》，《文史资料选辑》第53辑。

② 胡适之：《高梦旦先生小传》，《1897—1987商务印书馆九十年——我和商务印书馆》，第52页。

面则可以遥控商务印书馆编译所，成为王云五的幕后操纵者。胡适深知王云五是个官僚与市侩的混合物，谈不上什么学问，是他可以操纵的。”[①]沈雁冰还说：“商务当局中的保守派很中意王云五。”[②]从以后的事实来看，沈雁冰的分析大体不差。

1921年9月16日，王云五正式到商务印书馆报到，这天正好是农历中秋节。一个纯粹自学成才的二三流学人，从此出任中国最大出版企业的关键位置——编译所所长。

对于王云五的到来，高梦旦尤其高兴、而且很快向张元济提出由王云五接任所长。在这个问题上，张元济的态度一直比较持重。从现存的张元济日记中可以看出，高梦旦几次与张元济谈起王云五任所长的问题。张元济在1921年11月5日的日记中写道：“庄伯俞来访……又谈梦翁辞编译所长，荐王云五事。似太骤，可先任副所长，梦公仍兼所长。如（王）兼管业务科事，则编译所事尽可交与王，而已居其名，俟半年后再动较妥。”[③]在这个问题上，王云五知道要熟悉编译所这么一个大摊子，需要有一段过渡时间。他在1921年11月6日写给胡适的信中说：

> 梦旦日前来京，想必和你会过多次。他近来给汪伯训（应为江伯训，时任编译所事务部部长——引者注）一封信，请其转达菊生两件事：第一件他自己要脱离编译所，第二件要举我接任所长。他这番美意，我实在感激得很，但我却有点意见，以为他断断不可辞却编译所的事。我并不是客气，实在为顾全大局起见。梦旦的为人，我初次见面时，只知道他是个至诚待人的忠厚长者；等到和他共事后，我更发见他许多不可及之处：第一件就系思想细密，第二件能知大体，第三件富有革新的志向，第四件度量宽宏——这几件事都系做主体者最可贵的资格。所以我和他相处愈久，愈觉得他可以共事。况且你的改革计划交到这里以来，商务的主体人物都存

① 《我走过的道路》上册，第187—188页。

② 《我走过的道路》上册，第189页。

③ 《张元济全集》第7卷，第273页。

有必须改革的念头。我近来观察所及，也有多少改革的意见，可以做你的补助。闻说他们不久总有些改革的举动。因为这个缘故，梦旦尤断断不当脱离。我是一个新来的人，虽然平素不怕劳苦不怕负责，但是信用究竟未孚，骤然担这改革的重责，无论如何，总不似梦旦自己主持的顺利。所以，我的意见，总想梦旦照旧主持；至于做事方面，我们年轻的人当然有替长者服务的责。况且我对于这样有兴趣的事业，更没有些微诿责的心。梦旦如果因为编译所事务过繁，精神上支持不下去，那就他只要主持大局，余外琐碎的事我都极愿代劳。又如恐怕我没有相当名义，不容易应付各处，那就照你的计划案，给我一个副所长的名义，也未尝不可应付。……请你就近向梦旦极力相劝，总以仍旧主持为是。总之，我的意思只求办事的便利，并不是心存规避。换一句话说，如果主持者没有梦旦这样的好人，若是他们看得起我，要我任所长，我也断不客气。所以，我尤望你和梦旦都能谅解我的诚意。你将这意和梦旦接洽后，请给我几行的回字。[①]

也许是出于高梦旦的坚持，1922年1月17日，商务印书馆董事会召开第268次会议，通过高梦旦辞职，由王云五任编译所所长的决议。

在胡适的笔下，他的老师王云五是一个“有学问”“道德高尚”，而且有办事才能的人；但在胡愈之等左翼文化人士的笔下，王云五却又是截然不同的一种形象。胡愈之说：

王云五既没有学问，而且在政治上也是一个很坏的人。他是广东中山县人，从小跟中山先生在一起，当时可能并不叫王云五。中山先生革命成功后，就因为他是跟随中山先生的关系，被派在南京江宁关做监督，大约只做了二、三个月，在这短短的时期中，靠贩卖鸦片搞了很多钱，大约有几十万元之巨。孙中山革命失败了，他就和中山先生没有关系了。他在虹口买了一幢房子，买了些百科全书，找了许多学生，每月给以20元工资帮

① 《1897—1987商务印书馆九十年——我和商务印书馆》，第577—578页。

他翻译，翻译出来后，就成了他的书了。他这时不要革命了，要做一个著作家、资本家。有人告诉孙中山先生，王云五很有钱，可以找他借一些，解决一下‘二次革命’失败后的困难，没想到王云五却只把自己老婆头上的首饰包了一包，装成穷相送给孙中山先生，并且声明不搞政治了。他自己想搞出版，找了些书，商洽办一个岫庐公民书局，全出他一个人的书。可是，这些书没有人买……他起初是想找胡适之在他的书局出几本书，用胡的牌子来给他撑撑门面。正好这时胡想摆脱商务这个聘请，因为胡过去在中国公学读过书，王在那里教过他英文。于是胡乃以这样一种师生关系向高梦旦推荐了王云五。高梦旦先生不知道王是什么样的人，而只是想胡适之是大名鼎鼎，胡的老师大概是不会错的了。胡说王有个书局，要商务把书局盘下来，还要把全部版权收买下来。这样原来王已亏光了的钱，一下子在商务这里捞回来了。王就用这笔钱买了商务的股票，他就成了商务的大股东。从此，商务的情况可说是一落千丈。[①]

从现有的各种材料看，可知王云五是一个矮个子（身高150厘米左右），但身体肥胖，脑袋硕大。正所谓异人异相，此人有手腕，点子多，善于应付敷衍，与纯粹读书人出身的张元济相比，完全是两类人。商务印书馆此时正需要这么一个人来主持。

对于商务印书馆的“王云五时期”，胡愈之的看法是：“原来商务固然也是私人经营的，但是到底像个文化事业；原来的资方固然也是有剥削的，但是却还有一定的进步性。而王云五却完全以一种营利的目的来办商务了，订出了许多荒唐的制度。……商务印书馆从创办开始，标榜改良，虽然不是最先进，但还不是很落后。商务的资方尽量想不卷入政治浪潮，但是还没有企图把商务印书馆作为一个反革命的堡垒。”[②]

从政治倾向上讲，张元济本人对国民党政权一直是持批评和批判的立场。

---

①② 胡愈之：《回忆商务印书馆》，《商务印书馆九十五年——我和商务印书馆1897—1992》，第112—129页。

而王云五则不同，他一上台，就投靠广东同乡、国民政府行政院长汪精卫，后用汪的部下李圣五取代左翼的胡愈之担任《东方杂志》主编。在汪精卫、李圣五投敌充当汉奸后，王云五又投奔蒋介石，连任数届国民参政会参政员，成了露骨拥蒋的“社会贤达”。在国民党政权崩溃的前夕，王云五辞去商务印书馆总经理，先后担任经济部部长、国民政府委员、行政院副院长、财政部部长等要职，加速国民党政权崩溃的“金圆券”改革方案就是王云五的“杰作”。与张元济不同，王云五不是一个有深厚学问根底和传统道德观念的文化人，而是一个书商，同时也是一个热衷于政治的政客。商务印书馆这块中国第一号出版社的金字招牌反过来又成就了王云五的做官梦。没有商务印书馆，就不可能有王云五后来在官场上的飞黄腾达。

应对中华书局的竞争

一、与中华民国同日诞生的中华书局

商务印书馆刚刚渡过橡皮股票风潮危机，又遇到伴随着中华民国诞生而出现的一个强劲对手，这个竞争对手是从商务印书馆跳槽出去的陆费逵。

陆费逵（1886—1941），字伯鸿，祖籍浙江桐乡，生于陕西汉中。陆费逵成名后一直署“桐乡陆费逵”，以示永远不忘故里。陆家是官宦世家，陆费逵的五世祖陆费墀曾任翰林院编修，曾充《四库全书》的总校官20余年；陆费逵的父亲曾在直隶（今河北）、山东、河南、汉中等地做幕僚。陆费逵6岁时，其父改入江西南昌知府幕下，遂举家迁到南昌。他的母亲是晚清重臣李鸿章的侄女，颇识诗书。1903年，陆费逵随其老师吕星如来到武汉担任中学教师，1904年与友人集资1500元在武昌开办新学界书店，自任经理。新学界书店销售《革命军》《警世钟》《猛回头》等宣传反清革命的书籍。1905年春，陆费逵参与武汉革命团体日知会的成立，为日知会起草章程，日知会成立后任评议员；同年，陆费逵与日知会会员张汉杰等接办《楚报》并任主笔，言论激烈。年底撰文反对粤汉路借款密约，得到国内各界和留学生的积极响应。湖广总督张之洞一怒之下以“鼓吹革命”的罪名查封了《楚报》，逮捕张汉杰，陆费逵被迫逃往上

海，任昌明公司（书店）支店经理。1906年6月，陆费逵主编上海《图书月报》，同年冬加入上海文明书局任编辑员。1908年秋，陆费逵在高梦旦的劝说下加入商务印书馆。蒋维乔后来回忆说：“约在民元前六年间，高梦旦常代表商务出席于书业商会，屡与文明书局代表陆费逵见面，谈论之下，大奇其才。盖经营书业者，有发行、印刷、编辑三大部分，互相联系；然能发行者未必知印刷，能印刷者未必知发行，能编辑者更不知发行与印刷。唯陆氏既能操笔编书，又于发行、印刷头头是道，故梦旦佩服之。归言之菊生，以为如此人才，文明（书店）竟不能识，屈居普通职员，商务应罗致之。于是，以重金聘为出版部主任。”[①]

陆费逵进入商务后，初任编译所国文部编辑，1909年春升任出版部部长兼《教育杂志》主编。[②]1911年10月10日辛亥武昌起义爆发前，作为革命党一员的陆费逵敏锐地预感到清王朝的统治已处于总崩溃的前夕，曾向张元济建议修订《最新教科书》，以适用即将成立的共和国。但张元济却与清廷有极深切的关系，虽说不上皇恩浩荡，但至少对清廷有很强的留恋之情，直到武昌起义爆发前不久，张元济还向清廷内阁总理大臣、庆亲王奕劻上了手折，希望竭其智慧挽救大厦之将倾。张元济也许根本没有想到清王朝会在如此短的时间内土崩瓦解，因而没有采纳陆费逵的建议。陆费逵见自己的主张得不到采纳，就联络志同道合的戴克敦（商务印书馆编译所编辑）、陈寅（文明书局职员）筹集了几百元，利用业余时间秘密编辑了一套中小学共和教科书——《新中华教科书》。

1912年1月1日，当孙中山在南京宣布中华民国诞生的时候，陆费逵发起成立的中华书局也于同日在上海福州路挂出了招牌，《申报》等报刊同时刊登了陆费逵起草的《中华书局宣言书》。宣言书称：“国之根本，在乎教育；教育根本，实在教科书。教育不革命，国基终无由巩固；教科书不革命，教育目的终不能达也。……即在目前，非有适宜教科书，则革命最后之胜利，仍不可得。

① 张静庐辑：《中国现代出版史料》丁编下册，上海书店出版社2011年版，第397页。

② 参见熊尚厚：《陆费逵》，载宗志文、朱信泉主编：《民国人物传》第3卷，中华书局1981年版。但吴铁声著《解放前中华书局琐记》则说，陆费逵任商务印书馆《教育杂志》编辑兼交通科科长。参见《中国出版史料》现代部分第1卷上册，第200页。

爰集同志，从事编辑，半载以来，稍有成就，小学用书，业已蒇事；中学师范，正在进行。从此民约之说，弥漫昌明，自由之花，矞皇灿烂。”宣言书宣布中华书局创办和出版的宗旨是：“一，养成中华共和国民。二，并采人道主义、政治主义、军国民主义。三，注意实际教育。四，融和国粹欧化。”①

中华书局5名出资人是陆费逵、陈寅、戴克敦、沈知方、沈颐，总资本共计2.5万元。这5人也就是中华书局的创办人。陆费逵任局长，为法人代表，主持全局业务；戴克敦任编辑长，陈寅任事务长。中华书局初创时虽然资本不大，编辑及办事员只有10余人。但它一成立，就打出“教科书革命”的旗号，以教材出版业巨头——商务印书馆作为唯一的竞争对手，中华书局编印的《新中华教科书》，不仅以民国的五色国旗作封面，而且体例新颖，风行一时，“架上恒无隔宿之书”。1912年7月，中华书局在上海福州路惠福里创办印刷厂，有6台印刷机专供印刷教科书；同年冬，中华书局迁到河南路，书局职员增加到50余人。1913年，各省市召开图书审查会，在被采用的中小学教科书中，中华书局的《新中华教科书》销量名列前茅。

1913年，中华书局改组为股份有限公司，增资为100万元，当年收50万元，1914年、1915年各收25万元。中华书局成立董事会，陆费逵、范源廉、戴克敦、陈寅、姚汉章、沈颐、沈知方、蒋汝藻等11人任董事，陆费逵、蒋汝藻任董事会正副主席；中华书局局长陆费逵、副局长沈知方；下设编辑所、事务所、营业所、印刷所。范源廉任编辑长、戴克敦任事务长、陈寅任营业长。中华书局的营业额1912年达到22万元，1913年1月至6月为35万元，1913年7月至1914年6月为70万元，1914年7月至1915年12月为165万元。1913年起，中华书局在全国重要城市设立分局，至1916年有分支局40余处，总局和分支局职工达1000余人，拥有大小机器数百台，成为仅次于商务印书馆的第二大出版企业。中华书局在上海静安寺路建成印刷总厂，又在上海棋盘街商务印书馆隔壁建成五层大楼作为总店，商务印书馆与中华书局龙虎相争的格局形成。

---

① 俞筱尧：《陆费伯鸿与中华书局》，叶再生主编：《出版史研究》第5辑，中国书籍出版社1997年版，第9页。

中华书局起家时资本小，人员也很少，这样的小规模企业虽然抓住了商机，却没有能力垄断商机。陆费逵承认：“中华草创之时，以少数资本，少数人力，冒昧经营，初未计及将来如何。开业之后，各省函电纷驰，门前顾客坐索，供不应求，左支右绌，应付之难，机会之失，殆非语言所能形容，营业基础立于是。然大势所趋，不容以小规模自划矣。”①由此看来，中华书局由于规模小，白白地失去了打垮商务印书馆的最佳时机。

二、“龙虎之争”

中华民国成立后，商务印书馆原来的印有清朝大龙旗的教科书不能再用，致使该馆印刷的准备用于1912年度发行的教科书大半积压，造成重大经济损失。蒋维乔在总结这次失误的原因时说：“是时革命声势，日增月盛，商务同人有远见者，均劝菊生，应预备一套适用于革命后之教科书。菊生向来精明强干，一切措施，罔不中肯。然圣人千虑，必有一失，彼本有保皇党臭味，提及革命，总是摇首。遂肯定的下断语，以为革命必不能成功，教科书不必改。”②

秋翁（平襟亚）在《六十年前上海出版界怪现象》中也说：“1911年8月以前，武昌起义尚未发难而革命空气已笼罩全国。商务印书馆照例要准备预印明年发行全国的教科书。在业务会议上提出了这个重要问题，讨论假如仍旧印《大清国民读本》，一旦时局有变，非但损失不轻，而且重新赶编赶印新的又来不及，将如何应付？夏瑞芳向沈知方征求意见，沈已胸有成竹，只推托人微言轻，事关国家大势，不便置否，但若改编太早，人将指摘我馆为革命党机关，有杀头封门之危险；依本人之见，还是照常办理，何况革命党声势虽大，要推翻清朝恐难成事实。夏瑞芳听信沈的意见，力主照常印刷。谁知沈早有准备，他另与一朋友日夜赶编倾向于革命的教科书。不久武昌起义爆发，各省相继独立，上海光复，商务印书馆既蒙浩大损失，又复手忙脚乱，编印不出明年供应的教科书来。沈知方乘时崛起，与朋友们集资数十万元准备创立中华书局，大量出版《新中华教科书》向全国倾销。”③

① 愈筱尧：《陆费伯鸿与中华书局》，《出版史研究》第5辑，第10页。

② 《中国现代出版史料》丁编下册，第398页。

③ 《中国出版史料》现代部分第1卷上册，第264页。

张元济因预见不到而造成商务印书馆的被动与营业上的损失，是他一生中所犯的少数几个错误之一。陷入被动的商务印书馆一面修改原来的教科书，同时立即着手编辑适用民国的新教科书。1912年5、6月间，商务版的共和教科书编成，张元济约夏瑞芳、印有模、高梦旦、俞志贤等公司负责人到编译所开会，"议定新编教科书廉价发售，照定价永远对折"①。相对于刚刚成立的中华书局，商务印书馆毕竟是瘦死的骆驼比马大，为了重新夺回失去的教科书市场份额，商务印书馆与中华书局开始大打价格战。商务印书馆董事会主席郑孝胥在他的日记中多处记下了他与张元济、夏瑞芳等商量与中华书局打价格战的情况：

> 往印书馆，与菊生谈，馆中所揽印刷交易多误期限，宜增制造之力，使不失信用，则竞争者可以不战却矣。（郑孝胥日记，1912年7月30日）
>
> 至印书馆，商教科书减价事。（郑孝胥日记，1912年9月18日）
>
> 夜，赴张菊生之约，商议初高等小学教科书扩充销路事，将以敌中华书局。（郑孝胥日记，1912年11月11日）
>
> 至印书馆，菊生、瑞芳商加赠教科书事，计每年须损十五万。（1912年11月16日）②

商务印书馆的倾销办法是：凡购教科书1元，加赠书券5角；购杂书1元，加赠书券1元。中华书局也不得不如此做。这样一来，双方的图书售价均低于成本，成了赔本买卖。商务印书馆某董事曾感叹说："这样竞争，不是两败俱伤，而是两败俱亡。"

商务印书馆利用自身资本优势与中华书局打价格战，使中华书局一时难以招架，于是中华书局便抓住商务印书馆与日本企业合资一事大做文章，打出"完全华商自办"的口号，并在报纸上公开揭发商务印书馆与日商合办的内幕，标榜自己是完完全全的民族企业，暗示商务印书馆有日资，是替日本人赚中国

① 《张元济全集》第6卷，第2页。

② 《商务印书馆：民间出版业的兴衰》，第74—75页。

人的钱，这就抓到了商务印书馆的痛处，使其在宣传上处于极为不利的地位。

事实是，1903年，商务印书馆通过印有模的关系，拉日本人原亮三郎、山本条太郎、加藤驹二投资商务印书馆，总股本20万元，日本人投资10万元，中方商务印书馆在原有资本5万元的基础上，再增加5万，中日双方各半。中日合资后董事各有两人，即夏瑞芳、印有模、原亮三郎、加藤驹二。1907年改为中方三人：夏瑞芳、张元济、印有模；日方两人：原亮一郎、山本条太郎。1908年为中方两人：夏瑞芳、印有模；日方：原亮一郎。1909年后，日本人退出董事会，全部由中方人员担任。中日合资在商务印书馆发展史上具有重要意义，即通过日本人合股，从日本企业学到了先进的出版印刷技术和管理经验。1914年1月31日，商务印书馆董事会关于收回日股给非常股东大会的报告说：“光绪二十九年，有日商纠合资本来申开设书肆。本公司彼时编辑经验、印刷技术均甚幼稚，恐不能与外人相竞，乃与之合办。资本各居半数，即各得10万。并订明用人行政一归华人主持，所有日本股东均须遵守中国商律。资本既增，规模渐扩，利益与共，办事益力。自是以来，吾华人经验渐富，技术渐精。嗣后增加股份亦华人多而日人少。至民国2年，华人股份已居四分之三，日人股份仅得四分之一，即3781股。日本股东对于公司毫无干涉，遇事亦无不协同维持。”

高梦旦在《本馆创业史》一文中也说：“自从与日人合股后，于印刷技术方面，确得到不少的帮助，关于照相落石、图版雕刻——铜版雕刻、黄杨木雕刻等——五色彩印，日本都有技师派来传授。从此，凡以前本馆所没有的，现在都有了。而且五彩石印，还是当时国内所无，诸位现在常常看见的月份牌，印得非常鲜艳精美，就是五彩石印，在中国要推我们公司是第一家制印。还有三色版是可以省功夫，在国内也可算是本馆的贡献。我已说过本馆和日人合资，原是一种权宜之计，一方面想利用外人学术传授印刷技艺，一方面借外股以充实资本，为独立经营的基础。几年之中，果然印刷技术进步得很多，事业发达极速。”①

商务印书馆从最初的单一印刷厂，在10年中发展成为拥有凹、平、凸印等

① 高梦旦：《本馆创业史》，《商务印书馆九十五年——我和商务印书馆1897—1992》，第8—9页。

多种设备和技术的全能厂，与日本合资发挥了关键作用。应该说商务印书馆的中日合资本是一种主权在我、双方得益的合作。①本来是正常的中日民间合资，但在清末民初日本帝国主义加紧侵略中国、中国面临严重民族危机的背景下，这种合资却常常成为别人攻击乃至打击商务印书馆的靶子。1910年清政府学部颁布部编中学课本，即以商务印书馆有日资为由不让它承印和发行。中华书局成立后，更是牢牢抓住商务印书馆有日资这一点做文章，使其处于很被动的地位，江西、湖南、湖北三省曾经一度明令不许商务印书馆的教科书进入；在其他省份，商务印书馆也时常受到非难。显然，当初受益匪浅的合资到现在已成为制约发展的瓶颈，迫使夏瑞芳、张元济不得不考虑收回日股问题。

商务印书馆正式讨论收回日股是在1912年，但谈判并不顺利，主要是日方股东提出种种无理条件。1913年9月11日，郑孝胥在日记中写道："至印书馆，菊生愤愤言：日人太无理，非收回日股不可。"同月，总经理夏瑞芳亲赴日本与日本股东谈判，日本股东却坚持不肯售股，夏无功而返。同年11月，日本股东态度出现松动，他们派福岛松作为代表来到上海与夏瑞芳等谈判，经过十余次谈判，至1914年1月2日，双方达成协议，1月6日双方签字，商务印书馆完全收回日股。1914年1月10日，商务印书馆在上海最大的《申报》上刊登广告，宣布公司"为完全由国人集资营业之公司，已将外国人股份全数购回。"商务印书馆收回日股后，在与中华书局的竞争中很快扭转了被动局面。

商务印书馆与中华书局的竞争是全方位的。教科书的竞争只是其中的一个重要领域。

在杂志方面，中华书局针对商务印书馆出版的几大杂志，也创办了相应的杂志。从1912年起，中华书局相继创办了《中华教育界》《大中华》《中华小说界》《中华实业界》《中华妇女界》《中华童子界》《中华儿童画报》《中华学生界》等月刊，号称"八大杂志"。此外，中华书局还代印中国留美学生会会刊《留美学生季报》。以上刊物极一时之盛，足可以与商务印书馆主办的各种杂志

① 日本人投资商务印书馆获得了巨大的回报，日方先后投资21.6万元，10年后共拿走817899元，获净利601899元，利润率为27.87%。参见《商务印书馆史及其他》，第290页。

一较高低。例如，中华书局综合性政论杂志《大中华》请大名鼎鼎的梁启超担任主编，封面上赫然署名“新会梁启超主干”字样，其声势显然盖过了商务印书馆综合性杂志《东方杂志》主编杜亚泉。为弥补这一不足，张元济立即出面请同样大名鼎鼎的蔡元培等人为《东方杂志》撰稿。[①]

三、中华书局“民六危机”与商务印书馆合并谈判

中华书局成立后，在短短几年间投入80余万元兴建厂房、办公大楼和添置机器，副局长沈知方挪用公款3万余元投机失败，长沙分店经理王某挪用公款2万余元；1916年护国运动时，中华书局西南各省分店停业达半年多，收入减少（1917年只有63万元，比上年几乎减少一半），再加上与商务印书馆的低价竞争，致使资金周转严重困难。中华书局原有资本100余万元，而吸收的存款额达120万元，财务及资金运转状况极为不佳，平时运营资金全靠吸收的存款和行庄押款维持。陆费逵以债务关系被人控告扣押，后由《申报》董事长兼总经理史量才保释，中华书局董事会遂推史量才为局长。史于1917年4月兼任局长，在衡量中华书局资产负债情况后，也感到很棘手，于同年6月宣布辞职。同年7月，中华书局出租给新华公司，到11月又收回自办。

在此前后，陆费逵主动与竞争对手商务印书馆谈判，要求合并。对于中华书局的请求，商务印书馆领导层有过十分认真的讨论研究，但意见并不一致。张元济是极力主张合并的，他的想法可以从其1917年三四月间的3则日记中反映出来：

> 余将联合关系各事缮成5件，先示高（凤池）、李（拔可）、鲍（咸昌），再示张（桂华）、王（莲溪）。开会时送公阅，多不赞成，主张再忍。余言余偏重联合，因数年来所受痛苦太甚，实不下去。末后作为悬案。余对众声明，不可宣布商议情形。众复商定，言因罢工事故未议决。余言须预备十余万现款，备彼局搁浅，影响于我存款时之应付，此为要著。（3月

---

① 1914年4月16日，蔡元培致吴稚晖函说：“去冬菊生及杜亚泉……因《中华杂志》有卓如等主笔，要求汪精卫、李石曾及弟等投稿，以与之竞争，弟等3人均诺之，然至今无所投。”参见《蔡元培书信集》上册，第206页。

27日）[1]

午后，约张桂华、王莲溪详谈与中华（书局）联合之事。余谓惟彼局危险空虚，乃可议联合。若既已揭破，必有人出为担任继续营业，则竞争愈出轨道，愈见艰难。倘或政府出为维持，则我处更受逼迫。从前小局面易于消灭，此时彼局只有搁浅而无破产，故彼愈危险，愈当乘机联合，实为一大机会。王（莲溪）谓，彼局即亏百万，数十万，并不要紧，但最难者为联合后办事如何。余言此事极须详细讨论，请诸君商酌开出详细研究。张（桂华）说不出所以然，是问有无期限，进步是否在内。（4月3日）[2]

午前，翰卿、咸昌、叔通、拔可来寓谈联合事。余力言不联合则不能再有精力及财力为推广及进步之用。彼局必出事，而断不能停闭。以后竞争必更烈，不知何所底止。翰言联合后必另有困难。余言，现为甲之困难，将来为乙之困难。甲无已时，乙犹有逐渐融解之望。翰言，有人云甲之困难亦将了结。余言此须问中华（书局）是否能倒？如中华能倒，此说可成立。然中华不能倒之理，余均有实证，并非空想。翰言，联合后必有人盼本馆受亏，恐提存款，恐受摇动。又彼局如有大宗应付之款即时要付，必须筹备大宗款项，此甚为难。余言此事极有研究之价值。翰有条件若干条，多有关系。但余意有可并入盈亏比例计算者。翰言此时应提出之条件或宽或严。余言，此时尚早，应再谈若干问题，试探再定宽严之条件。因商定先筹出办法。余并将前晚与陆、王所谈各事告知。又言将来粹翁押款，应另筹办法。又最先发起诸人，应得利益。（4月10日）[3]

张元济的三则日记已经说得很明白，商务印书馆与中华书局的竞争，彼此都搞得很苦很累，因此张元济坚决主张利用中华书局此时的困难，与之合并，将这个往日的强劲对手纳到自己旗下，商务印书馆从此可以一家独大，再也不会有强有力的挑战对手了。

---

① 《张元济全集》第6卷，第180页

② 《张元济全集》第6卷，第185页。

③ 《张元济全集》第6卷，第188—189页。

商务印书馆内部反对合并最有力的当推董事会主席郑孝胥。经张元济一再说服，郑的态度一度有所软化。总经理高凤池的态度则有些犹疑，在张元济的坚持下，高终于同意在对商务印书馆有利的条件下合并中华书局。接下来便是提出合并的条件，条件是张元济起草的，共五条。在商务印书馆领导层取得一致意见后，张元济即代表商务印书馆与中华书局的代表陆费逵谈判。谈判从1917年3月开始，前后有十几次之多。谈判的过程艰难，具体过程无须赘述，总之是商务印书馆提出的合并条件，中华书局无法接受。谈判到1917年5月中旬告一段落，没有取得任何成果。

之后，陆费逵又几次询问张元济可否重开谈判，都遭到拒绝。中华书局摇摇欲坠，对商务印书馆来说是有利的。6月17日，张元济做出决定：“中华（书局）摇动，竞争已减。我处送书、告白、传单等可核减。”①

之后，中华书局又派人居间与高凤池、张元济晤谈，建议由商务印书馆收买中华书局。对此，张元济等又进行了认真研究，得出的结论是：“如能以中华股100元，换我25元，则不过40万元，所有债务仍由中华与各债主交涉清楚，照原表办法，分十年摊还。再由我承认，则比转租办法便宜许多，且免后来纠葛。议定由鲍（咸昌）君与沈（颐）夫人现约（陆费逵）伯鸿一谈，股票则每100元换20元。”②看来，商务印书馆提出的条件是很苛刻的，主要是对中华书局资产和股票估价太低或折价太厉害。代表中华书局方面与张元济等商谈的先后有中华书局的股东宋耀如、孔祥熙翁婿以及黄炎培等。1917年12月14日，商务印书馆董事会召开特别董事会议，讨论盘受中华书局事。意见仍不一致，赞成与反对的均有，聂云台、叶揆初等赞同，郑孝胥反对，会议开了3个小时仍不能达成一致，会议最后决定由总经理高凤池相机应付。高凤池当即“声明必竭力省费、免害”③。以后的谈判仍然在估价上不能达成双方都能接受的条件。原来力主与中华书局合并的张元济，这时也主张不急于达成协议。12月27

① 《张元济全集》第6卷，第218页。

② 《张元济全集》第6卷，第234—235页。

③ 《张元济全集》第6卷，第295页。

日，张元济致信高凤池，“力劝与中华（书局）接洽万不宜急”[①]。29日，张元济又约高凤池到会议室，“谈中华事，力劝从缓”[②]。

张元济的态度为何发生这么大的转变呢，原因是张元济一直主张：“彼急我须缓，但机会到时宜立即攫取，不可失去。”[③]在张元济看来，形势的发展显然对商务印书馆有利，等拖到中华书局实在无法维持下去时，必然会接受商务印书馆提出的条件，故此主张从缓。张元济坚持按照自己提出的条件合并中华书局，因此他力主审慎，不急于做决定，迫使中华书局“就我范围”。关于这一点，张元济在1917年12月27日致高凤池的信中说得很明白：

昨谈中华事，甚佩远虑。归后细思，彼招股断难成事，既不能招股，即勉强支持门面，为时亦必不久。昔年图书公司局面甚小，故可由唐某一人支持，且为害于我者亦极毫末。中华局面较大，且陆、俞、戴诸人非唐某无聊可比，岂肯坐守此残破之局，自己不做一事，专在此与我作对。债户如此之多，亦无尽人甘自放弃之理，必有人随时与之纠缠，故陆、俞诸人亦必愿早日脱卸。至陆、俞既不能久留，则孔、宋断不能出而担任，即肯出钱，而办事外行，于我亦无损害。且孔、宋二君，均甚精明，岂肯滥掷金钱，专出来与我争气？面面想来，无论如何，我既出过一百三十二万，总不能再觅一人肯多于我者，只要我能拿得定，总必有就我范围之一日也。公谓中华之事未曾解决，我处诸事不能进行，每岁损失亦不止一二十万，所以不能进行之故，无非恐中华之出而竞争。然弟敢谓中华必无竞争，即稍稍有之，亦必无实力。据彼局报告，优先股限两个月缴一成，即令招齐，此两月内所得亦不过四万，岂能赶印春季书籍，与我竞售？就令招足四十万，而春季销路完全失去，则明年必又大失败，且销路愈冷愈难恢复，恐彼时即欲与我竞争，亦无能为力矣。竞争一层既可打破，则进行自可无忧，我尽管加折扣，尽管裁减分馆，放胆做去，则此理想损失之一二十万必可

① 《张元济全集》第6卷，第301页。
② 《张元济全集》第6卷，第301页。
③ 《张元济日记》上册，第277页。

收回。彼局见我一意进行，无所顾虑，失其挟持之具，必转而就我范围，则在我本有之营业可增进一二十万，而将来盘受之时，又可省二三十万，似于公司不无裨益。弟在公司十有余年，筹划大计，自谓尚不至过于差误，窃愿公之俯采刍荛也。至于盘受中华，弟极主张，惟不愿受其挟制。尝见公于公司支出各款，丝毫不肯轻纵，实堪敬佩。弟于小事，素不计算，甚为愧对，惟此事出入甚巨，故极欲持以审慎，冀可为我公涓埃之助，非敢苟持异议，尚祈鉴察。再公司如每岁能拨出二三万元，用以延揽人才，奖励同事，及为改良进步之计，如行之十年，其所收之效，比盘受中华，必有十倍、一百倍者，此又愿我公之俯赐采纳者也。[①]

1918年2月上旬，曾是商务印书馆日方股东的山本条太郎也极力建议商务印书馆不要收购中华书局。其理由是：“一、书业归我独占，招忌愈（甚）。二、办事人无外患必骄，骄为最大之病。又言，伊（指中华书局——引者注）必自毙，亦不必摧残。”[②]也许是接受了山本条太郎的建议，收购中华书局之事也就搁置了下来。1918年6月间，又有人向张元济提起收购中华书局之事，张元济毫不含糊地拒绝了。[③]

中华书局这时的形势是相当严峻的。陆费逵说：“当此之时，危机间不容发，最困难之时代凡3年余，此3年中之含垢忍辱，殆非人之意想所能料。”[④]但陆费逵咬紧牙关，在戴克敦、范源濂、宋耀如、孔祥熙等人的大力协助下，经多方设法，于1918年7月得到江苏常州资本家吴镜渊等人的投资，吴镜渊等10人组织“维华银团”，贷款6万元，为期3年，专供中华书局出书之用。中华书局董事会同时改组，吴镜渊担任驻局办事董事，于右任、孔祥熙、康心如等11

① 《张元济全集》第3卷，第106—107页。

② 《张元济全集》第6卷，第326页。

③ 1918年6月7日，张元济在日记中写道：“前数日，沈季芳夫人约来谈，拒未见。鲍先生续告，沈劝公司仍买中华。余谓，此时时局如此，彼局声价愈落，我处不能不认真查考。彼又造为许多谣言，愈伤感情。”参见《张元济全集》第6卷，第367页。

④ 吴铁声：《解放前中华书局琐记》，载宋原放主编：《中国出版史料》现代部分第1卷上册，第204页。

人为董事。陆费逵引咎被撤去局长职务，但仍责成司理书局业务。1921年，书局董事高欣木等7人又组织“和济公司”，贷款9万元，为期3年。经过两次注资后，中华书局开始缓慢复苏。但这种复苏仍然是艰难的，陆费逵说：“民十以后，元气稍苏，基础渐固；然民十五受同业压迫，民十六受工潮影响，其危机又间不容发。”①

1927年南京国民政府成立后，中华书局股东之一的孔祥熙因与蒋介石的连襟关系，历任南京政府实业部部长、财政部部长、行政院副院长、行政院代院长、行政院院长、中央银行总裁等多种重要职务，成为当时最显赫的“四大家族”之一。中华书局趁机推孔祥熙担任中华书局董事长。有了这个无比显赫的靠山，中华书局的业务日益扩大。1932年，商务印书馆在上海“一·二八”事变中遭日寇轰炸，损失惨重。中华书局在没有竞争对手的情况下，扩大营业。到1937年春，中华书局资本扩充至400万元（法币），年营业额约1000万元（法币），全国各地分局40余所，沪、港两厂职工共达3000余人。中华书局因孔祥熙的关系，承印南京政府发行的钞票和债券，彩印业务超过老牌的商务印书馆成为全国第一。到20世纪30年代中后期，中华书局与商务印书馆的实力已不相上下。

四、与中华书局继续竞争

中华书局满血复活以后，重新成为商务印书馆最大的竞争对手。两家的竞争是全方位的。谢菊曾说：“那时中华书局新创未久，拼命同商务印书馆竞争，除出版全套中小学教科书外，凡是商务印书馆发行的各种杂志，它也照样来一种。商务出版《少年杂志》，它就出版《中华童子界》。”②胡愈之说：“中华书局与商务印书馆的竞争很厉害，拉机器，拉人力。”③

除前面已经提到的教科书与杂志方面的竞争外，出版物方面，竞争同样十分激烈。

---

① 吴铁声：《解放前中华书局琐记》，《中国出版史料》第1卷上册，第204页。

② 谢菊曾：《商务编译所与我的习作生活》，《商务印书馆九十五年——我和商务印书馆1897—1992》，第133页。

③ 胡愈之：《回忆商务印书馆》，《商务印书馆九十五年——我和商务印书馆1897—1992》，第116页。

古籍方面，商务印书馆出版了《四部丛刊》《续古逸丛书》《道藏》《续道藏》《百衲本二十四史》《丛书集成》等；中华书局则出了《四部备要》（收古籍351种，11305卷；线装12开，2500册）、《古今图书集成》（线装16开808册）、《竹简斋版二十四史》（4开线装，全套200册）以及《古今文综》（40册）、《二十四史辑要》（36册）、《五朝文简编》（线装28册）、《新古文辞类纂》（稿本24册）等，两家在古籍出版方面各有特色。郑振铎说，中华书局“《四部备要》里的若干照‘古本’排印的书，其实只是窃之于《四部丛刊》的，像唐《孟浩然集》，就是一个证据”①。

排印古籍方面，商务印书馆有《国学基本丛书》《学生国学丛书》《国学小丛书》等；中华书局则有《中国文学精华丛书》等。辞典方面，商务印书馆有《新华字典》《学生字典》《国语字典》《国音学生字汇》《辞源》以及《动物学大辞典》《植物学大辞典》《地质矿物学大辞典》《中国人名大辞典》《中国古今地名大辞典》等；中华书局则有《中华大字典》（1915年初版，单字48000余字，约400万字）、《中华中字典》、《辞海》（1936年、1937年出版，分上下册，收单字1万余条，复词10万余条，共700万字），两家的工具书各有千秋，且互为补充。中外学术著作方面，商务印书馆有《大学丛书》《尚志学会丛书》《世界丛书》《新世纪丛书》《共学社丛书》《文学研究会丛书》《万有文库》《汉译世界名著》等；中华书局则有《新文化丛书》（左舜生主编）、《大学用书》（舒新城主编）、《梁启超全集》、《张謇全集》、《教育丛书》、《少年中国学会丛书》、《中华百科丛书》、《新中华丛书》等；世界文学名著与新文艺作品方面，中华书局有《现代戏剧选刊》《学生文学》《小说汇刊》《新文学丛书》《现代文学丛刊》《世界文学全集》等。

图书馆建设方面，商务印书馆率先建立了涵芬楼、东方图书馆，闻名中外。中华书局也不甘落后，于1916年建立了小藏书楼，此后图书渐渐增加，1930年后开始大批购书，1941年收购吴兴蒋氏密韵楼藏书，其中有明清时期名家著作4000余种，共54000余册。到1949年时，中华书局图书馆藏有中外文书籍报刊

① 卢今等编：《郑振铎散文》中册，中国广播电视出版社1997年版，第199—200页。

50余万册。在商务印书馆所办的东方图书馆因日寇轰炸毁于一旦后，中华书局图书馆成为国内最大的图书馆之一。

商务印书馆与中华书局之间正常的竞争，总的来说是有利于出版事业发展的。但如前所述，除了正常的出版竞争外，也采用非出版手段。1919年五四运动开始后，民族主义高涨，反日爱国思潮澎湃。在这个敏感的时刻，日本一家杂志发表《实业之日本》一文，列有“日支合办事业及经营者”名单，其中竟然将早已于1914年退还了全部日股的商务印书馆仍当作中日合资企业。明眼人一看，这是一篇别有用心的文章。文章发表后，中华书局不管三七二十一，立即将该文译成《支那问题》的小册子广为散发，并另印传单分寄各地学校。中华书局此举显然超出了正常竞争范围，无非是想借这篇别有用心的文章打击商务印书馆。事情发生后，张元济与鲍咸昌、王仙华、高梦旦、李拔可、陈叔通等人急商对策，决定一面致函日本《实业之日本》杂志请其更正，并将当时合同摄影寄去；另撰一告白，寄该社刊登，一面呈文北京政府农商部说明事实真相。对于中华书局散发传单及翻印小册子之举，也在报纸上公开登出告白说明事实真相。1919年7月21日，王仙华找上海书报联合会主席史量才商量与中华书局的纠纷，史表示愿意出面调停，要求彼此停登告白。但中华书局方面不接受调停，且继续刊登广告。在此情况下，张元济等商务印书馆负责人决定聘请律师将中华书局告上法庭，“控其损害名誉，赔偿损失”。

1919年12月16日，上海租界会审公廨第一次开庭，张元济是原告兼证人，所请的律师是怀特（Right）与丁榕；被告代表是陆费逵，律师罗杰。到庭的还有双方证人及旁听者。1919年12月30日、1920年1月13日、1月20日、1月27日，法庭先后5次开庭，张元济及商务印书馆方面证据充分，无懈可击。2月10日，租界会审公廨宣布判决结果，原告所控证据充足，应判处被告赔偿原告损失1万元，并缴堂费，中华书局反诉案注销，诉讼以商务印书馆全胜而告结束。对于与中华书局的这场官司，张元济是迫不得已而为之。这是他平生第一次与人对簿公堂。官司胜诉后，张元济在公司董事会上提议将中华书局的1万元赔款全数捐给尚公小学作为基金，得到大家的赞成。

在广告宣传上，商务印书馆与中华书局两家也是针锋相对，商务印书馆广告说《四部丛刊》照古本影印，不像一般排印本之“鲁鱼亥豕”，错误百出。陆费逵不甘缄默，也刊出广告说，《四部备要》根据善本排印，经过多次校对，还订正了原本错误，不像影印古本，有的以讹传讹，印刷上墨污，“大”字成了“犬”“太”字等，贻误读者。中华书局还在广告中悬赏征求读者来信，如能指出《四部备要》排印错误者，每一字酬洋一元。《四部备要》当然不像广告说的那样没有错误。广告登出后，读者纷纷来信指出其错误，中华书局没有食言，先后付出酬金数千元。《四部备要》在重印时得以改正，提高了质量，中华书局付出的这笔酬金是值得的。

对于商务印书馆与中华书局的竞争，有人作如下的评论：

> 中华书局与商务印书馆为吾国最有悠久历史与规模最宏大之印刷机关，双方虽志同道合，而以营商手段行传播文化事业，故常不免有同业互竞之举。虽不见显揭旗帜，然其角逐之痕迹，固历历在明眼人目中也。泛观年来两方所出惹人注意而为鄙臆所及之书，前之如商务出《辞源》，中华则印《中华大辞典》；商务出《四部丛刊》，中华亦排印《四部备要》，无不遥遥相对，有如桴鼓。最近商务获得影印四库全书珍本之权利，又是将影印北平图书馆之四库善本丛刊，于是中华书局亦不先不后，于兹际宣布《古今图书集成》及22省通志之影印。商务出《四部丛刊·续编》，中华乃拟《四部备要》之重版，又目前彰彰之事实也。综观前后，似商务恒取得机先，中华则微若追步，是盖可觇两者经营手段之高下，与主持者擘划设计之工细。①

总之，商务印书馆与中华书局各有一批优秀的出版家主持，并各自有雄厚的政治背景，两家始终稳坐旧中国出版业的头两把交椅。1949年中华人民共和国成立后，中央人民政府鉴于两家出版社的贡献，特地保留并使之成为国家级

---

① 原载《浙江省立图书馆馆刊》第3卷第1期（1934年2月28日出版），转引自王寿南编《王云五先生年谱初稿（1967—1979）》，商务印书馆1987年版，第309页。

出版社，继续为中华民族的文化事业作贡献。

与高凤池的矛盾冲突及辞职风波

自1916年4月18日商务印书馆董事会推举高凤池、张元济为总经理、经理以来，这两位一、二把手在公司大政方针及具体事务上一直不能统一意见，矛盾龃龉不断。高、张为此均多次扬言要辞职，直至1926年7月张元济辞去监理，完全退休后，双方矛盾才告结束。

1916年，高凤池继夏瑞芳、印有模之后成为商务印书馆的第三任总经理。张元济自1903年任编译所所长起，就一直担任类似现在总编辑的角色，他同时也是商务印书馆内“书生派”的领袖。夏瑞芳任总经理时，尽管“教会派”与“书生派”也有各种矛盾，但夏为人大度，对张又很尊敬，无形中消弭了矛盾，两派能够相安无事。继夏瑞芳之后担任总经理的印有模本是上海日新盛棉布店经理，也是一位“有魄力、有远见、有气度、有经济能力”[①]的总经理，而且任职不到2年，即病故，他与张元济之间也无太大的矛盾。到高凤池任总经理时，情况就完全不同了。这两个性格完全不同的人，在公司的用人及经营管理等重大问题上意见常常相左，经常发生矛盾冲突。

首先是用人问题。高凤池主张用旧人，这是商务印书馆“教会派”的一贯方针。公司除非万不得已，决不主动辞退服务多年的老职工。这个方针鼓励职工安于职守，不作非分之想，对企业有一定的凝聚力，这是有利的一面。不利的方面是，老职工薪水比新职工高，而工作又并非都需要经验丰富才能做好，从这一方面来说，公司显然是不划算的。张元济一直主张退无用之旧人，而进有用之新人；并且认为进一个有用的新人，可退三四个无用的旧人。高凤池则认为，这样做将使旧人寒心。这是两人在用人原则上的矛盾。

1918年初，鲁云奇贪污公司公款案发生后，张元济认为公司老出纳张桂

---

① 《商务印书馆九十五年》，第596页。

华[①]虽然道德品质很高，但业务水平与才干明显不足，主张招公司老职工徐珂之子徐新六[②]进馆协助张桂华并兼公司会计。张元济认为，徐新六年少老成，虽多费些薪水，但于公司大有裨益。对于张元济的举荐，高凤池却说他不认识徐新六，且留学生多靠不住，坚决不同意他进馆。张元济为此不满，当面批评高：“公罕与外接，此间人尤不悉外事，故取材之路甚狭。”批评归批评，由于高凤池不同意，徐新六终于未能进入商务印书馆工作。又如，张元济一再推荐当时声望极高的丁文江进公司工作，也因高凤池不同意而未果。从张元济日记可以看出，张元济想聘请的还有余日章、张君劢、汪精卫、胡适、蒋百里等一批鼎鼎大名的人，但因为高凤池不同意都未能成功。矛盾积累后，两人为陈汉明的聘用与否公开发生了争吵。张元济一怒之下给高凤池写了一封信，信中写道：

陈君汉明尊意拟不聘用，自应遵办，即告邝君回复。惟鄙意公司事业日繁，人才甚为缺乏，且旧人中之不能办事者甚复不少，若不推陈出新，将来败象已露，临渴掘井断来不及。此等病象决不发见于今日，而病根实种于此时。迨病发之时，我辈或均已不在公司，虽可由后来之人独承其弊，然岂所以爱惜公司也。尊意开支过费，宜格外撙节。甚是，甚是。然能退无用之人，而进有用之人，何尝糜费？且进一有用之人，可退三四无用之人，非独无糜费，且而可以节省矣。然此等进退之事，若不专断行之，而采取所谓舆论者，以为从速，则沪谚有云：“只有千日朋友，并无千日东家。”此种积习深中于人心，恐受其毒者终在公司耳。且公主张用老人，弟主张用少年人；公主张用平素相识之人，弟以为范围太狭，宜不论识与不识，但取其已有之经验而试之。弟与公政见大不相同之处，然终不敢不为逆耳之忠告也。[③]

---

① 张桂华又名张蟾芬，是商务印书馆发起人之一，认半股（250元），自1914年起担任公司出纳科代表，负责公司内外账目的签字，职小任重。

② 徐新六（1890—1938），浙江杭州人，系《东方杂志》第二任主编徐珂之子，1908年从上海南洋公学毕业后留学英国，获商学士学位；后又至法国巴黎国立政治学院研究国家财政学一年。1914年回国任财政部佥事兼北京大学教授。后成为著名银行家。

③《张元济书札》，第930页。

张元济很快冷静下来，未将此信发出。但两人之间的矛盾依然未能解决。3月9日，张元济复函高凤池，重申其用人主张：

> 惟窃有进者，本馆成立业逾廿载，不免稍有暮气。从前规模狭小，所有习惯不适于今日之用。欲专恃旧有之人才、昔时之制度，以支此艰巨之局，其必终遭失败可以断言。弟等愚见，旧人固当重加倚畀，然才具平庸或敷衍了事成绩下劣者，不能不严予裁汰；而素有劳绩年已衰迈者，应另定酬给章程俾资退养，免致占居前房，俾新进不得迁擢。然一面裁汰，一面仍宜招徕。凡有新知识之人，而宜于本公司之用者，仍当尽力罗致。更参以减额加饷之法，则支出亦不至滥增。至于公司规则，向来甚不完备。从前习惯足以为今日之障碍者，必当扫除，另行规定，俾昭整饬，庶治法治人同时可以并进，而公司亦可渐臻于光大巩固之域。否则冗员日多，人人趋避，徒保禄位，不负责任，弊病丛生，莫能防范。壅塞愈甚，驯至于不可收拾，而当局尚未之知。言念及此，不胜悚惧。朋友谊当忠告，况在同舟。辱公挚爱，用敢直言，尚祈鉴察。①

当然，用新人也不是没有风险的。周锡三原是上海青年会商学院讲师，进商务印书馆后，初任编译所英文编辑，后主持发行所西书柜。张元济以周是人才，对周提出的额外要求都予以满足：要求红股，答应；要求公司不论盈亏每年都给600元花红，答应；要求无息借款，也答应。然而就是这个周锡三，在第一次世界大战结束，西书生意看好之时，坚决辞职，并将掌握的全部客户名册卷走，自己在外滩开起了西书店。这一事件，对张元济来说无疑是沉重一击。对此，高凤池后来在日记中针对张元济的用人政策有如下的议论："事业成败，全系人才，已如上言。故事业需才，犹鱼之需水。凡事得其人未有不成，失其人未有不败，此先哲先贤所垂训也。然而'知人善任'四字岂易言哉？在自己

① 《张元济书札》，第931页。

要有卓识之目光、宽大之胸襟；对他人既知其长，亦当知其所短。凡夸者未必有真才，貌亲者每怀诡诈……余与某公（指张元济——引者注）共事多年，钦佩其才略智能，因其爱护公司之切，望治之殷，慕才若渴，有饥不择食之概。加以（个）性之卞急，一般巧佼急进、持有片长者，乃效毛遂自荐，争露头角，伪媚饰非，初则如鱼得水，相见恨晚。惟某公饬躬励行，亢直端严；若辈又轻率浮躁，骄矜好名，大似齐王好竽，客乃善瑟，格格不相入，枘凿日甚。求时相见恨晚，拒时惟恐去之不速。观人之难，用人不易，犹如此哉！”①

尽管用新人有风险，但随着五四新文化运动的到来，商务印书馆原来的老编译人员知识结构明显已经过时，用新人已是大势所趋。特别是王云五担任编译所所长后，改组编译所，“许多资格最老的编辑被淘汰”，改由留学归来的新式知识分子担任各部部长。到1925年10月，编译所9个部的部长，有7位是新人。留下来的两位旧人，邝富灼不久也被辞退，杜亚泉则于1932年初被解雇。蒋梦麟、郭秉文、范寿康、何炳松、竺可桢、任鸿隽、周鲠生、陶孟和、朱经农、谢冠生、杨端六、周览等一大批有留学背景的知识分子进入商务印书馆，成为骨干，从而解决了高凤池与张元济之间关于人才问题的争论。

其次，张、高的矛盾分歧还表现在公司的人员管理与制度建设上。

商务印书馆总馆、分馆数十个，遍及全国，全盛时期职工达4000余人，总经理、经理两个人要直接管住这么多人是不可能的，很多时候鞭长莫及。因此，公司内职员尤其具有一定权力的高层职员渎职、营私舞弊、假公济私，甚至吃里爬外的事情时有发生。张元济对此极端痛恨，一旦发现，主张严厉处理，决不顾及私人情面，绝不肯通融。而身为总经理的高凤池则心肠较软，比较讲人情面子，两人为此常常闹得很紧张。

据张元济日记记载，1917年元月，商务印书馆香港分馆管账人侯某卷走3000元；同年2月，安徽分馆账房褚某亏空4000元后逃之夭夭。对于此类亏空公款、卷款潜逃之事，张元济主张诉至法庭，宁可追不回损失，也不以民事调解。1918年，商务印书馆武昌分馆彭梦久亏空1200元，公司发现后，张元济主

---

① 《高凤池日记》，第120—121页。

张立即“斥退”，并将其送上刑事法庭，彭某被判3年徒刑。在上诉期限内，彭某母亲及妻子等哀求彭的老师、苏州总商会商事公断处处长宋度出面说情。宋度受托后，持湖州帮巨头、上海总商会副会长沈联芳的名片，于1918年8月27日专程到北京找张元济说情（当时张元济出差在北京）。宋度提出，由沈联芳担保、宋度本人出资填补彭的亏空，希望商务印书馆出一个声明，彭某“自己悔过，欠款有人担任。如法庭允为减刑，则宋即将欠款交一半，再请公司暂缓执行，伊即全交云云”。张元济当即答复道：“公司用人太多，实有为难之处。以礼交论，本甚为之惋惜。但固不能做主，须俟翰翁回来，亦须报告董事（会）大家讨论。请不必在此久候，容即通讯。”[①]实际上是以婉转的方式拒绝通融。

又如厦门分馆账房王耕山（一作王耕三）欠款1286.942元，据王自称是因为手臂折断，这笔钱用于治疗手臂去了。公司发现后，张元济立即与高凤池商议处置办法。张元济认为，王某情节可恨，应提起民事诉讼。起诉之后，如有人保出，可以酌量通融。但高凤池认为未必能了断。张元济又说：此等人，到此田地，固属可怜，然平日不知谨慎，以至于此。如果要起诉，必须函告律师，从速布置，否则王某必然一逃了事。[②]1918年10月4日，高、张首先商定将王耕山“斥退”[③]。1918年11月4日，王耕山归还公司300元。张元济“令将优待股售去，将转股单交来”。次日，陈培初告张元济，王耕山不愿售去他持有的公司优待股，张元济答复“须强之”[④]。最后终于将王耕山的优待股强行出售以抵充欠款了事。

1918年1月22日，鲁云奇贪污案发。鲁系商务印书馆所属的中国和记图书公司经理，又系夏瑞芳的亲戚。鲁云奇在外私设进出口洋行，亏空公司欠款达7000余元，后于1月21日交还1500元，尚亏欠6102元；同时鲁云奇还私印《中国黑幕大观》，由海左书局代为售书。[⑤]1918年1月间事发，在如何处置鲁云

---

① 《张元济全集》第6卷，第396页。

② 《张元济全集》第6卷，第412、413页。

③ 《张元济全集》第6卷，第417页。

④ 《张元济全集》第6卷，第431页。

⑤ 《张元济全集》第6卷，第313—314页。

奇的问题上，张元济与高凤池产生了严重的分歧，高凤池考虑到鲁云奇与夏瑞芳的亲戚关系，主张不公开揭破，让鲁云奇自行弥补亏空了事，大事化小。于是，张元济主张限鲁云奇在一个星期内填补亏空，并赔偿私印《中国黑幕大观》给公司所造成的经济损失。这显然是做不到的条件，下一步如何办？高凤池顾及夏瑞芳的面子，始终下不了决心。1月25日，张元济为鲁云奇案写信给高凤池说：“须知当大事之人，决不能事事从仁慈着想。古人所谓‘小不忍则乱大谋’，我公举措，弟意窃以为近于‘小不忍’矣。且不止此，如此营私舞弊之人，而不与惩罚，且为之弥缝掩饰，于公司后来大局不堪设想。弟为公司计，为我公职分计，不能不再进忠告，务祈采纳刍荛，从速决断。”[①]次日，张元济又约高凤池谈话，强调不能宽宥鲁云奇的理由：“公司赏罚不明，以致事多废弛，人多舞弊，以后幸勿专此仁恕为怀。”[②]在张元济的坚持下，高凤池不得不放弃宽宥鲁云奇的想法。接下来，高凤池又提出对鲁云奇是提起民事诉讼，还是刑事诉讼？张元济、李拔可及律师丁榕均主张对鲁云奇提起刑事诉讼。鲁云奇见势不妙，于1918年1月30日晨亲到张元济寓所，恳求宽以期限。张元济答以“甚难”。夏瑞芳夫人听说公司要起诉鲁云奇，找到丁榕律师为鲁云奇说情，并对公司处置办法大不以为意。之后，鲁云奇又偕其本姓叔祖求见高凤池说情。高凤池以不善言辞为由，请张元济与李拔可代为接见。庄纶叔、桂清均请求宽限至明年二三月，张元济回答：“姑与同事商量，明日答复。”但商务印书馆最后还是提起了刑事诉讼，鲁云奇于2月初被逮捕。张元济还托人转告夏瑞芳夫人：“伊向丁榕处讨情，余未能允，此系顾全公司，即为粹翁帮忙。”[③]不过，张元济最后也做了一点让步，于2月7日告诉丁榕律师，鲁云奇案由刑事诉讼改为民事诉讼，追索欠债。2月8日，夏瑞芳夫人直接找张元济为鲁云奇说情。张元济与李拔可均主张，不交清亏空款，决不通融。鲁云奇及其亲属设法于当天将亏空款6000余元全部交清（其中包括鲁的亲戚以50亩田产做抵押），张元济这

---

① 《张元济书札》，第939页。
② 《张元济日记》上册，第460页。
③ 《张元济日记》上册，第472页。

才函告丁榕律师设法撤诉。[①]

1918年2月初，九江分馆负责人胡秀生亏空1300余元事发。张元济立即批示："即行起诉。"[②]在商务印书馆提起诉讼前，胡秀生设法还款1000元，余款要求展限。张元济令其出具期票，限18日还清。胡秀生出具后，商务印书馆这才撤回诉讼。

陆兰兹是张元济的总角之交。他私抄名簿给中国图书公司，泄露了商务印书馆的商业秘密。张元济发觉后，立即将其斥退。赵蓉生私售美女画，公司发觉后，张元济力主斥退。高凤池则认为处理过重，弄得张元济怒不可遏。

张、高在如何处置违法职员的问题上，意见常常不一致，龃龉不断。高凤池甚至埋怨张元济"汝无一事不与余反对"[③]，两人关系相当紧张。两人都先后多次扬言要辞职，但在同人的劝说下，不得不收回辞职念头，相忍一时。

1919年底，为了商务印书馆100万元存款的处置问题，张、高矛盾终于总爆发。

高凤池一直主张接办上海浦东华章造纸厂。1919年12月9日，在公司会议上，高凤池、鲍咸昌均主张盘入造纸厂造黄板纸，遭到张元济的反对。[④]1920年1月19日，高凤池再次约张元济等人商议盘入华章造纸厂问题。张元济强调，此事可能引来外商借端纠葛，原料亦有问题，因此不能不详细研究；而且所需资本甚巨，不能不格外谨慎。"尤以有人管理为第一着，如不能得人，则此外问题虽决亦无益"。经过讨论后决定，高凤池、王仙华同赴该厂实地考察后再说。[⑤]1月21日，商务印书馆董事会召开第236次会议，讨论接办纸厂事宜。张元济力陈种种关系要点，而归结无人会管理。1月23日，总务处又开会讨论。高凤池、鲍咸昌均推王仙华主持造纸厂。张元济仍表示反对，谓"公司为根本，仙华出洋甚望于公司可以改良进步，移办他事，实非计"。有人推高凤池本人兼

---

① 《张元济全集》第6卷，第326—327页。

② 《张元济全集》第6卷，第324页。

③ 《张元济全集》第6卷，第323页。

④ 《张元济全集》第7卷，第162页。

⑤ 《张元济全集》第7卷，第178页。

任造纸厂厂长。张元济说：“如公能自任，我自赞成。但此事必须全副精神，专心致志方能办理。公之年纪能否担任，请自斟酌。”讨论仍然不决而散。[①]到1月26日，高凤池又约张元济等商纸厂事。张元济再次强调“只要有人管理，便可商量”。至于人选，王仙华不能担任此职，高本人如果愿意兼任，他不便怂恿。很明显，张的意见仍是不主张办厂。鉴于张不同意，高只好以“负担过重”为由而推辞。[②]几天后，高致函张声明放弃办造纸厂的计划。

张元济反对办造纸厂。他看中了上海南京路的一块地皮，主张由公司出资购下，认为这比办造纸厂保险。1919年11月4日，张元济在商务印书馆董事会第231次会议上报告说：“棋盘街发行所房屋不敷展布，以致门市生意无从推广。近自欧战告终以后，观察上海市面，南京路地价当有增无减。拟在南京路购置地产，既可备为本馆自建房屋之用，又可随时出售、出租，亦甚灵便。”会议议决先探听具体情形再议。11月6日，张元济偕王仙华访洋商康福德，商量购买南京路地产事。康福德开价15万英镑，或白银50万两。回到公司后，张元济详告高凤池等，力主购入，并提议召开特别董事会讨论。11月18日，商务印书馆董事会召开第232次会议，讨论购置南京路地产事宜，会议决定推王仙华、鲍咸昌为代表与洋行磋商。11月22日，张元济约高凤池、王仙华、鲍咸昌谈购地事。张元济发表意见说：“本馆浮存现款甚多，极为不妥，其危险不仅在银市风潮。最初拟还存款，然同人存款居多，不应伤感情；次拟办纸厂、化学厂，因无人才而止；又拟做押款，亦因无人；至第四策始定购产南京路之地，决不至亏本，就算亏本，亦属有限。”但高凤池仍主张办纸厂。张元济接着分析购地及办厂的利弊说：尽管先行购地，将来或押或售，亦有伸缩。无论如何，先将土地购进来再说。12月9日，商务印书馆召开经理会议继续讨论。高凤池、鲍咸昌均主张造黄板纸，张元济反对，力主再议南京路地，购价可加至16万英镑。3月23日，洋商康福德电话招张元济往谈，告卑昔忒洋行接到伦敦来电，南京路该地块的地主已以全权授予该洋行，限价16.5万镑。商务印书馆如要，

① 《张元济全集》第7卷，第180页。

② 《张元济全集》第7卷，第181页。

即付定银十分之一，于两周内应定局。3月24日，张元济约高凤池、鲍咸昌、李拔可讨论昨与康福德所谈购南京路地产事，结果遭到高凤池的反对，两人为此当场发生冲突。

3月26日，张元济偕李拔可访商务印书馆董事会主席郑孝胥，随后三人同往南京路实地考察拟购之地。考察完毕回到公司，郑孝胥主持召开董事会特别会议。张元济首先报告购地事，称：现在业主复电要价16.5万英镑（约合44万两白银），在董事会议决的限价之内，且现在国外汇兑亦比当日决议时为廉。但高凤池仍坚决表示反对，并请求董事会复议。各董事鉴于高、张意见不一致，提出不必购地。郑孝胥则提议购地与办造纸厂同时进行，企图以此息争。最后，张元济发言表态：既然高不赞同，自愿取消原议案。于是进行投票表决，到会的6名董事以5比1否决购地案，张元济本人也投了否决票。在张元济看来，购地本来是一桩十分合算的买卖，但高凤池为报复张元济反对他办造纸厂的计划，就存心杯葛购地计划以为报复，这是一种无原则的意气之争。是可忍，孰不可忍？表决后，张元济立即起立宣布辞职，声称："余自民国五年与翰翁共事，意见即不相同，遇事迁就，竭力忍耐。翰翁虽声明不存意见，但余深知翰翁性情。余在公司，鲍君（指鲍咸昌）之次即为余。余甚爱公司，为今之计，惟有辞职，似于公司较为有益。"[①]接着，郑孝胥也宣布辞去董事。公司再次陷入高层人事危机中。

张元济、高凤池龃龉，已是公司上下众所周知的事情。张元济宣布辞职，在公司上下引起了相当大的震动。高梦旦、陈叔通、鲍咸昌等公司领导及各分馆经理纷纷表示挽留。4月2日，董事会再开特别会议。高凤池首先声明挽留，但张元济辞职决心十分坚定。在申述辞职理由后，张元济宣布："如再复职，是为无耻。"[②]事情无法转圜，高凤池等不得不另想安置张元济的办法。郑孝胥建议请张元济担任董事长，高凤池也同意，并请鲍咸昌、高梦旦、李拔可出面征求张元济的意见。张元济认为，他如果出任董事长，地位在高之上，将给人以

① 《张元济日记》下册，第967—968页。

② 《张元济日记》下册，第970页。

争权的印象，于是又断然予以拒绝。

此计不行，高凤池又去找张元济的密友陈叔通问计。陈叔通直截了当地说：“你是总经理，你可以估量一下，如果能背得下，那就让他（张元济）辞职，商务还搞商务的。”高凤池回答：“事务方面还能勉强凑合一下，但社会文化界，我怎么能号召得了？”陈叔通说：“从张的性格看，要他收回启事而复职，是不可能的。别的办法让我想一想。”随后，陈叔通找到高梦旦，建议张元济、高凤池同时辞职，由鲍咸昌任总经理。高梦旦听了说：“叫高翰卿也辞职，怎么能说得出口呢？”陈叔通说：“我不想再留在商务了，既然要走了，那么有什么话不可说，我可以谈。”高梦旦见陈叔通肯做这个难人，也就同意这个办法。第二天，陈叔通又去找高凤池，说他有一个办法，如高凤池同意，他就负责办好这件事。高凤池问有什么办法，陈叔通说仿照先施公司的办法，公司设立监理处，高凤池、张元济同任监理。高凤池说自己辞职没有问题。随后，陈叔通又去找张元济，对他说：“你怎么摆脱得了商务？恐怕晚间做梦也要做商务的梦。”张元济也同意了设立监事会的建议。

4月10日，商务印书馆董事会召开特别会议，议长郑孝胥宣布添设监理一职，推高凤池、张元济担任。会议同时议决鲍咸昌任总经理，李拔可、王仙华为经理。按照稍后拟定通过的《监理处章程》，监理处为全公司监督机关，监理处对于公司一切事务均有查察或指导之责。总务处在决定变更营业方针、对外订立契约、财产移动、巨款支出、红账结算等重大问题时，应受监理处之指示。这样一来，张元济与高凤池仍是商务印书馆的最高负责人。此次辞职风波表面上得到了圆满解决。但实际上，高凤池的心结并没有打开，遇事仍多扞格。

与用人相关的第二个问题是，如何处理公司职员亲属进公司的问题。商务印书馆初期是以夏瑞芳为中心的家族公司，老员工之间大都存在着错综复杂的裙带关系以及同乡、同学关系。夏瑞芳夫人的三位兄弟鲍咸恩、鲍咸昌、鲍咸亨以及夏瑞芳夫人的姐夫张蟾芬（鲍家长女婿）、妹夫郭秉文（鲍家三女婿）都在商务印书馆工作，并且都担任中层以上职务；夏瑞芳之子夏鹏（字筱芳）、鲍咸恩之子鲍庆甲（系高凤池女婿）、鲍咸昌之子鲍庆林分别担任经理、所长等职务。此外，包文德与包文信，许笃斋与许善斋，郁厚培与郁厚坤，庄俞与庄适，杜亚泉与杜就田、杜其堡等，不是父子就是兄弟，甚至还有一家多人同在馆工作的情况。有学者指出，这种建立在姻缘血亲基础上的人事安排是“教会派”在商务印书馆长期盘踞的有利因素。①

张元济一直主张公司重要职员子弟不得进入公司任职。他主要出于以下两点考虑：第一、公司同人关系较重者，均在公司有年，薄有储积。其子弟袭父兄之余荫，必不能如其父兄之知艰难。不知艰难之人，看事必易，用钱必费。第二、父兄既在公司居重要地位，其子弟在公司任事，没有不合之处，旁人碍于其父兄面子，必不肯言，则无形之中公司已受损不少。即使闻知，而主其事者以碍于其父兄之情面，不便斥退，于是用人失其公平，而公司受其害矣。因此，张元济提出：“为爱惜公司计，父兄在公司任职者，鄙意勿轻用其子弟。宁使其在外办事，多受磨练，俟其阅历既深，能知甘苦，办事确有经验，确有能力，确能立定脚跟，再由公司延聘，彼时宁可特出重薪。以其与公司有密切关系，且又为实能办事之人，他人亦不能援例，则于胜仗之道亦无碍也。”②

在当时的社会观念上，子承父业是天经地义的，张元济要想改变它，可以说是阻力重重。总经理兼印刷所所长鲍咸昌有意调其子鲍庆林担任印刷所副所长，实际上是准备让儿子接班。张元济认为不妥，找鲍咸昌谈话。不料鲍氏“词色愤懑，甚不谓然”，把张元济搞得很尴尬。随后，商务印书馆首席会计王莲溪也找到张元济，称鲍某的儿子可以进公司，我的儿子也要进来，凡重要职员的儿子都可以进来云云。张元济当即驳斥说：人人都有儿子，如果都要进公司，那成什么话？次日，张元济给鲍咸昌写了一封信，痛陈利害。张元济在信中写道：

弟与吾兄订交20余年矣。自入公司后，见吾兄实心办事，公正无私，知公司必能发达，故深愿竭其愚诚以为吾兄之助，而为中国实业造一模范。故凡涉公司之事，无论大小，知无不言，言无不尽。吾兄亦无不采用，故

① 《高凤池日记》，第27页。

② 《张元济书札》，第943—944页。

弟更感奋以图报。弟近来主张公司重要职员子弟不宜入公司，宜在外就事养成资格一节，亦无非为公司大局起见。不料昨日晤谈，吾兄词色愤懑，甚不谓然，弟深为惶愧。嗣后友人亦多以尊见来告，弟闻之尤为抱歉。公司用人，除重要职员须经总务处会议外，其余各所进退非重要之职员，本系所长之权。昨承面告，拟招庆林世兄再回印刷所，并声明非副所长问题云云。弟原可以不问，惟以20余年与吾兄既以友谊询商，弟即不能不以诚心相待，故敢本明白之主张，以为于公司不相宜。作朋友之忠告，且亦不专为公司计也。为世兄计，为吾兄办事计，亦有不相宜之处。此时吾兄气忿甚盛，弟亦不敢多言，容俟将来再行陈说。吾兄手创商务印书馆，勤劳已25年，弟亦追随20年，致今日有此成绩。吾兄极爱公司，弟亦不敢不爱公司，故于公司利害有关之事，不能不言。（今日王莲溪兄来言，亦反对弟之主张。谓鲍某某儿子可以进来，我的儿子亦要进来，凡重要职员的儿子都可以进来云云。弟即告以人人都有儿子，将来都要进公司，恐不成话。我驳其为争权利之见。莲兄点头许我。）此时言之，原属过虑，吾兄或不愿闻，吾兄必欲招世兄复回印刷所，吾兄尽可行使职权，弟亦何能阻止？但望日后遇有公司因此为难之时，追思老友之言，宽我今日之罪，则弟感幸甚深矣。冒昧陈词，惶悚无地，统祈恕宥！[①]

张元济的信虽然言辞恳切，但并没有打动鲍咸昌，鲍庆林还是如愿以偿担任了印刷所副所长。尽管自己的主张难以实行，但张元济在这个问题上，仍然以身作则，以实际行动打破世俗陋习。

张树源是张元济大哥张元煦的独子。张元煦去世早，张元济对张树源视如己出，一手将侄子抚养成人，并送他到美国留学，叔侄感情甚好。张树源从美国留学归来，张元济没有让他进公司。张树源中文底子不行，屡次被单位辞退。张元济虽然通过各种可能的关系千方百计为侄子找工作，但从没有想过要侄子进商务印书馆。

---

① 《张元济全集》第3卷，第449—450页。

1932年，张元济的独子张树年从美国纽约大学取得硕士学位归国，张树年的同学都认为，凭他父亲在商务印书馆的地位，进馆是不成问题的。张树年回到家后与父亲就工作问题作了一次详谈。张树年首先向父亲表示：第一，不愿进政界，因为在政府机关任事，全靠人事关系。所谓一朝天子一朝臣，职业不稳定。第二，不愿进洋商企业，因为在美国留学时看到美国人歧视华人的种种现象，不愿在本国国土上为洋老板效劳。张元济同意儿子的主张，但马上表态说："你不能进商务，我的事业不传代。"为避免儿子误解，张元济耐心解释说：你进商务印书馆有三不利：第一对你自己不利。由于我在商务印书馆的地位，你进去之后必然有人，甚至有一帮人会吹捧你，那就会使你失去了刻苦锻炼的机会，浮在上面，领取高薪，岂不毁你一生。第二，对我不利，父子同一处工作，在公司内部行政工作上，我将处处受到牵制，尤其在人事安排上，很难主持公道，讲话无力。第三，对公司不利。这将开一个极为恶劣的风气，必然有人要求援例。人人都有儿子，大家都要把儿子塞进来，这还像什么样的企业。最后，张元济对儿子说："我历来主张高级职员的子弟不进公司。我应以身作则，言行一致。"①

张元济虽是旧翰林出身，却颇懂得现代企业经营管理之道，知道现代企业需要什么样的经营管理人才。刘厚生曾对张元济、张謇这两位大体上是同时代的实业家做过一番比较研究。张元济是光绪十八年（1892）进士，张謇（1853—1926，字季直）是光绪二十年状元。张謇自光绪二十五年在南通办大生纱厂起，陆续办了通海垦牧公司、广生油厂、上海大达外江轮步公司、天生港轮步公司、资生铁厂、南通大学等一系列企业。到1921年，张謇所经营的各企业的总资本约有三四千万元。张謇经营的企业规模虽然超过了张元济等经营的商务印书馆，但张謇的企业好景不长，到20世纪20年代中期即宣布彻底破产，成为历史陈迹。

张謇经营的企业破产，原因固然很多，但其中的一个重要原因，就是对企业实行家族式经营管理，造成严重问题。刘厚生说："季直先生……惜乎封建思

① 张树年：《我的父亲张元济》，东方出版中心1997年版，第148页。

想过于浓厚，彼手创之公司不免希望子孙能掌实权，大生纺织公司成立不久即引用其兄为助，儿子孝若方在青年求学时期，不令其入大学习专科，而听其参预公司及地方事务，所谓‘揠苗助长’，匪徒无益，而又害之也。……孝若幼年天资颖异，涉笔成章，假定季直先生无急切速成之意，令彼多受高等教育及当世通才之熏陶，其成就未可限量。惜乎不逮成熟，遽令出而问世，以致受人利用，未及中年，偶遭挫折，遂有一蹶不振之感，殊可叹也。”[①]刘厚生从张謇的失败教训中，联想到了张元济主持商务印书馆的成功经验。他说：“因此我联想张菊生之于商务馆，叶揆初之于浙江兴业（银行），其局面不及南通而能为事求人，殊可佩仰也。”[②]事实是最有说服力的。张謇的失败，与张元济的成功，证明了人才对于现代企业的极端重要性。

其次，在公司股息公积的问题上，张元济与教会派的高凤池、鲍咸昌等人的意见也很不一致。

教会派的高凤池、鲍咸昌等人办商务印书馆的唯一目的就是为了多赚钱，与张元济为了文化教育事业而从事出版事业完全不同。于是，教会派的高凤池、鲍咸昌等人主张多分红利，少留或不留红利公积；而张元济则主张多留，主张用股息公积金去办教育和社会公益事业。矛盾由此而来。到1926年3月，因股息公积问题，矛盾终于全面爆发。

3月23日，商务印书馆董事会第313次会议讨论股东张廷桂提出的取消公司股息公积的提议，张元济在会上发表长篇意见，重申实行股息公积的意义，竭力反对取消。但讨论的结果，多数董事支持张廷桂的议案。3月26日，张元济印发致商务印书馆股东书，逐条批驳张廷桂等要求取消股息公积的议案，呼吁“宜通筹全局，熟权利害”。但终因多数赞成张廷桂的议案，张元济的反对终归无效。4月25日，在商务印书馆股东年会上，在高凤池、王仙华等人的坚持下，股东会一致通过了《修改股息公积办法案》，此案规定股息公积每满3年，将已提存之数，分派一次；股息公积之息，随股息公积一并分派。3年公积及

① 《胡适来往书信选》中册，第351页。

② 《胡适来往书信选》中册，第351—352页。

历年派剩之股息93.14万元，当年分派90万元，每股派现款18元。张元济反对分派取消股息公积失败后，极为愤怒，于26日致函高凤池，并向董事会递交了辞职书。27日起，张元济又在上海《申报》《新闻报》上连续3天刊登《海盐张元济启事》：

> 鄙人现因年力就衰，难胜繁剧，所任商务印书馆监理之职，已向本公司董事会辞退。四方人士如因关涉公司事务有所询商，务请递函商务印书馆总务处，勿再致书鄙人，免致迟误。谨此通启。

张元济公开宣布辞职，再次引起强烈反响，公司上下一片挽留声。胡适也从北平致函张元济，说："我很盼望先生现在已打消辞意了。商务此时尚未到你们几位元老可以息肩的时机，所以我极盼先生再支撑几年的辛苦，使这一个极重要的教育机关平稳地渡过这风浪的时期。"在5月13日召开的商务印书馆董事会特别会议上，董事黄炎培发言说："张菊翁登报辞职后，鄙人在沪、在杭听得各界舆论对于公司均极为悲观，与公司前途甚不相宜。此非惟股东资本关系，实为中国文化所关。无论如何董事会总要设法就菊翁辞职之缘由上谋根本之解决。"会议议决请高凤池与张元济当面磋商解决办法。

5月18日，高凤池约张元济谈话。张元济对高凤池有痛切的批评。谈到用人上的分歧，张元济说："满清之亡，亡于亲贵。公司之衰，亦必由于亲贵。……前荐丁文江数次，尔不置可否，此时当可知其人。余甚愧，不能得同人之信用。丁君不能招致，即到公司，亦决不能重用。此时临渴掘井，尚有何办法。""尔我看法不同，故我悲观，尔或乐观。我既悲观，故打不起精神。尔不致如我之悲观，故此事只可偏劳。"高凤池提议公司设办事董事。张元济认为董事会不可因人而改动，否则将来必人人争为董事，于公司甚为不利，拒绝了高凤池的建议。[①]高凤池、鲍咸昌随后又提出他们与张元济同进退，张元济认为

① 《张元济全集》第7卷，第324页。

“高（凤池）、鲍（咸昌）若退，人心更为摇动，殊非所宜。”[①]坚决不同意两人与他一同退职。拖至7月21日，董事会会议终于同意张元济辞去监理职务。张元济在复汪诒年函中说：“惟与高、鲍诸君宗旨太不相同。从前犹可敷衍，今事势甚迫，长此以往，必至焦头烂额。迫不得已，此犹是择害务轻之策。辱承雅注，用敢密陈，切勿为外人道也。”[②]

商务印书馆董事会鉴于张元济对公司的卓越贡献，拟定了张元济退俸金特别待遇办法，但张元济拒绝了，坚持只领普通职员退俸金。

对于高凤池的为人，张树年说过如下一段话：“父亲说他胸襟狭窄，私心很重。他创办商务仅仅为了赚钱，比这高一个层次的见解，此公决不能接受。父亲回想几十年间与高公共事的苦衷。两人在人事问题上分歧最为严重。父亲推荐过学有专长的丁文江、徐新六等人，均因高对他们‘素不相识’而拒绝。其实南京路购地事，高不同意，又讲不出什么理由，致使此事功败垂成。探其根源，无非是他提议投资造纸厂未能遂其愿，以此泄私愤而已。”

张元济与高凤池在公司治理上争吵不休，但于私交无损。1943年高凤池八十寿诞，张元济撰了《高翰卿先生八十寿序》，高度评价高氏一生的事业及其成就：“君生平所经营者有二：曰商务印书馆，曰五洲大药房。由前所为，则浚瀹人之神智，可以常为新民；由后所为，则搜采吾国未有之药物，可以免人于羸病。……使兹二事皆能藉君之精神，历久而不坏，吾中国可以旧邦而获新命，全国国民皆优游于饮和食德之天，则即谓斯世斯人之寿皆君之所赋与可也。然则君之寿又岂可以限量乎哉！凡斯二者，皆所以展拓其新陈代谢之能，而尤足救吾中国今日之贫敝，而使之返衰弱而为盛强。”[③]

张元济退休后并未停止工作，仍参与公司重大决策。为方便联络，商务印书馆特派一专职通讯员每日两次送信到张元济寓所。张元济每天给各部门的信件平均在八封，他以一种特殊的方式继续参与公司的决策。

---

① 《张元济全集》第7卷，第325页。

② 《张元济全集》第2卷，第157页。

③ 《张元济全集》第5卷，第509页。

第八章　商务印书馆28年董事长

1926年7月张元济辞去监理，同年8月被推举为董事会主席（后改称董事长），至1954年春商务印书馆实行公私合营为止，担任董事长28年。作为最高决策人，他始终与商务印书馆的兴衰成败息息相关。

为王云五的改革撑腰

1929年10月，王云五在担任编译所所长7年多以后宣布辞职，由何炳松接替他的职务。

王云五辞职的原因，公开的说法是，商务印书馆工潮迭起，不愿久负调解工潮之责，于是决心脱离。[①]这是王云五晚年的说法。但他当年在与胡适私下谈话时，又是另外一种说法。他告诉胡适：商务印书馆待遇稍薄，7年不加薪，他的家累太重，不能支持下去，故想先设法谋经济的独立。胡适是王云五的后台，听到王云五要辞职，自然是千方百计加以劝阻，但王云五执意要辞，胡适也没有办法。

根据商务印书馆同人的说法，王云五的去职，并不如他自己说的那么简单。归纳起来，大致有以下4个原因：

第一，王云五与董事长张元济因为稿费问题发生了争执。商务印书馆向来

① 《王云五先生年谱初稿》第1册，第157页。

的惯例，对于同人编著的书稿是不许抽取版税的。王云五在金钱问题上看得很重，当了编译所所长依然如此。黄警顽说：商务印书馆“内部团结，除了王云五以外，领导人办事公正，工作人员无须勾心斗角。王云五有私心，预支大量版税，重点推广自己的书”[①]。王云五主持编写的《王云五大辞典》等一系列字典均按码洋的10%抽取版税，张元济力持不可。王云五大不满意，因此愤而辞职。[②]

第二，王云五编辑《百科全书》劳而无功，受到各方面的指责。

第三，王云五发起编辑的《万有文库》第一集，初版时销路不畅，积压了大量资金，造成商务印书馆的资金危机。

第四，编译所西文部部长邝富灼收受约翰大学教员麦克·耐尔写的《远东国际关系》（*Far Eastern International Relations*）一书，其中论及1925年上海与沙面惨案时，完全站在英、日等帝国主义的立场立言，甚至丑诋中国人。王云五看到这本书后大哭，并因此引咎辞职。

这是高梦旦对胡适所说的王云五辞职的几个因素。王云五辞去编译所所长一职后，到南京担任中央研究院社会科学研究所法制组主任、研究员，从事“犯罪问题”的研究。

王云五离开商务印书馆不久，总经理鲍咸昌又于1929年11月9日病逝。总经理的位子突然空缺，那么由谁来填补这个真空？

鲍咸昌是商务印书馆创办人之一，长期主管印刷所，1920年起继高凤池之后任总经理兼印刷所所长。鲍咸昌名为总经理，实际上仍主要负责印刷所，总经理的职权委托李宣龚、夏鹏行使。李宣龚（1876—1953），字拔可，晚号墨巢，著名诗人，福建闽县人，出身于书香名宦家庭，晚清名臣沈葆桢系其舅祖，1894年中举人，官至江苏候补知府。民国成立后进入商务印书馆工作，历任经

① 黄警顽：《我在商务印书馆的四十年》，载《1897—1987商务印书馆九十年——我和商务印书馆》，第96页。

② 在对待金钱的问题上，张元济与王云五是截然不同的两种人。张元济虽然为商务印书馆主持编辑《四部丛刊》《百衲本二十四史》等大部头的古籍汇编，为公司带来了巨额的收入，但从未收取过主编费及稿费。王云五对金钱看得很重，历来是人们诟病他的一个重要原因。

理、发行所所长等重要职务，是商务印书馆的骨干之一。王云五说他为人凡庸，但待人至忠厚。[①]而夏鹏是商务印书馆创始人、首任总经理夏瑞芳的儿子，年纪轻，资历浅。据王云五说，李拔可、夏鹏都没有真正履行过总经理的职权，而是把权力交由总务处负责人陈叔通与盛桐荪。“形成有权者不必有责，有责者却无权的状态。”[②]

由于李宣龚、夏鹏都不是总经理的理想人选，张元济与高梦旦等各位董事几经权衡后，决定邀请王云五重返公司担任总经理。王云五回忆说：

> 不知何故，董事会和两位负监理名义的元老张菊生和高凤池先生，都不就李、夏二君考虑，却想到离职已数月的我。于是张先生代表董事会，夏先生代表总务处，纷纷请我返馆，就任总经理之职。经我再四拒绝以后，从前邀我代他担任编译所所长的高梦旦先生，又开始对我力劝。夏小芳君得此新的助力，更不肯放过我，几于隔日到我家或社会科学研究所一次。最后，我迫于无法，提出两个先决条件，才允考虑是否接任。我认为这两条件可能不易被接受，那就等于客气的拒绝。想不到他们都完全接受了。所谓两条件：一是取消现行的总务处合议制，改由总经理独行制，经协理及所长各尽其协助之责；二是在我接任总经理后，即时出国考察并研究科学管理，为期半年，然后归国实行负责。我就在这样情形之下，被迫担任商务印书馆的总经理。在形式上就职后，即准备出国，所有公司任务未尝主持一日，仍以李经理拔可代理。[③]

张元济与董事会之所以如此迁就王云五，是由各种因素导致的。论人才，商务印书馆本就是一个人才荟萃之地。据统计，曾就职商务印书馆并于1949年后在中华人民共和国中央人民政府中担任副部长级以上的干部达17人之多，至于在各省、市级政府担任领导干部的就更多了。如陈叔通是全国人大副委员长，

① 《王云五先生年谱初稿》，第479页。
② 《王云五先生年谱初稿》，第160页。
③ 《王云五先生年谱初稿》，第160—161页。

沈雁冰是第一任文化部部长，郑振铎是文化部首任文物局局长、文化部副部长，胡愈之与叶圣陶是新闻出版署第一任正、副署长，等等。论学问，商务印书馆有的是国内外著名大学毕业的高才生，其中很大一部分是留学欧美、日本归来的博士、硕士、学士。那么，商务印书馆当局为何置自身的众多的高学历人才于不顾，却偏偏青睐无任何学历的王云五？初看起来似乎令人费解，但细究起来，却也合乎逻辑。

原来，商务印书馆自创办以来，为了自身的生存，一直坚持中间偏右的出版方针，即与政府当局保持一致，出版不为政府当局忌讳的出版物。不然，容易被政府找麻烦，受到处罚甚至被查封。民国时期，特别是国民党统治时期，因政治上犯忌而被查封的出版社与出版物无法统计。如果太右或者太旧，出版物就会无人购买，资方就会赚不到钱。只有不左不右或中间偏右的出版方针，既能避免政府当局找麻烦，又能使资方赚到利润。而沈雁冰、郑振铎、陈叔通、胡愈之等，不是中共秘密党员，就是左翼进步文化人，由他们来担任总经理，很有可能会偏离资方的出版方针。例如，郑振铎是工会的负责人。他同情工人，在工人罢工时，坐在工人代表席上，而他的岳父高梦旦则坐在资方代表席上，形成翁婿对峙的特殊局面。显然商务印书馆当局决不会重用站在工人立场上与资方作对的人才。

相比之下，王云五则是符合资方理想的：第一，王云五对付职工，有权谋有手腕，而且手段很辣。商务印书馆创始人高凤池、鲍咸昌以及书生派的张元济、高梦旦等，虽然出身不同，但有一个共同特点，就是心地比较善良，对工人的罢工一直采取理性协商的办法解决。黄警顽说："商务印书馆的劳资关系，一般可以说是相安数十年，1926年前后才开始稍有磨擦，后来因为社会经济常有变动，职工生活受到威胁，劳资双方才出现了无法调和的对峙局面，发生过几次罢工事件；但资方的应付方法是向职工摆家底，算清账，有可能，就接受协商解决。"①尽管如此，这些罢工也足以让商务印书馆当局感到难以应付。张

① 黄警顽：《我在商务印书馆的四十年》，《1897—1987商务印书馆九十年——我和商务印书馆》，第96页。

元济本人就曾在日记中抱怨吃尽了所谓资本家之苦。而在这方面，正如胡愈之所说的："王云五对付工人罢工有一套办法，后来当上商务印书馆的总经理。"[①]第二，对政府当局，王云五更有一套应付的本领。第三，王云五的背后还有为政府当局捧场的胡适等一批名气很大的高级知识分子。显然，王云五才是商务印书馆当局最理想的总经理人选。

商务印书馆自1914年1月夏瑞芳遇刺身亡后，印有模、高凤池、鲍咸昌三任总经理都不是强势人物，因而商务印书馆始终没有一个统揽全局的人物，形成了独特的管理体制。印有模、高凤池、鲍咸昌都是元老，可以凭资望维系一时。鲍咸昌死后，能够以元老资格出任总经理的人选已经没有了。新进的总经理不能再凭资望，就必须凭能力来履行职务。在这方面，资方对未来总经理的理想人选不外以下3个方面：一是与学术界乃至文化界有广泛的联系；二是具有出版家的素质，在策划选题上有创见；三是要有手腕与权谋，下能对付职工，上能应付官场。只有王云五具备这些条件。因此，尽管王云五也有种种毛病，让人感到不痛快，却在最主要的几个方面符合资方理想的总经理人选标准。这是张元济等权衡利弊后，最终选择了他的真正原因。

1930年1月23日，张元济主持董事会第369次会议，经过讨论后决定接受王云五的条件：选任王云五为总经理，出洋考察可照办，但请尽量缩短考察时间。25日，张元济与叶景葵受董事会委托，联名致函王云五敦请他就任。3月初，王云五到馆就职。

3月7日，王云五从上海乘"迪亚士总统"号轮船出国，先后考察了日本、美国、英国、法国、德国、比利时，并途经瑞士、荷兰、意大利。他在6个月时间里，先后参观了40余家工厂，访问研究所及各种团体数十处，咨询专家五六十人。9月9日，王云五回到上海。在回国途中，王云五草拟了长达3万多字的《本馆采行科学管理法的计划》，这是他花掉5万元考察费所得到的成果。

9月12日，张元济主持商务印书馆董事会第376次会议，听取王云五对《本馆采行科学管理法的计划》的说明。经过讨论，决定予以接受，并请王云五

---

① 《记胡愈之》，第203页。

拟具改良总务处组织草案。9月13日，王云五对商务印书馆重要职员宣布了他的采行科学管理法的计划。9月19日，王云五又对商务印书馆的4个职工会全体干事、组长联席会议宣讲他的计划。

10月，商务印书馆成立研究所，王云五兼所长，朱懋澄为副所长，聘请留学欧美归来的青年学者为研究员，各就其专长，针对存在的问题进行专题研究，提出改革方案。12月18日，王云五召集编译所重要职员及职工会代表谈话，宣布编译所改组计划。

1931年1月10日，王云五正式公布他拟订的《编译所编译工作报酬标准试行章程》，共26条，主要内容是把编译工作分为著作、翻译、选辑、校改、审查五种；每种编译工作均按照担任者的资格、种类及质量三个方面规定报酬标准，根据量化指标，评定等级。他这个方案是从欧美的资本主义企业管理办法中抄来的，没有考虑脑力劳动的特殊性，而且将全体编译人员置于严密的监督之下，严重伤害了知识分子的自尊，因此激起编译所全体职工的强烈反对。1月15日，编译所召开全体职工大会，通过以下六点决议：（1）全体职工“反对绝对不合科学方法的新标准”。（2）所长何炳松若不能行使其职权，由所内职工推举委员组成编译会议，负责将编译所工作恢复原状。（3）总经理不得越权干涉编译所内部事务。（4）组织特种委员会，专门办理交涉，以推翻《试行章程》为目的。（5）职工会发表宣言，反对借“科学管理”的名义施行的改革方案。（6）将编译所同人的意见函报董事会。随后，印刷所、发行所和总务处的职工会也行动起来，与编译所职工会并肩进行斗争，造成了反对王云五“科学管理”的浩大声势。商务印书馆三所一处的职工实际上已处于罢工状态，强烈反对这个改革方案。

王云五的改革方案成为众矢之的。众怒难犯，王云五被迫暂时宣布撤回他制订的《报酬标准试行章程》，这场斗争以职工的胜利而告终。事后，编译所职工会的郑振铎说：“由于此次的教训，我们认识了自己的力量。”[①]王云五的“改革”虽然一时受挫，但他并没有因此死心。他决定放弃大张旗鼓地全面改革，

① 陈福康编著：《郑振铎年谱》，北京书目文献出版社1988年版，第170页。

采取迂回的、具体的“改革”，于不动声色之间，实施对物与财务的管理。

王云五在等待时机，这样的机会终于来了，那就是日寇轰炸商务印书馆。

1932年1月31日，商务印书馆董事会召开紧急会议，讨论善后办法。王云五提议将上海总馆及印刷厂的3700余名职工全体解雇。因为事关重大，张元济主持董事会对王云五的提议进行了连续两天的讨论，终于决定接受建议，并做出五项决议：（1）上海总馆、总务处、编译所、印刷所、发行所、研究所以及虹口、西门两分店一律停业；所有总馆同人全体停职；总经理王云五、经理李拔可、夏鹏辞职照准。（2）公司以后方针召集股东会决定。善后办事董事会组织特别委员会，办理善后事宜，推丁榕、王云五、李拔可、高凤池、高梦旦、夏鹏、张元济、叶景葵、鲍庆林等为委员，张元济为委员长，王云五、夏鹏、鲍庆林为常务委员，王云五兼常务主任。（3）总馆各同人薪水除已支至本年1月底为止外，每人另发薪水半个月。（4）同人活期存款，其存数在50元以下者，可以全数提取；50元以上者，除提取50元外，还可提取其余额的1/4，剩余3/4及同人特别储蓄另筹分期提取办法。（5）各分馆、支馆、分局暂时照常营业，但应权力紧缩。商务印书馆当局的上述决定是一石二鸟的政策：一是将遭日寇轰炸所造成的损失转嫁到普通职工身上，一纸决定，剥夺了所有职工的工作权利和多年血汗积累起来的退俸金，这充分反映了资本唯利是图与冷酷无情的本质。按照常理，商务印书馆没有宣布破产，是不能实行全体解雇的，剥夺退俸金更是违背人道。以杜亚泉为例，他1904年进馆，长期担任编译所理化部主任、《东方杂志》主编。在商务印书馆早期发展史上，杜亚泉立下了汗马功劳，是初期三大功臣之一。他在商务印书馆服务28年，照原规定可得退俸金1万余元。他原指望用这笔钱安度晚年，未料到商务印书馆当局以此为口实，一笔勾销了他的退俸金。年老体衰、被榨干了油水的杜亚泉遭解雇后回到绍兴上虞老家，以变卖田产勉强维持生计，不久生病，因无钱医治，于1933年12月6日病逝。身后萧条，无以为殓。这位商务印书馆早年的功臣落得个如此结局，让人心酸。

商务印书馆当局的这些措施还有第二层用意，那就是借这个机会将他们看不顺眼的职工一次性清除出去。商务印书馆早年的负责人夏瑞芳、鲍咸昌、高风池等都出身于社会下层，知道下层劳动人民的疾苦和冷暖，有比较富于人情味和仁厚的一面，因此早期商务印书馆职工的待遇比较上算是中上等水平。而王云五则不同，他是“市侩与官僚的混合物”，心狠手辣。他到商务印书馆推行“科学管理”，遭到全体职工的反对丢了面子，正想找机会报复和整肃那些反对他的人。这次日寇的轰炸正好让他找到了口实。他决定来一个全体解雇，正可以将那些反对他的人一次性全部清理出去。王云五自称是以“魔王姿态”而做出的狠招，他本人也承认：“这方策在当时的各同人看起来，都不免认为我的手段太辣，都认为这将致各同人于绝地。”

3月16日，商务印书馆董事会随即发布公告：

> 本公司总务处，编译所及第一二三四印刷所各部分，各机构之房屋机器存书存货存版悉化灰烬，复业困难重重。如继续救济同人，实无此力量，不得已惟有将总馆职工全体解雇，俾得各自另谋生计。从前公司原订有酬恤章程，退职者给予退职金，此系为平时优待职工而设。现在公司遭遇非常事变，不能再行适用。但为格外体恤解雇各职工起见，除前已支借薪水半个月及维持费十元之外，每人加发薪水半个月，作为最后一次之补助。

公告贴出后，职工认为资方当局过于冷酷，群起反对。公告虽是以董事会名义公布的，但他们都知道这是王云五的毒招，于是他们围住王云五，强烈抗议。王云五也不妥协。商务印书馆当局联合租界巡捕房与国民党上海市社会局一同镇压工人的反抗。上海市社会局是国民党“CC系”（中央俱乐部系）势力盘踞的大本营，社会局局长吴开先且是“CC系”大将。在商务印书馆当局与上海社会局、租界巡捕房的高压政策下，工人的反抗终归彻底失败。

商务印书馆以转嫁损失给全体职工的办法谋求复业，8月1日正式宣布复业，仍以王云五为总经理，李拔可、夏鹏为经理。股本由500万元减为250万元。被解雇的3700余名职工，有1309人重新录用。这些被录用的是商务印书馆当局精心挑选的没有任何“问题”的职工，左翼进步力量被全部清除出去。复兴后的商务印书馆在“为国难而牺牲，为文化而奋斗”的口号下，全面加强了对劳工的榨取。《上海产业与上海职工》一书指出：商务印书馆总馆复业后的所谓的“改革”，实际上强化了馆方剥削职工的程度，对女工尤为苛刻：“在‘一·二八’前，工人们有争取到的许多利益和生活较低的缘故，所以可以勉强生活；‘一·二八’后，工友们原有的利益，多给工贼出卖给公司，工人的生活就相当的困苦。有一个很明白的例证，就是工人的死亡率要超过以前的一倍呢！……最痛苦的要算女工，薪资比‘一·二八’前减少五分之三，过去争取到的分娩时的待遇亦被完全取消，但是他们仍要担负家庭的生活。……其中最苦的要算女工了，她们那三四毛钱一天的工钱，当然没有上饭馆的资格，只好从家里带一碗冷饭，在放午饭时用开水冲来填肚子罢了。”①

商务印书馆当局就以这种方法开始了“复兴”。到1937年3月，商务印书馆股东常会决定恢复股份为500万元，总资产额达到1800万至2400万元，基本上恢复到“一·二八”以前的水平。

商务印书馆的“复兴”虽然是王云五主政，但张元济领导的董事会无疑是幕后决策者和支持者。因为王云五的表现，增强了张元济对他的信任，对他的“能耐”也就有了更深切的体认。王云五回忆说：

> 余初入商馆时，彼此虽尚融洽，究非无话不谈者。及“一·二八”以后，菊老知我益深，不仅在公务上无事不尊重余意，力为支持；即私交上亦无话不说，取代了梦旦先生对余之关系地位，至是遂与坦诚相商。彼以余五年辛勤，备致同情外，却又以本公司关系文化之重大。彼坦言眼角素高，不愿轻易敷衍，惟衷心所感，与实际经见，切认余为商馆最理想之主持人，兹虽恢复原有资本，而以远逊于以前之设备产生数倍于前之效果。②

① 郭太风：《王云五评传》，上海书店出版社1999年版，第192—193页。

② 《王云五先生年谱初稿》第1册，第326页。

战时撤退决策上的失误

在经历1932年“一・二八事变”重大损失后，商务印书馆当局明白了“狡兔三窟”的重要性。商务印书馆“复兴”过程中，加强了香港分厂的印刷力量，扩充厂房，添置机器，建造仓库。商务印书馆当局认为，香港背后有英国，所以这里是绝对安全的。

1937年7月7日，卢沟桥事变爆发，标志着中华民族全面抵抗日本帝国主义战争正式开始。7月16日，王云五应蒋介石、汪精卫的联名邀请赴江西庐山出席国是谈话会。王云五知道南京国民政府已决心实行全面抗战。7月底（或8月初），王云五返回上海，与张元济秘密磋商应变方针。他们的第一步是将上海总馆的机器设备和纸张等原材料、成品书籍搬迁到公共租界。王云五在8月17日召开的董事会第429次会议上报告说：宝山路制版厂机器已迁出十分之七八，杨树浦平版厂重要机器大都迁出；杨树浦印刷厂机器迁出仅十分之二三，上海三厂一货栈同人无法继续工作者有1040人。大部分机器设备搬迁到租界中区设立临时印刷厂，同时再次扩充香港分厂的机器设备与人员。

按照王云五的设想，上海租界和香港只能作为过渡，最终应该向内地搬迁。他计划以长沙为商务印书馆的出版中心。湖南位于中国的中南部，深居华中腹地，当时人们普遍认为长沙是安全的，军事理论家、国民政府军事委员会顾问蒋百里战前曾鼓吹以长沙、湘潭、株洲为中心的湘中地区作为国防建设的重心。抗日战争爆发后，北京大学、清华大学和南开大学也是首先迁到长沙组建临时大学。但所有人都没有预料到，国民党军失地的速度如此之快。1938年武汉、广州相继失守后，长沙竟然成了敌我拉锯的战区，长沙也不安全了。

王云五内迁长沙的主张，得不到以张元济为首的商务印书馆董事会的赞同。董事会迟至1937年12月10日才召开第431次会议讨论内迁长沙的计划。当时张元济、李拔可、夏鹏等人与美国的瑞丰洋行商妥，以商务印书馆在租界内的所有机器作抵押品，在美国驻上海领事署注册。张元济等认为，有了美国的保护，商务印书馆在租界内的财产应是万无一失。[①]故在讨论内迁长沙的计划时，张元济发言说："总经理王云五先生自（香）港来信，略谓现在总管理处在上海事实上不能运用得宜，将总处迁长沙，在上海、香港各设办事处，以期指挥得宜，适应现在之环境，得尽力维持。鄙人得信之后，复与李、夏二经理一再磋商，佥认为处此环境之下，只可如此办法。但仅迁一小部分，并不全迁，亦不登报公告。谨提出会议，是否可行，请公决。"[②]经会议详细讨论后，结果是"经详细讨论后议决通过，作为暂时办法"[③]。

这样一来，王云五的内迁计划到董事会讨论时打了很大的折扣，变成了"仅迁一小部分"，大部分仍留在上海租界和香港。这一方面反映了张元济等人对上海租界和香港安全性的高度肯定。同时也应看到这样一个事实，1937年度商务印书馆董事会的13名董事——王云五、高凤池、李拔可、夏鹏、张元济、刘湛恩、蔡元培、鲍庆林、徐善祥、徐寄庼、丁榕、陈光甫、李伯嘉，除挂名董事蔡元培因体弱多病早已去香港养病、王云五及协理李伯嘉在香港指挥外，其余负责董事因各种原因都留在了上海租界内。身为董事长的张元济年事已高，迁移内地更有诸多不便。如果商务印书馆的机器设备及人员都迁去长沙，那么留在上海租界内的董事会就将面临管理上鞭长莫及的问题。而迁到香港则不同，上海、香港之间有欧美各国的商船及定期航线，交通始终畅通无阻，在上海租界是完全可以控制香港分厂的。

由于董事会与王云五之间的分歧，内迁长沙的计划并没有能够实现。当时上海总厂的数百台印刷机器，迁到长沙的仅有4台，途中遭敌机轰炸损失1台，运到长沙的只有3台。1938年11月长沙大火前，有2台机器转运重庆，1台埋在长沙。1939年1月，王云五以运到重庆的2台机器为基础，再加上就地采购的国产旧对开机4台，在重庆设立了一个小型印刷厂。

内迁长沙计划失败后，王云五长期坐镇香港分厂指挥，同时设立驻沪办事

---

① 这不是商务印书馆一家的做法，搬迁到租界的中华书局等其他出版社，以及其他民族资本企业也都采用挂英美招牌的办法应对危机。

② 《张元济年谱长编》下册，第1080页。

③ 《张元济年谱长编》下册，第1080页。

处和驻港办事处。驻沪办事处统辖沦陷区馆厂，由鲍庆林任经理；驻港办事处则由李伯嘉任经理。王云五本人以总管理处的名义坐镇香港，指挥沪、港两个办事处。沪、港两地出书选题、发排、付印都必须经香港总管理处同意。

此后，王云五与董事会之间的关系进入了一种不正常的状态。王云五自1937年10月上旬赴香港后，一直只用书面报告向董事会述职。1939年9月，上海办事处及发行所发生怠工事件，张元济等感觉难以处理。张元济于9月11日以董事会的名义写信给王云五，请求王云五从香港移居上海以便就近处理公司事务。信中说："同人之意，可否请我兄移驾莅沪，就近指挥。遇有困难，可以当机立断。"[①]但王云五没有理睬。1940年5月18日，74岁高龄的张元济决定移樽就教，乘坐荷兰芝沙旦号秘密前往香港找王云五。到港后，张元济在王云五陪同下首先视察了位于香港坚尼地吉直街的商务印书馆印刷局（即港分厂）的生产营业状况；然后，张元济与王云五等商定，在新加坡设立分馆。张元济还当面向王云五请教对付工人罢工的办法。两人商定，如果上海发生怠工，当请王云五来电，通告怠工期内，薪水照扣。如有被迫无法做工者，向指定律师处声明，照给半薪。[②]在出版业务方面，张元济还与王云五商议了《广东丛书》、《国立北平图书馆善本丛书》第二集、《孤本戏曲丛书》、《国藏善本丛刊》等的出版发行事宜。[③]

1941年12月7日，日本海军偷袭美国太平洋舰队基地珍珠港。随即美国总统罗斯福宣布对日作战，太平洋战争爆发。原来被认为是绝对安全的上海租界一夜之间沦陷，被日寇铁蹄踏到了脚下。12月24日，香港也为日寇攻占。英国驻香港总督杨慕琦宣布投降日本，杨慕琦本人做了日寇的俘虏。这样，商务印书馆在上海租界和香港的所有资产都成了日寇的战利品。

商务印书馆前后两次受到日寇重创，严格说起来，都与公司负责人的决策失误有关。在1932年"一・二八"事变前，张元济力主将一部分机器设备从宝山路迁到租界，以避免过于集中，一旦发生不测，致全局受创。但高凤池、鲍

---

① 《张元济全集》第1卷，第213页。

② 《张元济全集》第1卷。第214页。

③ 《张元济年谱长编》下册，第1142页。

咸昌等担心厂子分散后失去控制，极力反对张元济的建议。结果“一·二八”事变发生，商务印书馆损失惨重。至于商务印书馆的第二次受重创，则是以张元济为首的董事会决策失误造成的。[①]

在沦陷区应付日伪之两难

1941年12月19日，驻上海的日本宪兵在对租界内的商务印书馆、中华书局、世界书局、大东书局、开明书局等进行检查后宣布：“重庆政府允许发行之教科书要没收；英美出版之关于反日、反满等书要没收；其它出版物关涉反日及宣传共产等书要没收。”[②]到各书局检查图书的宪兵“多是些所谓‘军曹’之类，文化水平有限，在检查图书时只要看见书内印有‘日本’‘苏联’‘国难’等字，不管上下文义如何，就一律没收”[③]。商务印书馆在“一·二八”事变之后重印的图书都在版权页上印有“国难后第一次”“国难后第二次”等字样，日本“军曹”只要看到书籍上印有这几个字，就认定是抗日书籍，一律没收。商务印书馆被日军没收图书达462万余册。[④]

4月26日，商务印书馆与中华书局、开明书局、开明书店、良友图书公司、世界书局、兄弟图书公司（即生活书店）、光明书局、大东书局等8家出版社被日本侵略者查封，商务、中华的工厂、仓库、支店共9处亦于同日遭查封。在查封商务印书馆时，日本侵华军报道部部长秋山中佐当场宣布：商务印书馆和重庆政府有联系，宣传抗日，他代表军部执行查封。此外，日本还从商务印书馆劫走了大量纸张和字铅、铜材等原材料，其中仅活字铅料一项即达50吨以上。[⑤]

---

① 《王云五先生年谱初稿》，第375—376页。

② 曹冰严：《抗日战争期间日本帝国主义在上海统制中国出版事业的企图和暴行》，张静庐辑注：《中国出版史料补编》，上海书店出版社2011年版，第401页。

③ 曹冰严：《抗日战争期间日本帝国主义在上海统制中国出版事业的企图和暴行》，张静庐辑注：《中国出版史料补编》，上海书店出版社2011年版，第401页。

④ 汪耀华编：《商务印书馆史料选编（1897—1950）》，上海书店出版社2017年版，第203页。

⑤ 汪耀华编：《商务印书馆史料选编（1897—1950）》，上海书店出版社2017年版，第203页。

在抗日战争爆发初期，张元济等商务印书馆董事们怎么也不可能预料到小小日本居然会向美国、英国这样的世界强国宣战，原来认为绝对安全的上海公共租界和香港地区统统沦陷于日本侵略军的铁蹄下。张元济一贯提倡民族气节，现在当这种人为刀俎、我为鱼肉的厄运降临时，他无疑是遇到了人生最严酷的考验。何去何从？他必须做出选择。

上海“孤岛”与香港沦陷后，王云五曾派西安分馆经理周某经沦陷区来到上海，面谒张元济与鲍庆林传达王云五的意见：“无论如何，必须坚守国家立场，力拒与敌伪合作：第一不可参入敌伪资本，第二不可以任何方式与敌伪合作。”据王云五说，张元济、鲍庆林对王云五的意见“均表赞同”①。王云五提的两点，说起来容易，要做到却绝非易事。

日本侵略者在其占领区推行“肃清”抗日文化人士的恐怖政策，实行严厉的思想文化控制。商务印书馆董事、沪江大学校长、教会联合大学负责人刘湛恩在上海“八一三”抗战后担任上海各界救亡协会主席和上海各大学抗日联合会负责人。上海沦陷后他拒绝担任傀儡政权的教育部部长，于1938年4月7日遭日伪收买的暴徒狙击身亡，年仅43岁。文化生活出版社留守上海的负责人陆蠡（圣泉）因印发宣传抗日的书籍，于1942年遭侵华日军宪兵队逮捕杀害。

以张元济的温和个性和为人处世的一贯方针，他不可能采取激烈的不妥协的抗日立场。当然，他更不会甘心与日本侵略者合作。汪精卫是张元济多年的好友，1941年间汪精卫托人将其《双照楼诗集》（与其妻陈璧君合著）带到上海赠给张元济，并附函让张元济给他回信。张元济对这位已经做了傀儡皇帝的“老友”的关照心知肚明，决定不予理睬。汪精卫还算念旧，似乎没有对张元济采取进一步的行动，逼张元济与他们合作。

在这种两难的局面下，张元济领导的商务印书馆董事会对日寇进行了有限度的消极抵抗。1946年9月29日，董事会向股东所作的《九年来之报告》中，对上海沦陷后以张元济为首的董事会有如下的自我评价：“上海沦陷后公司备受敌伪胁迫危害，但在菊生先生暨各位董事主持下坚决抗拒，始终不屈，不开股

① 《商务印书馆史及其他》，第178页。

东会，不改选董事、监察人，不更改组织，甚至连公司的股东都未增加。我们实在可以自豪。诸位看看处在当时恶势力下工商机构改组的有多少，但本公司始终没有改组，增资的有多少，但本公司始终没有增资。这不能不归功于菊生先生和其他几位董事。”①

毋庸讳言，在“人为刀俎，我为鱼肉”的情况下，在沦陷区的商务印书馆、中华书局等出版社也不得不与日伪实行了有限度的合作。在查封商务印书馆等出版社的次日，日本军部和兴亚院华中联络部就约商务印书馆及中华书局、世界书局三家发行所所长谈话，建议组织类似“日本出版配给会社”的出版发行机关，由中日双方各认股一半。根据日本兴亚院华中联络部的意图，商务印书馆、中华书局、世界书局、大东书局、开明书局五家发起，并联合上海各书店与日本书商合营成立了“中国出版配给会社”，统制中国沦陷区内的一切出版物，并发行伪“国定教科书”。1942年6月26日，成立“中国出版配给公司筹备委员会”，中国方面有商务印书馆、中华书局、世界书局、大东书局、开明书局、广益书局、华成书局、会文堂书局以及汪伪中央宣传部的中央书报社、上海书业公会10个单位，日本方面有东京弘文堂、东京三省堂、上海日本书店、华中印书局、三通书局。筹备委员会由日本兴亚院华中联络部主持，限7月底交齐股款。商务印书馆等5家书局“以拖为拒，筹而不办”。商务印书馆等向汪伪国民政府中宣部提出，各书局是纯粹的商业机构，而“中国出版配给公司”将行使政府职能。汪伪中宣部与日本大使馆沟通后，决定首先在“中国出版配给公司筹备会”设立“教科书临时总配给处”，承担伪“国定教科书”的出版发行。

1943年5月，“中国出版配给公司筹备会”结束。同年6月1日成立“中国联合出版公司”，该公司的主要出资者为商务印书馆、中华书局、世界书局、大

---

① 据《张元济年谱》，在报告上署名的有：董事张元济、丁榕、王云五、李宣龚（拔可）、李泽彰、高凤池、夏鹏、徐寄庼、徐善祥、陈光甫；监察人马寅初、黄炎培、杨端六。有几种著作说这是王云五1946年9月29日在商务印书馆股东会上的报告，恐怕不确。其理由是，王云五已于1946年5月16日就任经济部部长，他在商务印书馆只是一名挂名董事。按常理说，这个报告不可能由王云五来做。而应当由董事长（张元济）或总经理（李宣龚代）来做才合适。

东书局、开明书局五家，其他书局也有一些股份。商务印书馆等五大书局各出一人为“常委”，故称“五联”。“五联”没有日资，主要任务是继续“中国出版配给公司筹备会”的“教科书临时总配给处”的伪“国定教科书”的出版发行，总共发行了3年半共7期伪教科书。商务印书馆、中华书局等在沦为日伪俎上鱼肉的处境下，被迫实行了与日伪有限度合作的方针。[①]这也是不得已而为之的委曲求全的做法。王云五说：“胜利后，经过一二个月，重庆有若干报纸登载上海通信，攻击沦陷区内上海印书馆竟与数家出版业合组所谓‘五联出版公司’，承印伪组织核定之教科书，有协助敌伪散布毒素之嫌。”[②]抗日战争胜利后，“五联”为国民党官方的中国文化服务社当作敌伪资产予以没收，但对于投资的母体——商务印书馆、中华书局、世界书局、大东书局、开明书局等并没有追究。

董事会与总经理之间的龃龉

1941年在太平洋战争爆发后，上海、香港的商务印书馆总馆、印刷厂及分厂全部在战火中被破坏或沦入敌手，损失的厂房、印刷设备、图书及纸张原材料等估计在99%以上。王云五坐镇抗日战争大后方，先后建立了重庆、成都和江西赣县3个小印刷厂。

重庆印刷厂是以1939年1月从长沙转迁的2台机器，再另外就地采购的国产旧对开机4台后建立起来的。江西赣县印刷厂筹建于1940年，这年秋，商务印书馆从广西桂林购到5台旧对开平台机，次年春将机器运到赣县，然后从上海调来部分工人开工生产。1942年又添购石印机1台，开始翻印业务。成都工厂成立于1942年7月，买了几架石印机从事石印翻版工作。坐镇重庆指挥的王云五利用这三家小印刷厂继续出版图书。据统计，抗日战争期间商务印书馆在大后方初版、重版的图书达1000余种，并编印了《中学文库》400册。抗日战争后，尽管损失惨重，实力大减，但国民党当局仍承认商务印书馆是一家大型

① 参见《商务印书馆史及其他》，第148—151页。

② 王云五：《王云五文集》第5卷《商务印书馆与新教育年谱》，江西教育出版社2008年版，第765页。

出版社。

1943年4月，国民政府教育部为了垄断抗战大后方中小学教科书的出版发行业务，指定官方的正中书局及商务印书馆、中华书局、世界书局、大东书局、开明书局、文通书局等6家民营出版企业，联合成立国定中小学教科书七家联合供应处，简称“七联处”，专门承担国立编译馆主持编写的国定中小学教科书的印刷与发行业务。“七联处”设理事会与监事会，理事长为正中书局总经理吴大钧，监察为商务印书馆总经理王云五、中华书局总经理李叔明、文通书局总经理华问渠。各家承担供应教科书的数量按各家的资历和资金协商分配，正中书局、商务印书馆、中华书局各得到23%，世界书局12%，大东书局8%，开明书局7%，文通书局4%。“七联处”的造货资金由教育部介绍并担保向“四联总处”贷款，还可以得到平价纸张、印刷费限价和银行低息贷款等优惠条件和便利。商务印书馆在国统区得以维持不贷。王云五的助手李伯嘉在董事会第460次会议上报告商务印书馆在国统区的经营情形时说：惨淡经营四年，财政上不仅不借债，且相当宽裕，出版不仅照常，出版新书且为同业之冠。

1945年8月15日，日本宣布无条件投降，战时迁移到大后方的企业准备复员。在复员问题上，总经理王云五与董事长张元济之间再次产生了严重分歧。

分歧表现在以下两方面：一是如前所述的，在战时撤退问题上的分歧，这种分歧一直没有解决；二是王云五对商务印书馆上海办事处在抗日战争期间的人事安排不满。1937年成立的上海办事处由经理李拔可、夏鹏负责。1939年夏鹏请假溜去了美国，并且一直逗留不归。根据王云五的建议，由鲍庆林继夏鹏任经理。1941年7月19日，66岁的李宣龚请带薪长假，张元济主持的董事会推举鲍庆林代替李宣龚，以李泽彰代替夏鹏。1944年7月15日，鲍庆林病故，张元济于7月19日主持董事会第456次会议，提议调整上海办事处班子：以襄理周颂久、郭梅生、王巧生、韦傅卿升协理，郁厚培、朱颂盘、张雄飞、张子宏、丁英桂为襄理，韦傅卿暂代经理。同时上海办事处成立总务会议，由韦、周、王、朱、丁5人组成，并指定韦傅卿为主席。任命协理、襄理本来是总经理的权力，由于总经理王云五在重庆，董事会在未与王云五通气情况下进行了重大的人事变动。当时，商务印书馆在上海的职员只有403人，却一次提拔了经理、协理、襄理共9人，这些人多数是从商务印书馆主办的“商业补习学校”毕业的学生，而张元济又是该学校的校长。故人们戏称这些人是张元济的“黄埔系”。王云五对这个人事安排不满，对韦傅卿、王巧生尤为不满。韦、王原是香港分厂的襄理。1941年12月香港沦陷后，王云五命令他们两人经广州湾前往重庆主持重庆分厂的业务，而韦、王却借故去了上海。张元济随即留他俩在上海，一升协理，一升代经理。王云五认为赏罚不公。第三个原因，也是在抗日战争大后方人员所普遍具有的心态，即对留在沦陷区的人员所持的轻视甚至敌视态度。由于以上几个原因，商务印书馆在抗日战争胜利后的“复员”并不顺利。

1945年8月间，王云五打电报给张元济，除择要报告后方历年情形及目前实况外，还询问上海方面机器纸型纸张款项的状况，并表示战后复兴所需要的款项，后方已有准备，得当即汇上海。随即王云五又给张元济写了一封长函，除重申电报的内容外，并查询上海“孤岛”沦陷后商务印书馆参加“五联”承印伪教科书的问题。王云五在得到商务印书馆确实参加了“五联”的答复后，即决定以此追究韦傅卿的责任。

1945年8月29日，王云五决定派李泽彰（伯嘉）经理从重庆先行前往上海，“接管”商务印书馆在上海的机构。王云五拟定的《驻沪办事处办事大纲》中规定：“在总管理处未迁回上海以前，上海暂设驻沪办事处，由李经理伯嘉主持。”“沪处分组办事及人员选任，先由李经理决定，再行报告总管理处追认通告。”“有附逆嫌疑者勿庇护，一律令其脱离公司。”“自沪处设立之日起，另立新账，以前账目另行清结。”这表明了是要李泽彰前往上海代表总经理王云五接管由董事长张元济直接指挥的上海办事处。王云五认为：“董事会主席张菊生先生热心维持商务事业，数十年如一日，重大事件鲍代经理必自请示，张先生亦必加以指导。”[①]话虽然说得很委婉，但王云五之意，上海办事处及其董事会难脱附逆之嫌。王云五的处置措施显然是针对此而来。

对于王云五的处置措施，张元济没有持异议。1945年9月15日，张元济在自己寓所主持召开商务董事会第460次会议，除听取李泽彰的报告外，张元济

① 《商务印书馆史及其他》，第1780页。

在会上根据王云五的要求，提议本馆复兴计划由董事会授权王总经理全权办理，上海办事处由李泽彰主持。

但在韦傅卿的处置问题上，张元济进行了据理力争。王云五在决定派李泽彰赴沪接收的同一天，直接写信给韦傅卿，宣布免去他的代经理职务，聘他为公司协理，要他协助李伯嘉。张元济不同意如此处置韦傅卿，张元济、王云五之间为此有数度的书信往来。王云五在复张元济的信函中把问题说得很严重。[①]如果说，王云五开始措辞尚属委婉，到后来措辞越来越严厉，简直是下达最后通牒了。[②]见王云五丝毫不退让，张元济只好妥协。王云五后来解释说："关于商务印书馆沦陷时情况，比较上最欠斟酌者，为被迫参加'五联'组织承印伪组织教科书事……竟因此举而稍呈白璧之玷。因此，我对于真正负责之鲍代经理庆林，因此时已去世，无法课以责任外，对于继庆林后而代经理之韦傅卿，虽深谅其实迫处此，但不能不调职示惩。此项处分，因菊老不忍因其无力抗拒而课以责任，完全着重一个'情'字，我则为辨是非，明正义，不能不注重一个'法'字，将其解除代经理之职，而调重庆任事，我之此一决定，卒获菊翁谅解而照办。"[③]

王云五在抗日战争胜利后一直滞留重庆，张元济及董事会一再函请他东下上海，但他始终不予理睬。王云五自1938年被聘为国民参政会参政员起，连任4届，1942年10月在国民参政会第三届第一次会议上，又被推举为国民参政会驻会委员连任3年，后又任参政会主席团主席两年。王云五政治嗅觉灵敏，有政治投机本领。他在国民参政会以无党派人士的身份数次提案攻击中国共产党，为国民党帮腔。由于帮腔有功，成为国民党最高当局倚重的"社会贤达""蒋主席"的座上客。1946年1月以"社会贤达"代表身份参加政治协商会议，继续为当局效劳。"蒋主席"早已私下约他出任国民政府经济部部长，对于商务印书馆总经理职务，已并不像当初那样看重。在政治协商会议结束后，王云五又担任政协综合小组成员，直到国民政府还都南京前夕，才于4月28日回到上海，

① 参见《王云五先生年谱初稿》，第472—473页。
② 参见《王云五先生年谱初稿》，第474—476页。
③《王云五先生年谱初稿》，第478页。

次日即向张元济提出辞职。5月2日，张元济主持召开董事会第462次会议。王云五以总经理身份首先报告后方经营情况，胜利后策划复兴与国内外各分支馆、厂业务处理情况，以及今后公司业务进展计划。随后，讨论王云五辞职事，认为他辞职关系重大，万难照允，唯顾念其前参与国政，本公司业务不克亲自主持，特推请李拔可经理暂行代理总经理职务。

王云五已成为政府当局倚重的红人，商务印书馆当局倚重他之处自然甚多，故不允其辞职，只允找人代理他的职务。5月15日，王云五正式出任国民政府经济部部长，商务印书馆总经理势不能再兼。张元济于5月20日主持商务印书馆董事会第463次会议，准王云五辞总经理。鉴于代总经理李拔可健康状况不佳，张元济提议仿以前总务处会议办法，在总管理处设馆务会议，协助总经理处理公司重要事务，获得董事会通过。

1946年7月，原驻美大使胡适从美国回国，途经上海停留期间，张元济约见胡适，再次提出请他担任商务印书馆总经理。早在1945年9月，国民政府就已任命胡适为北京大学校长，胡适此次回国就是为去北京大学任校长的。所以，胡适对总经理一职也辞谢，并推举朱经农。张元济随即写信给王云五，请王云五"劝驾"。王云五受托后给国民政府文官长陈布雷打电话，请他出面向蒋介石请求准许朱经农辞去教育部次长职，转任商务印书馆总经理。陈布雷的请示获得成功，朱经农于9月14日到馆任职。9月22日，张元济主持商务印书馆董事会第465次会议，决定接受李宣龚辞去经理职务，由李泽彰继任。至此，商务印书馆1年多的人事布置才告一段落。

领导商务印书馆迎接新中国的诞生

在国民党政权接近总崩溃的前夕，为了迎接即将诞生的新中国，张元济在老友陈叔通的帮助下，悄悄地进行了一系列的人事安排。

经陈叔通介绍，谢仁冰于1947年11月进商务印书馆担任协理，后担任经理兼出版部部长。谢仁冰（1883—1952），江苏武进人，民国时期历任各大学教授，在南北教育界都负有时望，他还是中国民主促进会创始人之一。他是张元济的表侄，按照张元济一贯坚持的亲属不进的原则，谢仁冰本来是不能进商务印书馆任职的，但这是在特殊时代背景下的特殊安排。继谢仁冰之后，章靳以、董秋斯、李平心、董每戡等进步文化人士均以特约编辑的名义在馆外为商务印书馆工作。这样，一旦上海解放，商务印书馆马上就有合适的图书可以出版。

张元济为商务印书馆所做的人事安排，立即引起了王云五、朱经农、胡适等人的注意。王云五说："仁冰民元间曾与余在北平教育部同事，尚无政治倾向，嗣因其子化名章汉夫者投入共党，任伪外交部要职，遂受其影响而左倾，一时经仁冰引进公司之左倾分子不少。总经理朱经农孤掌难鸣，时为余言，商馆恐不久变色，未及年终即乘奉派出席国际科教会之机会辞职出国，菊老亦未予挽留。盖自三十六年起，余先后由经济部转任国府委员兼行政院副院长，三十七年行宪政府成立，余本拟乘机摆脱政务，却又被坚邀出长财政部。两年以来公事鞅掌，甚鲜来沪，致与菊老疏远，而菊老外惑于老友陈叔通，内操纵于外甥谢仁冰，致有此大转变。"①

在北平的胡适，托北大教师张祥保转告她的叔祖张元济"商务馆事勿亲琐屑"。这次，张元济没有接受胡适的意见，于1948年8月1日复函胡适说："胜利而后，馆务有人主持，弟方幸得卸仔肩。无如经农于商业非所素谙，自云不能得门而入，亦是实话。自去夏以来，默察馆事日非，且大局尤见危险。数十载之经营，不忍听其倾覆，遂不得不插身干与，此中苦况，殆不堪为知我者道也。然挚爱之言，则终身不敢忘矣。"②

张元济所做的第二件事，就是将因设计实施金圆券而声名狼藉的王云五从商务印书馆董事会名单中剔除出去。王云五在祸国殃民的金圆券失败以后辞去财政部部长职务，寄居广州一亲戚家闭门思过。1948年12月24日，张元济致函王云五宣布免去他的商务董事名义，并告以广州亦非久居之地，要他早日去台湾，这是张元济写给王云五的最后一封信，转录如下：

---

①《王云五先生年谱初稿》，第716页。

②《张元济书札》，第838页。

> 岫庐先生大鉴：久未通问。史久芸兄归，询知起居安吉，至为欣慰。久兄并言有贵友在台湾招往结邻。鄙见广州将来必益繁冗，不宜宁居。甚望能早日东渡也。商务印书馆本届股东年会甫于本月19日举行。乃与同人相酌，谓公此时已宜韬晦，不敢复以董事相溷，想蒙鉴察。时事日艰，杞忧何极？言不尽意，敬颂台安！弟张元济顿首。三十七年十二月二十四（日）。①

对于张元济的这封信，王云五又是怎么看的？他在自撰年谱稿中说："函中'韬晦'一语实系商务书馆旧势力受新势力压迫而排斥我的一个客气名词。我自从复员从政之初，即坚辞商务书馆一切职务，但两年来的股东会仍把我选任董事。我因住居南京，未能参加董事会，曾经力辞，菊老等皆不见允。此次因我下台远去，不再担任董事，原系人情之常。独惜事前未尝征询我的意见，迳为决定，仅于事后函告，则对于两度再造商务书馆，并曾任董事不下二十年之人，在人情上似不无欠缺耳！盖如电属广州分馆经理就近一询我意见，甚至久芸来谒时，顺便一询，我亦何至恋栈？菊老系翰院中人，且老于世故，苟能出以自由意志，断无采择此种步骤；乃计不出此，定然迫于压力，且从其来信，劝我早日东渡台湾，未尝不顾及友谊，是则更可证事前未尝婉转一商，固非菊老本意也。"②

就在张元济写信给王云五的第二天，中共权威人士就宣布了南京政府第一批43名头等战犯名单，在这份名单上，王云五不仅榜上有名，且名列第15位，以"社会贤达"而列头等战犯者仅此1人。而一贯反共反苏的中国青年党主席曾琦、中国国社党主席张君劢却分列第42、第43位。论反共，王云五比起曾琦、张君劢来算是晚辈，但王云五在解放战争时期历任国民党政权的高官，且在财政部部长任上设计发行金圆券，将国统区的民间金银资本洗劫一空，则是他最大的罪责。免去王云五的董事，使商务印书馆甩掉了一个沉重的政治包袱。

---

①《张元济书札》，第212页。

②《王云五先生年谱》，第716—717页。

由于张元济等人对中共的政策还不是很了解，商务印书馆在上海解放前夕还有一些相反的应变措施。1949年2月18日，总管理处通告各分支馆“应付事变”，维护财产。所发“应变办法”包括存货调运广州货栈等，命令各分支馆相机行事。3月28日，总管理处又发密启给各分支馆，指示各分支馆开支超过营业收入30%者，或工厂工作不继，应根据应急办法原则，立即裁员减薪。随着中国共产党七届二中全会文件在国统区的迅速传播，商务印书馆当局从中了解了中共对民族资本的政策，再加上陈叔通、谢仁冰等从中所做的说服工作，商务印书馆当局才不再动摇，于4月5日修订“应变办法”，规定存货不必运寄广州货栈，总馆与各分支馆就地坚守岗位，迎接解放。

为商务印书馆的新生而奔走

1949年5月，上海解放。同年6月，商务印书馆劳资双方组成了业务推进委员会，次年7月改组为劳资协商会议，共同筹商调动全馆力量，开展业务。但从张元济的日记看，劳资关系一时未能协调，冲突有时还相当严重。如张元济1949年9月13日的日记写道：“得陈夙之十日信，知职工会指责改组案，异常蛮横。夙之提出原则二项，尚正当。然同人无能相助者。夜寐不宁。”[①]也许是多年的惯性，这家老牌出版社一时还不大适应新中国的出版环境。

1949年冬，上海出版界为了向中央出版总署请示今后的出版方向，并向东北、华北出版同业学习新的工作方法和经验，上海市出版工作者协会筹备会组织了华北东北参观团，团员23人，代表20个单位，商务印书馆派戴孝侯参加。参观团在北京参加了出版总署的几次座谈会，出版总署传达了中央关于公私兼顾、分工合作的精神。政府对私营出版企业采取委托印制、加工或由新华书店订货代销等办法。参观团还访问了北京、天津、沈阳、大连、哈尔滨等7个城市，访问了20多家出版社，并参观了印刷厂、纸厂及其他重要工厂，参观团成员对新中国的出版政策有了初步了解。

① 《张元济全集》第7卷，第381页。

张元济在北京出席政治协商会议期间，与原商务印书馆同人陈叔通、沈雁冰、郑振铎、胡愈之、叶圣陶、马寅初及多年友人黄炎培、沈钧儒、郭沫若等人多有往来应酬，并多方为商务印书馆的未来操心。张元济邀请沈雁冰重回商务印书馆，但沈雁冰已拟出任新中国首任文化部部长，当然不可能再回商务印书馆。

1949年10月9日，新中国首任出版总署署长胡愈之与文化部文物局局长郑振铎两位昔日同人向张元济简要地介绍了新中国的出版方向，即注重分工合作。出版、印刷、发行固须分工，即出版亦须分别部门各专一类，将召集出版会议讨论决定。

陈叔通将宦乡介绍给张元济，请宦乡在北京为商务印书馆组织书稿。张元济向宦乡提出，将新华书店不能尽做的业务介绍若干给商务印书馆，如《毛泽东选集》等的印刷，以期挽回声誉。

10月11日，中共中央宣传部部长陆定一、副部长徐特立在胡愈之的陪同下与张元济见面，谈出版方针。陆定一表示：政府的方针是分工合作。新华书店与各私人出版社应互相扶助，国营并非专利，即马列书籍亦可出版，但出版前须送中宣部审查。至于印刷发行，亦须分工合作。嘱张元济到上海后邀同业讨论如何分工合作，制定一个计划。将来出版总署召开全国出版会时，将计划提出讨论。徐特立则表示，政府可不必编定教科书，只需拟定纲要，予教师学生以自由，不能越出范围，也不宜株守等。

1950年9月15日至24日，在北京召开第一次全国出版会议，商务印书馆总分馆及印刷厂、工会共有谢仁冰、史久芸及周文德、许季芸、王雨楼、柴善昌、侯相鏊等7人出席会议。根据会议提出的统一分工与调整公私关系的精神，商务印书馆在会后进行了一系列重大改组。

1950年冬，商务印书馆在北京设立编审部，出版总署推荐袁翰青主持。同年12月，商务印书馆与三联书店、中华书店、开明书店、联营书店联合组织中国图书发行公司。1951年2月，商务印书馆的发行机构和业务移交中国图书发行公司，之后又并入新华书店。

1950年冬，商务印书馆总经理陈夙之因病辞职，馆务由谢仁冰、史久芸两经理及韦傅卿协理、张雄飞襄理等主持，不再设总经理。全馆机构改组后，在北京设立驻京办事处，由史久芸主持；驻沪办事处由襄理沈季湘主持。继编审部迁京后，出版部亦于1952年迁京，商务印书馆的主体事实上已迁到北京。

1953年11月，商务印书馆董事会向出版总署正式申请公私合营。出版总署署长胡愈之，副署长叶圣陶、周建人都在商务印书馆工作过多年，自然也乐观其成。经出版总署与高教部反复磋商，决定将商务印书馆改组为高等教育出版社。1954年1月16日、1月28日，出版总署会同高教部两次邀请商务印书馆董事会代表举行会谈。参加会谈的有：出版总署的胡愈之、叶圣陶、陈克寒、黄洛峰、金灿然、沈静芷、梁涛然；高教部有黄松龄、武剑西、纪昌、于卓；商务印书馆方面有陈叔通、俞寰澄、徐善祥、史久芸、沈季湘、袁翰青、戴孝侯、宣节。会谈决定商务印书馆全面公私合营，改组为高等教育出版社，同时保留商务印书馆的名称，高等教育出版社出版高等学校及中等技术学校教学用书；商务印书馆原有的出版物，如一般科技读物、工具书、古典书籍及其他不属于高等教育方面的书籍，仍以商务印书馆的名义出版。在高教部和出版总署的领导下，公私双方各推荐董事若干人，组成新的董事会，代表私方的张元济任董事长，代表公方的任副董事长。同年5月1日，经出版总署正式批准，商务印书馆实行公私合营。商务印书馆在社会主义改造中获得了新生。参与其事的戴孝侯说："在争取公私合营中。张菊老划谋于上海，陈叔老促成于北京，多次奔走于京沪之间联系具体工作的是谢仁冰先生，我亦常陪同先生北上。"

1958年4月，商务印书馆从高等教育出版社独立出来，成为直属出版总署的国家级出版社。

1954年商务印书馆实行公私合营后，张元济虽仍是董事长，但他的老友、全国政协副主席、全国工商联主席陈叔通从北京来函叮嘱："商务公私合营事……可称顺利。五十七年事业有可交代，实即有了结束。股东在某一个时间仍有利可图。以后公以文史馆馆长例为，商务印书馆董事长之例切勿过问，可以由（沈）季湘随时报告。"至此，张元济与商务印书馆52年的关系已画上了圆满的句号。

回顾这52年的历史，中国正处在一个激烈震荡的时代，仅政权的更迭就有

3次，再加上日寇的全面入侵，内忧外患，一齐袭来。张元济作为商务印书馆的灵魂与核心人物，与同人一道，小心翼翼地应付着各种时代的惊涛骇浪，商务印书馆尽管几起几落，但因掌门人应付得宜，总算没有被时代的巨浪倾覆淹没，而是渡过险滩激浪，走上了新的辉煌之路，作为一个出版家，张元济总体上是成功的。

第九章　古籍整理与出版

“为古人薪续命”

张元济后半生的主要精力都用在了整理出版中国文化古籍上，这既是张元济一生事业中最重要的贡献，也是商务印书馆在20世纪20—30年代最重要的出版业务之一。

中国是一个有着数千年文明史的古老大国，留下了浩如烟海的中国古籍，成为人类文化中的瑰宝之一。但是，由于自然和人为等诸多原因，古籍的毁损消亡也是触目惊心的。到了近代，西方列强相继闯入中国大门，随着国家的沉沦，大批藏书家的藏书大量流散，很大一部分被欧美、日本的文化贩子劫掠去了国外。在这方面，对张元济刺激最深的莫过于陆氏“皕宋楼”藏书的散失。

“皕宋楼”主人陆心源（1834—1894），浙江省归安县（今湖州市）人，1859年（清咸丰九年）中举人，历官广东南韶兵备道、高廉道、福建盐运使，在福建盐运使任上因盐斤加耗被人参奏，罢官回到老家归安。他利用在任职期间积累的金钱在归安城东莲花庄以东辟园，命名“潜园”，以藏书、校书为终身之业。陆心源所处的时代正值太平天国运动和第二次鸦片战争时期，社会动乱，大江南北多数藏书家都未能守住祖业，藏书纷纷流散，如上海郁松年的“宜稼堂”藏书，河南省祥符县周星诒的“勉憙堂”“书钞阁”藏书，浙江省归安县严元照的“芳椒堂”藏书，浙江乌程县刘桐的“眠琴山馆”藏书，福建省闽东县陈征芝的“带经堂”藏书等。陆心源宦囊充实，利用这个机会大批收购从各地藏书家手中流散出来的图书。为了争购上海郁松年“宜稼堂”藏书，陆心源甚至与好友丁日昌（曾任江苏巡抚、北洋水师提督）闹翻。随着藏书的增加，陆心源陆续建起了“皕宋楼”“守先阁”“仪顾堂”和“十万卷楼”来庋藏他的藏书。其中“皕宋楼”专门用来收藏宋、元刊本及名人抄校本秘籍。之所以命名“皕宋楼”，就是说他所收藏的宋版书超过200部，以示他超过了前代藏书家黄丕烈的“百宋一廛”；“十万卷楼”则专门收藏明朝以后的秘本、名人抄校本及近人著述；“守先阁”则收藏一般藏书。到1882年（光绪八年）时，陆心源的藏书达15万余卷，普通坊刻本还不在其内。陆氏“皕宋楼”与山东聊城杨氏“海源阁”、江苏常熟瞿氏“铁琴铜剑楼”、浙江杭州丁氏“八千卷楼”，被学者们公认为是晚清的四大私人藏书楼。陆心源于1894年（光绪二十年）去世。不久，陆家经营的丝厂、钱庄受日本倾销人造丝的影响而先后破产倒闭，陆家负债累累。为了摆脱经济危机，陆心源长子陆树藩不得不考虑出卖藏书以解燃眉之急。但在当时要找到一个能出巨款的大买家并不容易，陆树藩于是把目光转向了日本，托其在日本留学的堂弟与日本有关方面联系，于是日本三菱财阀岩崎男爵创办的“静嘉堂文库”派其文库员岛田翰两度来湖州登“皕宋楼”观书。张元济听到陆家准备出卖藏书的消息后，十分关注。商务印书馆总经理夏瑞芳闻讯后，也有意将“皕宋楼”的藏书购下，一方面作为商务印书馆编译书的参考，同时作为商务印书馆图书馆的基础藏书。夏瑞芳慨然许诺出资8万，张元济随即亲往归安接洽。陆树藩索价10万，张元济答应马上去筹款，并对陆树藩晓以大义，千万不要把书卖给日本人，陆树藩当面表示同意。张元济立即北上京城，力劝清廷军机大臣、学部大臣荣庆拨款购下，作为京师图书馆的基础，但颟顸的清朝权贵根本不把它当回事。张元济无奈，只好自己设法筹款，但当款项筹齐时，陆树藩却以10.8万元的价格将全部图书卖给了日本“静嘉堂文库”。[①]1907年（光绪三十三年），“皕宋楼”及“十万卷楼”“守先阁”的藏书

① 关于“皕宋楼”藏书的售价，各家所说数目不一，岛田翰称10万元，“静嘉堂文库”说12万元，王绍曾说11.8万元，丁国钧说10.8万银圆。据陆氏亲属称，售价为12万银圆，除去10%的佣金，陆氏所得实为10.8万元。参见黄建国、高跃新主编：《中国古代藏书楼研究》，中华书局1999年版，第181页。

全部运抵日本。“皕宋楼”的藏书经日本人严加甄别，剔除假宋版、仿本、修本之后，实有北宋刊本7部80册，南宋刊本114部2611册，元刊本109部1999册。当“皕宋楼”藏书运抵日本东京时，日本的汉学家惊喜莫名，欢呼雀跃，岛田翰说这是日本的一大胜利。对于中国来说，却是一件无可名状的国耻。陆氏藏书流失日本，引起举国震动。学者王仪通为此赋诗12首，其中一首是：“三岛于今有西山，海涛东去待西还。悉闻白发谈天宝，望赎文姬返汉关！”他希望有朝一日能够像曹操赎回蔡文姬一样，陆氏藏书也能够“返汉关”。张元济挽救国宝失败，每当想及这件事总是心痛不已，并终身引为遗憾。他在致缪荃孙的信中说：“丙午春间，皕宋楼书尚未售与日本，元济入都，力劝荣华卿相国拨款购入，以作京师图书馆之基础，乃言不见用，今且悔之无及。每一追思，为之心痛。”①

张元济把抢救古籍当成自己的神圣职责。他在致傅增湘的一封信中说：“吾辈生当斯世，他事无可为，惟保存吾国数千年之文明，不至因时势而失坠，此为应尽之责。能使古书多流传一部，即于保存上多一分效力。吾辈炳烛余光，能有几时，能不努力为之也。”②他在《宝礼堂样本书录序》中还说：“况在书籍，为国民智识之所寄托，为古人千百年之所留贻，抱残守缺，责在吾辈。”③“中原文物凋残甚，欲馈贫粮倍苦辛。愿祝化身千万亿，有书分饷读书人。”张元济的诗文，处处表达着抢救祖国文献的庄严使命感。

对商务印书馆来说，作为国内最大的一家出版企业，如果能在整理出版中国古籍方面有所作为，不仅能为自己带来可观的经济利益，而且可以提高商务印书馆的声誉。从张元济本人的条件说，他是进士出身，国学根底扎实，精通版本、目录及校勘之学，完全有条件来主持这项文化抢救工程。

张元济从进入商务印书馆之日起，就十分重视古籍和善本书的收购，并以此为基础，成立了“涵芬楼”。1909年（宣统元年）前后，缪荃孙致信张元济，建议商务印书馆影印古书。对此，张元济回答说：“此时尚应者寂寥”，但“鄙

---

①《张元济书札》，第1272页。

②《智民之师·张元济》，第150页。

③《张元济诗文》，第280页。

意期于必得，终当有翕羽之雅，慰我嘤鸣”[①]。可见，影印古籍早已在张元济的规划之中。

搜罗古籍善本珍本

商务印书馆影印善本古籍的前提，是必须找到足够数量的善本、珍本作为母本。这项工作，张元济数十年从未间断过。他曾用“求之坊肆，丐之藏家，近走两京，远驰域外”[②]16个字来概括一生求书的经历。

一、“求之坊肆，丐之藏家”

张元济多年来养成了一个习惯，每到一地，必先走访当地古旧书铺或书摊，见到中意的古籍珍本善本，只要是力所能及的都要设法购下，有时甚至是倾囊而购。张元济在上海寓所大门口，挂着一块特制的红底黑字的铁字招牌，上书“收买旧书”四个大字。从此，经常有人送书上门请张元济挑选。商务印书馆“涵芬楼”的藏书大都是这样得来的。

大量的藏书均是从藏书家手中收购。随着商务印书馆规模的扩大，也有了相当的财力来进行这一项工作。从20世纪初开始，张元济与商务印书馆先后收购了绍兴徐氏“熔经铸史斋”的全部藏书和江苏太仓顾氏“僚闻斋”，乌程（今湖州）蒋氏“密韵楼”的藏书，以及江苏长洲蒋氏“秦汉十印斋”，广东丰顺丁氏“持静斋”，盛氏“意园”，扬州何氏的部分藏书。以上都是当时闻名全国的藏书家，张元济从他们手中购得大宗图书，不少是稀世珍宝，如张金吾辑的《诒经堂续经解》，宋刊本《六医注文选》等。

张元济以极大精力和财力搜罗古籍，曾经遭到商务印书馆部分股东的非议。1926年，张元济准备以16万两白银的价格收购蒋汝藻的“密韵楼”藏书时，就曾遭到股东的公开质疑。1927年4月30日，上海有名的小报《晶报》刊登题为《商务印书馆之购书案》的文章，称商务印书馆一部分股东“以为公司发股东股

---

① 《张元济书札》，第1270页。

② 《张元济全集》第9卷，第620页。

息时，横一公积，竖一公积，扣除股息利息之所应得而徇一人之嗜好，购此无益之古书至十六万元之多”[①]，不指名批评张元济。在次日召开的商务印书馆1926年度股东年会上，又有股东以昨日《晶报》所载买书事提问。张元济解释说：本馆营业向有印行古书一项，仅《四部丛刊》一种收入可达百万余元，“因此遂思发行续编，然此种古版书，不易搜求；向藏书家借印，亦颇烦扰。适蒋孟苹君藏古版书，悉抵押于银行，十六万两买归本馆。至言不通过董事会，则此为一种进货。商务印书馆买机器、进纸张，价值再较此大，亦不必通过董事会”，又谓：“书为公司所买，并非我张菊生搬归家中，如今书尚存银行库中。至备用一人嗜好云云，因为当时我主张收买最力，或暗射及我。读书人喜欢古书，亦无足异。然此事决不使公司于营业上有损，且因是而使营业上有益，则我亦无负于各股东也。”经过张元济的一番解释，持异议者才无话可说。

张元济还有一个门路，就是向全国著名藏书家借其珍本善本翻印。在这方面，张元济得到了傅增湘、缪荃孙、叶德辉、邓邦述、董康、瞿启甲、刘承干、朱希祖等南北著名藏书家的支持，张元济和他们保持着经常的联系，这也算是近代书林中的一段佳话。

对张元济支持最大的当数傅增湘。傅增湘（1872—1949年），字沅叔，晚号藏园居士，四川江安县人，1898年（光绪二十四年）戊戌科进士。1909年（宣统元年）署直隶提学使。1917年12月至1919年5月，任北洋政府教育部总长。1922年辞去公职后居家，从事校勘古籍、研究版本目录之学，平生校书近800种，16000余卷。一生过目珍本极多，有独到见解，是20世纪著名的藏书家、校勘家和版本目录学家之一。张元济曾对王云五说：“余平素对版本学不愿以第二人自居，兹以远离善本图书荟萃之故都，或不免稍逊傅沅叔矣。”

张元济与傅增湘认识于1911年（宣统三年）夏，这年他们同被推选为中央教育会副会长，从此成为志同道合的朋友。两人通信频繁，现存的来往书信多达622件之多。在编印《四部丛刊》《百衲本二十四史》等书的过程中，张元济与傅增湘通信很多，以搜集、讨论版本为主，碰到版本上拿不准的问题，张元

① 《张元济年谱》，第286页。

济总要征询傅增湘的意见。同时，张元济还从傅增湘的藏书中，翻印了不少珍本、善本。[①]如张元济编印《四部丛刊》时，从傅增湘的“藏园”中一次借得善本书20种67册。[②]张元济和商务印书馆给傅增湘的回报是：“赠版税，照定价十分之一。”[③]

二、“近走两京，远驰域外”

“近走两京”中的两京是指北京、南京，但张元济访书，并不局限于南北两京，范围遍及全国许多地方，特别是藏书集中的江南地区。

“远驰域外”，则是指1928年专程赴日本访书一事。中国自唐代开始，中日官方和民间文化交往未断，1000多年下来，日本人逐渐收藏了可观的汉籍，其中不乏中国本土已经失传的珍本。特别是中日甲午战争以后，更有大量的珍本图书通过各种渠道流入日本，前述“静嘉堂文库”即是一例。[④]1924年，日本“静嘉堂文库”公布了其藏书的书目，藏书中有中国善本古籍9000余种，98600余册，比清朝御修的《四库全书》还多出5580余部，四库中仅有存目而全书藏在“静嘉堂文库”的就有177部之多。张元济看到这个书目大吃一惊，他虽然知道日本藏有许多中国的珍本古籍，但没想到数量竟然如此之多。当时，张元济正在酝酿《四部丛刊》初编的换版和《百衲本二十四史》的校印工作。1926年夏，张元济辞去监理以后，更以全部精力用于古籍整理出版。为了能够亲眼看到藏在日本的中国珍本古籍，张元济有了1928年的日本访书之行。这是张元济一生中最重要的一次国际学术交流活动，在中日文化交流史上也是值得一书的大事。

张元济是以中华学艺社名誉社员身份赴日的。中华学艺社是中国留日学生于1916年在东京成立的学术团体，原名“丙辰学社”，出版有《学艺杂志》。

---

① 《张元济傅增湘论书尺牍》中有大量借书翻印的信函。

② 《张元济傅增湘论书尺牍》，第327—328页。

③ 《张元济傅增湘论书尺牍》，第324页。

④ 乔治·欧内斯特·莫理循（Morrison，George Ernest，1862—1920），英国人，生于澳大利亚，1897年起以《泰晤士报》记者身份常驻北京，1912年担任袁世凯总统的政治顾问，1917年辞职回国。莫氏足迹遍及亚洲各地，搜集了大批中国及远东各国的书籍及报刊杂志。莫理循回英国前，将他所藏的书刊以3.5万英镑的价格卖给日本财阀岩崎久弥男爵。岩崎将这批书运到日本，建立了“东洋文库”。莫理循出售的书共2.4万册，地图、照片1000幅。

1918年，因反对皖系军阀段祺瑞控制的北京政府与日本订立卖国的《中日军事协定》，绝大多数社员辍学回国，社务停顿。郑贞文、杨端六、周昌寿、江铁、林植夫、何公敢等几位原中华学艺社社员进入商务印书馆编译所任职。1920年，中华学艺社准备恢复社务，推郑贞文为临时总干事。郑贞文决定将《学艺杂志》改为月刊，年出10期（暑期停两个月），由学艺社负责编辑供稿，归商务印书馆排印发行。学艺社不收稿费，亦不出印刷费，营业盈亏由商务印书馆负责。在张元济、高梦旦支持下，郑贞文的设想付诸实施。中华学艺社东京分社干事马宗荣在东京帝国大学文科学习图书馆学，鉴于日本公私各图书馆藏有中国宋、元、明、清珍本图书甚多，他建议由中华学艺社向日本各藏书家选借，作为《中华学艺社辑印古书》的整套内部刊物出版，仅分配于特别需要的社员，不对外公开售卖。这是日本学术团体的惯例，可以援例进行。马宗荣的提案在上海总社干事会议通过后，郑贞文即与张元济、高梦旦接洽，张、高均赞成。于是商定由商务印书馆提供经费，由郑贞文和马宗荣代表中华学艺社向日本公私立图书馆及藏书家交涉借印的手续，并约定书籍印出后，每种分赠原书所有者各20部，以表谢意。并与日本内阁文库、东京图书馆、“静嘉堂文库”、东洋文库单位订立了合同。1928年10月15日，中华学艺社第五次学术视察团前往日本，出席日本学术协会第四届大会。经中华学艺社居间介绍，张元济以学艺社名誉社员名义与郑贞文、陈文祥、张资平等乘“上海丸”东渡日本。

在赴日前，张元济用了大半年进行准备。他从日本藏书目录中，选择了一大批要看的书目，主要是在中国本土已经失传的，记录在笔记本上；郑振铎则就中国古代文艺、小说方面选出若干书目，交给郑贞文，作为借书参考。

10月17日，张元济一行抵达日本长崎，开始了一个半月的访书活动。

他们从长崎、广岛来到京都，与日本汉学家内藤湖南[①]会晤。1902年内藤

---

① 内藤湖南（1866—1934），本名虎次郎。日本学者。1889年第一次来中国游历，著有《燕山楚水》等游记，嗣后多次来华活动。日俄战争前后，内藤氏积极鼓吹对外侵略，曾到北京向日本驻华公使小村寿太郎建议侵略中国的大陆政策。1907年以后任东京帝国大学东洋史教授，以研究清史知名。1912年到中国奉天（今辽宁省）窃取故宫崇谟宫中保存的史料文献——满洲老档，编出清代史料。著有《清朝衰亡论》《支那论》《新支那论》《东洋文化史研究》《支那古代史》《支那史学史》等书。

湖南来华时曾与张元济见过面，算是旧识。内藤氏介绍张元济等观看了已故的富冈氏藏书。10月24日，张元济一行抵达东京。当天，日本外务省文化事业部部长冈部长景宴请视察团，张元济代表视察团致答词。宴会后，他们观看了正在日本演出的北昆剧团韩世昌等演出的昆剧《思凡》《春香闹学》等。接着，日本斯文会服部宇之吉、宇野哲人、盐谷温等著名汉学家也为张元济等举行了欢迎会。逗留日本期间，张元济还先后会见了诸桥辙次等汉学家。

由于张元济的高龄硕望，而郑贞文又是日本东方文化事业总委员会的中国委员，和日本委员服部宇之吉（东京帝国大学汉学主任教授）、狩野直喜（京都帝国大学汉学主任教授）等素识，而日本公私立图书馆汉籍部分的管理人员，如长泽规矩也等，大都是帝国大学毕业的学生，各图书馆的接待人员对张元济一行还算客气，因此他们得以饱览日本东京帝室图书寮、内阁文库、“静嘉堂文库”、足利文库、东洋文库以及京都的东福寺等藏书馆所收藏的中国宋元孤本秘笈，并访问了日本汉学家神田喜一郎、山本条太郎、石田干之助、诸桥辙次、长泽规矩也等。他们在每个图书馆所各看书三四天，张元济专看经、史、子、集，郑贞文则专看文艺小说。

日本宫内省图书寮，就是皇室图书馆，设在皇宫内，藏有许多宋元版的中国古籍。经中国驻日本公使汪荣宝与宫内省接洽后，宫内省特别允许张元济等入寮参观。据汪荣宝说，宫内省大臣曾奏明日本天皇昭和在3日内不来图书寮观书，以便张元济等自由进出。到了约定日期，由宫内省大臣引导汪荣宝、张元济和郑贞文3人入宫。他们身着礼服一连阅书3天。

“静嘉堂文库”也是张元济此行访书的重要目标。该文库坐落在东京世田谷区多摩川旁的一块台地上，是一座英国式古典建筑，红墙绿瓦，四周林木环抱。“静嘉堂文库”长诸桥辙次（1883—1982），号止轩，日本新潟县人，毕业于东京高等师范学校汉文科，曾来中国留学，与张元济也是旧交。他是日本著名汉学家之一，曾任日本天皇导师。诸桥陪张元济等先瞻仰岩崎男爵的铜像和墓地，然后一连观藏书10天。张元济有诗分赠静嘉堂执事藤田昆一、司库饭田良平，回国后又写了长篇记事长诗以纪盛。[①]

11月23日晚，诸桥辙次等日本汉学家在陶陶亭招待张元济一行，日方约有20人到会。诸桥在日记中写道："张氏是品性高尚的学者，曾写作过长篇的诗文。"

11月23日后，张元济等从东京启程回国，途经京都，再访内藤湖南。内藤告诉张元济，京都东福寺藏有他先祖张九成的《中庸说》。张九成的著作在《宋史·艺文志》《郡斋读书志》中著录有22种之多，但大多已失传。张元济曾在日本涩江全善著的《经籍访古志》中，看到有张九成的《中庸说》六卷，藏于日本"普门院"。至于普门院在何处，张元济一直没有搞清楚。内藤告诉张元济，普门院在京都东福寺内，真是喜出望外。张元济等立即前往，居然找到了《中庸说》的残本，可惜后半部已佚。经寺僧同意，书被拍成照片，回国后按原尺寸辑入《续古逸丛书》，并缩小尺寸辑入《四部丛刊》三编。张元济后来仔细研究了这部先祖的遗著，又与朱熹的《朱文公文集》相对照，弄清张九成援佛入儒，以佛语解释儒家学说，在当时及以后受到理学家的非议，朱熹的态度尤其激烈。他说："张公始学于龟山之门，而逃儒以归于释"，"凡张氏所论著，皆阳儒而阴释"。朱熹将张九成之说"比之洪水猛兽"。朱熹在批驳文章中所引的张九成语与这次在日本发现的张九成《中庸说》一致，这说明朱熹当年确实看过这种本子。后来，程朱理学成为正统，张九成的著作逐湮没无闻。张元济此次在日本得以重见先祖的著作，极为兴奋，视为此次日本访书的重要收获之一。[②]

张元济在日本期间，以中华学艺社名义曾与日本各方达成了协议，翻印部分宋代刊本图书（极个别为明代本）[③]，作为中华学艺社的《辑印古书》出版，

① 参见《张元济诗文》，第7—10页。

② 《智民之师·张元济》，第169—170页。

③ 数目如下：由宫内省图书寮借印的有《论语注疏》《三国志》《山谷外集》《本草衍义》《北磵文集》《北磵外集》；由内阁文库借印的有《平斋文集》、《东莱诗集》、《东坡集》、《列传》（残本）、《梅亭四六标准》、《颖滨大全集》；由"静嘉堂文库"借印的有《清明集》、《武经七书》、《欧公本末》、《群经音辨》（影写）、《新唐书》、《诗集传》、《册府元龟》、《饮膳正要》（明刊）、《陈书》；由"东洋文库"借印的有《历代地理指掌图》《乐善录》。参见《张元济傅增湘论书尺牍》，第236页。

并以每种书20册返赠书主。

日本访书，张元济不仅看到了多年渴望的“皕宋楼”藏书，而且遍览了久佚日本的珍版秘笈，收获非常大。郑贞文回忆说：“当我们将古籍的摄影底片满载归国之时，他那怡然欣慰的神情，至今还使我无限感奋。”[①]

后来，张元济将在日本翻印到的这些珍本分别收入商务印书馆的《四部丛刊》初编再版和续篇、三编以及《百衲本二十四史》的出版中，提高了这几部丛书的版本价值。[②]又如宋刊《三国志》、宋刊《晋书列传》、宋刊《陈书》、宋刊《新唐书》与图书寮所藏宋绍熙刊本原阙《魏志》三卷，则以“涵芬楼”原藏宋绍熙刊本配补，和国内原有各史配成《百衲本二十四史》。又如宋刊《论语注疏》则与国内原有的宋刊《孟子注疏》，合成“宋刊四书”一套。其他如宋刊《平斋文集》、宋刊《东莱诗集》、宋刊《武经七书》等书，则分别编入《四部丛刊》初、续编之内。

出版《四部丛刊》三编

《四部丛刊》是张元济主持影印的第一部大型古籍丛书。该书酝酿于1918年，张元济起初拟定名为《四部举要》，高梦旦建议改为《四部丛刻》，最后定名为《四部丛刊》。

所谓“四部”，即经、史、子、集，这是中国传统的图书分类法。所谓“经”指儒家诸子的经典著作；“史”即历史著作；“子”为社会科学、自然科学和宗教类著作；“集”为个人文集类著作。丛刊收录的书目，由张元济的助手、版本目录学家孙毓修提出，经张元济审定。张元济为此与傅增湘、刘承幹等南北藏书家有很多通信，征求他们的意见。[③]

书目确定后，就是选择最佳底本。张元济随即发出号召，国内版本目录学

① 郑贞文：《我所知道的商务印书馆编译所》，载《文史资料选辑》第53辑。

② 《张元济傅增湘论书尺牍》，第253页。

③ 例如，张元济于1919年4月17日致傅增湘函称：“四部丛刊目，有暇务祈核阅并教正。”参见《张元济傅增湘论书尺牍》，第97页。

家、藏书家及社会名流们纷纷响应。1919年10月，王秉恩、沈曾植、缪荃孙、严修、张謇、董康、罗振玉、叶德辉、齐耀琳、徐乃昌、张一麐、傅增湘、莫棠、邓邦述、袁思亮、陶湘、瞿启甲、蒋汝藻、刘承幹、葛嗣浵、郑孝胥、叶景葵、夏敬观、孙毓修、张元济共25家联名发布《印行四部丛刊启》，并各出珍藏，择其善本提供。

印行《四部丛刊》，除了利用“涵芬楼”自藏的图书，张元济主要利用了以下三大藏书：

第一，江南图书馆的藏书。

江南图书馆自1928年以后改名为“江苏省立国学图书馆”，1949年以后改隶南京图书馆，成为该馆的古籍。该馆拥有清末杭州丁申（字竹舟）、丁丙兄弟的“八千卷楼”的全部图书。丁氏兄弟的“八千卷楼”是晚清四大私人藏书楼之一。藏书有以下四个方面的特点：一是藏有宋元刻本200多种，这在近代私人藏书楼中是少有的；二是明初以后的精刻本，以及明万历以后精妙刻本及清代刻本也收入了许多；三是有旧抄本1万卷，其笔墨精妙，有些抄本甚至胜过刻本；四是藏有不少旧校本，如卢永昭、黄丕烈、孙星衍、冯已苍、钱保赤、段玉裁、阮元等手校之书。光绪三十三年（1907），丁氏兄弟经商失败，亏空巨额官款，无法偿还。两江总督端方担心“八千卷楼”重蹈陆氏“皕宋楼”的覆辙，立即奏请清政府以7.5万元的价格将“八千卷楼”的藏书全部买下，运到南京成立江南图书馆。张元济征得江南图书馆的同意后，于1919年1月3日，请孙毓修和茅盾赴南京，查明该馆所藏的丁氏“八千卷楼”的善本情况。他们两人在南京住了半个月，茅盾说：“孙毓修每天都很忙，他把整个江南图书馆的藏书都浏览一番。”[①]孙毓修与茅盾两人查清了馆藏中可为《四部丛刊》采用的善本，做成记录，并与该馆负责人商定了借用办法。所借用的图书一次运到商务印书馆印刷所，由谢燕堂负责拍摄。

① 陈江：《中国童话的开山祖师孙毓修先生》，《商务印书馆九十五年——我和商务印书馆1897—1982》，第588页。

第二，江苏常熟的瞿氏“铁琴铜剑楼”藏书。

瞿氏“铁琴铜剑楼”位于常熟城东的古里村，创始人为瞿绍基（1772—1836），曾任阳湖县训导，自奉俭约而喜蓄书，将其书斋命名“恬裕斋”，因瞿家藏有唐代铁琴一架、铜剑一把，作为镇库之宝，故命名为“铁琴铜剑楼”。到瞿启甲（1873—1940）已是藏书楼的第四代主人。铁琴铜剑楼经瞿家四代人的经营，在100多年里，铁琴铜剑楼主人先后收购了顾之逵“小读书堆”，袁廷梼“五研楼”，周锡瓒“水月亭”，汪士钟“艺芸书舍”，陈揆的“稽瑞楼”，张金吾的“爱日精庐”等著名藏书楼流散出来的全部或部分图书。在藏书家、版本目录学家的眼中，铁琴铜剑楼藏书不仅数量多，而且版本质量非常高，以宋元刻本及金石著称。张元济与铁琴铜剑楼主人瞿启甲并无交往。为了打开关系，张元济请出壬辰科同年、湖南著名藏书家、学者叶德辉。叶德辉与瞿启甲有世交，先由叶德辉致函瞿启甲，征得同意后，叶德辉专程东下，陪张元济前往江苏常熟与瞿启甲亲自接洽。1919年10月9日，张元济、孙毓修由叶德辉陪同前往江苏常熟，拜访“铁琴铜剑楼”主人瞿启甲。10月10日，张元济等在常熟城先访顾兰萍，观其藏书，随后与瞿启甲、丁秉衡、宗舜年等相见。午后，随瞿启甲乘船赴古里村观书。张元济在“铁琴铜剑楼”观书3天，将拟借影印借抄写的书目交瞿启甲。瞿启甲亦主张“书贵流通，能化身千百，得以家弦户诵”，与张元济宗旨相同，故双方一拍即合。双方约定明年春派专人来办理。辞别古里村，张元济重返常熟，偕叶德辉、孙毓修到顾兰萍家观书。1920年6月，朱桂带领商务印书馆印刷所的技师前往古里村。当时古里村还没有通电，商务印书馆自备了发电机，在瞿宅茶厅设立工场，每天早晨将书借出，拍摄完毕即交还。这项工作一直持续到11月方才结束。据统计，《四部丛刊》三编共收书468种，其中出自铁琴铜剑楼的藏书有81种，约占1/6。此外，《续古逸丛书》《百衲本二十四史》的底本也有不少出自铁琴铜剑楼。①

① 仲伟行、吴雍安、曾康编：《铁琴铜剑楼研究文献集》，上海古籍出版社1992年版，第117—120页。

第三，湖州刘氏“嘉业堂”藏书楼的藏书。

“嘉业堂”主人刘承幹（1882—1963），字贞一，号翰怡。其祖父刘镛以经营丝业起家，成为湖州“四象”之首，是清末浙江三大富商之一。其父刘锦藻，进士出身，清末浙江保路运动中曾任浙江铁路公司副总理，与总理汤寿潜一起领导修建沪杭铁路，是著名的士绅，中年以后埋头于清代史料的整理，花费20多年时间编成《清朝续文献通考》400卷。刘承幹是秀才出身，不久清朝废科举，断了刘承幹的科举功名路。从宣统二年（1910）开始，刘承幹开始藏书生涯。次年辛亥革命爆发，刘承幹避居上海。此时的上海成为“中原文献所取聚”之地，刘承幹挟巨资大肆收购，先后收购到甬东卢氏“抱经楼”，仁和朱氏“结一庐”，丰顺丁氏“持静斋”，太仓缪氏“东仓书库”，平湖陆氏“奇晋斋”，独山莫氏“影山草堂”，江阴缪氏“艺风堂”以及湘湖郭调元、诸暨孙问清、华阳王氏“彊学簃”等10家私人藏书楼的全部或部分藏书，在上海寓所内建“求恕斋”，后来收购的书越来越多，上海寓所实在放不下，便在老家湖州南浔镇小莲庄旁购地建造了“嘉业堂”藏书楼。藏书楼占地20亩，耗资12万元。嘉业堂的规模和藏书数量后来居上，超过清末四大藏书楼，成为中国历史上最大的私人藏书楼，藏书达57万多卷、18万余册。张元济与刘承幹是世交，两人都住在上海，两人交往频繁，为了藏书和出书，两人相互支持。现存的张元济与刘承幹的来往通信有200多封。张元济主持影印古籍时，得到了刘承幹的大力支持。在《四部丛刊》出版前，张元济于1918年2月初2日写信给刘承幹，预先要求支持。[①]1925年初，刘承幹建议嘉业堂与商务印书馆“涵芬楼”订立“特约”，互相借抄图书，得到张元济的赞许。两家藏书楼互借藏书从未停止过。[②]

---

① 信中写道：“敝处拟印《四部举要》，前承奖勉，益自激励。草目业已拟就，谨呈上一册，伏祈鉴定，有未合处，千乞纠正。邺架善本，甲于东南，倘蒙慨允影印，俾广流传，斯文绝续，赖以不坠，岂惟绵蕞古学，抑亦有裨世道也。”

② 张元济主持辑印的古籍有不少底本出自嘉业堂，据学者研究，《四部丛刊》三编底本出自嘉业堂藏书的有《尚书》《华阳国志》《止斋先生文集》《放翁诗选》《水心先生文集》《鹤山先生大全集》《河汾诸老诗集》《权载之文集》《罪惟录》等9种。《百衲本二十四史》底本出自嘉业堂藏书的有《宋书》《魏书》《新唐书》《旧五代史》《明史》等5种。至于从嘉业堂藏书中借用校勘的就更多。参见柳和城：《出版家张元济与藏书家刘承幹的交往》，《浙江出版史料》第9辑。

张元济和商务印书馆当局为了征得藏书家的同意，根据不同的对象分别进行公关。茅盾说："当时的版本目录家一致认为已知的宋、元、明刊的善本，其属于湖州陆氏皕宋楼的早已为日本人收买了去，属于常熟瞿氏铁琴铜剑楼的，则尚待托人和瞿氏情商借印。（当时估计此事不能急，因为收藏家如果把善本借给商务影行，则他所藏的原本的身价会相应缩小。这些收藏家都是有钱的，若要借印，必得有人情，不能光用钱；瞿氏谅也如此。）只有杭州丁丙（松生）的十万卷楼藏书现归江南图书馆所有，商务当局和当时雄踞南京的军阀素有往来，至于江南图书馆馆长（缪荃孙——引者注），送他一些干股，他一定欣然愿意效劳，这条路马上就可以走。商务当局办事一向不许浪费时间，方针既定，一面叫南京分馆经理先向南京军阀的亲信幕僚打招呼，也和江南图书馆馆长联络；一面就派孙毓修专程到南京，查核一下江南图书馆所藏丁氏十万卷楼善本究竟有多少是够条件的'善'本？因为宋、元、明刊本中也常有不够条件的。孙毓修要带个人同去，指名要我。于是我的'打杂'工作又多一个方面。"[①]

"铁琴铜剑楼""嘉业堂"等私人藏书楼与江南图书馆性质不同，故商务印书馆支付报酬的方式也不同。1927年11月14日，商务印书馆与瞿启甲（良士）签订《租印善本书事议》合同，商务印书馆按照每部书的珍贵程度及部头大小付给瞿启甲租印费。

有了以上三宗大书做基础，张元济又向其他藏书家借到了数量不等的珍本善本，如向苏州顾麟士借照《龙川二志》，向邓邦述借到《苏平仲集》与《齐民要术》，向叶德辉借到《仪礼郑注》《古列女传》《越绝书》《吴越春秋》等书。1920年10月11日，张元济又致函沈曾桐，并附去《四部丛刊》所缺各书节目，谓"如可以见让者，乞示价"。

有学者经过认真研究后发现，《四部丛刊》底本，除涵芬楼的藏书外，借用国内外52家公私藏书，其中整部图书277种，占全部种数的60%。至于零篇散页以补充短缺卷次、页次和序跋的，更无法计算。所借277种图书中，借自瞿氏"铁琴铜剑楼"的71种，借自江南图书馆藏原杭州丁氏"八千卷楼"的39

① 《我走过的道路》上册，第152页。

种，借自日本“静嘉堂文库”原陆心源“皕宋楼”的4种。清末四大私人藏书楼，除山东“海源阁”藏书因匪灾散佚外，其他三家都利用了，这就充分保证了《四部丛刊》底本的质量。但它的不足之处是未能利用故宫和北京图书馆藏书的精华。[①]

1920年6月，商务印书馆在上海《申报》刊出《四部丛刊》初编发售预约并首批书目的大幅广告。当时，一般书店印售古籍都是重抄或洋连史纸印刷。张元济为了提倡国货，特地选用国产的手工连史纸和手工毛边纸来印刷《四部丛刊》。为此，张元济先后几次派人到福建光泽县和江西铅山县坐庄采办。当时销路困难的内地纸业亦随之上涨。因此，曾有人说：“《三都赋》成，洛阳纸贵；《四部丛刊》出版，闽赣纸价飞涨。”

预约及出书之始，张元济每日必到订书柜台询问当天销售数，对包装邮寄亦随时检查。截至1923年3月1日，《四部丛刊》共出版6批，共收入古籍323种，8548卷，装订为2112册。《四部丛刊》还编有《书录》1册，记载书名、卷数、著者、借自何家所藏何种版本以及版本的特点和收藏家的印记。1926—1930年，《四部丛刊》又重版一次，更换了21种图书的底本，另有44种增补了缺卷和缺页。《四部丛刊》初编前后两次共印行5000套，在当时这个数量已经十分可观，为商务印书馆带来了相当的经济利益。

张元济影印古籍一炮打响，这给了他很大鼓舞。他准备继续出《四部丛刊》续编。但在准备当中，日本帝国主义于1931年发动“九一八”事变，侵占了中国东北三省。为了掩护在东北拼凑的傀儡政权，日寇又于1932年1月28日进攻上海。日寇极其野蛮地将商务印书馆这样的文化企业也作为进攻目标，设在闸北的商务印刷总厂被日寇有目的地轰炸，遭到严重破坏，东方图书馆及“涵芬楼”所收藏的46万册以上的中外图书亦全部付之一炬。商务印书馆停业达数月之久。

1933年，张元济着手出版《四部丛刊》续编。他的得力助手孙毓修已于1922年冬逝世，1916年进馆的丁英桂取代孙毓修成为张元济的主要助手。丁英

① 《商务印书馆史及其他——汪家熔出版史研究文集》，第212—213页。

桂坐镇印刷厂，主要负责拍照、制版、直到装订成书等各项工作，选择版本及校对大部分由张元济亲自负责。续编于1934年年内出齐，共收书81种、1438卷。1935—1936年，又出了《四部丛刊》三编，共收书73种、1910卷。续编和三编各出500册。[①]

张元济本有出版第四编的计划，且书目都已经编竣，但因抗日战争爆发而终止。张元济拟定的四编书目也已失佚，但从他致刘承幹、丁英桂的信中知道有《契丹国志》《名医碑传》《国朝名人事略》等几种。

张元济辑印的《四部丛刊》前后三编具有很高的版本价值。张元济与姜殿扬、胡文楷等助手一道，对收入《四部丛刊》的每一珍本、善本都进行了详细的校勘。张元济亲笔写的校勘记有42篇。他还为《四部丛刊》写了109篇跋文，叙述成书经过、历代刻印情况，并比较各版本的优劣。张元济广泛搜集全国善本珍本图书加以影印出版发行，辑为《四部丛刊》三编。其中一个最重要的贡献，就是发现了历代少数民族统治者出于不同的目的，而大量删改汉族书籍的真相。[②]

辑印《续古逸丛书》

《续古逸丛书》是继《古逸丛书》而来。

《古逸丛书》是清朝光绪年间出使日本大臣黎庶昌命杨守敬利用日本藏书编印的一套古籍丛书。

黎庶昌（1837—1897），字莼斋，贵州遵义人，曾入曾国藩幕僚，与张裕钊、吴汝纶、薛福成称“曾门四弟子”。光绪二年（1876）任出使英国大臣郭嵩焘的参赞，后兼任法国、西班牙等国参赞。1881—1884年与1887—1890年两度任出使日本大臣。在日期间，黎庶昌搜集在中国本土已佚而存于日本公私藏书馆的珍本秘籍共26种，请杨守敬为之校勘和刻印，于1884年刊成。他依据的底

① 王绍曾：《近代出版家张元济》，商务印书馆1984年版，第63页。张人凤则说《四部丛刊》续编收书75种，500册，印数为1200部，参见《智民之师 · 张元济》，第114页。

② 鲁迅：《病后杂谈之余》，《鲁迅全集》第6卷，人民文学出版社1963年版，第144—147页。

本，除《庄子注疏》《杜诗》外，都是中国本土已经失传之本，因此十分珍贵。

张元济继黎庶昌之后，编《续古逸丛书》，收录罕见的珍本。先后共出47种，其中46种是影印的。第47种是宋刊本《杜工部集》，由顾廷龙协助校勘，于1957年由商务印书馆影印出版，以纪念建馆60周年。张元济影印《续古逸丛书》的底本分别来自傅增湘的“双鉴楼”、萧山朱翼盦的藏书、瞿启甲的“铁琴铜剑楼”藏书、北京故宫博物院以及“涵芬楼”藏书，另有几种是张元济1928年赴日本访书时得到的珍本。

辑印《百衲本二十四史》

据学者研究，有清一代，以“二十四史”命名的历代正史汇编有18个版本之多。[①]版本虽然很多，但大多是武英殿本《二十四史》的翻刻本。张元济在《百衲本二十四史前序》中指出，武英殿本《二十四史》版本存在四大缺陷或不足：一是“检稽之略”，二是“修订之歧”，三是“纂辑之疏”，四是“删窜之误”。[②]由于武英殿本存在以上四个方面的大问题，张元济立志要整理出一套比较完善的二十四史。他在《校史随笔自序》中说：“曩余读王光禄《十七史商榷》、钱宫詹《廿二史考异》，颇疑今本正史之不可信。会禁网既弛，异书时出，因发重校正史之愿。”[③]他在《影印百衲本二十四史序》中又说：“长沙叶焕彬

① 第一个版本就是清代乾隆四年至四十九年（1739—1784）武英殿刻本《二十四史》，简称“殿本”。殿本问世后，陆续有广东新会陈成于咸丰元年（1851）翻刻殿本；同治八年（1869）岭南胙古堂翻刻殿本；同光间（1869—1878）江浙鄂三省五个官书局根据汲古阁十七史、江都岑氏惧盈本《旧唐书》及殿本六史合刻本；光绪甲申（1884）上海同文书局依原样缩小石印殿本；光绪戊子（1888）上海蜚英馆石印本，剪贴殿版；光绪戊子（1888）上海中国图书集成局据殿版排印本；光绪中武林竹简斋第一次翻印同文书局石印本；光绪中上海点石斋第一次本；光绪中上海五洲同文书局石印本，翻印殿本；光绪壬辰（1892）武林竹简斋第二次本，剪贴殿版；光绪中武林史学会社翻印竹间斋第二次本；光绪戊戌（1898）上海点石斋第二次本，剪贴殿版；光绪壬寅年（1902）上海文澜阁书局本，系拼殿版本；光绪壬寅年（1902）竣实斋石印本，剪贴殿版；光绪癸卯年（1903）初夏，上海点石斋第三次本。参见《商务印书馆史及其他——汪家熔出版史研究文集》，第246—247页。

② 《张元济全集》第9卷，第619—620页。

③ 《张元济全集》第9卷，第712页。

（德辉）吏部语余：‘有清一代，提倡朴学，未能汇集善本，重刻《十三经》《二十四史》，实为一大憾事。’余感其言，慨然有辑印旧本正史之意。”[①]由此可见，张元济影印《百衲本二十四史》，一是为了完成清代朴学家没有完成的任务，二是为了恢复旧本正史的本来面貌，纠正武英殿本之缺失。

1915年开始，张元济主持辑印《四部丛刊》。《二十四史》本来就是四部中“史部”的主干，但张元济考虑当时还没有足够的善本正史作为底本，条件并不成熟，故《四部丛刊》未收二十四史，计划待条件成熟时独立出书。辑印二十四史，前提是搜集到二十四史的善本作为底本。张元济从清末开始就有意收集这方面的书籍，陆续用了20多年的时间。因为每一种正史都要找到各种版本作对比、校勘后才能确定一种最佳本子作为底本，所缺部分就用其他版本补配。补配本要尽量做到与原本接近，宋版配宋版，元版配元版。若做不到，则退而求其次。这样，全书或者说每一种正史，大都是不同版本的正史集成的。藏书家以僧人所穿的“百衲衣”来比喻这种集成本，称之为“百衲本”。

1930年前，张元济已经为商务印书馆的涵芬楼收购到二十四史的部分善本[②]，但仅凭涵芬楼的家底，远不足以辑印正史全书。因此，唯一的办法仍然是向国内公私藏书家借印。张元济一旦发现重要的版本信息，就抓住不放，直到借印到手为止。张元济借用最多的是北平图书馆、北平傅增湘的“双鉴楼”、常熟瞿启甲的“铁琴铜剑楼”、吴兴刘承幹的“嘉业堂”、江南图书馆，此外还有海宁蒋藻新、吴县潘承厚、南海潘宗周、吴兴张钧衡等藏书家。这些公私藏家，对张元济之举都给予了大力支持。后来张元济写信给傅增湘，充满感激地说：“衲本廿四史经营二十年，端赖友朋之赞助，幸得观成。”[③]

---

① 《张元济全集》第9卷，第620页。

② 其中有残宋本《史记》，宋刊元明递修本《史记》（《集解》单刻本），宋黄善夫本《史记》（69卷），宋朝祐本《后汉书》，宋朝州本《三国志·魏书》（缺《蜀书》《吴书》），宋朝刊元明两朝递修本《晋书》，元朝大德本《晋书》，宋朝刊元明递修本眉山《七史》，宋朝刊本《隋书》（存17卷），元朝大德本《隋书》，元朝大德本《南史》《北史》，元朝刊本《辽史》《金史》，明朝洪武本《元史》，明朝南北监本《二十一史》，明汲古阁《十七史》。其中虽然也有不少善本，但这些版本有的残缺不全，有的字迹模糊不清。

③ 《张元济傅增湘论书尺牍》，第227页。

在借印过程中，也有颇费周折的事。例如，张元济向李盛铎[①]借照宋本《汉书》《后汉书》《晋书》就相当费工夫。李盛铎的藏书不仅数量多，而且质量也很高，张元济最推崇的宋元本就有近300种之多，这在当时各大藏书家中是首屈一指的。但李盛铎的藏书历来是秘不示人的。起初，张元济向他借书，李氏坚持秘不示人，后见傅增湘慷慨支持张元济，又经张元济挽傅增湘从中斡旋后，李氏才同意借印；但又为酬报问题几经磋商。经过往返商榷，李盛铎才同意将《晋书》送到上海拍照，但张元济拿到书后才发现该版本字迹模糊，一直未用，最后《晋书》只好采用海宁蒋氏所藏底本。这样的例子还有很多。

《百衲本二十四史》底本的确定有一个反复搜集、反复校勘对比的过程。我们从《张元济傅增湘论书尺牍》一书中可以窥见其大概。在这方面，傅增湘给予他的帮助最大。有人称傅增湘是张元济从事古籍出版方面的最重要的“顾问”。傅增湘从他的藏书中慷慨借出《南齐书》和《新五代史》。张元济说：“此两种为极罕见之本，尤足增重全书价值。”[②]至于从他的藏书中零星配补的，更是随要随照，毫不吝惜。傅增湘还随时介绍北平各公私藏书家的版本线索，遇到问题时，利用他的身份地位和人事关系主动出面斡旋，鼎力促成。同时，傅增湘还与张元济频繁通信，就版本问题磋商交换意见。有学者统计，在现存的傅、张600余封往来书信中就有100余封谈到了《百衲本二十四史》。

以《魏书》底本确定为例。1926年9月，商务印书馆将北平图书馆残宋本《魏书》拍照。1927年10月，发现北图残宋本缺30卷，补以蒋氏藏本，尚有20余卷用“三朝本”补。张元济写信给傅增湘，如傅氏藏本清朗的话，拟借傅氏藏书配补。傅增湘回信说他藏的《魏书》“不清朗”，并告以北平徐梧生藏有宋本《魏书》。傅增湘为此几次上门，终于在1930年7月以2120元的高价购下，立即慷慨地将新到手的珍本借给张元济拍照。当时傅增湘经济上并不宽裕，为

---

① 李盛铎（1859—1935），号木斋，祖籍江西九江，生于北京。李盛铎进士出身，在清朝和民国两代历任翰林院编修、京师大学堂总办、江南道监察御史，出使日本、比利时大臣，任山西巡抚、大总统政治顾问、参政院参政、农商总长、参议院议长等高官显职。李盛铎的几代先人都是藏书家，他自小就爱好藏书，经过几十年的努力，成为北方最著名的藏书家。

② 《张元济傅增湘论书尺牍》，第223页。

收购《魏书》花去巨款。张元济感到过意不去，提议先由商务印书馆付款，待傅氏日后有余款时，再以原价将书取回，但傅氏婉谢了张元济的好意。1931年，张元济发现《魏书》还有缺卷，经董康介绍，又向吴兴刘承幹商借。1933年，张元济发现傅（增湘）、刘（承幹）两家版本各有优劣，经鉴定后，张元济最终确定《魏书》采用的底本，于1934年底将《魏书》出版。张元济在该书封里上写道："上海涵芬楼影印北平图书馆、江安傅氏双鉴楼、吴兴刘氏嘉业堂及涵芬楼藏宋蜀大字本。"

全套《百衲本二十四史》所采用的底本大体如下：《史记》用"涵芬楼"藏黄善夫刻本，配震泽王氏本；《三国志》用适园元池州本，其中《吴志》末数卷配宋衢州本；《晋书》用南京图书馆宋小字本；《宋书》用京师图书馆宋本，所缺27卷以三朝本补；《南齐书》用傅增湘所藏宋本；《梁书》《陈书》用北京图书馆残宋本，所缺部分以三朝本补；《魏书》用北京图书馆残宋本，所缺30卷以三朝本补；《北齐书》用北京图书馆残宋本，所缺34卷以三朝本补；《周书》用苏州潘氏所藏本；《隋书》《南史》《北史》均用"涵芬楼"藏元刊本，所缺卷以京师图书馆同式版本补足；《旧唐书》用瞿氏残宋本，所缺卷次以同样版本补足；《新唐书》用刘承幹所藏宋本，所缺部分以同样版本补足；《旧五代史》用《永乐大典》有注本；《新五代史》用傅增湘所藏宋本；《宋史》用"涵芬楼"藏元刊本；《辽史》《金史》均用元本；《元史》用明洪武本；《明史》仍用武英殿本，另附嘉业堂刊行的王颂蔚撰、王季烈增补的《明史考证捃逸》44卷。[①]张元济经20多年的努力，为《百衲本二十四史》找到了比较好的底本，这是他的重要贡献。

确定版本只是第一步工作，接下来便是校勘、描润，工作量更加巨大。为了减轻张元济个人的负担，商务印书馆于1930年8月成立了校史处，由汪诒年、蒋仲茀任正副主任，校史处还有钱锺夏、赵荣长、王绍曾、朱仲青、吴让之等共十一二人。这个校史处由张元济直接领导。为了便利工作，商务印书馆特地在张元济寓所旁租了房子作为校史处办公地点，距张元济的寓所仅有五六分钟

① 参见《张元济傅增湘论书尺牍》，第177—178、316页。

的路程。张元济平时在家办公，他的指示每天清早由商务印书馆的老工友杨福生送到校史处。

校史处的两大任务，一是校勘，二是描润。

校史处的校勘工作，主要是机械地校勘，校出各本之间的异同。通常是用选定的一个古本为底本，拍照、印出底样，校勘者应在底样上用各种版本来对校。一般是先用殿本校，再用南监本、北监本、汲古阁本校。如有其他善本都得校。先校后校，不是固定不变的。如宋庆元本《五代史记》先用残宋本、汪文盛本、刘氏复宋本校，再取南监本、北监本、汲古阁本校。校出的异文，逐一记注在底样的天头上。全部校完后，再移录成校勘记。至于定异文是非，判断版本好坏，这是张元济的事。当年校史处成员王绍曾说："古人说：'校书如扫落叶'，要做到'不漏'，也并不那么容易。在我的记忆中，我在校勘时总是全神贯注，目不转睛，心不旁骛，生怕漏了一个字。校了一遍不放心，往往回过头来再校，甚至三校。如果发现一个漏校的字，就要加倍提高警惕。因此，我们在校史处的年月，都是精神高度集中地进行工作，从来不敢偷一点懒。"[①]

张元济是整套书的最后把关人，他的校勘，并不限于以本校本，在定异文是非时，还充分运用了活校。校出的异文，常用前人的校勘成果作为佐证。如校宋景祐本《汉书》时，他从王念孙《读书杂志》中所引的宋祁校语，均与景祐本合，证明宋祁校语多有可采，景祐本确较其他版本为优。又如校南宋绍兴本《后汉书》时，从刘攽《东汉刊误》中发现刘攽所刊误字，绍兴本都不误，一方面证明绍兴本之可贵，另一方面也说明以刘攽之博学，对《后汉书》钻研之深，他并没有见到绍兴本所从出的祖本。张元济最佩服清代考据学家钱大昕的《廿二史考异》和王鸣盛的《十七史商榷》。但因为张元济所看到的版本要比钱、王二氏多，他的校史成果，既可与钱、王二氏相印证，又可补其不足。[②]

校史处的另一项工作就是描润，这是从校勘中衍生出来的一项工作。所谓

---

① 王绍曾：《商务印书馆校史处的回忆》，《商务印书馆九十五年——我和商务印书馆 1897—1992》，第303页。

② 王绍曾：《商务印书馆校史处的回忆》，《商务印书馆九十五年——我和商务印书馆馆 1897—1992》，第299页。

"描润"，就是选定的底本或者因年代久远，产生了种种缺损，如有的笔画多的字基本上就成了一个墨团，根本看不出是什么字；或者因为避讳等产生缺笔等。这就需要加以描润。描润的办法就是，先将原书摄影，印出底样，由初修者用粉笔将底样中的双影、黑眼、搭痕、溢墨加以梳剔；将底样中的断笔、缺笔、花淡笔以石朱笔加以弥补，但不许损害原文字。初修后，由另一人精修。如发现初修者损害文字，由精修者加以纠正。初修、精修后进行复校。然后进行再复校，用殿本、南北监本、汲古阁本与精修之叶对读。最后送张元济总校。总校时用最初未修之叶及各本，与既修之叶互校，再用前人校本史之书对勘。直到确认无误后，描润才算完毕。从初修到总校，先后要经过6个人修校，可见是很慎重的。描润好了的底样，送印刷厂重新摄影、制版，这就是第二次摄影、制版。第二次摄影、制版后，经过精心修版后，再进行精校和复校。精校少至二遍，多至五六遍，确认完美无缺，才能付印。付印时，张元济都要在每叶上署名，记上年月日，从无例外。描润的全部过程，张元济于1933年撰成《记百衲本二十四史影印描润始末》一文，文后并附有《修润古书程序》《修润要则》《填粉程序》等3个附件，这是第一篇全面总结古籍影印工艺的文章，具有重要的学术价值。

张元济领导校史处的同仁校勘二十四史的过程中，留下了一本有学术价值的巨著《衲史校勘记》，全书原稿一百数十册。胡适曾对此有很高评价。1930年3月27日，胡适致函张元济说："廿四史百衲本样本，今早细看，欢喜赞叹，不能自已。此书之出，嘉惠学史者，真不可计量。惟先生的校勘记，功力最勤，功用最大，千万不可不早日发刊。若能以每种校勘记附于每一史之后，则此书之功用可以增加不止百倍。盖普通学者很少能得殿本者，即有之亦很少能细细用此百衲本互校。校勘之学是专门事业，非人人所能为。专家以其所得嘉惠学者，则一人之功力供人人之用，然后可望后来学者能超过校史之工作而作进一步的事业。此意曾向先生陈述过，今读样本，更感觉此事之重要，故于道谢之余，重申此说。"①

① 《张元济友朋书札》，第119页。

蔡元培在香港买到新出的《校史随笔》后，于1939年5月25日致函张元济说："近从商务分馆中购得大著《校史随笔》，拜读一过，虽未及检各史对勘，而正讹补夺，厘然有当于心。若举百数十册之校勘记，次第整理印行，则吾哥博观精勘之成绩，所以嘉惠学子者，益无限量，曷胜企盼！"[①]1940年3月5日，蔡元培病逝于香港，这封信是他写给张元济的最后一封信。这两位同年、同乡的文化巨人，几十年间在事业和学问上相互砥砺、切磋，结下了深厚的情谊。他们的一生同样都是为中华民族文化事业奋斗的一生。有学者认为，蔡元培是商务印书馆的"精神支柱"[②]。

张元济忙于出版《百衲本二十四史》，无暇顾及《衲史校勘记》的出版。在《百衲本二十四史》出齐后的次年，抗日战争爆发，《衲史校勘记》事实上已经无法付印。在不得已的情况下，张元济于1938年从《衲史校勘记》中摘出164则，7万余字，编成《校史随笔》，以"长沙商务印书馆"的名义出版，实际上这本书是在上海租界内出版的。这本书只是原《衲史校勘记》篇幅的百分之一二而已。20世纪60年代，中华书局集中国内一批著名学者专家点校《二十四史》，曾将该《衲史校勘记》借去参考。"文化大革命"期间，《衲史校勘记》损失了《晋书》《北齐书》《周书》《北史》《旧五代史》《辽史》《元史》7种，现已找出的有16种，商务印书馆正约请专家进行整理，准备陆续出版。

为配合《百衲本二十四史》的出版，商务印书馆投巨资进行了大规模的广告宣传。1930年6月至8月，每隔两三天就要在上海《申报》头版登出半版广告。广告内容不仅有百衲本和武英殿本的对比样张，而且有北平、南京、沈阳、汉口等地报刊对《百衲本二十四史》的评价摘要。张元济还动员关系密切的学者写评论文章，"为此书生色不少"[③]。商务印书馆同时还印行了一大批《百衲本二十四史》的样本，分赠各图书馆、学校、藏书家，或者放在商务印书馆发行所及各地分馆营业大厅，任读者自由索取。样本与《百衲本二十四史》开本相同，装帧相同，在对各史所选用的版本进行介绍的同时，还特别从每一史中

① 《蔡元培书信集》下册，第2123页。

② 《商务印书馆一百年1897—1997》，商务印书馆1998年版，第480页。

③ 王元化主编：《学术集林》第6卷，上海远东出版社1995年版，第18页。

选出一两页样张，用红线标出武英殿本的错漏之处，在栏外用红字作说明，使读者了解两种本子的优劣，千方百计调动读者的购书欲望。

《百衲本二十四史》从1930年6月起发售，在6月至8月发售预约期间，一次性付款的只须300元，过了8月30日即收360元实价。1930年即售出“千有余部”[①]。

1932年“一·二八”事变发生，打乱了《百衲本二十四史》的出版进程，而且毁了两部最珍贵的孤本——眉山《七史》和《周书》，最后不得不用江苏吴县潘博山所藏三朝本代替。1932年，商务印书馆复业，校史处搬到张元济家中开展工作。到1936年8月，在张元济七十大寿前，《百衲本二十四史》终于出齐，为张元济的七十大寿献上了一份厚礼。

张元济对于自己能够完成这个巨大的文化工程感到自豪欣慰。他在1937年6月25日致蒋介石的信中说：“元济嗜读史籍，深有慨于武英殿重刊之《廿四史》校勘粗率，其中脱叶阙行，衍文错简，指不胜屈。尤甚者改窜作伪，致失原书真面。一代学人，惩于文字之狱，不敢举摘。200余年，读者几无不受其眩瞀。元济生当鼎革，禁网宏开，因蒐集历朝善本，重加勘印，历十余载，幸观厥成……”[②]同年4月9日，在致汪精卫的信中，张元济还说：“学术上二百余年之阴霾，一旦扫除，想我兄亦以为快也。”[③]

学术界对于《百衲本二十四史》，历来有两种截然不同的评价。

一种观点是高度评价《百衲本二十四史》的贡献与成就，傅增湘、蔡元培、顾廷龙、张舜徽、王绍曾等都是持此观点，下面不妨罗列一下他们的评价：

傅增湘为《校史随笔》所写的《序言》写道：“盖自乾隆武英殿敕刊之始，洎同治五局合刻以来，括举全史而整齐之，竟克奏无前之伟绩，然其间厉精粹掌，始终不懈以底于成者，实前辈张君菊生一人之力也。君自刊印伊始，即独任校勘之役。……今观《随笔》所载，凡164则，视原稿当不及十之一，而博识雅裁，洪纤毕举。凡所疑窒，悉为疏通而证明；遇有舛讹，得以随文而匡正。

① 《学术集林》第6卷，第19页。

② 《张元济书札》，第1043页。

③ 《张元济书札》，第598页。

至于逸文、夺叶，亦皆援据众本，广采旁搜，期于信今而传后。其诣力所到，时与王、钱诸人之说互相阐发，而精审且或过之。盖君所采获者，皆前人未见之书。故其论定者，多千古未发之覆。阅之关开节解，如薙丛棘而履康庄，拨雰翳而睹睛昊。其开示后人之功夫岂细哉？昔王氏序《商榷》有言曰：‘予任其劳而使人受其逸，予居其难而使人乐其易，不亦善乎？’今兹编既出，世之读史者固已受其逸、乐其易矣。”①

1930年3月27日，胡适在致张元济的信中也说：“廿四史百衲本样本，今早细看，欢喜赞叹，不能自已。此书之出，嘉惠学史者，真不可估量！惟先生的校勘记，功力最勤，功目最大，千万不可不早日发刊。若能以每种校勘记附刊于每一史之后，则此书之功用可以增不止百倍。盖普通学者很少能得殿本者，即有之亦很少能细细用此百衲本互校。校勘之学是专门事业，非人人所能为，专家以其所得嘉惠学者，则一人之功力可借无穷人之用，然后可望后来学者能超过校史的工作而作进一步的事业。”

张舜徽著《中国文献学》将张元济与罗振玉列为近代整理文献最有贡献的两位学者，该书专列一章《张元济对整理文献的重大贡献》，总结了张元济订正讹体异字的六种办法：一是根据文字结构，以明讹体由形似而误；二是参证本书多篇，以明讹体由音近而误；三是按之情理，订正字形之误；四是稽之雅诂，订正字形之误；五是验以时制，而知形近之讹；六是核以经制，而知形近之讹。张舜徽认为，影印《百衲本二十四史》出版后，“从此全史中出现了最标准的本子，可据以订讹补缺，对史学界贡献最大。”②

王绍曾是当年商务印书馆校史处的成员之一，后在山东大学古籍研究所工作。晚年他写的《近代出版家张元济》一书于1982年出版，全书有前言、正文、结束语、后记，共四部分，其第四部分即“整理出版古籍的重大贡献”，占全书篇幅的1/2强。书出版后，王绍曾意犹未尽，于张元济诞辰120周年之际的1987年，写了《张元济先生校史始末及其在史学上的贡献》，以近5万字的篇幅

---

① 傅增湘：《序言》，《张元济全集》第9卷，第709—710页。

② 张舜徽：《中国文献学》，中州书画社1982年版，第308页。

阐述张元济校史的贡献。王绍曾指出：第一，从《衲史》的版本来看，《衲史》是宋元以来全史善本的一次大结集，是宋元以后全史最佳的汇印本。搜罗旧本之广，影印之精，在历史上都是空前的。第二，从《衲史》的校勘来看，张先生是继专长校勘学大师王、钱之后，在史学上贡献最大的一个人。张先生在治学方法和治学态度上，与王、钱一脉相承，但又有自己的特点。张先生的校史成果不但与王、钱相发明，其规模和作用之大，且转出王、钱之上。第三，从《衲史》和《衲史校勘记》在点校本《二十四史》中的作用，看张先生校史在史学上的贡献。点校本除利用百衲本作底本、校本外，曾经广泛利用百衲本的校勘成果。王绍曾的结论是："《二十四史》是一部卷帙浩繁的巨著，从文字到版本，问题很多而又很复杂，张先生基本上以个人的精力，用20多年时间，在精校的基础上，辑印成一部汇集古本旧刻的《衲史》，在一定程度上恢复了全史的本真，取代了流传最广、错误较多的殿本，这个贡献已经是够大的了。而他卓越的校史成果，集中反映在一百几十巨册的《衲史校勘记》上，截至目前为止，尚未为史学界所重视。今天我们来评价张先生校史在史学上的贡献，如果只看到他辑印《衲史》所取得的成就，忽略了他在校勘上所作的出色贡献，那将是买椟还珠，是十分令人遗憾的。""总之，张先生校史为我国史学界做了一件了不起的大事，他在史学上的贡献将永垂史册。尽管《衲史》尚有美中不足之处，但比起他卓越的贡献，那是微不足道的。"

但同时，我们也不必讳言，在对《百衲本二十四史》的评价上，还有另外一种截然不同的持批评的观点。燕华（化名）、叶圣陶、汪家熔、杜泽逊是这一派的代表人物。

1930年4月12日，天津《大公报》刊登署名"燕华"撰写的文章，批评《百衲本二十四史》"考证谬误，去取不当"[①]。

叶圣陶为开明书店出版的《二十五史》所写的《刊行缘起》，不指名地说《百衲本二十四史》只是"校出几个错字"。他说：

---

① 《张元济傅增湘论书尺牍》，第232页。

> 现在我们翻印《二十五史》，把《二十五史》缩成不很大也不很重的九本，就是我们作了两种决定之后的结果…………我们所以采用殿版《二十四史》作底本，自然因为它有考证，比较那些仅足以校出几个错字的古本来，在实用上有价值得多。何况殿版大部分依据明监本和汲古阁本，当时担任编校的许多人又很有几个切实的学者在内，它实在不是一种草率完成的本子。我们想，只要排除好古家和校勘家的偏见，对于殿本谁都会感到相当满意的。……以前曾经有几种石印的《二十四史》，把殿版的九页拼做一页，每页三栏，俗称"横行《二十四史》"。这就一般的经济能力说，当然比较轻而易举，但是那些本子把字体缩得太小了，石印不见得怎样清楚，线装又多到一百本以外，翻阅、保存、携带都不方便。现在我们特铸锌版印刷，把字体缩到新五号字那样大小，还把这么大的一部东西匀装做九本，这样无论从哪方面看，都觉得没有缺憾了。①

商务印书馆馆史研究专家汪家熔先生对《百衲本二十四史》的评价，有一个前后变化的过程。他在1985年出版的《大变动时代的建设者》一书中，对《百衲本二十四史》持充分肯定的观点。但后来他在细读中华书局点校本校记、叶圣陶开明书局版《〈二十五史〉刊行缘起》以及"百衲本"等其他版本后，"看出了《百衲本》的佞宋毛病之深"②。汪家熔在《二十四史250年版本史》一文中，全面地指出了《百衲本》的缺点。他认为，由于张元济坚持"书贵初刻"的观点。《二十四史》除宋、辽、金、元、明五史外，其他十九史都要从宋元版本中选择版本。但进入20世纪以后，宋元版的旧本已经十分稀少，张元济尽管尽了很大的努力，并没有找到全部各书初刻时的版本，只能找相对比较好的版本。在能够找到初版时，哪一个版本最好，就用哪个本子。"燕华"的文章批评版本选择不当，并未明指是哪一种。但从《张元济傅增湘论书尺牍》中可以发现此类问题。最严重的是《五代史记》，俗称《新五代史》。《百衲本·五代

① 《叶圣陶序跋集》，第154—157页。
② 《商务印书馆史及其他——汪家熔出版史研究文集》，第510—512页。

史记》用的是傅增湘所藏的宋庆元五年（1199）刻本。这个版本虽距首刻不远，但属于辗转传抄的建阳坊刻本（版本学界通称麻沙本），存在严重的讹误及脱漏等问题，与清朝殿本相对照，竟然有400余处错误。显然，这个版本比殿本要差。但由于《百衲本二十四史》以宋元版本为标榜，也只好将就选用这个很差的版本。由于所选底本不能全部超过其所批评的殿本，张元济"为保宋刊之声誉，免外人之指摘起见"[①]，对所选的宋元版本的底本大动了手脚。黄善夫本《史记》是张元济最满意的一个本子，但这个版本也是建阳坊刻本，是一个麻沙本。有学者以北京图书馆所藏70卷《史记》与百衲本《史记》比照，发现《百衲本》全书改动的地方不少于1800处。[②]

这就涉及影印古籍中的一个关键问题，即描润的是非问题。《百衲本》的描润并不限于对古籍上的瘢垢、墨迹、双影、溢墨等的梳剔，而是进行了校改，且校改量相当大。山东大学古籍整理所杜泽逊教授根据商务印书馆提供的当年二十四史校勘原册上张元济的批"修"字查证后指出："黄本校勘不精，评价不容过高。涵芬楼影印时改正了两千处，厥功甚伟，但也因此大失原貌，造成版本系统混乱。"[③]另外，《百衲本二十四史》在校改时改错的也不少。如《元史》改错的近80处。《周书》《魏书》《五代史记》也都有大量校改，且改错的也不少。

商务印书馆影印古籍时进行描润，在当时就有人持异议，张元济于1933年撰写《记百衲本二十四史影印描润始末》一文向社会散发，解释描润之必要及程序、手段如何完备，告诉大家决无修错之可能。在具体分析了《百衲本二十四史》存在的以上问题后，汪家熔先生指出："因为'为保宋刊之声誉'，'衲史'所附校记一反通行习惯，不是指出本版之具体缺点和改正或应改正各字，而是批评殿版之疵戾及表明'百衲本'所采用本之好。这就对读者在读本版时缺少帮助而'迷于所向'了。"[④]

---

① 《张元济傅增湘论书尺牍》，第247页。

② 汪家熔：《商务印书馆史及其他》，第258—259页。

③ 汪家熔：《商务印书馆史及其他》，第259页。

④ 汪家熔：《商务印书馆史及其他》，第260页。

在评价《百衲本二十四史》时，我们也不能不注意到这么一个事实。即《百衲本二十四史》虽是张元济主持且是他花费心血最多的工程，但它毕竟是商务印书馆校史处十几人合作完成的集体项目。而且承担校改任务的王绍曾、钱钟夏等，当年多数还是刚迈出大专学校大门的年轻学子。商务印书馆不请名扬四海的校勘学家，而请初出茅庐的学子来承担这样一项学术任务，恐怕也是出于成本利润的考虑。道理很简单，初出茅庐的年轻学子薪水低微，而名扬四海的学者则身价不菲，一切要算成本，这是民营企业的特点。校史处的成员多数是刚出校门的青年学子，进校史处的头3个月为试用期，试用期间，每月工资40元，试用期满加10元。满1年后再加10元。每年年终再加发1个月工资。[①]用这点薪水是请不到成名的专家学者的。明乎此，则不难理解《百衲本二十四史》存在的问题。而且作为一种商业行为，衲史出版要抢时间赶进度，也不允许反复进行推敲。著者以为，《百衲本二十四史》无论是讲贡献，还是讲存在的问题，都不宜完全记在张元济一个人头上。

影印《四库全书》

《四库全书》是1782年（清乾隆四十七年）编竣的，分经史子集四类，共79309卷，36304册，是我国最大的一部典籍丛书。由于卷帙浩繁，乾隆皇帝谕令在紫禁城内的文华殿后建立文渊阁保存该书。后又下令复缮三部，分藏于甘肃天水文溯阁、京城圆明园的文源阁、热河行宫（今承德）内的文津阁。之后又复缮三部，分藏于人文鼎盛的江苏扬州文汇阁、镇江文宗阁和浙江杭州的文澜阁。1860年10月，英法联军侵入北京，火烧圆明园，文源阁藏《四库全书》首先被毁。随后，分藏于江苏扬州文汇阁和镇江文宗阁的两部《四部全书》又在太平天国战乱中散佚，杭州文澜阁所藏的《四库全书》亦大部分散佚。到1912年中华民国成立时，《四库全书》只剩下三部尚完整。1917年初，张元济

---

① 王绍曾：《商务印书馆校史处的回忆》，《商务印书馆九十五年——我和商务印书馆1897—1992》，第299页。

从友人处得悉上海犹太富商哈同拟出资翻印《四库全书》。张元济认为，《四库全书》是国家文化的宝藏，要翻印的话，理应由商务印书馆担任。于是，张元济于1月7日呈文北京政府教育部，请求借京师图书馆藏《四库全书》及其他各本影印。同月18日，教育部驳回了张元济的请求。

1918年10月10日，"文治总统"徐世昌登台后，命金梁编文华、武英二殿古物陈列目录。金梁建议先印《四库全书》，得到徐世昌的同意。交通部总长叶恭绰从欧美访问归来后，也带给徐世昌一个重要信息，称西方国家颇重视中国文化，对《四库全书》尤为重视，建议重印此书。根据叶恭绰的建议，徐世昌命国务会议讨论此事。1920年5月，法国总理班乐卫访问中国，提出以退还庚子赔款来印《四库全书》。徐世昌令朱启钤主持其事，1920年10月9日徐世昌颁布了仿印《四库全书》的"总统令"①。

影印《四库全书》，作为国内最大的印刷出版企业的商务印书馆自然是当仁不让。早在这年初，叶恭绰就请商务印书馆就影印费用和工期进行估算。商务印书馆发行所所长鲍咸昌估算《全书》计100万页，石印六开连史纸、毛边纸各150部，需70余万元；3架机印为期需19年。张元济认为"如此长期，说不出去"，改为13架机器印，5年完工。张元济随即将此估算方案电告叶恭绰。之后，张元济写信给傅增湘，请他在北京为商务印书馆代揽影印《四库全书》的业务。1920年10月5日，张元济应召赴北京，商谈印书事宜。8日，张元济访交通部总长叶恭绰。叶提出，能否联合各出版社组织一个承印机关，并称政府已筹到专款30余万元。张元济向叶恭绰询问销路问题，叶答：每省1部，每督军15部，学校5部，哈同5部，个人有力者15部，有力之机关6部，政府25部，共计100部。日本30部，欧美70部。合计可达200部。张元济认为销数绝不会有如此之多，因此，提出两个办法：一是政府拨款，由商务印书馆代办材料代印；二是商务印书馆承办，但由政府垫款。叶恭绰极力主张联合各家承印，张元济预言联合承印必无结果。两人意见不一致，但叶恭绰称拟约朱启钤谈。10

① 总统令云："《四库全书》，为我国最巨典籍，名播海外，迄今百载。前之分存七部，仅余其三。既有日即沦散之虞，而承之俦，亦未由得资沾溉；中外人士，多有以印行为请者。自应设法仿印，以广流传，而垂永远。"

月12日晚，张元济访朱启钤、陶湘。朱启钤声称："决不自行设局，须与一有经验、有信用之公司订约承办，条件保证确实。"张元济指出，翻印《四库全书》所需费用巨大，决不是一家出版社可以独自承办的。这次商谈又没有取得结果。

10月15日晚，教育部总长范源廉约朱启钤、叶恭绰与张元济再次商谈。张元济告以预估总费用后提出，印刷可有分印和选印两种办法，分印即依次分批，其余常见之书，即不印亦无妨碍。招商承印也有两种办法，一为先订短期合同，至多一年，一为完全代办，有多少款办多少事。但朱启钤仍坚持原来意见，双方仍不能取得一致。最后决定由张元济代拟一份计划书，再行商议。10月25日，张元济再访叶恭绰，告以影印《四库全书》绝非一家所能承担，必须有几家分担才好办。

影印方案不能确定，徐世昌又于1922年6月初被直系军阀曹锟逼迫下台，影印《四库全书》的计划又一次搁置。

1924年春，商务印书馆为筹备开业三十周年纪念，再次向北京政府提出借印北京文渊阁《四库全书》，并刊发缘起一文。[①]商务印书馆的请求很快得到曹锟政府的批准。3月，高梦旦等人赴京接运《四库全书》。商务印书馆与逊清"内务府"议定照原书格式缩印，以5年为期。商务印书馆并呈文北京政府内务部、交通部、教育部备案。北京政府下令京奉、津浦、沪宁铁路局预备专列，沿途照料，并令京师，直、鲁、苏、沪各地警察局并加保护。高梦旦还代表商务印书馆出具了"决无损失"的甘结。4月5日，高梦旦等会同逊清"内务府"委员到文渊阁查点装箱，当装点到三分之一时，总统府秘书处却突然于4月8日向国务院发出公函称："风闻文渊阁一部《四库全书》，竟由沪上商家托词刷印，商明清室'内务府'人等，有即日装运出京之说，殊堪诧异。查全书卷帙繁重，印刷一切需费既多，延时必久。倘致散失不完，则中国宝籍即损少一部，关系文化，实非浅鲜。应由该院行文该'内务府'阻止。一面分别函交通部，饬警

① 《中国出版史料》现代部分第1卷下册，第467—478页。

察厅查禁装运此项书籍出京等因，无非为爱护古籍，格外慎重起见。”[①]这份公函来得突然，据说其背后真正的原因是曹锟的总统府收支处处长李彦青向商务印书馆索要回扣未遂，以此作为报复。[②]1924年4月14日，张元济致电国务院总理孙宝琦及颜惠庆、王克敏、张国淦、顾维钧，有所申述。[③]4月15日，张元济又致函孙宝琦，详述事情经过，请他向曹锟进言，准许《四库全书》放行运沪。5月3日，孙宝琦复信，为停运《四库全书》事辩解，声称各方面或主张照原书式样，或主张在京印行，并要张元济再次赴京商议。孙宝琦的回信显然是节外生枝。张元济大为生气，立即回了一封口气强硬的信，指出照原书式样在京印行和在北京摄照在上海印刷，都是不可能的事。最后指出："敝馆不揣冒昧，妄议影印《四库》，诚如来谕，无非为关系文化，冀广流传。或谓敝馆将借此以图厚利，果能售出五六百部，亦未尝不可希望稍沾余润。然每部须售三千元，恐求售亦正不易。元济在商务印书馆二十余年，窃欲为学界稍效壤流之助。今值敝馆举行三十周年纪念，故欲乘机以图。元济敢妄言，商务印书馆若不印此书，在若干时期以内，必无人能肩此任。此若干时期以内，又不知经几许沧桑。今仅存之三部，恐且为《永乐大典》之续矣。微闻人言，敝馆将诳取此书，转而售诸异域。此真所谓以小人之腹，度君子之心者。此次日本退不赔款，有人建议提拔若干，以供翻印是书之用，且欲由敝馆担任印刷。敝馆以此保存国粹之伟业，不欲借重外人，故遂引为己任。岂料反以此招谤，诚非初意之所及。

---

① 《张元济书札》，第461页。

② 李彦青是曹锟的嬖臣，恃宠弄权，与财政部总长王克敏及曹锟的弟弟曹锐等朋比为奸，营私舞弊。军队发饷时，李彦青每个师都要扣2万元，甚至更多；所求不遂，就扣款不发。冯玉祥任陆军检阅使时，李、王等多方刁难，甚至曹锟亲自批示，也照样作梗。有一次，冯玉祥采纳谋士蒋鸿遇的建议，送给李彦青10万元。当天下午，李彦青即电话通知冯玉祥派人去领器械弹药。可见，李彦青等人索贿已经到了肆无忌惮的地步。1924年10月冯玉祥发动北京政变，推翻臭名昭著的贿选总统曹锟，缉拿李彦青、王克敏、曹锐。王克敏闻风逃匿，李彦青被关押近两个月后被冯玉祥枪毙。冯玉祥让时任直隶省长曹锐报销一笔军费，可曹锐舍命不舍财，吞服鸦片自尽。

③ 电文如下："北京国务院孙慕丈、颜骏翁、王叔翁、张乾翁、顾少翁公鉴：顷阅公府秘书厅禁运《四库全书》出京至沪，至为惶悚。敝公司呈请清室领印是书，无非鉴于古籍易散，窃欲广为流通，廉价发行，宣扬文化。曾经呈明贵院，并蒙教育、交通两部批准在案。并无托词。敬乞代为剖明。除再正式具呈，恳予维持外，先此电陈，伏维鉴察。"参见《张元济书札》，第472页。

元济尚有天良，讵肯为此？当为左右所深信。如蒙鼎力，俯赐维持，仍照原案，准其运沪印行，非惟敝馆之幸，实为全国学界之幸。如各方误会，不易了解，尽可作罢。敝馆亦不再渎陈。惟望政府诸公，指拨帑项，妙选取通才，克期兴工，毋再蹈五年以前之覆辙。此则元济祷祀以求，而不胜其惓惓者也。”[①]事实上，孙宝琦名义上虽贵为国务院总理，但他是直系军阀曹锟、吴佩孚请来的客卿，手中并无实权。曹锟、王克敏、李彦青之流，估计商务印书馆影印《四库全书》肯定能获大利，所以希望能够从中分利，由商务印书馆送给他们巨款。但商务印书馆及张元济也许根本没有想到要做这样的肮脏交易，也可能想到了但没有完全满足曹锟之流的欲望。因此，表面上的公文是解决不了问题的。

1924年10月，冯玉祥发动北京政变，贿选总统曹锟被囚禁，王克敏遭通缉，李彦青被枪毙，作梗的小人已去。不久，冯玉祥与张作霖推举段祺瑞上台任中华民国临时执政，在好古热心的交通部总长叶恭绰、教育部总长章士钊的提议下，段祺瑞同意由商务印书馆影印《四库全书》。1925年6月10日，叶恭绰致电张元济称：“京津同人颇主乘时重提印著《四库全书》事。机不可失，务望指定一人来商种切，并希赐复。”次日，张元济复电谓：“招印《四库》，盛意极感。时局变迁，未敢轻试。仰荷提倡，愿闻其详。一切函陈。”显然，张元济吸取了前次的教训，不再轻易相信。6月13日，叶恭绰再电张元济，声称：“印《四库》书事，现在多人赞成，望即定专员来商。”见张元济没有及时回应，教育部总长章士钊又于7月21日致电张元济和高梦旦、李拔可，称印行《四库全书》事，“政府有意继续前议办理，务请贵馆委派代表来京会商”。

在叶恭绰、章士钊两位总长的一再函电催促下，张元济于7月22日复函，提出六条先决条件，请他们核实。这六条的原件尚未发现，但从张元济8月10日复傅增湘书中可知其大概。大意是：商务影印《四库全书》需印400—500部，国产手工纸数量有限，必须使用进口洋纸，用洋纸必须用洋装，用洋装即必须用四分之一的版式。字小可以压缩卷帙，使总售价不致过于昂贵。这样销

① 《张元济书札》，第463页。

数可以增加。[1]张元济从增加销路出发提出来的六条先决条件，显然不符合叶、章的意图。叶、章坚持用中国传统的纸张和版式。他们在收到张元济开出的六个条件后一时没有答复。张元济派商务印书馆北京分馆经理孙壮前往询问，叶恭绰反过来责怪商务印书馆没有诚意。8月10日，张元济致函傅增湘，详告与叶、章函电往返的经过，请傅代为向叶恭绰询问，开出的六条，何者可以接受，何者不可以接受，希望他们提出明确的意见。张元济在函中还表示："如有其他办法，亦望见告，以便开会详细商酌。又行严（章士钊）所询与玉虎（叶恭绰）是否同出一源，将来不至使敝处有左右为难之处。否，亦乞代为探示，并恳秘密，不宜当众宣布，恐从中或有不便也。"[2]

8月中旬，李拔可代表商务印书馆赴北京接洽。商谈过程并不顺利，商务印书馆与政府方面在影印开本、售价、政府订购书的付款方式等问题上意见都不一致，商谈颇为棘手，京沪间函电往返不断。张元济同时与傅增湘往返磋商，一方面征求他的意见，同时也请他从中斡旋。最后在傅增湘的鼎力斡旋下，双方达成了协议。1925年9月24日，中华民国临时执政府国务会议通过决定，由商务印书馆影印《四库全书》。

至此，似乎可以说大功告成了。但张元济深知时局动乱，对此事的最终结果并不乐观。他在致傅增湘的信中说："印《四库》事，荷公鼎力从旁相助，得底于成。拔可入京办理，此事弟尝譬之唐三藏取经，层层难关，均已度过，此时总算望见大雷音寺矣。白马驮归，尚未知在何日？尚望诸大护法家始终保佑。至属分四期运出，政府稳固原无不可，但现在政府是否能保持五六年？即能之，而现在主张之人是否能不更变？来者恐未必，尚有许多书呆子（京中社会）。尝言之：取经之事，唐三藏亦只可一遭，若令往返数次，非独太危险，且恐送却性命矣。"[3]

10月12日，李拔可代表商务印书馆与北京政府教育部签订了影印《四库全书》的合同及承印《四库全书》特种本专门合同。合同规定，《四库全书》分印

---

① 《张元济全集》第3卷，第322页。

② 《张元济全集》第3卷，第322页。

③ 《张元济全集》第3卷，第322—323页。

三种：（1）特种9开本，以1页为1页，用手工连史纸，线装分订36000余册，每册60余页，每部售价一万二三千元。由政府出资定印30部，分藏国内图书馆，并分赠各国以传布东方文化。定印之书，每部照廉价作1万元，共30万元，指定的款，于1年内尽一次或分二次付清。商务印书馆亦可以附印若干部，自行发售。（2）甲种4开本，以4页为1页，用道林纸印，布面精装，分订1000册，每册约600页，每部售价三四千元。（3）乙种4开本，以4页为1页，用道林纸印，纸面线装，分订5000册，每册约120页，每部售价三四千元。甲乙两种均由商务印书馆酌定印数，预约发售。此外，又曾考虑以4页为1页，用手工连史纸印4开本，线装分订5000册，每册约120页。及以1页为1页，用手工连史纸印6开本，线装分订36000余册，每册60余页。都因纸张短缺，采购无把握，未能定议。

10月17日，教育部训令京师图书馆，将文津阁所藏《四库全书》一部点交移沪影印。商务印书馆即会同教育部、京师图书馆查点装箱，至10月20日全部查点完毕，共计经史子集四部3460种，79338卷，36225册，6144函，装成1024箱。22日，商务印书馆又与京师图书馆订立了运还《四库全书》合同，规定全书6144函，于5年内分16次（每次384函）运还。商务印书馆为原书到沪后的安全计，放弃原拟储藏于闸北宝山路东方图书馆的计划，另行在租界内的江西路租用某外商仓库存放，以便保险。

正当准备请交通部指拨专车启运南下之时，孙传芳的五省联军和张作霖的奉军为争夺江苏、上海、安徽地盘全面开战，津浦铁路中断，叶景葵、高梦旦建议，由铁路运到天津后，保足水险，改由海运。但张元济等认为海运无准期，又担心军阀舰艇扣留商轮，不敢轻于冒险，不得不暂时放弃启运计划。到战事暂时平息，商务印书馆又于1926年秋重新提请查照旧合同将书运沪。此时，北京政府已经易主，段祺瑞、叶恭绰、章士钊一班人都已仓皇下台而去，胡子出身的奉系军阀首领张作霖以安国军总司令、安国军大元帅的身份入主北京，而且已经装箱的文津阁本《四库全书》，因事隔一年，已全部归入原架陈列，商务印书馆的要求未能得到同意。

1933年春，日寇在控制东北三省后，又把魔爪伸向关内，华北危急。同年春，文渊阁所藏《四库全书》随故宫古物南迁上海，存放在法租界天主堂街

（今四川南路）某仓库内。国民政府教育部即将此套《四库全书》拨归中央图书馆筹备处。4月20日，教育部呈请行政院准予印行《四库全书》珍本，将其中向未付印或已绝版之珍本八九百种先行付印。

随后，中央图书馆筹备处负责人蒋复璁持其叔蒋百里之介绍信来见张元济，商谈由商务印书馆承印事宜。张元济鉴于以往几次功败垂成的教训，对此意兴阑珊。张元济让蒋复璁往见总经理王云五商谈。王云五认为，此事为营业计可以不做；为名誉计，为本馆同人宗旨计，却不能不做。此时，张元济已经退休，商务印书馆遂由总经理王云五出面与中央图书馆筹备处负责人蒋复璁商谈具体事宜。

6月17日，商务印书馆与中央图书馆筹备处签订了影印《四库全书》未刊珍本合同。规定将未刊珍本缩成6开本，用江南厂机制毛边纸印，每部9万页，线装分订1500册，限两年出齐。两个月后，由教育部出面函聘专家编订了《四库全书》珍本初集目录，选书231种，较原定增加2万余页，分订1960册，印成1000套，分4期至1935年出齐，商务印书馆按照合同，以印数的十分之一，即100套赠与中央图书馆筹备处。

文渊阁《四库全书》本为北平故宫博物院所有，而南京国民政府教育部决定印书时并没有与故宫博物院协商，于是故宫博物院与教育部又发生了争执。傅增湘将其内幕函告张元济："文渊原属故宫所管，今中央研究院乃蔑视不与分利，殊失情理之平。现故宫人员有不愿南来启钥点交之议，馆中似宜预思斡旋之策。此次袁守和南来，颇欲调停此事，可属云五推诚与商。若只用高压手段，将来各走极端，必仍无成。"①此种纠纷本来与商务印书馆无关，故张元济在复傅增湘函中表明了商务印书馆不介入，静观事态发展的态度。②故宫博物院与教育部之间的利益纷争，后经袁同礼（字守和）南下磋商后得以摆平，但新的问

① 《张元济傅增湘论书尺牍》，第298页。

② 张元济信中云："本馆承印四库全书事不料如许纠葛。近得北平友人来信，谓馆中疮痍未复，何必为此不急之务，言下颇有指斥在事人多事之意。其人盖与公司有关者，不知此次承印与前两由馆主动者绝不相同。初由蒋某来商，即百里之侄持其叔之信来见。弟甚无意于此，令其见王君岫庐。岫庐乃谓为营业计可以不做，为名誉计，为本馆同人宗旨计，却不能不做，乃与商定合同。至此书属于故宫，属于教育部，弟全不了了，岫庐更不知悉。袁君守和昨来晤，始知个中曲折。本馆全在被动地位，且含有义务性质，此时静候教育部办法。好在尚未着手，即罢议亦无碍也。"参见《张元济傅增湘论书尺牍》，第300页。

题又随即出现了。

北平图书馆副馆长袁同礼、善本部负责人赵万里（字斐云）又以《四库全书》所收不都是善本，而且有的经过四库纂修者删改为由，主张广求善本以代库本，定名为“罕传本”。袁同礼、赵万里的意见，开始时得到了傅增湘、叶恭绰、董康、刘承幹、董康（绥经）、徐森玉（积余）等国内著名版本目录学大家的支持。如傅增湘在致张元济的信中也提出：“据报知馆中承印四库书已定局，其目俟寄到当细核，总期切实得用，不必尽以未刻为限，未刻之书亦有不必印者。明刊罕见之品亦有宜加入者，非解人不知此中甘苦矣。……目中之书如有旧本胜库本者，似宜改用，亦望公主持之。四库馆所用多有非足本者，若能多得善本，则声价愈增矣。”[1]

半路上又杀出个程咬金来！张元济对此十分懊恼，在复傅增湘的函中说：“来示谓有旧本胜于库本者宜改用，弟意与尊旨微有不同。鄙意四库还他四库，善本尽可别行。此时公私各家倘能慨出所藏，畀以影印，弟必劝馆中竭力为之。从前印《续古逸丛书》即此志也。此事惟有请鼎力提倡耳。昨晤袁（同礼）君，亦以此告之。”[2]7月13日，张元济致函袁同礼，正式表明商务印书馆的态度和立场。8月14日，袁同礼复函张元济，重申其主张。[3]张元济始终坚持四库自四库，善本自善本，二者并行不悖。张元济坚决反对在四库中掺用善本的原因，大致不外以下两个原因：一是寻找善本费时，观成无日；二是制版成本大大加重，这对于讲究经济效益的商务印书馆来说，是绝对难以接受的。随后，张元济写信给傅增湘，请他向袁同礼、赵万里疏通解释商

① 《张元济傅增湘论书尺牍》，第298页。

② 《张元济傅增湘论书尺牍》，第300页。

③ 《中国出版史料》现代部分第1卷下册，第481—483页。

务印书馆的主张。[①]傅增湘首先接受了张元济的意见，表示："用阁中正本，自是正法。采用善本别为一部印行，大可并行不悖，且未刊之书不能全有善本也。"

然仅得傅增湘意见转圜，北平学界名流仍是议论纷纷。清史专家孟森特发表《选印四库全书平议》，系统阐述他的观点。[②]张元济在托傅增湘向袁同礼、赵万里等人疏通的同时，于8月10日在上海《申报》公开发表《就影印四库珍本答记者问》，重申自己的观点。[③]同一天，张元济函告好友蔡元培："教（育）部拟印《四库未刊本》，由商务印书馆承办。前日见《申报》登载我兄与袁君守和联名公呈，主张有旧刻旧抄者，应用原帙。陈义自高，惟言之易而行之难，窃恐观成无日。鄙意世间书籍不患其多，库本善本不妨并印。北平图书馆所收宋、元、明旧刊或旧抄之本有意流通，弟必力劝商务印书馆同时举办。倘荷鼎言，俾得假印，则于学术界实幸事也。附去前致袁、赵二君信及今日《申报》所载谈话。倘于贵体全瘳之日加以披览，曷胜感幸。"[④]

8月14日，张元济又致信傅增湘："影印《四库全书》此中有人蓄意破坏，公等殆未深知。昨见报章授经领衔致教（育）部公函，公名列第二，谨剪呈，乞察入。（鄙见书籍出版不厌其多，武英殿聚珍版丛书均出库本，世人亦甚珍本之也。）弟前日晤授经（董康），谈及此事，渠谓赵万里方持一信来，已签名去矣。弟复告以个中曲折，授经乃恍然。我兄7月29日来示，亦主张阁本、善本可以并印，然则上教部函又似未之知也。以鄙见度之，教部震于公等大名，恐

---

① "本馆承印四库未刊本事，故宫博物院与教部争执，竟不免延阁。闻部院之争业经解决，以后为选书之事，袁守和、赵万里二君仍坚持掺用善本之议。弟意四库自四库，善本自善本，二者可并行不悖。近来影印善本，尚以本馆为最努力。《四部丛刊・续集》明岁仍当出版，但虑无书；果有书，未有不乐于影印者。此事惟吾兄相助最多，亦相知最审耳。惟必欲掺入四库，则访借需时，观成无日；而制版成本加重，恐更难于销行。四库不能全印，诚属憾事。然能印未刊之本，慰情究为聊胜。若虑四库已印某书，将来又印善本，不免重出。世间重出之书甚多，正可彼此参考，故鄙见以为二者不相妨而实相成也。袁、赵二君计当先后回平，其往来信均已录寄伯恒，属其呈阅。晤二君时并乞代为解释，俾不至有所误会。"参见《张元济傅增湘论书尺牍》，第305页。

② 《中国出版史料》第1卷下册，第484—486页。

③ 《张元济诗文》，第245—246页。

④ 《蔡元培书信集》下册，第2260页。

不免将固亦合算。惟影印四库一事，一而再，再而三，亦可谓磨折多矣。”

虽然阻挠商务印书馆承印的势力很强大，但因为商务印书馆得到教育部部长王世杰的强有力支持，事情最后成功。[①]1933年8月，教育部成立编订《四库本书未刊珍本》目录委员会，委员会委员有张元济及陈垣、傅增湘、李盛铎、袁守和、徐森玉、赵万里、董康、刘承幹、傅斯年、顾颉刚、张宗祥、柳诒征、马衡等。张元济以自己是商务印书馆董事，“事涉本身，未便有所论列”，致函教育部宣布辞去委员职务。陈垣、傅增湘、袁同礼等人组成的编订《四库全书》未刊珍本目录委员会几经反复，最后确定选书231种，约111000页，分装2000册。

11月23日，张元济在致汪兆镛信中透露：“商馆承印《四库》未刊本之事，经多数争论，卒从原议定局，现已开始摄照。此事起于十年以前，不过偿夙愿，聊尽义务而已。”《四库全书珍本》于1935年出齐，全书共印1000套。依照合同，中央图书馆得100套。商务印书馆发行900套。文源阁本的《四库全书》在1949年被国民党运往台湾，收藏在台北的“故宫博物院”。

整理与出版古籍的总评估

张元济从1902年进商务印书馆，主持古籍出版工作，到1940年主持最后一本古籍《稼轩词》的影印为止，历时38年。

有学者指出，张元济主持商务印书馆的古籍影印工作，有以下3个特点：

一是影印古籍的数量大。从清末开始的《唐四名家集》《五唐人诗集》《唐六名家集》《唐人八家集》《元人十种诗》《涵芬楼秘笈》（10集，51种，80册，1916年）等中小规模文集，到20世纪20年代开始的《四部丛刊》三编及《续古逸丛书》《百衲本二十四史》《四库全书珍本初集》《续藏经》《道藏》《国立北平图书馆善本丛书》《丛书集成初篇》，有43种。另外，还有一部《丛书集成》初编（丛书百部，4000余种，4000册，署王云五主编），具体工作虽然是由商务印书馆编审部负责主持，但全部工作是按张元济的计划进行的，加起来大致

① 《王云五先生年谱初稿》第1册，第299页。

相当于清朝御修的《四库全书》的总卷数。

二是珍本善本多。如前所述，张元济在主持商务印书馆影印古籍时，尽可能地搜集了珍稀图书作底本。

三是动员海内外大批公私藏书家。张元济以其声誉和孜孜不倦、锲而不舍的精神，从海内外著名公私藏书家处借到珍稀图书做影印的底本。如此大规模地利用海内外藏书家的珍藏，除了张元济，其他任何人恐怕都不可能做到。

张元济之所以能够做到，除了他本身崇高学术地位和声望外，还有天时、地利等方面因素。张元济曾对顾廷龙说过这样一番话："影印之事，如早10年，各种条件没有具备，不可以做；迟20年，物力维艰，就不能够做。能于文化销沉之际，得网罗仅存之本，为古人续命，这是多么幸运啊！可是于甄择既定之本，尚未版行，而碰到嬴火横飞，成为灰烬。这又是多么不幸啊！幸与不幸，真是可为长太息者也。"①

张元济为影印古籍付出了艰辛的劳动。从张元济写给傅增湘的几封信中，我们可以见其一斑："比来校印衲史，终日伏案，尚觉不给，真有愈做愈难之势。人谓我过于求精，我则见他人之退步。然既已担任，不能不拼命为之。"②"弟近为校印衲史，几至废寝忘食，今岁只出南朝四史，宋梁两朝均有邋遢本补配，即宋元旧刻亦多烂版，陈书照自日本，尤为模糊。工程之难，为从前竟未想见，附上影印描润始末记，乞公试阅之，可知其艰苦矣。"③

张元济主持古籍影印校勘，用力最多的是在1926年辞去监理正式退休以后。他此时不再在商务印书馆领取工资，纯粹是尽一种义务。1935年6月18日，总经理王云五与经理李拔可、夏鹏联名致函张元济称："近年公司印行《百衲本二十四史》、《四部丛刊》正续各编，全赖我公一手主持，劳苦功高，远非公司在职同人所及。而纯任义务不下十年，尤为全体同人所敬佩不已。'一·二八'以后，编审部同人较少，所有印行古书事宜，自编校以至广告，在在费

① 顾廷龙：《回忆张菊生先生二三事》，《1897—1987商务印书馆九十年——我和商务印书馆》，第14页。

② 《张元济傅增湘论书尺牍》，第280页。

③ 《张元济傅增湘论书尺牍》，第311页。

神。”决定从本年起奉薄酬4000元，并随函附上当年上半年的酬金2000元支票一张，要张“俯顺群情，不当予以拒绝”[①]。当天张元济即复函说：“盛意深感，但弟断断不敢拜领。原票注销缴上，敬祈收回。十年前弟离公司之日，本拟稍事闲逸以终余年，不意大局岌岌，不得不勉尽绵薄，稍尽壤流之劳。迄‘一·二八’以来，诸公惕励忧勤，使弟更不忍于旁视。区区之愿，倘能假我数年，弟终当常为公司办事，但终不能受公司‘钱’，以此报诸君，并以此报身殉公司之故人，亦即以此报始终信我之股东也。”[②]两天后，王云五、李拔可、夏鹏又致函张元济称：“公纯尽义务，不受报酬，在公司有失公道，在云五等良心上实属难安。”再次寄来支票，“务恳俯鉴”。张元济坚拒公司报酬，于次日将原支票涂销退回，履行他为公司尽义务的诺言。

对于张元济主持古籍影印、整理和校勘工作，学者给予了很高的评价。

顾廷龙说：“先生所著《校史随笔》可与王鸣盛、钱大昕相辉映，各书的校记题跋，则可与卢文绍、顾千里颉颃。”傅增湘对张元济校印古籍的评价，引用王鸣盛的话加以赞扬说“予任其劳，而使人受其逸；予居其难，而使人乐其易。”又称先生“胪版刻之源流，举文字之异同，恒与前贤发明，或引今时之创获。所采者皆前人未见之书，故其论定者，多千古未发之覆。阅之关节解，如剃丝棘而履康庄，披云翳而睹晴天。”傅氏之言，可谓笃论。先生发愿流通古籍，他曾经对顾廷龙说过有三个目的：一为抢救文化遗产，使其免于沦亡；二为解决学者求书的困难，满足学者的阅读需要；三为汇集善本，弥补清代朴学家所未能做到的缺陷。这三个目的也基本上达到了。影印古籍规模之大，影响之大，在中国现代出版史上是放一异彩的大事，他的功绩是永远不会磨灭的，后人也会永远怀念他。[③]

王绍曾在对张元济从事古籍整理出版的成就进行全面总结后指出：他的功绩，可以说彰彰在人耳目。他不独为国家保存了大批珍贵的文化遗产，而且自

---

① 《张元济年谱》，第409页。

② 《张元济书札》，第213页。

③ 顾廷龙：《回忆张菊生先生二三事》，《1897—1987商务印书馆九十年——我和商务印书馆》，第16—17页。

壮至老，数十年间，摒弃人世间一切其他爱好，不辞劳瘁地从事精密的整理与校订，对发展优秀的民族文化，丰富世界文化宝藏，都应该有他的一份功绩。这种功绩，诚如张舜徽先生所说，是‘应该大书特书’的。他不愧为近代整理文献最有贡献的学者之一。”①

在充分肯定张元济主持这项工作的重大贡献的同时，我们也不应忘记他的助手孙毓修、汪诒年、蒋仲弗、丁英桂等，以及支持张元济从事这项工作的国内著名藏书家傅增湘、刘承干、瞿启甲、叶德辉等。他们的支持和配合也是不可或缺的。张元济曾在致傅增湘函中说："衲本廿四史经营20年，全赖友朋之赞助，幸得观成。"②这并不完全是谦虚之词，而是事实的真实写照，一件巨大的文化工程，没有多人的配合，单枪匹马是不可能完成的。

张元济说他校勘整理古籍的目的有三：一是为了抢救民族文化遗产，使其免于沦亡；二是为了解决读者求书之难，满足阅读的需要；三是为了汇集善本，弥补清代朴学家所未能做到的缺陷。其实，还有一个目的，就是通过校勘，考订文字的讹衍阙脱，恢复古籍的本来面目。

当然，张元济认为商务印书馆这样一家民营出版企业，整理出版古籍同时也是一种公司的商业行为。这些大部头的古籍丛书大的几千册，少的也千余册，定价都在数百元、数千元甚至上万元，这样昂贵的大部头的丛书不是一般的寒士和读书人所能购买得起的，商务印书馆同人说：这些书"多数成了目不识丁的商家大贾客厅的装饰品"③。商务印书馆在书没有印成以前，就刊登广告，散发宣传品，发售预约；收到预约款后，过一两年才出书，因而把这作为吸收现款的最好手段。到了后期，商务印书馆经济困难的阶段，更不能不靠预约款的救济，把征购预约书的多少作为分馆经理的考绩。前一部预约书还没有出齐，接着登出第二部预约书的广告，作为印行前一部书印费的准备，所以用尽心机，拟议大部头预约书的题目。商务印书馆几次计划刊印《四库全书》，当然也包含着经济上的考虑。

---

① 《近代出版家张元济》，第123页。

② 《张元济傅增湘论书尺牍》，第227页。

③ 章锡琛：《漫谈商务印书馆》，《1897—1987商务印书馆九十年——我和商务印书馆》，第122页。

曹冰严在《张元济与商务印书馆》一文中说：“《四部丛刊》和《百衲本二十四史》两部巨著的印行，对于古籍版本的保存和流传意义较大，而在文化普及方面则作用不大。因为古籍经过缩印以后，每册售价平均虽只二角几分，但全套售价都在数百元以上（《四部丛刊》初编预约价连史纸五百元，毛边纸四百元），非寒士所能购买。那时国内的图书馆还不发达，中小型图书馆也限于经费，无力购置。所以主要定户，一般都是国内的大型图书馆、大学校、藏书家以及财阀、富商之流（作为陈设品）。但在国际文化交流上，却有较大的影响，国外如法、德、英、美、荷兰、丹麦等国家的大学、图书馆、汉学家都来信预订，因此《四部丛刊》还定了一个英文名称（*The Sze Pu Tsung Kan*，*kr The Library of Chinese Classical*，*Historical*，*Philosophical and Literary Works*），日本因同文关系定户最多，共有30余户。”①

这当然是时代条件的限制，不是张元济个人能改变得了的。

20世纪二三十年代，在张元济主持商务印书馆大量影印和排印古籍的同时，中华书局、开明书局等出版社也争相影印或排印古籍，形成20世纪第一个影印古籍的高潮，这个高潮直到1937年抗日战争全面爆发才被打断。

对于这个影印和排印古籍的高潮，学者们有很多评论。1924年1月9日，郭沫若在《创造周报》第36号发表《整理国故的评价》，他说：“至于国学究竟有没有研究的价值？这是要待之后才能解决的问题。我们要解决它，我们便不能不研究它。研究的方法要合乎科学的精神，研究有了心得之后能说到整理。而且这种整理事业和评价我们尤不可估之过高。整理的事业充其量只是一种报告，是一种旧价值的重新估评，并不是一种新价值的从新创造，它在一个时代的文化进展上，所效的贡献殊属微末。……我们常常向朋友谈笑话，说我们应该努力做出些杰作出来，供百年后的考据家考证——这并不是蔑视考据家或者国学研究家的尊严，实在国学研究或考据考证的评价原是只有这样。它只是既成价值的估评，并不是新生价值的创造。我们从事于国学研究的人应该先认明

① 王云五：《我所认识的高梦旦先生》，《1897—1987商务印书馆九十年——我和商务印书馆》，第24页。

这一点，然后虚心允己去从事。庶几可以使多少人盲从，而真挚的研究家方可出现。”①

郑振铎的观点似乎更加激烈。他在《小说月报》第20卷第1号（1929年1月出版）上发表《且慢谈所谓“国学”》一文，在分析“国学”抬头的历史背景与内容后断定：“‘国学’与‘国学家’的历史上的背景与其内容既然如此，那末，我们很可能知道他们在今日的中国是一无所用的废物了。——不仅无用，且还有阻碍于中国民族的进步与发展。”他的结论是“且慢谈所谓‘国学’！”他说：“古书少了几个人谈谈，并不是什么损失。古书不于现在加以整理研究，也不算什么一回事。现在我们不去研究，不去整理，等到一百年一千年后再加以整理，研究，也并没有什么关系。宋版元版的精本，流入异国，由他们代为保存，也并不是什么可叹息的事。在今日的中国而不去获得世界的知识，研究现代的科学，做一个现代的人，有工作能力的人，那才是叹息的事。在今日的中国而不去尽力设法输入采用西方的文化与思想，以期彻底扫荡我们的中古期的迷雾与山瘴，那才是可叹息的事。在今日的中国而不去介绍研究西方的事物，努力求中国的生存建设与发展，那才是可叹息的事。”“总之，我们如要求中国的生存、建设与发展，则除了全盘输入与容纳西方的文化之外，简直没有第二条路可走。在思想上是如此，在文艺上是如此，在社会上也是如此，我们要求生存，要求新的生活，要求新的生命力，我们便应当毫不迟疑地去接受西方的文化与思想，便应当毫不迟疑地抛弃中古期的迷恋心理与古代的书本，而去取得西方的科学与文明。”“我们不妨抛弃了对于古书的研究，我们不妨高叫着：打倒‘国故’‘国学’，不知道‘国故’‘国学’并不是可羞耻的事；没有一种专门的学问，没有一种专门的工作能力，那才是可羞耻的事。科学家、工程师，本不应去读什么浩瀚的《九通》《十三经》《二十四史》，这对于他们是毫无用处的。植物学家、矿物学家、化学家，也可以完全不读过某一种国学必读书中的任何一种，这些书对于他们也是毫无关系的（如果他们要读王维、白居易诗集

① 郭沫若：《整理国故的评价》，耿云志主编：《胡适论争集》上卷，中国社会科学出版社1998年版，第956页。

似的去欣赏它们，那是他们的自由，我们必不去过问）。”他还建议：“用印得四部什么，四部什么的印刷力，来翻印或译印科学的基本要籍与名著。”①

对于20世纪20年代出版界（自然也包括张元济及商务印书馆）影印古籍的评价，褒贬之间轻重如何权衡，不是一个很容易有定论的问题。作为民营出版业的一种商业行为，一味对其拔高，把它的价值说得很高很大也不一定妥当。商务印书馆影印《四部丛刊》，经济上的考虑是其重要因素，亲历其事的沈雁冰说：

> 商务印书馆当权者此时却也为一件大事而发生争论。这件大事便是《四部丛刊》的性质究该如何？当权者的一派主张《四部丛刊》应该尽量采用宋、元、明的刊本而精工影印。这一派可称为“善本派”，也有人讥讽地称之为“制造假古董者”。另一派主张注重实用，例如《庄子》，便应该采用郭庆藩的《庄子集释》或王先谦的《庄子集解》，《墨子》就应该采用孙诒让的《墨子闲诂》等等。这是“实用派”。据说两派争论了五六个月，最后还是“善本派”得胜。“善本派”就他们同馆外人接触而得的印象，举出这样一个理由：《四部丛刊》的购置者将是附庸风雅的大腹贾、军阀，地主阶级的书香人家，少数几个大学图书馆（当时公立图书馆寥寥可数）。至于真正做学问的寒士是买不起的。他们所需要的如《庄子集释》之类，通行本很多，他们早已买了木刻原版，不会再来买铅印本（实用派主张《四部丛刊》用铅字排印）。而况倘用铅印，合格的校对人员很难找（编译所中只有编辑《辞源》的一班人可以胜任），即使找到，薪水必高，则《四部丛刊》的成本也将随之增高，也会影响销路。如果影印善本，估计可销一千，那就已经有盈利了。这一笔经济帐，使“实用派”哑口无言，因为“实用派”也不能不打经济算盘。后来中华书局所出的《四部备要》，实即商务所不采取的“实用派”的办法。②

① 《郑振铎散文》中册，第79—80页。
② 《我走过的道路》上册，第151—152页。

第十章　公共图书馆建设的先驱

创建涵芬楼与东方图书馆

张元济不仅是著名的出版家，也是我国公共图书馆建设的先驱之一。

如前所述，张元济创办的第一个图书馆就是通艺学堂的图书馆。这是我国近代意义上公共图书馆的雏形，张元济亲手拟定的图书馆章程是第一份形之于文字的正式文献。

张元济进入商务印书馆后，立即着手购买书籍，直接目的是为编译所建一个资料室。张元济在《涵芬楼烬余书录·序》中写道："余既受商务印书馆编译之职，同时高梦旦、蔡孑民（元培）、蒋竹庄（维乔）诸子咸来相助。每削稿，辄思有所检阅，苦无书。求诸市中，多坊肆所刊，未敢信。乃思访求善本暨所藏有自者。"①

清末民初，政权更迭，社会动荡，处在这一个衰乱之世，原有大户藏书家的藏书纷纷散佚，这在客观上为张元济利用商务印书馆的雄厚经济实力收购古书提供了条件。这项工作也得到了历任总经理夏瑞芳、印有模、高凤池、鲍咸昌、王云五等人的大力支持。

1907年，为收购浙江归安（今湖州）陆氏"皕宋楼"藏书，总经理夏瑞芳

---

① 《张元济诗文》，第282页。

在商务印书馆总资金仅数十万元的情况下，慷慨同意拿出8万元资金让张元济去收购“皕宋楼”藏书，此事虽然最终没有成功，但张元济对夏瑞芳这种大度和气概仍十分感动。稍后，由蔡元培居间介绍，张元济收购了会稽（今绍兴）徐友兰“熔经铸史斋”的全部藏书。清朝宗室盛昱的“意园”及广东丰顺丁日昌“持静斋”图书散失时，张元济也从中收购到了百余种。此后，张元济根据商务印书馆同人的建议，又在全国性大报上登出收购古书的广告。于是，欲出让藏书者纷纷找上门来。

此时，商务印书馆因出版教科书一炮打响，业务蒸蒸日上，在夏瑞芳总经理的慷慨支持下，张元济又陆续收购了江苏太仓顾锡麒的“謏闻斋”、直隶端方的“宝华庵”、江苏江阴缪荃孙的“艺风堂”、湖北巴陵方功惠的“碧琳琅馆”、广东南海孔广陶的“三十三万卷楼”，以及荆州田氏、海宁孙氏等藏书家的部分藏书，其中有不少名贵的善本，如宋刊本《六医注文选》、宋朝黄善夫刊本《史记》、南北宋刊配合而成的《南华真经》、宋刊元修之《资治通鉴》、宋庆元刊《春秋左传正义》、抚州本《春秋公羊传解诂》、宋绍兴刊本《后汉书》等。太仓顾氏“謏闻斋”藏书，大都是黄丕烈、汪士钟两家的故物。

1920年3月，王莼农通过卞艺侯、瞿兑之向张元济介绍江苏扬州何秩辇的藏书，计有明版3732本，抄本554本（内有数种计92本未计入），殿本1099本，普通书34898本，共计40375本。5月20日，张元济偕友人吴侍秋、葛嗣浵赴扬州何秩辇家观书。张元济等在何家观书3日，并由主人陪同游览了扬州名胜平山堂、小金山、徐园、史可法墓及梅花岭等。这次，双方未能就书价问题达成协议。4年多后，何氏又来求售，张元济于1925年1月上旬再赴扬州，双方谈妥价格成交。当时，东南一带已是战云密布，战争一触即发。当张元济将书运到镇江时，江浙战争已经爆发。张元济冒着战火，组织人员将4万余册图书以最快的速度安然运抵上海。

1926年，张元济又出资16万两白银收购了浙江吴兴（今湖州）“密韵楼”质押于浙江兴业银行的全部图书，其中有明朝嘉靖年间重写的《永乐大典》十余册以及武英殿聚珍本《水经注》所自出之前半部，尤为珍贵。“密韵楼”主人蒋汝藻，字孟蘋，生于光绪三年（1877），后中举人。他购下陆氏“皕宋楼”空屋，立志恢复宋元藏本200部。由于种种原因，到20世纪20年代，藏书楼已经无以为继，不得不质押于浙江兴业银行。到期后，蒋氏无力将质押的藏书收回，有意出售藏书以还银行的抵押借款。张元济闻讯后，前往兴业银行仓库仔细翻看了质押的藏书，并与书主几经磋商砍价，最后商定以16万两白银成交。

1926年1月19日，张元济在商务印书馆总务处第696次会议上，就收购"密韵楼"藏书发言："兴业银行抵押蒋孟蘋旧书一宗现在可以设法收购。查此项旧书，鄙人曾一一看过，并为之审定版本。蒋君收藏，费十余年之心力，诚属不易。在银行用作抵押，虽为呆滞，在本馆则因影印旧书为营业之一种，如《四部丛刊》《续藏》《道藏》《学津讨原》《学海类编》《百衲本资治通鉴》《廿四史》《续古逸丛书》等。有数种均已售完，虽有数种销数无多，然从未有不销因而亏本者。此项旧本颇多善本，可以影印者甚属不少。共计宋本563本，元本2097本，明本6753本，抄本3808本，《永乐大典》10本。鄙意久思再出《四部丛刊》续编，留心访求，已有数年，无如好书极不易得。如能将蒋书收入，则《四部丛刊》续编基础已立，再向外补凑若干，便可印行。影印之后，原书尚在，其本来价值并不低减，将来如有机会仍可售去也。""与之商议买价……再三磋商……后折中为16万两。是否可行，谨候公决。"经会议决议蒋氏书即以16万两照购。[①]因为数目巨大，一度引起少数股东的不满。

1912年后，张元济在收购善本书的同时，又锐意收集全国地方志。他认为，地方志虽不在善本书之列，但地方志的记述，有时比善本书还要重要。开始时，地方志每册仅值小银钱一角，其后价格上涨了几十倍至上百倍。在收购地方志的过程中，得到了汪康年、黄炎培、丁文江、黄齐生等一大批友朋的支持。

1909年，张元济为编译所所设的图书资料室取了一个古朴典雅的名字——"涵芳楼"，次年改名为"涵芬楼"。之后，商务印书馆根据历代刻印书籍的惯例，在商务版的古籍上署"涵芬楼印"四个字。

开始时，"涵芬楼"的管理松散，没有一套正规的借还制度，编译人员借书

① 《张元济年谱》，第263页。

长期不归还，少数甚或据为已有。张元济意识到必须建立一套完善的管理制度，他请版本目录学家孙毓修负责清理整顿，但阻力很大。宣统二年（1910），张元济游历欧美日本时，特地参观了外国的图书馆，并询问外国图书馆管理人员，如果读者丢失或不归还所借图书，图书馆该怎么办？管理人员想了半晌，才回答说这种情况极少发生。张元济对此感到很震惊，联想到中国的情况，不仅脱口而出："我国竟如此，真为可叹！"

回国后，张元济在孙毓修的协助下，决心排除阻力，参照国外的管理办法，为"涵芬楼"建立起了一套管理制度。

1921年，商务印书馆为纪念开业25周年，准备办些公益事业。2月1日，张元济在董事会第256次会议上提议，用公益基金创办一个公用图书馆，"于社会尚较有益"，张元济的提议得到董事会的通过。一年后，董事会决定在闸北宝山路商务总厂对面购置一块地，兴建馆舍。同时成立了公用图书馆委员会，张元济、高梦旦、王云五等任委员。

1924年3月，商务印书馆建造的全上海最大的图书馆落成，大楼是一座钢筋水泥的五层大楼，基底面积430平方米，建筑费用10万元，命名为"东方图书馆"。同年5月3日，推举张元济、高凤池、鲍咸昌、高梦旦、王云五等5人为董事，作为图书馆的最高领导机构；王云五、江伯训任正副馆长。1926年5月2日，东方图书馆作为上海最大公共图书馆正式开馆，原"涵芬楼"所藏的古籍移入东方图书馆第3层，作为该馆一部分，即专门收藏古籍的部门，仍称"涵芬楼"。东方图书馆底层为编译所办公室，二层为阅览室、阅报室、办公室；四层为书库，五层庋藏杂志、报章、地图、照片等。

商务印书馆每年出资4万元，作为东方图书馆的购书经费，同时，凡商务版的图书，每种都无偿捐赠图书馆3册入藏。到1932年"一·二八"事变之前，东方图书馆藏有普通中文书26.8万余册；外文书8万余册，图表、照片5000余种；善本古籍3745种，35083册；其中宋版129种，2514册；元版179种，3124册；明版1449种，15833册；清版138种，3037册；抄本1460种，7712册；批校本288种，2126册；稿本71种，354册；杂本31种，383册。此外，新购进的扬州何氏藏书4万余册尚在整理中。

地方志是东方图书馆的第二大收藏物。到20世纪30年代，东方图书馆收藏有全国22省的地方志2641种，25682册。[①]东方图书馆收藏的省志齐全，全国府、厅、州、县志应有2081种，东方图书馆收藏有1753种，品种种类已占全国府、厅、州、县志总量的84%。收藏有如此丰富品种的地方志的图书馆，在国内还是独此一家。

东方图书馆馆藏中外杂志也十分丰富。外文杂志有荷兰出版的《通报》（*Tung Pao*），英国亚洲文会所出版的《学报》（*Journal of the North china Braneh of Royal Aasiatic Society*）等杂志，都是全套。在福州及上海出版的《教务杂志》（*Chinese Rocird*）及香港出版的《中国汇报》（*Chinese Repository*）、《哲学评论》（*Philosophical Review*）、《爱丁堡评论》（*Edinburg Review*）等杂志也是全套，尤为难得的珍本。东方图书馆收藏的各种科学杂志也很多，而以出版已达100余年的德国《李比希化学杂志》（*Lie big' s Aarmdender Chemie und Pharmazie*）初版全套，是远东唯一的孤本，尤为珍贵。

本国出版的中文日报，如上海的《时报》《神州日报》《民国日报》，天津的《大公报》《益世报》及清末与《京报》并行的《谕折汇存》，均藏有全套；上海的《申报》《新闻报》，也收藏有30多年以上。本国杂志，如《外交报》《新民丛报》《国闻周报》及商务印书馆自办的《东方杂志》等均有全套。

东方图书馆藏书总量为463083册（图表照片除外）。当时，全国第一个国家级图书馆北平图书馆（原京师图书馆）的藏书也只有40余万册[②]。这说明东方图书馆后来居上，与老牌的国家级图书馆的藏书量已经不相上下。当然在藏

---

① 按省区分如下：直隶省230种，1798册；盛京（今辽宁）27种，160册；吉林省3种，58册；黑龙江省3种，16册；山东省194种，1597册；山西省192种，1408册；陕西省133种，776册；甘肃省77种，451册；新疆省1种，30册；四川省222种，1754册；贵州省50种，516册；云南省91种，1010册；江苏省160种，1268册；河南省172种，2084册；安徽省115种，1421册；湖北省122种，1468册；湖南省119种，1524册；江西省221种，2622册；福建省95种，1198册；广东省159种，1481册；广西省67种，576册。参见何炳松：《商务印书馆被毁纪略》，《商务印书馆九十五年——我和商务印书馆1897—1992》，第242—243页。

② 王绍曾：《记张元济先生在商务印书馆办的几件事》，《商务印书馆九十五年——我和商务印书馆1897—1992》，第27页。

书质量上，东方图书馆与北平图书馆相比还有较大距离。

这一巨大成绩的取得，是张元济及其助手孙毓修等20余年辛勤搜集的结果。商务印书馆编译所第二任所长兼图书馆馆长王云五的支持也起了一定的作用。1926年，张元济在《东方图书馆概况·缘起》一文中说："虽未可谓集大成，而图书馆之规模略具矣。十余年来，搜求未辍。每至京师，必捆载而归。估人持书叩门求售，苟未有者，辄留之。即方志一门，已有2100余种，虽多遗阙，要为巨观。"①

曾在商务印书馆担任编译多年的曹冰严说："涵芬楼所藏善本古籍和全国地方志，多数是张菊生先生亲手征集的。记得从1918年到1936年间，几乎每天下午5点钟左右，总有两三个旧书店的外勤人员，带着大包小包的木刻书，在商务印书馆发行所二楼美术柜前等候张先生阅看。对一些值得重视的刻本，他都仔细翻阅，然后带回家去精心鉴别，查核存目，批示价格，那种不辞劳瘁的精神，给发行所同人留下深刻印象。"②

东方图书馆开馆后，每日下午定时开放，供公众阅览。1928年夏，又开了图书馆学讲习所，按照王云五发明的中外图书统一分类法及四角号码检字法编目，制成书名、著者、类别、译者、丛书等卡片30余万张，便利读者查阅。据统计，1929年阅览的人数近3万人，1930年为3.6万余人。1929年，开设流通部，采购新书数万册，专供馆外借读。

1932年1月29日，日寇丧心病狂炸毁了商务印书馆及东方图书馆，东方图书馆的46万余册藏书，除"涵芬楼"的5000余册善本古籍已于1926年转移到金城银行仓库保存，因而得以保全外，所有其他图书杂志均被烧毁。日本海军陆战队司令盐泽幸一丧心病狂地说："烧毁闸北几条街，一年半年就可以恢复。只有把商务印书馆东方图书馆这个中国最重要的文化机关焚毁了，它则永远不

---

① 张元济：《东方图书馆概况·缘起》，《商务印书馆九十五年——我和商务印书馆1897—1992》，第21页。

② 曹冰严：《张元济与商务印书馆》，《商务印书馆九十年——我和商务印书馆1897—1987》，第28页。

能恢复。”[①]

张元济看到数十年辛勤积累而来的图书毁于一旦，感到无比痛心。张元济尤其感到巨痛的有3部书：一是眉山本《七史》中的《周书》，是海内孤本，因为正在拍照制版，抢救不及而毁于炮火。一部是从太仓顾氏“谀闻斋”得来的张金吾辑印的《诒经堂续经解》，全书凡91种，迄未刊行；其中除《三礼疑义》被北平图书馆借去而得以保全外，全书其余部分均从此绝版。第三部是何焯（义门）手校的《古今逸史》，在危急时，张元济曾令办事人员将该书移出来，但办事人员却在慌乱之中拿错了书，结果该书仍未能抢救出来而被毁。张元济说：“变起仓卒，急不暇择，类是者不知凡几，每一念及，使我心痗。”[②]

面对日寇炸弹击中东方图书馆后漫天飞舞的纸灰，悲愤无以名状的张元济对夫人说：“工厂、机器、设备都可重修，惟独我数十年辛勤搜集所得的几十万册书籍，今日毁于敌人炮火，是无从复得，从此在地球上消失了。”“这也可算是我的罪过。如果我不将这些书搜购起来、集中保存在图书馆中，让它仍散存在全国各地，岂不可避免这场浩劫！”

上海停战后，张元济来到金城银行仓库检视幸存的“涵芬楼”藏书，他担心这批书再次遭到“聚久必散”的厄运，特地各撰解题，编成四卷本的《涵芬楼烬余书录》。1951年，张元济在患中风卧病床第的情况下，还请顾廷龙协助将《涵芬楼烬余书录》予以校对整理，同年由商务印书馆出版。

1932年6月7日，商务印书馆东方图书馆复兴委员会召开首次会议，推张元济为主席，蔡元培、王云五为常委，同时推美国人盖尔博士（Dr.Esson M. Gale）、德国人奥托姆教授（Prof.W.Othmer）、英国人钱塞勒先生（C.J.Chancellor）、法国人莱昂先生（L.Lion）等为委员。6月17日，东方图书馆复兴委员会召开第三次会议，议决成立美、德、英、法四国赞助委员会，推以上4位外籍委员分别担任；同时在国内组织南京、杭州、北平、广州、济南、汉口、长沙

① 张人凤：《为国难而牺牲，为文化而奋斗——抗日时期的商务印书馆》，《商务印书馆一百年1897—1997》，第509页。

② 王绍曾：《记张元济先生在商务印书馆办的几件事》，《商务印书馆九十五年——我和商务印书馆1897—1992》，第28页。

等7个赞助委员会，由罗家伦、郭任远、袁同礼、金湘帆、何思源、杨端六、曹典球7人分别负责办理。

1933年4月29日，在商务印书馆董事会上，总经理王云五提议每年从公司乙种特别公积金中拨三分之一作为复兴东方图书馆基金。提议得到通过，会议并通过了《东方图书馆复兴委员会章程》，聘张元济与胡适、蔡元培、陈辉德（光甫）、王云五等5人为委员，主持东方图书馆复兴事宜。其职权为：（1）计划及筹备东方图书馆之复兴；（2）使用东方图书馆基金复兴东方图书馆；（3）为东方图书馆募捐书籍财物；（4）为东方图书馆规定适当办法，以其图书供公众之阅览；（5）为商务印书馆保管东方图书馆财产。东方图书馆重建新馆，拟定预算为40万元。1933年商务印书馆首批拨款45300元，张元济个人捐10000元。1934年、1935年，德国和法国先后捐赠图书3000册和1000余册。1936年12月，累计存款达254000元，准备在1937年春重建新馆，因抗日战争爆发而被迫终止。现在，上海闸北原东方图书馆旧址上立有一块石碑，上书“东方图书馆旧址”几个字，提醒国人记住：这里曾有一座号称“远东第一”的文化宝库，1932年为侵华日寇野蛮毁灭。毋忘国耻！

参与创建合众图书馆

张元济在协助郑振铎抢救文献的同时，还协助叶景葵成立了合众图书馆。

合众图书馆主要发起人是叶景葵。叶景葵（1874—1949），字揆初，浙江仁和（今杭州）人，光绪十九年（1893）到济南结婚时，结识清朝大吏赵尔巽，并得到赵的赏识。光绪二十九年（1903年）中进士，后投入赵的幕府，历任湖南矿务局提调、东三省盛京将军总文案，财政总局会办、驻沪四川转运局总办等职。宣统三年（1911）清廷赏三品京堂候补，实授大清银行正监督。辛亥革命爆发后，叶辞职南下。1912年担任浙江兴业银行汉口分行经理，1915年任浙江兴业银行董事长。1922年3月，浙江兴业银行官股与商股分开，官股称浙江地方银行，总行设杭州；商股称浙江实业银行，设总管理处于上海。叶氏从1915年起担任浙江兴业银行董事长，直到1945年改任常务董事，前后共30年。

从1931年起，叶还担任中兴煤矿常务董事、董事长，是民国时期的著名金融家、实业家。

叶氏早年就读于北京通艺学堂，与张元济有师生关系。从1914年至1935年，叶氏担任商务印书馆董事或监察人21年。张、叶两人关系密切。

叶氏先世即有藏书的习惯，其六世祖曾经建有藏书楼“紫藤花馆”，后毁于战火。到其祖父时加以修复，恢复“紫藤花馆”。叶氏自小受到影响，酷爱买书。他在学校读书时，成绩总是名列前茅，经常受到奖励，他就把奖励的钱用来购书。后来从政做官各地，有了收入，开始大批收购善本图书。有一次，藏书家吴昌绶为了给女儿办嫁妆，一次拿出40种珍贵的明刊本和旧抄本出卖，全部为叶氏收购。

叶氏长期担任银行董事长，在外人看来这是一个肥缺，但叶氏为人清廉，购书之钱都是从自己的薪金中挤出来的。叶氏去世后，人们发现除书籍外，别无积蓄。叶氏藏书共2800多部，3万余册。藏书以稿本最珍贵，如顾祖禹的《读史方舆纪要》稿本，严可均辑的《全上古三代秦汉三国六朝文》底本，以及清代考据学家惠栋的《周易本义辩证》手稿、钱仪吉《南朝会要》初稿本，抄本有周雪客的《南唐书笺注》等。

1939年春，叶景葵鉴于沦陷区文物古籍破坏和流失十分严重，致函张元济，感到十分痛心。为了尽到一份保护中华文化的责任，他决定邀张元济等志同道合者合力筹建一个私立图书馆。叶景葵的设想，得到张元济等人的赞同。

该馆开办之初，叶景葵捐款15万元，并捐出全部藏书。之后，王云五、王志莘、潘承弼、蒋复璁、郑振铎、顾廷龙等各捐5万元。浙江兴业银行常务董事蒋鸿林（字抑卮）捐出股票5万元，并捐书97593卷34463册。

该馆筹备处设在上海法租界辣裴德路614号，1941年9月5日迁入长乐路746号新馆。新馆是一幢3层的图书馆。该馆的名称，张元济等人提议以主要出资人叶景葵的名字命名，但叶氏认为图书馆应依靠大众的力量，并公诸社会，不应看成一家之私产，他提议以“合众”为馆名，得到大家的赞成。大家商量后，决定聘请青年学者顾廷龙主持图书馆。

顾氏毕业于清华大学图书馆专业，此时正任职于燕京大学图书馆。顾氏学有专长，在求学期间已经崭露头角。叶景葵致函顾廷龙，要他辞去在燕大的职务，南下主持合众图书馆。顾接信后向燕大当局辞职，但为校方挽留，不得脱身。1939年5月25日，张元济致函顾廷龙重申邀请，信中说："敝友叶君揆初雅嗜藏书，堪称美富。以沪上迭遭兵燹，图书馆被毁者多，思补其乏，愿出其藏，供众观览。以弟略知一二，招令襄助。事正权舆，亟须得人而理。阁下在燕京研究有年，驾轻就熟，无与伦比。揆兄驰书奉约，亟盼惠临……"张函重申请顾氏"移驾南来"主持合众图书馆馆务。[①]

在张元济等人的诚意邀请下，顾氏终于辞去燕大职务，于1939年7月中旬到上海主持合众图书馆工作。

7月下旬，顾廷龙草拟了合众图书馆意见书，建议以叶景葵、蒋鸿林捐赠的图书为基础，建立一个专门的国学图书馆。意见书并就采购图书的范围、分类编目、读者对象、刊印稿本等具体问题提出了意见，在征求张元济的意见后正式定下来。

1940年4月上旬，合众图书馆发起人集会，选举叶景葵、张元济、陈陶遗、陈叔通、李拔可等5人为董事，组成董事会。后又推陈陶遗为董事长，叶景葵为常务董事。

张元济从1941年4月开始，整理早年陆续收藏的嘉兴府先哲遗著，分批捐赠合众图书馆。从4月23日至7月31日，前后共20次送去乡贤遗著476种，1822册。此外，还有海盐先哲遗著355部，1115册，以及张氏先哲遗著及刊印、评校、收藏下来的图书104部，856册，及石墨、图卷各1件，暂时寄存于合众图书馆，原拟在日后张氏宗祠书楼恢复或海盐县立图书馆建成时领回。由于海盐沦陷，张氏宗祠修复无望，县立图书馆建设更遥遥无期，张元济才决定将这批书改为永远捐助给合众图书馆。

此外，合众图书馆还陆续接收了叶恭绰捐献的地理类图籍近千种，李拔可捐献的"硕果亭"藏书、胡朴安"朴学斋"藏书等。

1946年1月24日，陈陶遗、叶景葵、张元济、李宣龚、陈叔通等5位董事

① 《张元济书札》，第882页。

联名呈文上海市教育局请求立案：

呈为设立私立合众图书馆申请立案事，窃（陶遗、景葵、元济）等当昔国军西移以后，每痛倭寇侵略之深，辄念典籍为文化所系，东南实荟萃之区，因谋国故之保存，用维民族之精神，爰于中华民国28年5月发起筹设合众图书馆于上海。拾遗补阙，为后来之征。命名合众者，取众擎易举之义，各出所藏为创。初设筹备处，赁屋辣斐德路614号，从事布置，先后承蒋抑卮，叶恭绰、闽侯李氏、长乐高氏、杭州陈氏等加以赞助，捐书甚伙。至30年春，筹款自建馆舍于长乐路746号，即于同年8月1日成立发起人会。遵照教育部图书馆规程第十一条规定，决议聘请（宣龚、叔通）为董事，同年8月6日成立董事会。曾未几时，太平洋战事爆发，环境日恶，经费日绌，而敌伪注意亦綦严，勉力维持，罕事外接，始终未与敌伪合作。赖有清高绩学若秉志、章鸿剑、马叙伦、郑振铎、陈聘丞、徐调孚、王庸、钱钟书数十人以及社会潜修之士同情匡助，现在积存藏书约14万册，正事陆续整理，准备供众阅览。采四部分类法，以吏部、集部为多。先儒学稿本、名家抄校本、宋元旧刻本、明清精刊本皆有所藏。其中嘉兴、海盐两邑著述及全国山水寺庙书院志录网罗甚广，皆成专门。他如清季维新之书，时人诗文之集，著名者都备。至近年学术机关所出者谈判亦颇采购，尤注意于工具参考之作，用便考据。此外有清代乡会试朱卷3000余本，陈蓝洲、汪穰卿两先生师友手札约600余家，皆为难得之品。金石拓片搜集约8000余种，汉唐碑拓一部分尚系马氏存古阁旧物，其他以造像为大宗。又河朔石刻为顾氏鼎梅访拓自藏之本，较为完备，间尝校印未刊之稿十又六种，以资流通。6年来经过大概如此。前以交通阻梗不克呈请立案，兹值抗战胜利，日月重光，应将董事会之成立及图书馆筹设一并呈请核明立案，相应检同附件并列应具各款，俯乞钧局鉴核准予立案，批示祇遵，实为德便，谨呈上海市教育局。[1]

同年3月，上海市教育局批准合众图书馆立案。5月，张元济担任董事长，徐鸿宝任董事。

1946年时，合众图书馆总藏书量约14万册。全馆经费为70万元法币。

1946年，又值张元济八十大寿，合众图书馆请潘景郑编了《海盐张氏涉园藏书目录》1册，以此祝贺张元济的八十大寿。叶景葵为该书写了序：

> 迨书目告成，适逢先生八秩诞辰。爰集资以谋印行，为本馆刊行书目之嚆矢。……先生所藏以表章乡贤先世之精神，勤求博访，锲而不舍者数十载，始克臻此。其难能可贵为何如？是目也，可以嘉兴艺文志视之，藉为先生永久纪念，并祝先生眉寿康吉，长为本馆之导师，俾于国家社会文化前途克尽相当之贡献，此不仅同人之私颂也。[2]

1949年4月28日，叶景葵突发心脏病去世。叶景葵在晚年将全部积蓄、藏书和精力都倾注在合众图书馆的建设上，功劳不可磨灭。5月7日，张元济作《挽叶揆初》四首，以志哀悼：

小别才三日，徘徊病榻前。
方欣占勿药，胡遽及重泉。
落落谁知我，梦梦欲问天。
痛君行自念，多难更何言。

京洛论文始，今逾五十春。
维新百日尽，通艺几人存。

---

① 王世伟整理：《上海市私立合众图书馆发展史料二则》，《历史文献》第3辑，上海科学技术文献出版社2000年版，第18—21页。

② 《我的父亲张元济》，第187页。

变易沧田异，过从沪渎频。
新亭曾洒泪，情谊倍相亲。

故乡如此好，只手任撑扶。
入市兴宏业，趋朝索众逋。
山头劳覆篑，江上快驱车。
恭敬维桑梓，高风世或无。

万卷榆将尽，豪情亦罕闻。
君能城众志，天未丧斯文。
差比曹仓富，还防秦火焚。
敢忘后死责，努力共艰辛。

叶景葵去世后，图书馆一时失去经费支持。当时，正是人民解放军进攻上海的前夕，兵荒马乱，人心惶惶，合众图书馆馆长顾廷龙彷徨无措。张元济和李拔可安慰顾氏，并答应尽力筹款，张元济从一位江姓纱业巨子那里募到一笔款，终于使合众图书馆得以渡过最后的难关。

解放军上海战役打响后，国民党一支部队于5月17日占据合众图书馆，并在大门前用沙袋堆成工事，屋顶也堆满了沙袋，摆出一副与解放军进行巷战的架势。这支部队的军官还声称，这里将作为市内巷战的桥头堡。顾廷龙向这位军官说明这里是文化机关，这位军官蛮横地说："现在还讲什么文化！"

张元济得到消息后，次日一早来到图书馆坐镇，第三天再去，并到这位军官的办公室与他谈话，请他妥善照料。与这位军官谈话后，张元济告诉顾廷龙："你放心，我看此人心不在焉，语无伦次，恐怕想溜。"果不出他所料，这位军官半夜就带着他的部队向东北方溜走了，全馆人员悬着的心才放了下来。

1949年解放时，合众图书馆有书30余万册，而且图书价值很高。1953年，合众图书馆经董事会议决，捐赠上海市人民政府，市政府接管后更名为"上海市历史文献馆"，后并入上海图书馆。

这样，张元济与叶景葵等人在国难期间搜集起来的中国文献典籍有了一个最好的归宿。

第十一章　浓浓的家国情怀

批评南京政府政策

1927年4月，中华民国国民政府在南京宣告成立。执政的国民党标榜“以党治国”，号称“党国”。这个政权一成立，张元济就有一种即将面临专制独裁的预感。

张元济的这种预感很快变成了现实。1929年，山东曹州重华学院学董丛涟珠等检举商务印书馆出版的两本中学历史教科书：一本是初级中学新时代本国史教科书，由王钟麒编，胡适校；一本是现代初中本国史教科书，顾颉刚、王钟麒合编，胡适校。两种教材都是在蔡元培任大学院院长时审定通过的。

顾颉刚（1893—1980），生于苏州，北京大学哲学系毕业，历任厦门、燕京、复旦、中山等大学教授。顾颉刚是疑古派历史学家，他对中国的上古史抱有一种严格的怀疑态度，甚至怀疑大禹是九鼎上的一种爬虫，如蜥蜴之类。后来顾颉刚将自己的文章结集成《古史辨》出版，在学术界引起强烈反响。胡适称它是投向学术界的一个大炸弹。顾氏将传说中之三皇五帝时代称之为“传疑时代”，这就从根本上否定了从三皇五帝、周公文王到孔子一脉相传而来的中国“道统”，因而必然引起“道统”派的反弹。顾颉刚的怀疑，引起一部分学者的非难，于是，学术界对此进行了一场大争论。

商务印书馆编译所负责人王云五、朱经农从这场争论中看到了商机，立即延聘顾颉刚编辑本国历史教科书，并请胡适担任校阅，以壮声势。因为是教科书，顾颉刚的态度还是谨慎的。他在书中说："尧舜揖主的传说，没甚根据。"尧舜的故事，一部分属于神话，一部分出于周末学者"托古改制的捏造"。对于其他传说，顾颉刚的态度也是如此。本来，上古时代没有文字，任何一个民族都有他的传说和神话时代，这是不足为奇的。顾颉刚要去怀疑他们，是个学术问题，是可以讨论的。但把它编入教科书，确实有欠妥当。于是，山东曹州重华学院学董丛涟珠等认为该两种教科书不提"盘古"，对"三皇五帝"只略叙其事，并加上"所谓"表示不真实。认定它是"非圣无法"，呈请国民政府禁止发行。

国民党元老、时任国民政府考试院院长的戴季陶是国民党官方理论家，是一个以"道统"为己任的保守派官僚。他接到检举后，感到问题十分严重，说："民族问题是一个大问题，学者们随意讨论是许可的，至于书店出版教科书，大量发行，那就是犯罪，应该严办。"随后，南京国民政府第十七次国务会议对此进行了专门的讨论。这天，戴季陶情绪特别激动，他一手握着这两种教科书，一手抵在桌上，在会议席上侃侃而谈。他认定这两部历史教科书是一种惑世诬民的邪说，足以动摇国本，非即刻禁止不行。会议通过决议，对商务印书馆处以巨额罚款。[①]如果真的要罚这样一笔巨款，商务印书馆非垮台不可。为免除处罚，张元济只好亲赴南京，请党国"四老"中与商务印书馆关系密切的吴稚晖、蔡元培二老[②]出面斡旋，经吴、蔡说情，才同意免去罚款，以禁止该书继续发行了结此案。

事后，胡适等人撰文严厉抨击戴季陶和国民党干涉学术思想的自由。张元济虽然没有公开就此事抨击任何人，不用说，这件事在张元济心中留下了不好的印象。

1928年8月，国民党第二届五中全会正式宣布国民党一党训政开始。1929

---

① 关于罚款数目，胡适说是100万元。但张人凤说，因为该教科书已前后发行160万册，有人提议处罚商务印书馆160万元。

② 吴稚晖、蔡元培、张静江与李石曾四人是南京政府成立初期拥蒋捧蒋的四位元老。张元济与吴稚晖在南洋公学共过事，算是旧交；与蔡元培更是好朋友。

年3月，国民党第三次全国代表大会又通过决议，宣布以孙中山所著的《三民主义》《五权宪法》《建国方略》《建国大纲》及《地方自治开始法》作为训政时期中华民国最高的根本法。对于国民党的思想统制行为，胡适、罗隆基、徐志摩、梁实秋等一批自由主义的知识分子表示不服，他们创办《新月》杂志，公开讨论人权问题，呼吁尽快制定一部保障议会民主和公民权的新宪法。胡适在《新月》第2卷第2期发表《人权与约法》，呼吁"快快制定约法以确定法治基础！""快快制定约法以保障人权！"胡适的文章发表后，有人叫好，国民党御用文人则撰文予以"围剿"。

张元济与胡适虽然是两代人，但他们是忘年交的好朋友。张元济从报上看到《新月》杂志预告中有胡适撰写的《我们什么时候才可以有宪法》一文，担心胡适因此惹祸，于1929年6月2日致函胡适，劝他注意自身安全。信中说："适之先生：你的大文我拜读过了。文章之好，议论之正大，我也用不着恭维。但不晓得东方式的共和国民，尤其是国民的表率的，读了懂不懂？先生写了信给王博士，又把信稿送给了国闻通信社，又被什么检查者看见，我只怕这《新月》里雪林女士所说的那猛虎大吼一声，做一个跳掷的姿势，张牙舞爪，直向你扑来，你那一枝毛锥子，比不上陆放翁的长矛，叉他不住。古人道：'邦无道，其默足以容。'这句话，原不是对共和国民说的，但是我觉得我们共和国国民的面具很新，他几千年的老脾气摆脱不掉，所以他几千年前的话还是有用的。我读了你这篇文章，就是这点贡献。"[①]

次日，张元济又复函胡适，进一步补充说："现在街上有一群疯狗在那里乱咬人，避的避，逃的逃，忽然间有个人出来打这些疯狗，哪有个不赞叹他呢！但是要防着，不要没有打死疯狗，反被他咬了一口，岂不是将来反少了一个打狗的人？昨天我的信就是这意思，还要请你三思。"[②]

胡适年轻气盛，没有接受长者的劝告保持沉默。他又继续撰文，不仅质疑国民党"以党治国"的国策，而且把批评的矛头直接指向了国民党视为神圣不

① 《张元济全集》第2卷，第543页。
② 《张元济全集》第2卷，第543页。

可侵犯的总理孙中山及其“孙文学说”，批评孙中山的“知难行易”学说，认为知固然难，行也不易。1929年10月10日，国民党中央宣传部部长叶楚伧在《浙江民报》上发表《由党的力行来挽回风气》一文，说“中国本来是一个由美德筑成的黄金世界”。叶楚伧的文章是一种今不如昔的复古论调。胡适认为，叶楚伧的文章十足地代表了国民党的昏聩，如果以前的中国是如此美好，那么我们还做什么新文化运动呢？我们何不老老实实地提倡复古，回到“爱新觉罗皇帝”以前？胡适有感而发，又撰写了《新文化运动与国民党》，从多方面论证国民党是反动的。胡适的一系列言论引起国民党的强烈反弹，官方除了组织文章批驳外，还准备采取行动。国民党上海市执行委员会于1929年8月28日召开常委会，以中国公学校长胡适“公然侮辱本党总理，并诋毁本党主义，背叛政府，煽惑民众”，通过决议，请求国民党中央严惩胡适。接着，国民党北平市党部、天津市党部、江苏省党部、青岛市党部、国民党中央训练部等相继通过决议，要求国民党中央严惩胡适。9月下旬，国民政府根据国民党中央常务委员会通过决议，由国民政府训令教育部，对胡适提出警告。10月4日，教育部向中国公学发出第1282号训令，以“该校长言论不合，奉令警告”。胡适对国民党的批判、警告采取蔑视态度。因为教育部部长蒋梦麟与胡适是同一条道上的人，胡适于10月7日将“训令”原件退还蒋梦麟，并附函质问道：“这件事完全是我胡适个人的事，我做了3篇文章，用的是我自己的姓名，与中国公学何干？你为什么‘令中国公学’？该令殊属不合，故将原件退还。”[①]胡适同时还将该警告令油印分送给了友人。张元济读后，于当天复函胡适说：“鄙见窃愿我兄置之不答，正所以保我尊严也。犹忆数年前，美国某邦不许学校教师讲授达尔文学说，世界认为奇谈。以此例彼，得听其留为学术史上之资料，供后人之评议耳。”[②]在信末，意犹未尽的张元济又补充说：“若在前清康雍之朝，此事又不知闹成何等风波矣。毕竟民国政府程度不同。吾等于此应进民国颂也。一叹。”[③]张元济也承认，民国时代确实与封建专制时代是不同了。这事要是发生在封建专制时

① 《胡适论争集》中卷，第1933页。

② 《张元济全集》第2卷，第547页。

③ 《张元济全集》第2卷，第547页。

代，胡适恐怕要灭九族了！

1930年4月上旬，张元济收到胡适寄来的《中古哲学史》第三、第四两章的手稿，一口气读完，晚上在床上又重读了一半，深为胡的精辟论述所折服，认为胡适的著作“揭出吾国2000余年政治之精髓，直千古不磨之论，不胜倾倒”[①]。4月7日，意犹未尽的张元济再次致函胡适高度评价说：“觉得那李斯一节说来最透切，最和平，真是有价值的。现在在一班屠狗卖缯的和那乡下老太婆（我想吕雉年轻的时候，一定是一个很会卖俏的姑娘，所以会给刘邦看中）都上了台，要将那两千年前的故事扮演一回，而且人人都要想做孔子，诛诛少正卯。恐怕‘革命成功之后，统一的专制局面又回来了，学术思想的自由仍旧无望’，这便怎好！”[②]

与对国民党思想统制不满相比，张元济更痛恨国民党的派系倾轧和连绵不断的内战。这个政权自成立之日起，派系倾轧与军阀混战始终没有停息过，闹得举国不得安宁。张元济对于这样的政权，从一开始就没有好感，他尤其痛恨给人民生命财产带来无法估量损失的军阀混战。

1929年春，蒋介石与以李宗仁、黄绍竑、白崇禧为首的桂系矛盾激化，正在酝酿一场大规模的内战，张元济愤而于1929年3月19日写信给他的好友蔡元培，要蔡辞去南京政府监察院长职务以示抗议。[③]蔡元培虽贵为国民党元老、监察院长，但他本质上仍是一介书生，他又有什么法术去制止内战？蔡元培在蒋、李等人之间奔走斡旋，但双方都是利用蔡元培等人的斡旋作为掩护内战准备的烟幕，蔡元培伤心极了，坚辞监察院院长，此后只任中央研究院院长，逐渐与政府当局保持距离。对国民党这种戕害民族生机的内战政策，张元济始终是深

---

① 《张元济全集》第2卷，第546页。

② 《张元济全集》第2卷，第546页。

③ 张元济在信中写道：“宁汉冲突，吾兄奔走调停，孤诣苦心，世人共见。观今日报纸，战祸殆恐难免。吾兄去宁来沪，杜门谢客，殆因此故。国势颓敝至此，民生困苦至此，而在位者犹欲从事战争，试问天良，何以对国，何以对民？吾兄此时亟宜发表正论，痛斥两造之非，布告国民，速谋制止之策；并即日辞职，庶无负监察二字之责。而若辈知所忌惮，或能悬崖勒马，亦未可知。去岁，弟曾劝我兄勿辞。今时事已无可为，故再贡其愚诚，尽此忠告，伏祈鉴察。”参见《蔡元培书信集》上册，第947—948页。

恶痛绝的。张元济甚至写信给美国友人，要求世界友邦严重警告国民党停止这种愚蠢的内战。①

1932年“一·二八”事变发生，张元济数十年心血经营起来的商务印书馆和东方图书馆化为灰烬，张元济对国民党勇于内战、怯于外战的丑恶本质又有了进一步的认识。他在致友人的一封未完稿的信中痛斥道：

> 吾辈决不欲与国民党争权，亦不欲推翻其天下，但不能不责其必须改过。以言军政则全国养兵有80师，只为人人拥以自卫，既不能守土，又不能剿匪，不知有何用处？以言财政，内债发至十余万万，苛税不知凡几，真所谓民穷财尽；以言民政，则群盗如毛，江南浙西素称乐土，近来全村全镇洗劫之事，层见迭出，官吏窃赃逃走，政府无如之何；以言实业，则招商局长兴煤矿均为商办，公司均被夺为官有，频年改革，招商只见今日坏某船，明日沉某舰。日煤倾销于上海，而绝不闻有长兴之煤。上海丝厂，停闭者数十家，杭州之某某机织公司，首先改良，素称盛旺，近亦以倒闭闻。上海之国民制糖公司工厂机器，均已完全任其关闭，绝不闻有扶植之举；以言交通，则路线未见展拓，而已成之路，时时为军人占用，而土产拥滞无从运输，邮政局任意增加薪俸，去年亏耗至五六百万；以言教育，则学校只闻停课游行演讲，恃众要挟，殴击师长，甚至开设法庭，焚毁铁路，无赖之举动，反甚于不识字者之所为，如此现象，成何国家？……②

1932年4月14日，张元济还写信给与他颇有交情的国民党政府行政院院长汪精卫，针对驻军扰民，江浙人心恐慌相率逃亡等问题，为民请命。1933年9月6日，张元济在从上海赴九江庐山的轮船上，写了一封长达数千言的信给汪精卫，对国民党的内政外交直抒己见，提出严厉批评。③

---

① 张元济在信中写道：“今武人秉政，若辈多从事于内战。甚望世界友邦与以严重之劝告，并停止勿售军火。一面由国民督促，或可渐渐消弭战事，组成正轨之政府。”参见《张元济年谱》，第373页。

② 《张元济书札》，第3—4页。

③ 《张元济书札》，第598页。

在民族存亡之际，张元济开始以极大的热情关注政治。

1936年11月，国民党当局迫于日寇的压力，以莫须有的罪名在上海逮捕了要求抗日救国的全国各界救国联名会负责人沈钧儒、章乃器、邹韬奋、李公朴、史良、王造时、沙千里，随后移至苏州监狱关押，制造了震惊中外的“七君子”事件。

1937年6月11日，国民党当局准备在苏州公开审讯。张元济关心这些爱国领袖的命运，与沈卫、陶家瑶两位老先生从上海赶往苏州，并会同苏州的两位老绅士张一麟、李根源一起来到苏州法院要求参加旁听。不料，当局却鉴于要求旁听的人太多，担心公开审判无法收场，于开庭前以“防止有人扰乱”为由，禁止旁听，原来发的旁听证全部作废。新闻记者胡愈之用他的笔记下了这一幕：

> 那时雨虽下得不十分大，但也够苦鹄立着的人们了。在阶下左面，站着五位拿旁听券的老先生，须发都很斑白，谈得很起劲，但言谈之间，显然表示非常愤恨，其中有一位还大声地说：“我活七十多年，却从来没有见过这种案子。为了爱国，竟要坐监牢，竟要吃官司；现在还不准我们听审：一切都越弄越不成样了！”雨慢慢地密起来，人们的衣服都给打得湿湿，老先生的马褂上也滴满着水珠，这不能驱散大众的热忱，就连那五位老先生罢，精神也仍旧非常奋发。到后来，我才知道五位中三位是特地从上海跑去的，一位是张元济先生，一位是沈卫先生，一位是陶家瑶先生，另外两位便是苏州有声望的绅士张一麟先生和李根源先生。他们平均在七十岁以上，为了关怀国家民族的前途他们忘却自己的年龄了。谁都应该爱国家爱民族，谁都有权爱国家爱民族，老的，小的，男的，女的，做官的，做老百姓的……
>
> 据说幸亏还是张一麟先生有些“面子”，得进去跟法院办交涉；同时，沈钧儒先生等预备坚持“不公审不发言”也奏了效，最后被告家属和新闻记者终算获得“恩赐”，允许进去了。但是，从远道赶来的一部分人，他们既非“家属”，又不是“新闻记者”，他们全给挡驾了，他们所享受到的，是淋雨，是喝风，是给宪兵和警察打骂，一穿西装的青年，还被法警狠狠

的打了几拳，几乎动了众怒。[1]

张元济愤然返回上海，于6月14日致函“七君子”之一的邹韬奋，并赠《中华民族的人格》一册。16日，邹韬奋从狱中复书张元济，感谢他的支持和鼓励。信中说：“韬十年前主办《生活周刊》时即蒙先生爱护有加，赐书勉励。长者扶掖之隆情厚谊，十年来未尝须臾或忘也。”“此间诸友陷身囹圄以来，个人利益非所计及，惟救国无罪与民族人格不得不誓死力争。拜读大著《中华民族的人格》，实获我心，韬等所始终坚持生死不渝者正为先生谆谆训诲者也，此书在国难危迫如今日，尤弥足珍贵。韬得闲当作一文介绍于国人，广播先生之爱国精神，努力服膺先生之懿训，为国奋斗，亦即以报答厚爱于万一也。”[2]

1937年6月间，南京政府财政部税务署署长吴启鼎、苏浙皖统税局局长盛昇颐等操纵上海纱布交易，酿成上海纱布交易所风潮案，该案经上海《大公报》公开披露后，张元济满腔义愤，于7月5日致函上海《大公报》，要求严惩这批在国难关头发不义之财、全无心肝的贪婪之人，并追查其后台老板。全函如下：

敬启者，近日政府彻查投机一案，独贵报著为评论。义正词严，钦佩无极。国家财政穷困，人民日被剥削，几无生路。若辈把持政局，贪污至此，可谓全无心肝。吴、盛亦不过窃钩之徒，民众若不严与监督，结果可以想见。闻诸银行家言，法院果肯持正，将所有各项支票逐一根究，必可得其主名。敢请贵社将此层明白揭破，使法院不敢含胡了事，各银行亦不敢代为隐藏，或者贪吏伏法，政局澄清，国家前途庶犹有望。贵报为民喉舌，责无旁贷，敢贡愚诚，伏祈垂察。[3]

7月8日，胡适也致函上海《大公报》，响应并声援张元济的正义要求。胡适写道：“《大公报》记者先生：今天读张菊生先生致贵报书，我很感动，也很

① 于友：《胡愈之》，人民日报出版社1997年版，第166—167页。
② 《张元济年谱》，第443页。
③ 《张元济书札》，第1309页。

兴奋。张先生是七十一岁的老翁，他对于国事还如此热心，真是可以使我们年青人惭愧，也可以给我们做一个最好的公民模范。因此，我也写这一封信表示我对于贵报揭载纱布投机一案的新闻，和连日发表的正论，都十分钦佩。我也赞同张先生要求法院'将所有各项支票逐节根究'的主张。我希望上海熟悉投机黑幕的正当商人与银行家都应该把他们的知识贡献给政府与法院，遇必要时，应该出头做证人。我们若要国家的政治清明，贪污绝迹，只有一条路，那就是我们个个公民，都得挺身出来管管闲事。如果人人都能像张菊生先生那样爱打不平，爱说正话，国家的政事就有望了。"①

老友蔡元培读到张元济致《大公报》函后，也以赞赏的口气写道："《大公报》上载张菊生函，勉以彻查纱布投机事。此老久不干涉政治问题，近渐渐热心。苏州法院审沈钧儒七人，张君特赴苏旁听，亦其一端。商务近印其所著《中华民族的人格》一书，亦其热情所寄也。"②

也就在这时，日寇制造了卢沟桥事变，从此开始全面侵华战争，中华民族奋起抵抗。

7月底，日寇在进攻天津时，将中国北方著名高等学府——南开大学及校内珍藏大量图书典籍的图书馆夷为平地，这与五年前日寇毁灭商务印书馆及东方图书馆如出一辙！南开大学校长张伯苓对报界发表谈话，控诉日寇毁灭中华文化的暴行，并表示了重振南开大学的决心。张元济从报上读到张伯苓的谈话后，于8月2日致电张伯苓校长，予以精神上的声援。电文说："暴日无道，辱我平津，贵校竟遭殃及。先生四十年之经营毁于一旦，为之悲愤。然敌人所可毁者我有形之南开，而无形之南开已涌现庄严，可立而待。读报纸所载先生言论，又令人为之兴奋，吾不信我中华民族终长此被人蹂践也。"③

在民族危机深重，民族生命危于累卵的严重时刻，张元济联想到了自己40多年来所提倡和参与的新式教育问题，并对此进行了深刻地反省。他认为：

---

① 《胡适书信集》中册，第728页。

② 高平叔：《蔡元培与张元济》，《商务印书馆九十五年——我和商务印书馆1897—1992》，第584页。

③ 《张元济书札》，第688页。

近几十年来，设学堂，讲究新学。如今国内的大学有了几十处，造就许多新人才，做成了许多新事业，国家受了不少的益处。但是在社会上迷漫着一种骄奢、淫佚、贪污、诈伪、鄙贱、颓惰、寡廉鲜耻的风气，使我国家糟到这样的田地，不能不说也是它的结果。回想四十年前，我们在那里提倡新教育的主张。到今朝，良心上也受着很严重的谴责。怎样的主张，就是只注重新知识，将人格的扶植，德性的涵养，都放在脑后，结果是如此了。张伯苓先生说：我国教育（尤其是大学教育）太不适宜中国实际环境。今既被敌人炮火所毁，大可借此机会，将以往教育上之错误，从新彻底改革。这真是金玉名言！

谈到改革，最要的是师资。我以为非有坚苦卓绝的精神，高尚廉洁的节操，断断负不起这个重任。其次是教科。这要请教专家的，我不敢妄谈。有了这许多大学搬到内地，时局稍好，必定要想到建筑设备，我要说千万不可以再抄老文章。我们是个穷国，物力有限，装点门面拿钱来乱花，损了国家，又害了青年。我记得民国八年到北京，有一天逛了颐和园，出来到清华学校，我请人带我看厨房，只见无数的厨子，一切都是饭庄子的排场。后来看浴室，又看见一座座挂衣服的钢柜正在那里扛进来，说是刚从美国带来的。我拿颐和园来比较，觉得西太后还没有这般奢侈。今年到南京看中央大学，那种宫殿式房屋，住惯了恐怕不能再回内地去。人们物质的享用太过，久而久之，目的只有金钱，其他什么都可以不管。唉！这种纨袴的教育，傀儡的教育，真是亡国的教育！现在一两个月的炮声可以把我们震醒了。

临时教育的紧要不消说得。我奉劝教育的当轴还要放开眼光，看到后来，将一般的教育在这时候立定根基。根基是什么呢。就是我们的教育不要贵族化。要贫（平字还不够）民化，不要都市化；要乡村化，不要外洋化，要内地化。

末了我还有几句话，奉劝诸位流亡学生，将来国家的大任，不久都要降在你们的身上。到那时节，千万不要忘记了在国外被他们警察监视搜查的情形，不要忘记了由天津到烟台济南坐敞车、睡铁闷子车、喝泥沙井水、吃大饼咸菜馒头的滋味！[①]

在很长一段时期里，张元济对国民党当局的抗议始终只是在私人信件中表达出来，与人为善，劝人为善，并没有将不满公诸于社会。到了20世纪30年代中期以后，张元济忍无可忍，公开站出来说话了。

关注家乡父老的疾苦

20世纪30年代中叶，欧美市场上流行胎羊皮和羔羊皮服装，中国南方大批出口此类胎羊皮和羔羊皮，仅张元济的家乡海盐县，每年出口值达百余万元，超过蚕桑成为当地的主要副业，这使濒临破产的农民找到了一丝生路。但国民党各级政府组织却以行为残忍等为由，严禁农民为剥取羔羊皮而宰杀刚出生不久的羔羊，这等于断了农民的生计。张元济关心桑梓，他回到海盐调查后，撰写了《农村破产中之畜牧问题》，发表在《东方杂志》第34卷第15号上（1937年8月1日出版），以大量的事实和科学依据驳斥了官方的严禁政策，文章最后说："我山东省所蓄之牛，其肉肥美而宜食，只以官厅有保护耕牛之令，不能输送出口，稍与澳洲相争，坐失厚利，岂不可惜？因其事与禁杀胎羊相似，故类及之。今日恒言曰农村破产，农村岂真易破产者？特村农有其产，不知所以扶助之，且有时不免摧残之，斯遂破产耳！余以为畜牧之事，为农业之一大部分，此已著成效之牧羊一业。当局亟宜加意扶持，不许有地方俗吏、乡曲、陋儒挟其《感应篇》《阴骘文》之学说，及其似是而非之政见，起而阻抑之，斯真农民之幸乎？余日夜望之矣！"[②]

20世纪30年代，国民政府推行公路建设计划，各地大兴公路建设，海盐县亦闻风而动。在规划嘉兴经海盐至平湖的公路时，让公路从海盐县城中穿城而

① 《张元济诗文》，第222—223页。

② 《张元济全集》第5卷，第222页。

过。按照这个规划线路，海盐县城南北大街十分之六七的民房都要被拆毁。海盐县县长还美其名曰：公路从城中穿过是为了繁荣城市。海盐县城居民曾呈请上级改道，但地方官置之不理。张元济闻讯后，于1936年2月间直接上书国民政府军事委员会委员长兼行政院长蒋介石，建议公路改道，经海盐城垣外西北而过。蒋介石批示浙江省政府及海盐县查复。不料张元济的建议为海盐县县长张韶舞驳回。张韶舞称修改之线，系环由城北而西南，其间虽有空地，然路线增多三分之一云云。浙江省政府主席黄绍竑在致行政院的复函中还想当然地写道："该项道路两旁所让房屋事同一律，当不仅该张元济一户"云云，黄绍竑以为张元济不是为民请愿，而是为自己个人的利益呐喊。在黄绍竑的眼中，世上无一非假公济私之人。其实，该线路两旁并无张元济的片瓦寸土。张元济对地方官吏不恤民命，借"建设"为名扰民、害民的行为痛心疾首，但也只能徒唤奈何。

事情拖到年底。1936年12月4日，张元济接到海盐著名历史学家、中央大学历史系主任朱希祖的来信，告以海盐修路限12月10日一律拆屋，并闻县政府将派人拆屋或拘人。朱希祖在信中建议"群赴县堂就拘或可稍缓时日。一面俟朱家骅主席到省，再请县长变更计划。"次日，朱希祖复函，"问旅京同乡公递说帖与朱家骅，能否办？"随后，旅京海盐同乡拟定了致新任省政府主席朱家骅的公函，建议改东门至新桥路线。1937年1月9日，张元济赴海盐实地调查核实情况。县长张韶舞来访，张元济在日记中记道："张君历陈筑路拆屋情形，并无由东门至新桥一路，系建设厅原有计划。余即斥其荒唐。张君又言，此路自得朱逖先诸君信后已停止。"①

从海盐调查后回到上海，张元济奋笔疾书，写成《在海盐两日之所见所闻》一文，发表在《东方杂志》第34卷第4号（1937年2月16日出版），文中除指出筑路拆屋的荒谬外，还对海盐县"练童子军""放婢女""设菜市""辟公墓""禁私厕""推广蚕种"等种种标榜为"民生主义之建设"所带来的扰民、害民结果一一予以剖析，指出官府这样做是"不许吾民有旦夕之苟安"。他在文章中

① 《张元济全集》第7卷，第330页。

还举了这么一个例子：有一次浙江省政府主席黄绍竑到海盐视察，其随行武弁在上农家私厕时触了秽气，恼怒之下向黄主席告状，黄主席当场责备海盐县县长不整饬市容，并且下令严禁私厕，改公厕。海盐邻县亦雷厉风行禁私厕，张元济的乡榜同年某老先生屋外有一私厕，被该县县长下令拆毁，不料有人告诉该县长，该老太爷的儿子现在中央政府中任显职，县长闻讯后吓出了一身虚汗，急忙命令手下连夜为老太爷修建了一座精美的私厕，这样的官场丑闻，真是让人捧腹，捧腹中隐含的却是无数小民的辛酸和无奈。[①]

同年2月23日，张元济致函蔡元培，就海盐县拆屋筑路一事发表感想说："对于敝邑民间疾苦亦为恻然。此等地方官只图敷衍新政门面，于地方民情全不体会。一味蛮横，真无异于虎狼。弟目睹情状，不能不为之宣布，使在上之人知民间下层有如此困苦。我兄与新省长朱（家骅）君共事有年，务乞劝其于吏治民生特加注意，勿再任作纸上政绩。又闻海盐县县长有更动之信，最好不再来一虎狼。我兄如与通讯，并望道及。"[②]

1937年的5月间，新任海盐县县长到任后再次传出拆屋的信息，群情再次惶惶不安。5月30日，张元济又一次回到海盐，发现不少房屋墙壁上均标有新鲜的朱漆箭形，旁书拆字。有的书写在以前拆毁，现已修复的房屋上。张元济第二天拜访县长，县长答以原路未定中心线，故令重行测量，并无强令拆毁之事，且说事情已经报到省政府，最后如何办理，当待省政府批示云云。张元济返沪后，于6月7日又写下《为海盐城心建筑汽车公路第二次标拆民房与本县县长书》，历数前任县长的种种荒谬之处，鉴于筑路入城，拆让民房，已成定局，希望新县长采取以下两个补救措施：一、人行道上之屋请缓予拆迁；二、人行道上已拆重修、稍越定限之屋请免于再拆。张元济最后说："阁下爱民如伤，苟能将此中利弊及元济所举理由剀切上陈，省府长官勤政爱民，度亦必乐于成人之美也。"

张元济的种种请求和呼吁，反映了张元济仁民爱物的情怀。但所有这些，

---

① 《张元济全集》第5卷，第213—215页。

② 《蔡元培书信集》下册，第2263页。

都随着抗日战争的爆发而失去了意义。

张元济对国民党政府终于从私下规劝、批评转而到在报上公开批评，都是基于其亲亲仁民的情怀，他不能容忍那些肆意制造“民间之痛苦”的官场腐败行为，有位学者在研究了张元济在抗战前夕撰写的社会政治论文后，称赞张元济为“受压迫人民的卫士”。

提倡民族气节

面对日寇一步步灭亡中国的严重局势，国民党政府顽固推行先安内、后攘外的反动政策，对日不抵抗，相继丢失了东北、华北的半壁江山，日寇每侵占一地，就在当地搜罗中华民族的败类建立起傀儡政权。日寇登堂入室，汉奸国贼横行国中。在这些汉奸中，有一些人还是张元济多年的同事或朋友。在商务印书馆任董事、董事会主席多年的郑孝胥做了伪满洲国的总理大臣，成为傀儡皇帝溥仪之下的第二号人物。

1935年11月24日，大汉奸殷汝耕发表通电，宣布冀东22县“自本日起，脱离中央，宣布自治，举联省之先声，以谋东洋之和平。”①殷汝耕（1885—1947），浙江平阳人，早年毕业于日本第七高等学校，在日本留学期间加入中国同盟会，参加辛亥革命，1913年“二次革命”失败后再赴日本留学，毕业于早稻田大学政治系。在此期间娶了一个日本宪兵头目的妹妹为妻，并通过这一层关系认识了一批日本军政头目。殷回国后，长期从事对日本外交，参与了济南惨案、《淞沪停战协定》和《塘沽协定》一系列外交事件和协定的处理。殷汝耕是著名的亲日派，他的奴颜婢膝的丑态深得日寇的赏识。当日寇决定扶植他做冀东傀儡政权的头头时，殷不仅同意，而且表现出了出乎日本人意料的决心，双方一拍即合，于1935年11月25日在冀东成立汉奸政权，殷汝耕任委员长。抗日战争胜利后，殷汝耕被捕，1947年因汉奸罪被枪决。

汉奸横行，民族正气不张。张元济认为这是中华民族的耻辱和悲剧。他有

---

① 李新、陈铁健主编：《从内战到抗战》，上海人民出版社1955年版，第83页。

感而发，便有了《中华民族的人格》一书的问世。[①]

当时，张元济正在校勘《百衲本二十四史》，他深感古代英雄人格之高尚，足以激励民族精神，因此，就从《史记》《左传》《战国策》等书上选取了春秋战国时期的公孙杵臼、程婴、伍尚、子路、豫让、聂政、聂荣、荆轲、田光、樊于期、高渐离、田横、二客、贯高等14位志士的事迹加以介绍。他采用了一种独特的编印办法，即将每位志士的事迹从《史记》《左传》《战国策》中摘录出来（文言文），列于每页上半页，文字稍有删节，但不改动，下半页为白话文译文。每章末附张元济对义士事迹的评价。这些义士的境遇、地位和举动不同，行事的成败各异，但都本着忠、信、孝、悌的宗旨，表现出一种至高无上的人格力量。张元济认为这是中华民族所不可缺少的东西，1937年5月他在《编书的本意》中写道：

> 孔圣人说："志士仁人，无求生以害仁，有杀生以成仁。"孟夫子说："富贵不能淫，贫贱不能移，威武不能屈，此之谓大丈夫。"这几句话都是造成我中华民族的人格的名言……
>
> 我们古来的圣贤，都有很好的格言指导我们；在书本上，也有不少的豪杰可以做我们的模范。我现在举出这十几位，并不是什么演义弹词里妆点出来的，都是出在最有名的、人人必读的书本里。他们的境遇不同，地位不同，举动也不同，但是都能够表现出一种至高无上的人格。有的是为尽职，有的是为知耻，有的是为报恩，有的是为复仇，归根结果，都做到杀身成仁。孟夫子说是大丈夫，孔圣人说是志士仁人，一个个都毫无愧色。
>
> 这些人都生在2000多年以前，可见得我中华民族本来的人格是很高尚的。只要谨守着我们先民的榜样，保全着我们固有的精神，我中华民族不怕没有复兴的一日。[②]

---

① 1953年张元济在其为华东军政委员会填写的《委员履历表》中说明撰写《中华民族的人格》一书，是"鉴于当时殷汝耕之冀东独立，痛吾国人格堕落，正在校史，愤而作此"。参见高平叔：《蔡元培与张元济》，《商务印书馆九十五年——我和商务印书馆1897—1992》，第584页。

② 《张元济全集》第5卷，第370页。

从上面可以看出，张元济编写此书，意在挖掘中华民族先民的高尚人格，复兴民族精神。

张元济认为，要挽救国家民族的危亡，必须弘扬古代仁人志士杀身成仁的浩然之气，头可断，血可流，但不做亡国奴。民族精神是潜藏于一个民族最深层的东西，一个民族要在灾难中走向复兴，必然有赖于这种民族精神的支撑。

张元济的这本小册子，约5万字，1937年5月由商务印书馆出版。问世后，引起各方的好评。汪诒年评论该书：“（一）可使后生小学知吾国古来实有此等伟人，稍可灭杀其崇拜外人、藐视古先之心理；（二）又可引起其感动奋发之意，以力救怯懦、萎弱之积习；（三）又可使阅者藉以练习文言文与白话文之作法。”①

1937年6月，张元济请商务印书馆办事人员将一部刚出齐的《百衲本二十四史》送给正在庐山的蒋介石，并附上了这本《中华民族的人格》。张元济在致蒋介石的信中还郑重地说：“国难日深，复兴民族，必先提高人格，元济近撰小册，冀唤醒一般民众，附呈一册，并乞裁教。”②

《中华民族的人格》出版后，两个月内印行了第2版，在抗战期间又先后出了桂林版、长沙版和重庆版，到1947年2月共发行了第6版。商务印书馆为该书的发行写了如下的广告词：“作者校阅《百衲本二十四史》，最近校《史记》时，深有感于古代英雄人格之高尚，足以激扬民族之精神。因就《列传》及《左传》《国策》中选取十数人，均舍生取义、复仇雪耻之辈，堪为今日国民模范，并将原文译成白话，分排上下层，对照读之，明白浅显，尤易感动。今欲复兴民族，必先提高人格。此为国难期中不可不读之书。”③

但让张元济没有料到的是，与他交情不错的国民党副总裁汪精卫竟然也继郑孝胥、殷汝耕之后投靠了日寇，做了最大的傀儡政权的儿皇帝。1940年，汪精卫为首的傀儡政权在南京石头城粉墨登场，日伪禁止张元济的《中华民族人

---

① 《张元济全集》第3卷，第249页。

② 《张元济书札》，第1043页。

③ 《张元济全集》第3卷，第413页。

格》在日伪统治地区发行。同年3月26日，张元济写信给驻美大使胡适，说："弟于3年前辑有《中华民族的人格》一书，选自《左传》《国策》《史记》，凡十余篇，译为白话，意在供中小学校学生之诵览。颇慨叹近来人格之堕落，思从少年身上加以挽救。不料近来堕落日甚，上海各报时借是书发言警众。是书出版已经3年，不知先生曾见及否？兹姑寄呈一册，乞赐小序，当俟再版时录入简端，借以增重。"[①]所谓"近来堕落日甚"，当指以汪精卫为首的群奸在南京石头城的丑恶表演。

1943年5月2日，陈谦斋请张元济为《黄花岗图》[②]题诗。张元济赋诗二首：

一

男儿死耳曾何惜，为拯斯民水火国。
太息英雄长已矣，谁怜深热陷重重。

二

我尝瞻读新阡表，腊腊西风留墓门。
举目山河浑不足，诸公何以慰英魂。[③]

汪精卫从早年的革命志士、孙中山的心腹助手，到堕落成为近代中国最大的汉奸卖国贼，真是往事不堪回首。张元济在第一首诗里歌颂了杀身成仁的黄花岗烈士；第二首诗则对晚年变节的汪精卫之流进行了严厉抨击。

1945年8月15日，日寇宣布无条件投降，张元济在年内连续4次在书上题辞。其8月17日题辞云："国民丧失人格，国必灭亡。日寇禁毁此书，无非欲灭亡我国也。今我国免于灭亡，其犹赖有此人格乎。"9月4日题辞云："'一·二八'后，日寇禁售此书，其用意可想而知，愿我国人勿忘此耻。张元济识。民

① 《张元济书札》，第834页。

② 即歌颂1911年黄花岗起义中死难的七十二烈士的一幅图。

③ 诗下附注云："壬戌之春，余有事于粤东。（汪）精卫导余至其地一游，俯仰凭吊，且遍读其所书铭碣。追思往事，回首黯然。"参见《张元济诗文》，第45页。

国34年9月联军在东京湾受降后2日。”①

“士唯有品乃能贫”

1937年7月7日，抗日战争全面爆发。8月初，北平、天津沦陷。张元济关心在北平的胡适一家的近况，便致书询问。8月11日，胡适复函，告以撤离北平抵达南京的情形，并说：“一家一校在此时都是小事，都跟着国家大局为转移，国家若能安全渡过此大难关，则家事校事都不成问题。若青山不在，何处更有柴烧？适所以恋恋不忍舍去者，只想在此能出一分一厘力量，于大局稍稍有所挽救耳。先生向来好管闲事，想能谅解此愚忠，不以为妄也。”胡适的话完全说到张元济的心坎里去了，但年逾古稀的老翁又如何才能为国难尽一分力量？这是久久萦回在张元济脑海中的问题。

数日后，张元济约了几位知名朋友来座谈时事，讨论战局，开始时仅六七人，就在张元济家，后不断有文化、实业、外交、金融等各界名流陆续参加进来，并选定上海爱多亚路（今延安东路）与成都路口的浦东同乡会作会址，规定轮流做东，每周聚会一次，必要时增加一次。从11月2日起，聚餐会地点改在今西藏南路的青年会。据统计，先后参加过“孤岛双周聚餐会”的有29人，他们是：张元济、颜惠庆、叶恭绰、陈辅成、胡政之、黄伯申、许克城、沈钧儒、陈陶遗、温宗尧、黄炎培、王志莘、薛子良、王造时、李肇甫、陈铭枢、蒋光鼐、杨德昭、薛笃弼、萨鼎铭、史家麟、许显时、李公朴、陈蒲生、陶星如等。上述这些人，其实心肠各异，陈铭枢、蒋光鼐、沈钧儒、黄炎培、王志莘、杨德昭、王造时、李公朴等人很快放弃了这种坐而论道的做法，走上了抗日前线，为中华民族的生存而战斗；张元济与颜惠庆（后去香港）、叶景葵等几位年事已高的长者难以离家远行，留在上海租界内，开始过着隐居生活；赵叔雍、温宗尧、陈锦涛、褚青来等一批民族败类则认贼作父，一个个成了汉奸傀儡政权的头面人物。

---

①《张元济全集》第5卷，第421页。

抗战初期，张元济根据有钱出钱、有力出力的原则，将家中所有值钱的银器花瓶、花插、银质等物品共计白银62两，托商务印书馆同仁送到银楼兑成现金，捐给在前方浴血奋战的抗日将士，之后又两次捐出法币300元，以表支持抗战的心意。

1937年11月上旬，日寇攻陷上海，上海租界成为日寇铁蹄暂时未踏到的“孤岛”。这时租界势力达不到越界筑路，张元济寓所所在的极司非而路及愚园路一带成为日伪军警盘踞之地。张元济寓所对面的76号成了臭名昭著的汉奸特务吴四宝的魔窟（后又成为汪伪政权特工总部，成为一处让人闻之色变的沪西“歹土”）。与此同时，江浙两省的难民也涌入附近避难，人口骤增。这一带的房屋没有下水道，每逢下雨时，汪洋一片，又黑又臭的污水泛上来，令人恶心。在日伪势力纵容下，张元济寓所后面的康家桥一带赌窟、烟馆（当时叫燕子窝）、押头店（小型典当铺）、妓院（野鸡堂子）如雨后春笋似的冒了出来。张元济看到四周环境如此龌龊黑暗，感到再也无法在这里住下去了，便毅然卖掉了这幢住了20多年的寓所，租到了浙江兴业银行天津分行张某在上海霞飞路上方花园24号的房屋，月租300元。

张元济与儿子树年、儿媳葛昌琳、孙女张珑、侄孙女张祥保5口人于1939年3月迁到新居。张元济的晚年一直住在这里，直到1957年病重住院为止。

1940年12月1日，张元济浴后受凉，发高烧，经诊断患了老年性前列腺肥大症，前后两次开刀，手术后康复出院，在医院共住了3个月又8天。张元济回家后，撰七绝八首，托商务印书馆排印，分送亲友和医生护士，以表谢忱。

第一首诗：

自昔文人多水厄，散原海日两相仍。
手挥目送浑无事，欲往从之病未能。[①]

---

① 张元济的朋友陈三立、沈曾植均患此病，时好时坏，备受折磨，最后均因此而去世。张元济的病情比他们俩严重，但因为医治得法，幸运地摆脱了病魔。

第八首诗：

天宁许我长偷活，国岂容人作冗民。
莫负残生任虚掷，试看世事正更新。

汪精卫做了日本傀儡皇帝后，没有忘记他的旧交——张元济老夫子，曾托人将《双照楼诗集》（汪精卫与妻陈璧君合集）送给张元济，并让他复函。张元济没有理睬。[①]1942年初，又有3名日本人驱车来到张元济寓所门外，其中一个留着东洋“人丹”胡须的日本人递进一张名片，上面印有“大东亚共荣圈”及三个人的名字，张元济看了名片后，从桌上随手取来一张纸条，写了“两国交战，不便接谈”八个字，命儿子张树年下楼交给日寇。张树源将字条交给三个日寇。他们看了笑笑，讲了几句日本话，还向张树年点了点头便走了。

也许是汪精卫念旧，他似乎没有采取什么强硬手段逼张元济这位老人下水。

1940年，张元济两次手术用去了一笔巨款，加上商务印书馆业务萎缩，通货膨胀，物价飞涨，商务股息多年未发，每发一次董事费仅够买几个大饼或几根油条，一家人的主要收入来源就是儿子张树年在新华银行的一份薪水，生活越来越难维持，张元济不得不将珍藏多年的宋版书卖掉，最后连家中的几锭古墨也拟出售。1942年7月27日，张元济在致陈叔通的信中说：“迩来物价日昂，生计日绌，不得不效东坡之在海南卖酒器，以资衣食。检得旧墨若干，今呈上样品九枚，另附清单，敬乞代为评鉴或真或假，约可得时值几何？”

1943年初，张元济的内侄孙谢观来看他，见张家生计窘迫，就建议张元济鬻字。谢观说，张元济的科举辈分已属最高，以其社会声望，完全可以走文人自食其力、清贫自守的光明之道。张元济欣然采纳，从裱画店索来当时卖字诸公的润例表，参考制定自己的润格，函请各地商务印书馆分发润例并代收写件，并请九华堂、荣宝斋、朵云轩等著名字画店代销写件。一个年逾古稀的老翰林过起了卖文鬻字为生的生活。

---

① 《张元济年谱》，第493页。

1945年7月，老友夏敬观给张元济送来一手卷、信一封，并附支票一张，面额是汪伪储备券11万元。信中要求张元济在手卷上题引首“蒃竹轩联吟图”六字，上款书“筑隐先生、蒃君夫人属题”字样，下款书张元济题。张元济隐约感到以11万元高价买6个字，其中必有隐情。张元济细察支票，发现盖有傅式说的图章。原来“筑隐”是这个大汉奸的别号。夏某竟然与大汉奸搞在一起，张元济顿时火冒三丈，立即复信回绝：“细阅支票，末有傅式说印记，题款为‘筑隐’二字，词义相联，揣测必为一人。是君为浙江省长，祸浙甚深，即寒家宗祠亦毁于其所委门徒县长。以是未敢从命，尚祈鉴谅。图卷、支票同时缴上，乞察收为幸。”①

夏敬观收到张元济这封严词拒绝的回信后，仍然不死心，再次给张元济打来电话，恳求通融，改为只写引首，以求曲成。张元济为此写了第二封答复信：“承嘱仅题引首，勿书上款，曲体下情，至深感荷，极应遵办。惟再四思维，业已明知，而佯为勿知，于心终觉不安，故仍不敢下笔。务祈鉴其愚忱，婉为辞谢，无任企祷之至。”②

傅式说（1891—1947），字筑隐，浙江乐清人，毕业于日本东京帝国大学，回国后曾任上海大夏大学教授、代校长。投敌后，历任汪伪政府铁道部部长、行政院政务委员。1941年8月至1944年9月任伪浙江省政府主席、省长。抗日战争胜利后，傅式说因叛国罪被捕，1947年被处死刑。张元济不为巨款而为大汉奸题字，保持了一种浩然正气，令人钦佩。

1943年7月12日，张元济的旧交、著名翻译家伍光建去世。次日，在上海的中国殡仪馆大殓，张元济书赠挽联：“天既生才胡不用，士唯有品乃能贫。”上联是对伍光建怀才不遇的感叹，下联则可以看作是张元济的夫子自道。

---

①《张元济全集》第3卷，第29页。

②《张元济全集》第3卷，第29页。

“十老上市长书”

1946年8月起，张元济又开始了卖字生涯。由于国统区物价以几何级数直线上升，张元济不得不一再提高“润例”。1947年3月15日出版的《东方杂志》第43卷第5号封三刊登了《张元济先生鬻书启事》云：“倭寇为虐，先生蜷伏沪上，清贫自矢，年届八旬，鬻书为活。曾由吴稚晖、张伯苓、王宠惠、钱新之、王世杰、陈布雷、黄炎培、王云五诸先生代定润格，早经公布，遐迩周知。兹由总收件处参酌时价改定，摘要录后。”

1948年1月1日，又重订了《张菊生太史元济鬻书润例》：

楹联：四尺以内50万元，五尺以内75万元，六尺以内100万元。题跋加倍。

屏条：每条四尺以内50万元，五尺以内75万元，六尺以内100万元，三行为率。

堂幅：照屏条加倍，五行为率。

横披：对裁照屏条，整张照堂幅。

册叶：每一尺见方40万元，过一尺者依次递加。

扇面：跨行50万元，单行80万元。

以上色笺金笺加半，指明正楷加倍，来文及其他点品加倍，劣纸不书。

扇额：字大一尺以内每字40万元，尺半以内60万元，以上均散书，全幅整书加倍，题跋加倍。

碑铭：每字一万元，以一寸见方为限，伸缩另议。

寿屏：每幅200万元，以五尺四行为率，加一行50万元，加一尺同。

附鬻文例：散文每篇1千万元。韵语每字6万元。润资先惠，墨费加二，约期取件，加速另议。

一个年过八旬的老人还要靠卖字维持最基本的生活，但依然赶不上直线上升的物价，仍是入不敷出。1948年6月4日，张元济致友人信中说："入不敷出，弟垂暮之年尚须鬻书以助日用，凄凉身世真不堪为知我者告也。"

国事、馆事、家事，事事绝望，无不刺激着饱经忧患老人的神经。而这一切灾难的根源，都归结于国民党当局的反动内战政策。抗战胜利后，国民党当局不顾全国人民要求和平民主、休养生息的愿望，逆历史潮流而动，发动全面内战，从而造成国统区生产萎缩、经济生活破产、民不聊生的悲惨局面。张元济又一次按捺不住多年郁积在胸中的悲愤之情，一改昔日之沉默，终于从低调走向激昂，再次对国民党当局祸国殃民的内战政策提出尖锐批评。

1947年5月20日，南京、上海、苏州、杭州等地城市学生代表6000余人，并举行联合大游行，向国民政府请愿。学生们高呼"反对饥饿""反对内战"的口号，提出提高学生公费、提高教职员工待遇、提高教育经费等5项要求。游行队伍前进到南京珠江路时遭到国民党党军警特的镇压，500多人被打伤，其中19人被打成重伤，另有28人被捕。史称"五二〇"事件。国民党的暴行传开后，激起社会各阶层的抗议，张元济与陈叔通商议后，认为事关大局，不能沉默，便由陈叔通起草上书上海市市长吴国桢、上海警备司令宣铁吾，由张元济缮正后，首先商得唐文治同意领衔，然后一一征求在上海的张乾若（国淦）、李拔可、叶揆初、钱崇威、胡藻青、陈仲恕、陈叔通、项兰生等7位享有声望的七旬以上老人联名。所有老人都欣然签名同意，6月3日由唐文治领衔发出，这就是有名的"十老上市长书"。上书全文如下：

吴市长、宣司令同鉴：敬启者，文治等蛰居本市，不问外事。顾学潮汹涌，愈演愈惨，谁非父母，谁无子弟，心所不忍，实有不能已于言者。夫学潮有远因，有近因。远因至为复杂，姑置不论。近因则不过学校以内问题，亦有因生活高涨，痛至切肤，而推源于内战，此要为尽人所同情。政府不知罪己，而调兵派警，如临大敌。更有非兵非警，参杂其间。忽而殴打，忽而逮捕，甚至于有公开将逮捕之学生送往中共地区之言，此诚为文治等所未解。学生亦人民也。人民犯罪，有法庭在，不出于此而于法外任意处置，是政府先已违法，何以临民？况中共区域已入战争状态，不知派何人以何种交通工具送往？外间纷纷传说，以前失踪之人，实已置之死地。送往中共区域者，不过一种掩饰之词。文治等固未敢轻信，然离奇变幻，纲纪荡然，则众口同声，令人骇悸。伏望高瞻远瞩，临之以静，持之以正，先将被捕学生速行释放，由学校自与开导。其呼吁无悖于理者，亦予虚衷采纳，则教育前途幸甚。地方幸甚。中华民国36年6月2日。[①]

十老上市长书，是张元济公开批评国民党内战政策的第一声。据说，吴国桢市长看到上书函后，勃然大怒，扬言要把10位老人统统抓起来，但他身边的谋士告诉他，10位老人在社会上有很高的声望，万万抓不得。吴国桢说："既不能抓，那就派人把他们叫来。"谋士们说如要他们来，唯有你出面邀请，否则他们绝不会来。最后，吴国桢只得同意出面邀请，分头发出请柬，但10位老人一个也没有去，让这位吴市长碰了一个大大的钉子。

这一年，张元济还根据报章新闻，陆续撰写了《丁亥岁杪时事咏》诗一组，现存世的有：《发行大钞》《鱼市场》《查金钞》《交易所》《缩小省区》《牲畜市场》《杭州大学》《设饵捕鸟》《竞选》《牛步化》《囚请加刑》《学生自治会》《选举证》《参议员绑票》《发还充公白银》《水利专使》《卖血》《万枚子脱党》《广东走私》《李卓敏不贪污》《耶诞日施行宪政》《建国捐》《北平建设》《俄国新币》《九龙域拆屋，特派员美睡》《垂帘听政》《一百元援助》等27首诗，都是针砭时政和讽刺社会丑恶现象的。

例如，《查金钞》诗云："曹家校尉称能手，只向丘坟去摸金。市上道旁好搜括，古人毕竟不如今。"[②]

《选举证》诗云："选民诉讼闹纷纷，得票都云数未真。民意不妨凭假造，传来心法袁项城。"[③]

---

① 《张元济全集》第2卷，第102页。

② 其自注云："《文选》，陈琳为袁绍移豫州檄。操又特设发丘中郎将、搜金校尉。所遇隳突，无骸有露。当局取缔金钞黑市卖买修正办法，携带金条美钞出入于公共场所，认为有准备交易之嫌疑，照新规定予以没收"。诗及自注对国民党搜刮民财的手段进行了严厉地谴责。参见《张元济全集》第4卷，第109页。

③ 参见《张元济全集》第4卷，第109页。

1948年1月底，上海又发生了军警特大规模镇压舞女的事件。事件竟然是由张元济的老搭档王云五父子引起的。

王云五自从加入南京国民党政府后，居然官运亨通，从经济部部长做到国民政府委员、行政院副院长、财政部部长。王云五的一个儿子在上海认识了一位舞女，并宣布要娶这位舞女为妻，王云五认为自己官居副宰相，儿子娶舞女为妻有失其高贵的身份，因此迁怒于舞业，一怒之下要求行政院院长张群颁布禁令，限于1947年年底前关闭上海市的所有舞厅。禁舞令颁布后，当时的上海市市长吴国桢认为问题十分严重，特地赶到南京向行政院院长张群申辩说，上海全市有8000名舞女，他们还有家属。如果完全禁舞，对舞女及其家属以及以舞业为生的小生意人来说，后果可能是灾难性的。例如，乐师们、来回拉顾客的黄包车夫，以及面向舞女的鞋店与头饰店。总之，将有成千上万人的生计将受到影响。可张群却漫不经心地说：命令已经发布，并公诸于世了，不能撤回。

国民党政府强行关闭舞厅，终于激起了上海舞女的反抗。1948年1月31日，当上海市政府社会局决定用抽签的办法确定第一批关闭的舞厅名单时，上海数千舞女以及舞厅从业人员来到上海市社会局请愿，要求与社会局局长吴开先对话。在遭到吴开先的拒绝后，愤怒的舞女们冲进上海市社会局，捣毁了办公室门窗、桌椅等，国民党军警特立即出动飞行堡垒、摩托车队进行野蛮镇压，当场打伤70余人，拘捕舞女及舞厅从业人员400余人。第二天又拘捕300余人，两天之内共拘捕797人，其中63人后移送法院判刑，其余交保释放。对于国民党的荒唐举措和野蛮镇压，6月1日，张元济愤怒地写下了长篇古诗《哀舞女》，诗云：

贫家小儿女，嗷嗷不得食。幼未攻诗书，长未习耕织。
穷途无所之，舍身充贱役。搂抱诚可羞，急则何能择。
可憎亦可悯，抚衷长恻恻。恒舞我所戒，陋俗来异域。
士夫恬不耻，反以身作则。上行下自效，治生更有术。
善贾舞长袖，墙宇炫金碧。穷女水赴壑，妖冶竞粉饰。

火山腾烈焰，青年易蛊惑。暮夜事苟且，廉耻潜丧失。
禁遏惜已迟，桑榆日未昃。雷霆果奋厉，浇风亦可熄。
政令徒依违，民情渐反侧。翘首瞻学校，孔武方尚力。
异党日争斗，长吏任掊击。相习已成风，愚昧安所识。
况绝其生路，饥寒直相逼。一夫振臂呼，千人势辟易。
虎兕方出柙，鸱鸮竟毁室。直如儿戏耳，快意图片刻。
军警疾驰至，周遭峙矛戟。等是釜中鱼，一网尽捕获。
壮夫不可恕，女子焉足责。即云保治安，惩一足儆百。
胡有十余辈，囹圄严禁勒。粥粥此群雌，拘絷距百日。
瞽母泪如縻，娇儿乳空忆。呼天我何辜，有家归不得。
朝官忘张皇，大患疑在即。刑庭创特种，奚复虑冤抑。
巾帼岂英雄，乃视如叛逆。低头受讯鞫，涕泪盈胸臆。
辩护来正士，慷慨尽天职。杀鸡用牛刀，侃侃言戆直。
人皆有恻隐，请命祈保释。刑官亟摇首，心肠等铁石。
听讼畏民志，圣言不足述。宪政方权舆，奇事独首出。
报章晨夕至，披读如亲历。哭声不忍闻，天道何漆黑。
悲哉可怜虫，胡事生我国。我亦徒口诛，掷笔长太息。①

蒋介石在发动全面内战的同时，又于1946年和1948年先后导演了“制宪国民大会”“行宪国民大会”两出政治闹剧。为争夺国民大会代表及立法委员、监察委员等名额，国统区上上下下勾心斗角，甚至不惜大打出手，闹得国民党统治区乌烟瘴气，张元济在诗中谴责了这种伪造民意的勾当，指出蒋介石继承了袁世凯的衣钵。黄炎培读了这些诗作后，于1948年3月16日写信给张元济，称赞说：“赐示近作，读之感动。人心并未尽死，诉之公众，往往发见真是非。过去社会之不公不平，实足使人发指。无怪乎攘臂而起者大有人也。”②

---

① 《张元济全集》第4卷，第177页。

② 张树年供稿，承载整理：《黄炎培致张元济遗札》，《近代史资料》总80号，知识产权出版社2006年版，第46页。

1948年5月，上海学生为反对美国扶植日本军国主义再次掀起全市性的群众抗议运动。5月4日，全市1.5万学生在交通大学民主广场举行营火晚会，宣布成立“上海学生反对美国扶植日本，挽救民族危机联合会”。6月5日，全市3万名学生举行集会游行，将5000名学生集中到外滩，向美国驻华海军总部、美国驻沪总领事馆示威，散发抗议传单。上海学生发起的“反美扶日”运动迅速扩展到南京、北平、广州、福州、重庆、成都、汉口、昆明等国统区各大中城市。国民党当局再次对爱国学生大打出手，除出动军警封锁交通大学、复旦大学、圣约翰大学、同济大学外，还派军警马队驱散集中在外滩的学生队伍，拘捕了60多名学生。6月7日、10日、14日，上海市市长吴国桢连续3次举行记者招待会，指责学生行动“越轨”，是“假爱国之名，图卖国之实”等。吴国桢还称上海交通大学学生自治会被人利用，并向交大学生提出八项质问，要求答复。吴国桢还扬言：“如答复不妥，将由特刑庭传讯交大学生自治会干事及系科代表。”对于吴国桢的颠倒黑白，强词夺理，张元济与唐文治两位老先生又忍不住了，6月21日，他们联名致函吴国桢，对其提出忠告：

市长台鉴：敬启者，报载阁下对于6月5日为学生反对美国扶日游行事，向交通大学学生提出八项问题，责令逐项答复，又认答复不满意时，即令警局传讯。查美之扶植日本，在军事与经济各方面，实属危害我国家民族之生存，此为举国所忧愤。身经抗战苦痛如阁下者，应已具有同情。学生以纯清爱国之心，欲藉游行为表示，亦尚未出校门。各校众同，不独交大一校。工商界亦先后响应，足见人心之未死。阁下正宜善为利导，并以保全善类，免致滋生事端，勿再传讯。文治、元济与交大在四十年前忝长南洋公学，尤不无三宿之感。子舆氏有言：今夫水，搏而耀之，可使过颡；激而行之，可使在山，是岂水之性哉，其势则然也。深望阁下垂察焉。专此祇颂公绥，诸惟谅鉴。

唐文治　张元济谨启　6月21日[①]

① 《张元济书札》，第576页。

院士大会献《刍荛之言》

国民党政权覆没前夕，还搞了一次中央研究院首届院士选举，用以粉饰太平。

张元济是胡适提名的。第一届院士原拟选80至100人，后经过5次投票，选出张元济与胡适、陈垣、陈寅恪、傅斯年、周鲠生、钱端升、翁文灏、庄长恭、王宠惠、王世杰、朱家骅、苏步青、吴有训、陈省身、李书华、竺可桢、茅以升、汤用彤、冯友兰、梁思成、郭沫若、吴稚晖等81人为首届院士。张元济并非专门著作家，他当选的理由是："主持商务印书馆数十年，辑印《四部丛刊》等书，校印古本史籍，于学术上有重大贡献。"

中央研究院第一届院士大会定于1948年9月23日在南京召开，为期3天。22日，张元济在儿子树年的陪同下乘火车前往南京，下榻于儿子服务的新华银行南京分行招待所。当晚，张元济在招待所起草了演讲稿。

中央研究院院士会议会场设在鸡鸣山的语言历史研究所。9月23日上午，第一届院士大会开幕式举行。关于这次开幕式及张元济代表院士致辞的情况，许多著作都有描述，但多多少少都存在一些错误。为了说清当时的真实情况，这里不妨先抄录一下当时在会场的浙江大学校长、院士竺可桢在其日记中的记载：

> （9月23日）10点至研究院开第一届院士会议，到院士50余人。骝先主席，蒋总统致词约10余分钟。次翁咏霓以评议会资格报告，述院士之责任。院士代表张菊生（元济）及胡适之致词。11点20分即散。此次院士81人，分3组，计数理组28人，生物组25人，社会组28人；而其中有18人在国外，如华罗庚、吴大猷、郭沫若、李仲揆等；告假者吴稚晖、陈寅恪、梁思永等又十余人。……院士中，年最长者吴稚晖年84，次张菊生82；年最幼者为陈省身38，次华罗庚、许宝騄均39云。中膳后睡1小时。3点开

> 会，分组坐，计数组到15，生物组到15，人文组14人。讨论明日会程，推定胡适之、李宗恩、李济之、秉农三、李润章及余6人加萨本栋为委员，于今晚讨论本事。讨论本届评议会之手续及下届院士15名提名之办法等问题。开至7点散。在院内西餐。[①]

从上述日记并结合其他材料可知，华罗庚、吴大猷、郭沫若、李四光等18人在国外，吴稚晖、陈寅恪、梁思永等10余人告假。第一届院士大会开幕式，除去在国外和请假者，实际到会院士只有51人。从当天院士合照统计，似乎只有48人参加照相。院士中最年长者为吴稚晖84岁，其次即张元济82岁。因为吴稚晖请假未出席，故到会院士以张元济最年长。会议由中央研究院院长朱家骅主持，蒋介石出席开幕式并致辞，声称要提倡学术合作并提高学术水准。蒋介石致辞10余分钟后，即退出了会场。接着，行政院院长翁文灏以评议会评议员资格作报告，述院士之责任。之后，院士代表张元济、胡适相继致辞。

张元济是有备而来，有感而发，要把心中郁结了多年的感受讲出来。他首先回顾了自己亲身经历的甲午战争、戊戌维新、义和团运动、辛亥革命、军阀混战、抗日战争、解放战争整整半个多世纪的历史，然后话锋一转，对国民党当局的内战政策及造成的悲惨后果进行了严厉批评：

> 抗战胜利，我们以为这遭可以和平，可以好好的改造我们的国家了，谁知道又发生了不断的内战。这不是外御其侮，竟是兄弟阋于墙。我以为这战争实在是可以不必的。根本上说来都是想把国家好好的改造，替人民谋些福利。但是看法不同，取径不同。都是一家的人，有什么不可以坐下来商量的？但是战端一开，完全是意气用事，非拼个你死我活不可，这是多么痛心的事情！
>
> 打的时候并没有多久，已经闹到所谓四海困穷，人民有些受不住了！报纸所载，那边的占领了东九省，围攻了太原，打破了开封，现在又进逼

① 《竺可桢日记》下册，第1176页。

济南。关外、山西、河南流亡的学生，成千成万的到了平津、武汉和南京。吃没有好好的吃，住没有好好的住，哪里还说什么入校求学呢？前几天我听到李润章先生说，他原籍昌黎县，一年之内两方的军队一出一入共有3次，地方的蹂躏也就可想而知了。这边不受战祸的地方，应该可以安全些了。其实不然，到处征兵征粮，也弄到鸡犬不宁，民不聊生。即以学校而论，教师所得的薪水几乎不够生活。有人告诉我，胡适之先生在北平每天不能全吃饭，晚上都是喝粥，我听见十分难过。

近来还有一件可惨的事情，政府新定了一个名称叫做职业学生，拘捕的拘捕，传询的传询，尤其是在大学校里，凡是大都会都是如此。人心惶惶，真可谓草木皆兵。前几天报纸登了刘不同先生一封信，给行政院翁先生的，说得很明白了。这与流亡的学生不同，但苦痛是一样的。这个症结都是为了战事。战事不到两年，已经成了这个现象。倘若再打下去，别的不用说，我恐怕这个中央研究院也就免不了要关门。

有人说战争不一定是坏，世界两次大战有了许多新发明，学术上有很大进步。但是我们的战争非但没有什么发明，就是诸位研究所得的一些萌芽，所造成的一些基础，恐怕还要遭到毁灭。人家一天天的猛进，我们一天天的倒退。我想两方当事的人，一定有这样的目标。以为战事一了，黄金世界就在眼前。唉！我恐怕不过是一个梦想。等到精疲力尽，不得已放下手的时候，什么都破了产，那真是万劫不复，永远要做人家的奴隶和牛马了！

我们要保全我们的国家，要和平；我们要复兴我们的民族，要和平；我们为国家为民族要研究种种的学术，更要和平。

波兰的和平大会刚刚过去。现在联合国在巴黎开会，法国总统和临时主席也都在那里呼吁和平。元济幼年读过的书记得《春秋》《左传》有个向戌，《孟子》上有个宋牼，这两位和平使者有很大的志愿，留传了很高尚的道德。元济有无穷的期望，寄托在今天在座的诸位学术大家。①

① 《张元济全集》第5卷，第226—227页。

在国民党当局用来粉饰太平、故作镇静，并有诸多国民党大员出席的场合，张元济讲这么一篇逆耳之言，显然是十分犯忌的事。散会后，胡适这位专为国民党蒋介石捧场的文人在车上不无埋怨地对张元济说："菊老，今天大家办喜事，先生的发言未免有点煞风景。"[①]张元济一笑置之，没有回答。之后两天的会议，张元济也没有参加，因为会议本身已无多大意义，蒋介石举行的招待全体院士的宴会也托词谢绝了。张元济在儿子的陪同下游览了南京的风景名胜后，于9月26日返回上海。将演讲词交商务印书馆印成小册子，并取题为《刍荛之言》，分送友人及中央研究院院士人手一份。

张元济的讲话引起了新闻界及知识界的注意。当天，美联社南京专电以《内战破坏文化，张元济痛责陈词》为题作了报道。报道称："历史家张元济氏（商务印书馆创办人）在中央研究院开幕会上严厉的攻击中国的内战，认其'摧毁了文化和研究'。在此会上，蒋总统及何应钦亦在座……"[②]云云。该报道称"蒋总统"在座是传闻失实。

10月4日，中国民主同盟常委黄炎培致函张元济，称："细读尊论，感不绝心。清末变政经过，惟先生能详言之。此倘佛家所谓共业乎？三五年来之事变，吾人皆目睹之，炎培尤身亲之（共党已自愿解除兵柄，见35·2·25张、周、马三人签订之协约）。求双方放下屠刀，而不许闯成今日弥天惨祸，果谁为之乎？长春之惨（见《大公报》），凡有人心，能无狂痛？吾人今日尚有发言之余地乎？先生正论，大众称快，惜朝凤只此一声耳。"[③]

刚从英国归来的青年人类社会学家、清华大学教授费孝通在《中国建设》杂志上读到转载的《刍荛之言》后，立即写了一篇《读张菊生先生〈刍荛之言〉》，发表在该刊上。费孝通在文章开头说："这是一篇大家应当读而不易读到的重要文献，因为张先生在这短短的致词里，说出了现在生活在水深火热里

---

① 爱记日记的胡适在9月23日开幕式当天只在日记中简短地写了"中央研究院院士会议开幕"几个字，看来是心情不佳。

② 《张元济年谱》，第493页。

③ 张树年供稿，承载整理：《黄炎培致张元济遗札》，《近代史资料》第80号，第46页。

的人民大众要想说的话。同时也以他学术先进，年高德劭的资格，对我们这些厕身文化界的后进发出他衷心的警告和期望。他警告我们：学术不能在战火遍地中存在象牙之塔里。警告我们：不应当做埋头在沙土里的鸵鸟，不看看血淋淋的现实。更警告我们一个更明白不过的难免结局：我们将‘万劫不复，永远要做人家的奴隶和牛马了’。他对我们有期待、有号召，就是效法向戌和宋牼做时代的和平使者，所以他最后说：‘元济也有无穷的期望，寄托在今天在座的诸位学术大家。’在座的学术大家们对于张先生的期待有什么感想和反应我们不知道，但是在我读来，除了惭愧内疚之余，却有很多感想，所以想在这里拉杂一谈。”①

文章最后一段写道：

我这样说并不是承认中国命运的悲剧。依现在的趋势下去，张先生的警告固然竟其可成预言。你看：国民党在军事上受了挫折，一方面更要投靠美国，甚至不惜引起世界大战以求侥幸；一方面，国库支出更多，税收地域日缩，通货必然更见膨胀。对人民的不满更要高压，像是一个恶性循环，愈走愈紧。那时不但胡适之先生晚上喝粥，中午也不一定有白米饭吃了。中共方面呢？军事的优势鼓励他们再接再厉，但是面对的军事力量在美国的接济之下也可能拖得很久，于是中共区里的人民不但得做长期艰苦的抵抗，而且因为工业生产的不能急速发展，加上可能的轰炸，在兵源和军事上消耗有生力量。这长期的挣扎，以中国整个的看来，确是很惨的，惨到有一天战争结束时，“什么都破了产”。但是如果我上述的局面果真要形成的话，我相信全国人民，不分哪个政党，总有如张先生所说的“为国家为人民”着想的人，我和张先生一样，期待于他们能出来打破这悲惨的运命。

可以继续战争的可能性是极多的，但是可以结束战争的可能性却只有一个，那就是握有政治权力的人，不论是属哪一方面，都须接受一个相同

① 费孝通：《费孝通文集》第5卷，群言出版社1999年版，第532页。

的目的，“为国家，为人民”，更具体一些，如果国民党从此立刻以实行三民主义为一切行动的纲领，中共一贯以实行新民主主义为准则，两党之间就不难获得一个共同合作的基础，先有可以共同接受的前提，才能发生和平的事实。和平的前提只有一个：“为国家，为人民。”具体一点，实行民治、民有、民享。如果哪一党离开了这准则，这个战争一定会继续下去，一直到真正遵守中山先生遗志的那个政党得到人民的支持而获得胜利。

政治有如下棋，求自己不可胜，才能得到胜人的机会。为政者而不从这基本原则上出发，想侥幸借外力来平定天下，历史上是没有先例的。读了张菊先生的《刍荛之言》，年幼学浅的我也随着记下这一点感想，可以称作《刍荛之余》，不知是否也有一得之处。但是以各言尔志之意，说下这段卑卑并无高见之论。忧心国事，原无年龄之别。除了惭愧之外，内疚更深，所以不避人言之患，倾怀一述。只希望这个多难之邦，总有一天会恢复它的光荣。①

费孝通特别感谢张元济敢就“和平”与“内战”这样敏感而且被明确禁止的话题发言，并对张元济致辞的用意进行了辩护。他说：“没有任何颜色的帽子加得上张老先生的头上，他的苍苍白发保证了他除了悲天悯人之外，不可能再有其他的用心。”确实，张元济的演讲词没有任何个人目的，完全是出于一个读书人、文化人的良知和正义感，说的是肺腑之言，同时也是逆耳之言。

1948年12月11日，上海《大公报》刊登潘公展、杜月笙等发起所谓“自救救国会”启事，擅自将张元济列为发起人之一。对于潘公展、杜月笙等强加于人的做法，张元济大为不满，于14日在《大公报》刊登《张元济启事》，谓：“鄙人年力衰迈，凡社会公共事务不克担任，久经谢却。报载本市成立自救救国会，列有贱名，不克承认。除函致该会外，特此声明。”与潘公展、杜月笙等进行了针锋相对的斗争。张元济的态度，让正在崩溃中的国民党当局十分恼怒。15日，南京《中央日报》刊登化名“秉直”的文章《张元济自救了》，对张元

① 《费孝通文集》第5卷，第539—540页。

济进行人身攻击，称“满清遗老张元济”“预备创造奇迹，在苏维埃朝代中再显身手”[1]云云。

婉辞“和平使者”

1949年1月21日，蒋介石在众叛亲离与四面楚歌声中辞去他那仅做了8个月的中华民国总统职务，这是蒋氏一生中第三次也是最后一次下野了。蒋氏下野后，回到浙江奉化溪口老家，他在那里架设了电台，以国民党总裁的身份在幕后操纵其在国民党内的党政军嫡系势力。而在南京，则由副总统李宗仁担任代总统，走到了前台。

以李宗仁、白崇禧为首的桂系集团逼蒋下台，当然是怀抱有绝大的政治企图心的，这就是希望以长江为界，长江以南由国民党，也就是由桂系统治；长江以北则由共产党统治，重演历史上南北朝的局面。

为此目的，李宗仁一上台就紧紧抓住了“和平”的旗号，发动了一场“和平攻势”。李宗仁派他的策士甘介侯到上海分别拜访宋庆龄、张澜、张君劢、黄炎培、章士钊、罗隆基等，并致电在其他城市的李济深、沈钧儒、章伯钧、张东荪等各党派和无党派的知名人士，邀请他们到南京去“共商和平”。李宗仁的如意算盘是要把各在野党派的领袖及无党派的社会名流都收罗到他的旗帜下。

李宗仁同时也想到了前不久在中央研究院院士大会上大声疾呼“和平”的张元济，李宗仁想请张元济与颜惠庆这两位德高望重的社会名流作为他的“和平使者”前往北平，与中共进行接洽，首先敲开“和平”的大门。

1949年1月30日，李宗仁的谋士、智囊甘介侯登门拜访张元济来了。在楼下客厅接待的是张树年，甘介侯自我介绍后说，他是奉李代总统之命专程送信来的。张树年随即上楼禀告父亲，张元济每年冬天脚上总要生冻疮，今年特别厉害，连走路都有些困难。听说李宗仁派人来送信，知道绝非小事，所谓无事不登三宝殿嘛！便吩咐儿子下楼代他先收下信再说。张树年来到楼下客厅说明

① 秉直：《张元济自救了》，南京《中央日报》1948年12月15日。

他父亲不便下楼接待的原委后，甘介侯将一个大信封递给张树年，说："李代总统想劳驾菊老与颜俊人先生去北方一次，与中共方面接洽和平，盼早日回复。"甘介侯走后，张元济父子展开李代总统的亲笔信看了起来。信件全文如下：

菊生先生勋鉴：

和平为全国人民一致之呼声，政府亦决心以最高之诚意谋取和平之实现，唯前途艰巨，尚待各方努力，始克共济。为民请命，谅荷同情。兹请甘介侯兄代表前来面陈鄙悃，敬希鼎力支助，俾速其成。余情统由介侯兄详达不备。专此。祇颂

弟李宗仁敬启　元·卅[1]

看完来信，张元济明白李代总统是要他去充当国共谈判的"敲门人"。和平，张元济自然是举双手赞成的，他在中央研究院院士大会上不就冒十二分的险大声疾呼和平吗？可是要让他这个年逾八旬的老翁充当"和平使者"，去中共那里"敲门"时，张元济又感到事情并不简单。首先，对于李宗仁及其国民党残余政权单方面发起的"和平攻势"，中共方面的态度如何？他不得而知。其次，张元济自戊戌维新失败以后，数十年来已很少直接参加政治活动，与中共领导人更是素昧平生，这又如何去跟人家交涉？张元济想来想去，他觉得自己不是充当"和平使者"的合适人选，决计推辞。于是，张元济在第二天复函李宗仁婉辞。信件全文如下：

德邻先生大鉴：敬启者，昨日甘君介侯过访，适因足有皲瘃之疾，步履不便，当命小儿出迓，兼致歉忱。甘君出示钧函，盥诵之余，无任惭悚。古人有言：国家兴亡，匹夫有责。重以陲委，敢不勉竭微忱。惟元济年逾八龄，精力衰惫，不克膺此巨任。且连日在报端屡读文告，自揣庸愚，实无涓埃可再为高深之补。辱承谆命，只得拜辞。伏祈垂鉴。临颖不胜惶悚

① 《张元济全集》第2卷，第30页。

之至。肃复。敬颂台祺！（1949年1月31日）[1]

也许在李宗仁看来，张元济与共产党没有历史恩怨，正是充当“和平使者”的不二人选。但无奈张元济不应命，李宗仁不得不另行物色人选。

1949年1月31日，李宗仁代总统在邵力子的陪同下由南京来到上海，分邀社会名流颜惠庆、江庸、章士钊、陈光甫、张君劢、钱新之等十余人商谈和平问题。最后商定推颜惠庆、江庸、章士钊、陈光甫等五人作为李宗仁的私人代表前往北平与中共方面接洽“搭桥”。在征得中共方面同意后，颜惠庆、章士钊、江庸三人作为代表，以“上海人民和平代表团”的名义赴北平，热衷于国共和谈的“和平老人”邵力子则以私人资格随团前往。

2月13日，颜惠庆一行抵达北平，受到中共北平市市长叶剑英的热情接待。颜惠庆等先后与中共有关负责人叶剑英、林彪、董必武、罗荣桓、聂荣臻、薄一波等就和平问题交换了意见。2月24日，颜惠庆一行又专程到河北平山县西柏坡拜会了中共领袖毛泽东、周恩来等。毛泽东明确表示可与南京李宗仁政府进行谈判，但必须以中共提出的八项条件作为基础，速议速决。谈话中，双方达成八点秘密协定，由颜惠庆转交李宗仁。在完成预定议程后，颜惠庆一行于2月27日回到南京。

颜惠庆一行为即将到来的国共第三次和平谈判铺平了道路。颜惠庆之后拒绝了蒋介石要他去台湾的要求，坚决留在上海等待解放。中华人民共和国成立后，人民政府先后委任颜氏担任中国人民政治协商会议委员、中央人民政府政务院政务委员、中央人民政府政治法律委员会委员、中苏友好协会会长、华东军政委员会副主席等重要职务。1950年5月24日，颜惠庆因心脏病逝世于上海。张元济对年逾古稀的颜惠庆不惜冒险犯难，为和平而奔走之举深表钦佩。张元济特赋《挽颜惠庆》以示哀悼。诗如下：

屡接清谈病榻前，谁知同病竟相怜；

① 《张元济全集》第2卷，第30页。

匆闻跨鹤乘风去，往事寻思倍惘然。
行路艰难况病躯，只缘国事勉驰驱；
和平我亦曾呼吁，跋涉关山愧不如。[①]

① 诗前张元济有小注云：“君自北方归来，因劳致病。亦旋患偏中，缠绵至今。近闻始知君已仙逝，至为感怆。三年前南京政府请求罢兵。君任和平使者，奔走崎岖，至感劳顿。李君宗仁邀余与君偕行，余未之允。视君之力疾从公，甚自惭也。”参见《张元济全集》第4卷，第214页。

第十二章　“及身已见太平来”

参与新中国成立的盛典

1949年5月27日，上海解放，历史翻开了崭新的一页。根据中共中央的决定，新成立的上海市人民政府聘请张元济与黄炎培、颜惠庆、江庸、俞寰澄、施复亮、章士钊等14位知名人士为顾问，“俾其能因联系上海资产阶级而取得发言地位”。

上海市人民政府成立后，陈毅市长、潘汉年副市长等市领导带头广交朋友，联络感情。陈毅在百忙之中先后登门拜访了宋庆龄、张元济、陈叔通、颜惠庆、黄炎培、陈望道、沈尹默、周善培等各方面著名人士，体现了共产党领导人虚怀若谷、礼贤下士之风。

在陈毅登门拜访后，张元济参加了一系列社会活动。抗日战争胜利后国民党接收上海时，有权有势地大搞“五子登科”，把上海滩搞得乌烟瘴气，因此大失民心。共产党吸取国民党失败的教训，严格禁止搞“五子登科”，接收上海过程中雷厉风行与一尘不染的作风，给张元济这位饱经忧患的老人留下了十分深刻的印象。6月8日，在上海枫林桥举行的中央研究院成立第21周年纪念大会上，张元济发表了热情的演讲：“中研院去年在（南）京开会，兄弟发出狂言，反对戡乱，争取和平，朋友们说有人要跟我戴红帽子，但我不在乎，我完全是本着良心说话。今年他们打不下去了，又要备战言和。3月8日交大校庆会中，元济痛斥备战言和，这当然不能动汤恩伯和陈大庆等的视听。以后所谓大上海保卫战开始了，毁了不少地方，离散了不少家庭，人民被保卫得受不住了，解放军解放上海后，接管情形很好，这是人民之福，相信人民政府为人民服务毫无问题。”张元济最后说：“刚才陈市长说多难兴邦，现在正是多难之秋。我们人民都应该格外忧勤惕厉，庶几可以帮助政府渡过这重重的难关。至于怎么样鼓舞这种忧勤惕厉的精神，是我们人民的责任，更是我们中央研究院的责任。”

6月15日，中共中央华东局和上海市委、市政府主要领导人饶漱石、陈毅邀请张元济与颜惠庆、周峻（蔡元培夫人）、俞寰澄、吴有训、竺可桢、陶孟和、陈望道、茅以升、唐文治（王蘧常代表）等上海的耆宿座谈，征求意见。应邀的耆老们就发展工业生产、农村开荒、疏浚河道、发展水利、恢复交通、救济失业、教育改造等问题，畅所欲言。座谈会历时两小时，会议结束时，陈毅市长起立致谢，称此为耆老策杖观太平之集会，许多宝贵意见，可供上海做实际工作的同志参考。

早在1948年4月30日中共中央发表的纪念五一劳动节的口号中，就提出了各民主党派、各人民团体及社会贤达，迅速召开政治协商会议，讨论并实现召集全国人民代表大会，成立民主联合政府的口号，随着人民解放军的胜利进军，东北、华东、华南及西北的相继解放，召开新政治协商会议，成立民主联合政府的时机已经成熟。

中共与各民主党派协商，于1949年6月中旬在北平成立了新政协筹备委员会。8月23日，张元济接到新政协筹备会副主任之一的陈叔通从北平发来的信，陈在信中告知新政协即将召开，张元济已被列为会议特邀代表。作为政协代表参与新中国的建立，这无疑是政治生活中的一件大事，也是一个很大的政治荣誉，但张元济最初的反应却是力辞。他于24日复函陈叔通，请陈代为婉辞政协代表。

日前鸣一世兄剪示府报，昨日又奉到手教，知新政协商列入贱名，并蒙谆谆之诲，宁不感动？然再四思维，实有难于应召之处。其原因缕述如下：弟素不称老，且思妄附少年。但近来脑力渐觉衰退，每思--事，甚易

> 坐忘，遇有需费钻研之事，思虑亦复不能深入。吾兄老当益壮，弟实自愧不如。似此衰孱，有何裨补？一也。中共诸子多非素识，在会中者，屈计故交大约不及十人。气类太孤，殊觉岑寂。二也。素性戆直，不喜人云亦云。况值此国家多难，又重以弓旌之招，若缄默不言，实蹈知者失人之咎；若任情吐露，又要招交浅言深之讥，三也。都门亲故虽已凋零，然尚不少。廿年阔别，既旧游重到，不能不稍稍周旋，平空添出无数应酬，亦大苦事，四也。儿新华（银行）一席，生计所系。近日督导开会，倡议裁汰，其职务已不绝如缕。来书属令伴弟北行，自须请假，必被顺水推舟，从此失业，以后何以为生？弟若踽踽独行，征途旅舍，事事躬亲，亦复精力不逮。五也。以此数端，再四踌躇，只可方命简书未发，务乞善为我辞，不胜企祷之至。民国卅八年八月廿四日。①

应当说，张元济信中列举的顾虑与困难，都是实情。张元济早年也从过政，但他从来就不是一个高明的政治家，只是一个书生、一个士绅。戊戌政变以后，他对官场与政治有着一种本能的疏远感情。但新中国建立伊始，中国共产党领导人虚怀若谷，礼贤下士，新政协会议必须有五湖四海、方方面面有代表性的人物参加，而张元济作为出版界的元老，有影响的文化界人士，也是新政协不可或缺的代表人物。

8月24日晚，上海市人民政府交际处处长梅达君来到张元济寓所，转达中共中央的邀请。此时张元济已睡，由儿子张树年接待。次日，张元济复函梅达君，以“年力衰迈，方染微恙”，不便远游，谢辞政协代表。8月27日，陈毅、潘汉年亲自致函张元济，重申中共中央的邀请，并告以将派中共华东局统战部部长周而复与梅达君处长再次登门探视慰问。在中共中央及有关部门的一再邀请下，张元济于9月3日决定应召北上赴会。有关方面考虑到张元济年事已高，特许张树年全程陪伴父亲赴会，从而解除了张元济的后顾之忧。

9月6日晚，张元济在儿子的陪伴下从上海火车站乘车北上，同行的有茅以

① 《张元济书札》，第754页。

升、赵朴初、盛丕华、篑延芳、冯少山、胡子婴、袁雪芬等代表。9月8日抵达北平，陈叔通、黄炎培、俞寰澄等老友在车站迎接，下榻于六国饭店。这里是张元济的旧游之地。38年前，张元济以副会长的身份主持中央教育会会议时，就下榻在这里。历史沧桑，政权已更换两次，但这座饭店依旧没有多大的改变。

参加政协会议的代表总名额662人，其中共产党员约占44%，各民主党派成员约占30%，工农和无党派代表约占26%。这个名单是由新政协筹备会第一组负责拟定的，经过了反反复复的协商，征求了各方面的意见，使最后确定的名单具有最广泛的代表性。张元济一到北京，各方面的朋友和故交纷纷来访，应酬异常繁忙，想着新中国即将诞生，与会者充满着朝气和喜悦心情。

9月14日下午，张元济到中南海勤政殿第一会议室参加讨论《共同纲领》修正稿。《共同纲领》是政协筹备会第三小组负责草拟的，该组组长周恩来、副组长许德珩，成员有民主党派的朱学范、陈劭先、罗隆基、章伯钧、章乃器、邓初民、沈志远、李烛尘、许宝驹、许评、陈此生、黄鼎臣、周建人等22人。由中共提出《共同纲领草案》初稿，交各党派讨论，先后经过7次反复讨论和修改，形成修正稿，然后请先后到达北平的政协代表分组讨论。张元济对《共同纲领》修正稿最初的印象是“文字甚欠整洁，前后亦欠贯串”[①]。张元济在发言时提议删除第十七条“禁止肉刑”。张元济说：“自汉文帝废止后，似南北朝时曾经恢复，至何时又被废止，不复记忆。似唐宋以来均已无之。近惟黥刑尚未废，但非正刑。肉刑早已禁绝。际此文明进化时代，如以此列入，于我国面子甚不好看。我料此所谓肉刑者，当指鞭笞而言。其实民国以来，鞭笞亦已禁止。至于私刑，则比此更甚，亦禁无从禁。鄙见事实上早已无有，何必再缀此文。特为提出，请共同讨论。”[②]张元济的提议得到与会代表的赞同，并予以采纳。在以后的讨论中，张元济又建议在《共同纲领》中加上“发展海运”以及我国“只要保全自己的领土，决没有侵略别人之意”，也都为大会所采纳。

新政协会议期间，毛泽东于9月19日特别邀请张元济与程潜、陈明仁、李

① 《张元济全集》第7卷，第382页。

② 《张元济全集》第7卷，第382页。

明扬游览天坛，刘伯承、陈毅、粟裕等陪同。当张元济在陈毅的陪同下来到天坛时，毛泽东等已在祈年殿门外等候，张元济与毛泽东虽是初次见面，但相互久仰大名，两人握手寒暄后，陈毅又热情地为张元济介绍在场的人。程潜、陈明仁、李明扬是军界代表人物，程、陈、李是湖南起义的领导人，张元济则是文化界的元老。毛泽东邀请他们几位游天坛是精心考虑的，不是随意的行为。相见后，一行人兴致勃勃地游览了祈年殿、圜丘坛、回音壁等几处著名建筑，然后来到回音壁外的古柏树下喝茶休息。毛泽东向张元济问起戊戌变法的历史，问光绪皇帝召见时的情景，又问他当时在京城为官的情况，官俸有多少？对此，张元济一一回答。当毛泽东问张元济在京做官时是否来过天坛时，张元济回答："这里是皇帝敬天之处，我那样的小京官岂能来此？"毛泽东等听了，都哈哈大笑起来。毛泽东接着说，戊戌变法失败，原因在于不发动群众，但也流了不少血，给我们留下了可以借鉴的经验。毛泽东称赞商务印书馆出了不少有益的书，他从《科学大全》这本书中学到了不少知识。商务印书馆出版的《辞源》，他在延安时总是放在案头，写作时经常翻阅。毛泽东最后谈道，共产党领导的革命是人民革命，非共产党所得而私。他举例说国民党"重庆"号军舰起义，舰上700余人，并无一名共产党人，这是共产党为人民所拥护的证明。游览完毕，毛泽东与张元济等一一握手道别。①

9月21日，中国人民政治协商会议第一届全体会议在北京中南海隆重开幕，这是中国历史上空前的人民盛会。出席会议的代表662人，大会推选出89人组成的主席团负责领导会议，张元济是主席团成员之一。

新国号应该叫"中华人民民主共和国"，还是叫"中华人民共和国"？政府组织法起草小组成员曾经有过激烈的争论。9月22日，董必武在政协第一届全体会议上报告中央人民政府组织法起草经过时说："国家名称的问题，本来过去写文章或演讲，许多人都用中华人民民主共和国；黄炎培、张志让两先生曾写过一个节略，主张用中华人民民主共和国。在第四小组第二次全体会议讨论中，张奚若先生以为用中华人民民主共和国，不如用中华人民共和国。我们现在采

---

① 参见《张元济全集》第7卷，第387—388页。

用了最后这个名称，因为共和国说明了我们的国体，‘人民’二字在我们今天新民主主义的中国是指工、农、小资产阶级和民族资产阶级四个阶级的人，它有确定的解释，这已经把人民民主专政的意思表达出来，不必再把‘民主’二字重复一次了。”①

在提交给政协第一届全体会议的正式文件中，共同纲领和政府组织法中，国号“中华人民共和国”后都带着一个括号，里面写着“简称中华民国”六个字，这容易使人把它与辛亥革命后建立起来的“中华民国”混为一谈，造成误解。但因为有一部分代表强烈坚持在括号里加注“中华民国”字样，为充分发挥民主，毛泽东委托周恩来和政协秘书长林伯渠出面，邀请与会代表中的元老开会征求他们的意见。

9月25日晚，张元济收到一封由周恩来与林伯渠联名的请柬，上面写着：“9月26日上午11时30分在东交民巷六国饭店举行午宴，并商谈重要问题，请出席。”接到这份请柬的有二三十人，除张元济外，还有张澜、符定一、何香凝、陈嘉庚、吴玉章、梁希、徐特立、李锡九、沈钧儒、黄炎培、马寅初、马叙伦、彭泽民、沙彦楷、周善培、简玉阶、沈雁冰、司徒美堂、庄明理、高镇之、李步青、张难先、何燮侯、宁武、邵力子、郭沫若等。这些被邀的代表绝大多数年龄都在70岁以上，参与或经历过辛亥革命，是中共领导人敬重的各方面的长者。宴会就设在六国饭店，周恩来亲自主持。宴会前，周恩来特地叫人关闭了餐厅的大门。周恩来首先致辞：“今天请来赴宴的大多是辛亥革命时期的长辈，有3个人不是，来听长者的发言。我国有句老话，叫作‘请教长者’，今天的会就是如此。其他各案，屡经小组讨论，归束大致无甚异同。独中华人民共和国名称下加括弧简称中华民国，每次会议都有人言似属赘旒。当草案叙入之时，系为顾及一部分人之意见，谓宜勿忘孙中山创始革命之功绩。究应如何定名方为妥当，今日承毛主席之命，特约诸长老至此讨论。”

周恩来点题后，黄炎培、何香凝、周善培、司徒美堂、张澜、陈叔通、沈钧儒、陈嘉庚、张元济等相继发言，以反对括注“中华民国”字样的居多，有

① 于江编著：《开国大典6小时》，辽海出版社1999年版，第101页。

的意见还相当激烈。如周善培说："我反对仍要简称什么中华民国，这是一个祸国殃民、群众对它毫无好感的名称。二十多年来更是被蒋介石弄得不堪言状了。我主张就用中华人民共和国，表示此次人民革命和辛亥革命的性质各不相同。"83岁的美洲华侨领袖司徒美堂也激动地说："我没有什么学问。我是参加辛亥革命的人，我尊敬孙中山先生，但对于中华民国四个字，则决无好感。理由是中华民国与民无涉。二十二年更被蒋介石与CC派弄得天怨人怒，真是痛心疾首！我们试问，共产党领导的这次革命是不是跟辛亥革命不同？如果大家认为不同，那么我们的国号应该叫中华人民共和国，抛掉中华民国的烂招牌。国号是一个极庄严的东西，一改就得改好，为什么要三年之后才改？语云：'名不正则言不顺，言不顺则令不行。'仍然叫中华民国，何以昭告天下百姓？我们好像偷偷摸摸的，革命胜利了，连国号也不敢改。我坚决反对什么简称，我坚决主张光明正大的用中华人民共和国。"司徒美堂的讲话直言快语，痛快淋漓，掷地有声。他说完后，宴会大厅里响起热烈的掌声。张元济与沈钧儒、陈叔通、陈嘉庚、马寅初、高镇五、李锡九、徐特立、简玉阶、宁武等也相继发言赞同删去。沈钧儒还说，去此四字"并无忽视辛亥革命之意"。[①]主张括号加注"中华民国"四个字的，以何香凝为代表。何香凝与其丈夫廖仲恺是孙中山的得力助手，协助孙中山亲手创建中华民国，所以对此"中华民国"四字有特殊感情，这是可以理解的。在会上"何香凝起而抗议，邵力子和黄炎培则折衷其说，谓可暂留"[②]。由于赞成删去的占大多数，周恩来最后作结论。9月27日，政协第一届全体会议讨论和通过《中国人民政治协商会议共同纲领》和《政府组织法》时，表决同意去掉国号后面"中华民国"的简称。

政协筹备会第六小组成员及专家们在讨论和座谈时，关于纪年问题的意见分歧也相当大。有人主张采用中华人民共和国纪元，有人主张从孙中山建立中华民国开始纪年，还有人提议从4000多年前黄帝即位开始纪年。这些主张都有其一定道理，但只是中国传统的道理，囿于中国民族史的道理。工作小组成员

① 《张元济日记》下册，第1238页。

② 《张元济全集》第7卷，第392页。

和专家们放眼世界，发现世界上采用本国纪年的只有少数国家，绝大多数国家都采用公元纪年。经过反复讨论，最后决定采用国际上通行的公元纪年，并将方案上报。

9月23日，在政协会议分组讨论会上，对纪年问题仍有激烈的辩论。张元济是反对用西历的，他在当天的《日记》中记载：

> 晨九时赴勤政殿开会，偕李明灏同车往。召集人为沈雁冰。讨论国旗，余主用“后”字第四号。国都均主北京，众无异词。至纪年一节，余以采用公历，合于世界大同之义，但目前尚难达到此境。至以现在为划时代，则民国犹是民国、民主犹是民主，不妨仍继续称民国纪元，今年为三十八年，且采用公历今年为一九四九年，一则我国历史已有四千三百年，多数不知历史者不免误认我国立国只有一千九百余年，似失立国性；二则公历以耶稣降生为始，于我国回族、藏族不免有影响宗教之戟刺。经众人讨论，辩论再四。叔通亦力主公历。后有人提出以原议及余之主张提交总会斟酌。后孝怀主张改元，议论甚为透彻，亦提交总会讨论。[①]

张元济等反对用公元纪年，也不能说全无道理。由于政协代表意见不一致，9月25日晚，毛泽东、周恩来在中南海丰泽园召集部分政协代表讨论国旗、国歌时，也提到了纪元问题。从《张元济日记》的记载看，张元济可能没有出席这次在丰泽园召开的讨论会。讨论依然是热烈的，各种意见不断交锋。

毛泽东在会上说：“老百姓要用其他纪年，我们也没有办法。我们不能制定法律去处罚他们。过去用中华民国纪年，老百姓用甲子纪年，他们学会用了。但是，我们的政府还是要有个决定：采用哪个年号。”黄炎培发言说：“我同意毛主席的意见。有人说采用公元纪年是以耶稣降生之年为纪元，是基督教国家的年号。据我们调查了解，其实许多非信仰基督教的国家也采用公元纪年。现在公元纪年已成为国际习惯通用的年号。少数国家采用本国纪元，但在行文写

① 《张元济全集》第7卷，第390页。

到本国纪年时，常常还要加注公元多少年，麻烦得很。”听了黄炎培的话，毛泽东风趣而幽默地插话说：“就是耶稣也不坏嘛！耶稣和今天某些国家借推行基督教进行帝国主义侵略并不一样。”经过热烈讨论，大家一致鼓掌同意采用公元为新中国纪年。[①]9月27日，政协第一届全体会议正式表决通过，中华人民共和国采用公元纪年，本年为1949年。

9月30日，政协举行最后一次全体大会，张元济报名发言：“近读《参考消息》，有人觊觎我西藏，又云南、两广边界外，亦对我有啧言。鄙意拟于五节‘解放全国领土’句‘解放全国’加逗点，下加‘保全我国的’五字。此有两层意见：前一层即毛主席开幕词中不许任何帝国者再来侵略我们的土地；后一层即《共同纲领》第十条、第五十四条保卫中国领土主权完整。鄙见拟请于宣言中郑重声明，是否可采，请裁度。”张元济发言的言外之意是不许别人侵略我，我亦只保全我之领土，并无侵略他人领土之意。张元济发言后，许德珩起立发言，主张维持原案。主持会议的周恩来提议在“巩固国防之下”，加上“保全我们的领土”字样。周恩来问张元济是否同意，张答：同意。

会议选举时，张元济当选为中国人民政治协商会议第一届全国委员会委员。检票期间，全体与会代表随毛泽东等赴天安门广场为人民英雄纪念碑奠基。

10月1日下午，张元济等登上天安门城楼，参加开国大典。张元济与几位高龄的代表看完威武雄壮的盛大阅兵式后，没有观看晚上的群众游行，即回旅馆休息。当晚，六国饭店游行队伍的欢呼声一直持续到深夜方止。

100多年来，中国内忧外患，国无宁日，民不聊生。中国人民由此戴上了“东亚病夫”的帽子。如今中国共产党领导中国人民建立了一个统一、强大的新中国，屈辱的历史已经成为过去，张元济这位前后跨越3个朝代，饱经忧患的老人浮想联翩，夜不成寐，披衣而起，提起笔来给毛泽东主席写信：

昨日会推元首，我公荣膺大选，为吾国得人庆也。英伦三岛昔以鸦片强迫售于我，林文忠焚毁，乃愿辄于半途，酿成江宁条约之惨。桎梏百年，

---

① 《开国大典6小时》，第408—409页。

贫弱日甚，后虽设禁，终多粉饰。我公发愤为雄，力图自强，必能继武前贤，铲绝根柢，一雪此奇耻。谨呈上《文忠政书》全部，聊附壤流之见，藉伸祝颂之忱。伏乞莞存，曷胜宠幸。敬贺荣庆，顺颂康宁，统维垂察。三十八年十月一日。[①]

10月1日一早，张元济将信连同早已准备好的《林文忠公政书》包好，交大会工作人员转交毛泽东。林文忠公即林则徐，他作为晚清一名爱国的封疆大吏，很想禁绝鸦片。但无奈清王朝已经极端腐败衰落，无力抵抗英帝国主义的侵略，林则徐被革职充军新疆，清政府被迫与英帝国签订丧权辱国的《南京条约》，使鸦片贸易合法化，继续毒害中国人民100余年。在中国共产党领导下，中国人民真正站了起来，才有可能真正禁绝鸦片。张元济送《林文忠公政书》给毛泽东，其用意不言而明，就是希望毛泽东能完成林则徐没有能够完成的事业。

开国大典后，张元济留在北京准备参加全国政协第一届全国委员会会议。

10月11日，毛泽东主席邀请张元济和周善培[②]到中南海丰泽园寓所共进晚餐。两老均有小辈陪同，陈毅、粟裕两位将军出席作陪。宾主畅谈了两个小时，张元济谈了以下几点建议：一是应令下情可以上达，政府措施如有不当的地方，报纸不敢倡言，宜酌登有确实姓名、地址的来稿，以广言路。毛泽东同意，说可专辟一栏，可先做一样子。二为建设必须进行，最要为交通，其次农业，再次工业；工业先轻工业，次重工业。中国抗战八年，内战三年，民穷财尽！若百端并举，民力实有不逮，不能不权衡缓急。张元济的这一条建议当然有其道理，但中国的国际环境似乎不允许中国这样按部就班地开展经济建设，必须走另外的道路。因此，毛泽东回答说，现在铁路需要铁轨，鞍山矿产不能停顿，

① 《张元济全集》第1卷，第283页。

② 周善培（1875—1958），字孝怀，浙江诸暨人。举人出身，曾任驻日本公使馆参赞，后到四川成都办私立东文堂，后历任川南经纬学堂教务长、署理四川按察使等职。辛亥革命后潜心讲学，不问政事。周善培与人民解放军总司令朱德有师生关系。此次也是以特邀代表身份出席政协会议，并当选为第一届全国政协委员，受到中共领导人的礼遇。

纺织也有数十万亦亟于进行。张元济又补充说：现有者无中辍之理，需新创者宜斟酌。三是关于农民缴粮的问题。张元济指出民间苦于负担甚重，这是由于有田者匿报造成的，解决这一问题必须由地方公正绅士出面相助。说到这里，陈毅插话说，河北、山东负担较江浙为重。他还举例说，无锡某地主有7万亩，缴粮却很少，而且不肯缴，不能不予以惩儆。毛泽东说，现在数十万大军南下，以后江浙可以减少若干。随后，毛泽东说到章士钊为上海黑社会头子杜月笙说项，想招杜月笙回上海。周善培听了立即起身表示反对，张元济也说："此君声名不佳，且其门徒甚多，有所信赖，于地方上不免受扰。"陈毅同意周、张的意见，并说如果令杜月笙回上海，宜慎重处置。周善培又谈到学生读经的问题，张元济显然不同意老友的主张，说："此难施诸大众，将来大学不妨别立一科，听人研究。"张元济趁机又申述了他对以罗马字母改革汉语的看法。张元济说："现在有人主张用罗马字母改革汉文，余觉此事甚为不妥。我国疆域如此寥阔，种族如此复杂，所以能至今团结成一大国者，全恃文字统一。若改用罗马字母改切汉文，则各省以字母、以自有之方言切成自有之文字，东西南北必不相同。语言既不相同，文字又复殊别，将来必致渐渐分离，甚为可虑。欧洲至今分为若干国，不能融合者，即有语言文字之区别。我国幸有统一之文字，万万不宜自毁。"①张元济的意见不乏真知灼见，对党和国家领导人不无参考作用。宾主畅谈两个多小时，尽欢而散。

这次赴京参加新中国成立的盛典，张元济作为文化界的元老备受毛泽东、朱德、周恩来等领导人的礼遇，张元济也从党和国家领导人平易近人、礼贤下士和谦和之风中看到新中国的希望和美好前景，他对儿子张树年说："我活到耄耋之年了，曾见过光绪，见过袁世凯，也见过孙中山，还见过蒋介石。光绪想把国家治理好，但他太懦弱。孙中山虽有伟大的理想，但未能实现。袁世凯是个枭雄，阴险毒辣。今天我见到毛泽东主席，毛主席有学问，有气魄，我看中国有希望了。"

---

① 《张元济全集》第7卷，第403—404页。

商务印书馆的新道路

1949年5月27日，上海解放。7月，商务印书馆劳资双方组成业务推进委员会。商务印书馆适应完全不同的新社会，需要一个磨合的过程，或者说一个适应的过程。解放初期要克服国民党造成的经济混乱局面也需要一个过程。张元济在北京参加政协会议期间，商务印书馆馆务仍是他最牵挂的大事。从商务印书馆走出来的文化人，有17位担任了新中国中央政府副部长以上的职务，如陈叔通、沈雁冰（茅盾）、胡愈之等。他们对商务印书馆有感情，也十分关注商务印书馆未来的发展前途。张元济到北京的第三天，即1949年9月1日，在欧美同学会宴请商务印书馆旧友郭沫若、沈雁冰、胡愈之、沈钧儒、叶圣陶、宋云彬、马寅初、黄炎培、郑振铎、陈叔通、周建人、马叙伦等。他与陈叔通几乎是天天见面。

1949年9月间，商务印书馆参加上海新华书店发起成立的上海联合出版社，承担印制华东区中小学教科书。商务印书馆印制的《小学教师学习丛书》等四套小学丛书，因缺乏新意，不完全符合新社会的要求，未能打开销路。张元济即向胡愈之、郑振铎探询新中国的出版方针。

10月9日，郑振铎、胡愈之告诉张元济，今后出版趋向将注重分工合作，各专一类。10月11日，胡愈之偕陆定一、徐特立看望张元济，谈起出版事。大意在分工合作，新华书店与各私营出版社应互相扶助；至于印刷发行，亦须分工合作。嘱咐张元济返沪后邀同业讨论，制订一个计划，将来出版总署要召开会议讨论。

张元济在京期间，还多次与沈雁冰谈话，诚恳邀他重返商务印书馆任编审委员会会长，但沈雁冰因即将出任文化部部长，事实上不可能重返商务印书馆。陈叔通又推荐了宦乡，设想由他在北京负责组稿，并主持一个刊物。张元济与宦乡见了面，商谈过几次。宦乡提议商务印书馆可多出科学技术的书籍，生产教育用品等。宦乡出任外交官后，也无法兼顾商务印书馆的出版事宜。

10月21日，张元济从北京回到上海，不得不继续为商务印书馆的生存而操劳。由于年关快到，商务印书馆的经济状况仍没有好转，张元济决定向陈毅市长上一个《节略》，详列商务印书馆自1949年6月至11月收支数额及亏损数目，谓“再四思维，已濒绝境，不得已仰求我公体念50余年民族文化之商务印书馆赐予救济，转商人民银行，准许贷款20亿元”。

12月初，张元济到上海市政府见陈毅，亲呈《节略》后，张元济对陈市长说：“商务过不了年了，连薪水也发不出，能不能借20个亿给我？”

听完张元济的陈述后，性格豪爽的将军市长即说，商务印书馆不能靠借债吃饭，“还是要从改善经营想办法，不要只搞教科书，可以搞些大众化的年画，搞些适合工农需要的东西。听说商务编辑只愿搞《大学丛书》，不愿搞通俗的东西，这样不要说20亿，200亿也没有用。要你老先生这么大年纪，到处轧头寸，他们就坐着不动，我很感动，也很生气！我不能借这个钱，借了是害了你们”。

张元济听了陈毅的一番肺腑之言后，也很激动，连忙回答：“好，我完全接受你的意见，不借钱了。你这话是爱护我商务，使我很感动。我这就回去改善经营方式，走大众化的道路。”陈毅也爽直地说：“如果你这样搞还搞不好，那就再来找我。”

12月25日，商务印书馆召开工会成立大会。张元济到会讲话。当看到商务印书馆劳资双方协同克服困难，使经济出现了转机，内心十分高兴，讲话时异常兴奋，他刚讲上几句，便突然脸色苍白，身体失去平衡，据医生诊断，为脑血栓引起中风，导致半边瘫痪，急忙送中美医院（今长征医院）诊治。

陈毅听说张元济中风后，心里也很不好过，曾对人说：“菊老兴奋得很，回去开会讲了两句话就中风，是我害了他呀！”

12月27日，陈毅与中共华东局第一书记饶漱石到医院探望张元济，表示要让卫生部门治好他的病。在陈毅、饶漱石的关照下，卫生部门全力抢救，使张元济得到了很好的治疗，病情逐步好转。

1950年9月15日，政务院出版总署主持召开第一届全国出版工作会议。根据会议精神，商务印书馆在北京成立编审部，出版科技类书籍。1952年，商务印书馆出版部迁到北京，与北京的编审部合并。由袁翰青、戴孝侯主持工作。

1953年冬，商务印书馆董事会向出版总署提出公私合营申请，经出版总署与教育部商量后，决定商务印书馆与高等教育出版社合并，但同时保留商务印书馆的牌子，即一套人马，两个招牌。高等教育出版社以商务印书馆的牌子出版少量古籍、科技及工具书，以及不适合用高等教育出版社名义出版的部分图书。

公私合营后，商务印书馆产权为国家接管，股东得到百分之四的定息。张元济虽然仍担任代表私方的董事长，但他的使命已经完成。

1954年1月28日，陈叔通从北京致函张元济说：“57年事业有可交代，实即有了结束。股东在某一个时间仍有利可图。以后公以文史馆馆长例为，商务印书馆董事长之例切勿过问，可以由季湘随时报告。”①

1957年，商务印书馆从高等教育出版社分出，与时代出版社（包括并入该社的五十年代出版社）合并。国家鉴于商务印书馆与中华书局这两家出版社在旧中国的声誉和贡献，将这两家出版社定为国家级出版社。从此，商务印书馆这家中国历史最悠久的老牌出版社走上了全新的发展道路。

“愿留老眼觇新国”

微躯撑拄又三年，弹指光阴境屡迁。
为报亲朋勤问讯，夕阳红好尚依然。

预期计划盈三五，社会主义万般新。
愿留老眼觇新国，我尚能为百岁人。

以上是1954年正月张元济写的两首七绝。尽管病魔缠身，张元济依然充满乐观的心情，希望能够活到百岁，用自己的双眼看着欣欣向荣的社会主义祖国。

张元济自1949年12月25日中风后，在医生的精心医治下，病情渐见好转，

① 《张元济年谱》，第575页。

于1950年5月出院回到寓所。但一侧瘫痪已无法恢复，一切生活起居都在床榻，床上放着一张特制的小桌子。张元济坐起来后可以趴在桌上看书写字，一日三餐也用此桌。

张元济人在病榻上，心依然关注窗外的国家大事。1950年10月，张元济闻讯中国人民解放军进军西藏，并和平解放了西藏，这只有强大的新中国才能做得到。张元济再也按捺不住心头的喜悦，于12月30日、1951年4月15日、5月26日和8月29日，先后4次写信给毛泽东主席，并寄去了《告存诗》《积雪西陲》《西藏解放歌》以及《涵芬楼烬余书录》一册。

1951年7月30日，毛泽东复信张元济说："菊生先生：去年12月30日，今年4月15日和5月26日3次惠书，并附大作及书一函，均收到了，谨谢厚意。《积雪西陲》一诗甚好。由于签订了协定，我们的队伍不久可以到拉萨了。尊恙有起色，甚以为慰。此复。敬祝康吉。毛泽东。"[①]

1951年8月29日，张元济又写信给毛泽东并附上《西藏解放歌》，该诗写道：

巍巍乎我国，西南境之南缘，有世界莫大之山，琼绝数千万丈，障隔中外之喜马拉耶，其他三面复有无数冰山雪岭，环列而周遮。天胡故设此境，使我藏胞不得窥见中土之繁华。更有异国来自数万里外，乘间抵隙，思潜肆其爪牙。斯为我兄弟诸族之一，睹其不幸，忍不为之安内而攘外，相扶相助，使来集于我邦家。爰整其旅，伐鼓鸣笳，若淮阴之出井径，葛亮之扼褒斜，凿羊肠以通道，凭鸢飞以当车，粮食皆空运，谋外侮之共御，信和会之孔嘉。招延信使，越险陟遐，輶轩戾止，槃敦交加，载申盟誓，毋相疵瑕。许从宜而后俗，抚黎庶与僧伽，睦邻交于身毒，崇法教于释迦，使事毕而欢悦，捧盟书以回槎。寄语藏胞，毋憾于天，英豪首出，能为今日炼石补阙之女娲；人定胜天，以先知觉后知，兢兢业业，终能博进步于无涯。谓予不信，试于10年20年后，攀登万古积雪不化之峰巅，俯瞰前后

① 《毛泽东书信选集》，第418页。

两部满地灿烂自由之花。[①]

张元济在信中写道：“西藏解放实为我国一大庆事，然非我公威爱并济，运筹制胜，奚能致此？迭听好音，当赋长短句歌辞一首以志庆幸，别纸录呈，敬祈教正。承示实行协定，我部队不久可到拉萨，从此巩固国防，实施自治，西南底定，统一可期。此后建设不知尚须费几许人力物力？此为先民所遗未完之债，留待后人担承。生当斯世，无可诿卸，亦不容诿卸者也。”[②]张元济还在信中提出四项具体建议：（一）首都宜特设西藏语文专校，由藏胞选送聪颖子弟入学。邻近各省亦宜酌设分校，“以植一道同风之基”。（二）首都及邻近各省大学宜特设西藏语文专科。（三）宜编辑藏文常识之书。（四）凡有藏胞聚集之处，宜由当地政府领导人民常与集会，加意联络，使有宾至如归之乐。又国内大都市著名报纸及专科杂志，尤宜多载西藏近事及其地理、史迹、物产、民俗等，俾国内人民熟知藏中情况，养成休戚相关之谊。

同年9月5日，毛泽东又复信张元济，说“《解放歌》具见热忱慷慨，建议各事都好，编藏文小册子尤为急需，已告有关机构加力办理”[③]。

张元济与毛泽东先后通信10余次，这也反映了张元济对新中国领导人的信赖。

张元济充分信赖新中国领导人。反过来，新中国的领导人也极其尊重这位文化老人。张元济继当选为全国政协第一届委员后，又先后担任了华东军政委员会委员（1949年12月2日任命），华东行政委员会委员（1953年1月14日任命），上海文史馆第一任馆长（1953年春任命），第一届全国人大代表（1954年），第二届全国人大代表（1959年）。

---

① 张元济在诗的开头有这样一段说明：“西藏通中国，自唐始。千百年来情势扞格，以迄于今。幸值我邦新造，中原解放，遂及边圉，于是去岁有昌都之役。兹者遣使来京，互订盟约。使者既至，协议告成。班禅已先莅首都，备受礼遇。观光南国，所至人民争先瞻仰，亲如家人。遄返西域与达赖释嫌修好，时达赖出亡于外，闻风兴感，亦由亚东归于拉萨。从此上下一心，实行自治，修明庶政，巩固边防，完成民族大团结之伟业。赋此志喜。”见《张元济诗文》，第1—2页。

② 《张元济书札》，第269页。

③ 《张元济年谱》，第561页。

张元济牵挂着祖国的统一大业。1956年初春的一天，当张树年在上班前照例到父亲的卧室请安时，张元济对儿子说："我忽发奇想，要写信给蒋介石，请其效法钱武肃，纳土归顺。"张元济随即写信给陈叔通，就给蒋介石去信一事征求意见。几天后，陈叔通将毛主席表示赞同的意见转告给他。为了写好这些信，张树年特地向单位请了假，帮助父亲完成这个历史性文献。信写好后，张元济另函上海市政府秘书长管易文，请其转呈中央。致蒋介石信全文如下：

介石先生大鉴：庐山把晤，快领教言。光阴迅速，忽忽已20余年矣。此20余年中，公所施为受国人之嬉笑怒骂者，可谓无所不至。然弟终不愿以常人待公。今者据有台澎，指挥四方，此固足以自豪。虽然，弟窃有更进于此者，今愿为公言之。公浙人也，弟亦浙中之一老民。千百年来，我浙江有一不可磨灭之人物。伊何人欤？则钱武肃。是钱之事迹，度公亦必耳熟能详。当北宋之世，武肃据有全浙八都，军威著于一时。能默察时势，首先效顺，而炎宗统治之局，因以底定。当今之世，足以继钱武肃而起者，舍公而外无第二人。窃于公有厚望焉！

此致

敬礼

张元济拜上

（1956年）6月15日自淮海中路1285弄24号上[①]

张元济的信得到中央领导人的高度重视，后由广播电台对台湾播出。陈叔通就此评论说："归顺书可能激发天良。"[②]

---

① 《张元济全集》第3卷，第249页。

② 《张元济年谱》，第579页。

“翅首寿斯人”

1956年是张元济的九十大寿（虚岁），亲朋故旧为张元济举行了隆重的祝寿活动，以表彰这位老寿星对中国文化教育所做出的杰出贡献。

10月29日，中共上海市委第一书记柯庆施，副市长许建国，市委统战部部长刘述周，以及徐森玉、江庸、沈尹默、舒新城、陈虞孙、沈季湘、劳敬修、周善培、姚虞琴、蒋维乔等亲临张元济寓所祝寿，并参加寿宴。

中共中央统战部部长李维汉从北京发来祝寿电。

上海市人民委员会赠送张元济九十寿辰礼菊花四盆、月季花两盆。

10月30日，上海《解放日报》在头版发表了《奠定千秋业，告慰百岁翁——戊戌老人张元济先生九十大寿》的通讯。

国务院副总理兼外交部部长陈毅赠送齐白石画立轴一幅作为寿礼。

全国人大副委员长兼中国科学院院长郭沫若发表《贺张元济先生九十寿辰》诗：

兴国祯祥见，老成今通新。
百年历甘苦，七载净风尘。
文化高潮至，和平普海亲。
百家鸣鼎盛，翅首寿斯人。

文化部部长沈雁冰撰写张元济九十寿辰祝辞：“从戊戌以后，菊生先生致力于文化事业，创办商务印书馆，在中国于是始有近代化的出版事业。商务印书馆在介绍西洋的科学、文学，在保存和传播中国古典文学和其他学术著作方面，都有过重大的贡献。将来的历史将记录菊生先生这些对于祖国文化的贡献。”

文化部副部长兼文物局局长郑振铎的祝辞是：“近六七十年来，文献图书之得以保守毋失，不至蹈皕宋之覆辙者，赖有南北公私诸藏之网罗散佚耳，而涵芬楼尤为其中巨擘。张菊生先生阐旧学，启新知，于中国学术贡献甚大，而其精力所萃，犹在涵芬楼。不仅能聚之，且能传播之，今士子辈胥能乎？《四部丛刑》《百衲本二十四史》以研讨古学者，皆出先生赐也。仁者多寿，敬颂千龄。”

为张元济九十寿辰撰写祝辞或献诗词书画者，还有沈钧儒、吴湖帆、周建人、秉志、邵力子、胡愈之、马叙伦、马寅初、商衍鎏、张宗祥、陈叔通、黄炎培、章锡琛、杨端六、叶恭绰、叶圣陶、黎锦熙、顾颉刚、冒广生、顾廷龙、刘厚生、瞿熙邦等40余人。这也是现代文化史上的一件盛事。

张元济赋七律诗一首，以答谢各界的盛情厚意：

正叹年华承逝波，颁来美意故人多。
愧无佳句还相答，聊作琼瑶远拜嘉。

“泉台仍盼好音传”

1951年，张元济将“涵芬楼”所藏的《永乐大典》21册，及历年收购的翁文端公（翁心存，翁同龢之父）日记稿本25册，捐献北京图书馆。同年，又为好友赵从蕃之子世暹从南京书市购到的宋代赵明诚《金石录》30卷（系海内孤本）做了审核鉴定，并写了跋文。

这一年，张元济自撰了“讣告”：“前岁冬日突患偏中，卧病有年。今已于本年×月×日（子树年填制）逝去，遗骸即付火葬，不敢举行丧礼，敬辞赗赙，追悼纪念尤不敢当，生前辱荷知爱，从此长辞，瞻念何极。”

1952年初，张元济又撰了10首告别诗，其《别商务印书馆同人》诗云：

昌明教育平生愿，故向书林努力来。
此是良田好耕植，有秋收获仗群才。

《留别绝句》诗云：

形体积成泡沫耳，一朝化去更空虚。

世人幻说辽阳鹤，魂梦可能相见无。

面对死亡，张元济表现得十分达观。但他的生命有如他的性格特别有韧性，死神也只能望而却步。

张元济在顾廷龙的协助下，在病榻上整理了《涵芬楼烬余书录》，取名“烬余”二字，意在“志痛”，提醒国人不要忘记过去那段屈辱的历史。

1953年，张元济将家藏的3件文物献给国家。其中一件是，张氏先祖张惟赤于清顺治年间乡试中举所得到的一套银质杯盘——即鹿鸣宴杯。张元济并写了考证短文：

先九世祖张讳惟赤，别字螺浮，顺治甲午顺天乡试举人，乙未科进士，官至工科掌印给事中。按清会典各省乡试筵燕考试及新中举人，应给金银花杯盘，披红绸缎。是为公于乡试举时赴鹿鸣宴所之杯盘，均系银质。盘上錾有顺治甲午科顺天乡试鹿鸣宴12字，制作甚精。藏余家者300年。余于光绪己丑恩科，本省布政使司只给币数圆，不知改于何时。余尝在友人中家世科第者，均云从未获睹，盖废弃已久矣。今政府重视社会文化事业，设局专司其事，此为国家数百年典章之遗器，故谨以为献。公元1953年海盐张元济谨识。①

1957年夏，张元济病情恶化，住进了上海华东医院治疗。

1958年4月22日（或23日），周恩来总理到上海视察，特到华东医院看望了张元济。这时张元济已经神志恍惚，周恩来站在病榻前说：“我是周恩来。”张元济微微动了一下身子，点头表示认识。片刻，用低微的声音说：“毛主席好。”周恩来欠下身子，握着张元济的手说：“主席很好，特托我来探望您。”张元济脸上露出了欣慰的神情。周恩来得知守护员马明昌是海盐人时，又吩咐：

① 《商务印书馆一百年1897—1997》，第187页。

“你是张老同乡，又年轻，身体也很好，要好好服侍张老。”

1959年8月初，张元济已完全不能说话，当多年的助手丁英桂来探望时，张元济仍用尽全身力气说出了“册、册、册……”原来，他直至生命的最后时刻仍在惦记着《册府元龟》这部珍贵古籍的影印出版事宜。

8月14日下午8时4分，张元济病逝于华东医院。随后，组成了由朱德、江庸、沈钧儒、李维汉、陈丕显、陈叔通、陈毅、邵力子、胡厥文、赵祖康、荣毅仁、徐森玉、梁思成、郭沫若、彭真、黄炎培、顾廷龙等人参加的治丧委员会。

8月17日，在上海万国殡仪馆举行公祭仪式，有200多人参加公祭仪式。全国人民代表大会常务委员会、中共中央统一战线工作部和朱德、周恩来、彭真、陈毅、柯庆施、李维汉、郭沫若、沈钧儒、陈叔通、黄炎培等敬送花圈和挽联，上海市副市长曹荻秋致悼词。

他说，在先生93年的岁月里，经历了我国从民主革命至社会主义革命的伟大时代。先生早在清朝封建统治时期，鉴于当时政府腐败、民族危机日深一日，便热衷于变法救国。戊戌变法以后，先生致力于文化出版事业，即一面从事发扬祖国固有文化遗产，参加商务印书馆等工作，一面介绍西洋文化，使中西文化沟通，对促进祖国文化事业的发展做出了贡献。抗战胜利之后，先生仍极力主持正义，积极参加反对国民党政府反动统治的斗争。解放以来。先生积极拥护中国共产党的各项政策，而祖国人民也给予先生高度信任和委托。近几年来，先生虽然长期患病，但仍然关心祖国社会主义建设事业，并经常用诗词歌颂祖国的伟大成就。

上海市历史文献图书馆馆长顾廷龙在追悼会上介绍先生生平事迹。当天下午，先生遗体在静安寺火葬场火化。9月，先生骨灰安葬于上海联义山庄公墓，陈叔通题写墓碑：“浙江海盐张菊生先生元济之墓。”

张元济生前曾自撰“挽联”：

好副臭皮囊，为你忙着过九十年，而今可要交卸了；

这般新世界，纵我活不到一百岁，及身已见太平来。

早在1953年11月小雪节，张元济曾赋8首奉和诗：

行年八十喜逢辰，最喜朝鲜息战氛。
东亚醒狮才一吼，已能驯服虎狼秦。

行年八十喜逢辰，最喜匡扶来往邻。
百四一宗新事业，向荣景象更欣欣。

行年八十喜逢辰，最喜民族倍相亲。
等是同胞称少数，弟兄姐妹百千群。

行年八十喜逢辰，最喜藏族列齐民。
达赖班禅同向化，无边佛力靖烟尘。

行年八十喜逢辰，最喜初期计画新。
阴雨未临怜牖户，云雷相应见经纶。

行年八十喜逢辰，最喜长淮禹迹循。
水患消除成水利，巫支祁亦解归仁。

行年八十喜逢辰，最喜铁轨布兰新。
通道天山遍南北，粼粼万里展征纶。

行年八十喜逢辰，最喜鞍钢百炼纯。
利赖民生兼武卫，平原吾欲贱金银。

1957年，张元济赋《告别亲友诗》：

维新未遂平生志，解放功成又一天。
报国有心奈天命，泉台仍盼好音传。

毋庸讳言，在张元济去世后的十几年间，中华人民共和国也遇到不少挫折，发生不少失误。改革开放以来，中国共产党带领全国人民找到了一条中国特色的建设社会主义的道路，中华民族走上了民族复兴的快车道。张元济老先生终身企盼并为之奋斗的国家富强、民族复兴的愿望，已可望在不久的将来完全得以实现。张元济先生如果九泉下有知，也一定会为之欣慰和欣喜！

第十三章　私人生活中的点滴

婚姻与家庭

前面已经提到，张元济一生先后娶有两位夫人，即原配夫人吾氏和继配夫人许氏。

张元济主持编译所后，商务印书馆业务蒸蒸日上，张元济每年的股金分红就有上万元之多，再加上薪水收入，10年下来已颇有积蓄，迅速改变了原来穷书生和寒士的窘况。1913年，张元济以每亩2000元（银圆）的价格，在远离上海市区的极司非尔路（Jessflelel Road，今名万航渡路）买了一块2.5亩的土地，建造了一幢三开间两层楼的洋房，三层是尖顶的阁楼。图纸是由一家英国建筑事务所设计的，当时上海的洋房外墙一般采用红青砖相间砌成，而根据张元济的意愿，房屋外墙用清一色的青砖，门窗用墨绿色油漆，很有特色。图纸出来后，由工程承包商估价承建；张元济另请一位监工，监督施工质量和用料多寡。新宅在1913年底建成，张元济与夫人商量后决定在1914年初搬迁，到新居过农历新年。由于张元济公司事务缠身，早出晚归，迁居之事由夫人全权主持。新居的门牌号码为极司非尔路15号C，后改为40号。新居底楼与二楼共有10个房间，并且装了电灯。底层向南有3间客室，西面客厅面积最大，称作大会客间。厅内放一套新式红木家具及一套沙发，墙上挂有一幅日本富士山夜景油画及张元济游比利时马士河时的照片。大客厅与中客厅之间有一道拉门，拉门上镶嵌四块柚木板，张元济在一面用工整的楷书录螽园公家训，另一面则用隶书书大白公家训，请高手镌刻于柚木板上。中客厅放置一白色大理石红木棋桌，是张元济的母亲从广东带回的广式家具，棋桌旁配有石凳两条，另有红木茶几两只，靠背椅4把。墙上挂两幅6尺长、2尺宽的中堂，一为龚鼎孳手书，一为孙承泽所书，上款均为螺浮公。这两幅中堂是经人介绍，张元济从当铺购来的先祖遗物，陈叔通上门看到后，对张家的人说："这是你们张氏的家宝。"东客厅家具不多，墙上的照片却颇有来历。戊戌六君子的照片挂在正中，"谭嗣同复生"5个字特别大。此外还有康有为、梁启超、严复、蔡元培、唐文治、夏偕复等人的照片。另外，还有两张照片，一张是张元济与柯师太福、严复、伍光建等4人的合影照片，一张是张元济1911年（宣统三年）出席中央教育会议与全体人员的合影，后面挂有两面黄龙旗。20世纪20年代，张元济又在住宅周围购了4亩地，修筑了一个大花园，在园内种植了许多喜爱的花卉和树木。

极司非尔路是上海英租界"越界筑路"而修建的一条马路，东起静安寺，西至曹家渡，有英国巡捕和印度巡捕站岗，维持治安。印度巡捕头上绕红布，上海人称之为"红头阿三"。张元济的住宅周围有十一二幢大花园洋房，东邻是温宗尧，西邻是周善培，都是有一定社会地位的上层人物。张元济经营商务印书馆成功，也使自己从穷书生、寒士跻身于上海上层社会的成员之一。

张元济与许氏夫人共育有一女一子，长女名树敏，小名勤儿。男大当婚，女大当嫁。张元济夫妇为宝贝女儿的婚事可谓操碎了心，曾先后托至友作伐，介绍的对象有学者、医师、银行家和政府公务员，而树敏却自称为独身主义者，一一加以拒绝。直到30岁时，自己认识了留学法国学习法医的孙逵方。两人于1933年11月11日在上海大东饭店举行了婚礼，张元济请好友蔡元培证婚。当时张元济已经从商务印书馆退休，家庭经济收入已大为减少，但女儿要求的嫁妆十分齐全考究，家具要四套，包括卧室、客厅、餐厅和书房各一套，另加冰箱、汽车两大件贵重物品。由于家中积蓄已不多，张元济夫妇都很感为难，但爱女强烈要求，他们只得硬着头皮，东拼西凑满足女儿的要求。1937年抗日战争全面爆发后，张树敏一家迁到大后方的陪都重庆，与张元济分隔数千里。抗日战争胜利后，张树敏回到上海，与父亲团聚3年多。1949年，张树敏举家迁往法国，从此与父亲失去联系。直到20世纪80年代初，张树年才设法探听到姐姐在法国巴黎的住址，恢复了通信联系。张树年从信中了解到，姐夫在20世纪60年代丧于车祸，其姐独自将孙以恒、以恕、以茂3个女儿拉扯大。3个女儿大学毕业后，长女、次女嫁给了法国人，三女嫁给了德国人。女儿成家后，张树敏住进了巴黎的养老院。双方恢复通信不久，张树敏即在养老院去世。

张元济夫妇的儿子名树年，生于1906年。张元济搬家极司非尔路后，即聘请家庭教师在家中教女儿、儿子读书，先后聘请的教师有王伊荃、周峻（后来嫁给蔡元培为续弦夫人）、蔡正华等，前后共8年。后来，张元济接受柯师太福的建议，1923年春节过后送儿子到圣约翰中学部就读，毕业后升入圣约翰大学。在大学期间，张树年担任《约翰年刊》编纂委员会干事，与《年刊》总编辑严家淦关系不错。严家淦比张树年大1岁，江苏吴县人，毕业后从政，任国民政府高官。

张树年在圣约翰大学毕业后赴美国留学，1932年9月从纽约大学获得硕士学位后回国。张树年回国后，本想进商务印书馆任职，张元济坚持公司职员子弟不进公司的原则，劝说儿子放弃进公司的打算，后由堂哥张树源介绍进入上海新华银行工作，一直服务到退休。

张树年受父母之命，10岁时与浙江平湖葛稚威三女儿葛昌琳订婚，20岁结婚，也是请蔡元培证婚。葛稚威与张元济早年在建设沪杭铁路筹集资金时认识，两人都有搜集古籍的同好，葛府祖辈建有传朴堂藏书楼，张元济则为涵芬楼收购古籍，两人兴趣相同，志同道合，遂相约结为儿女亲家。张树年、葛昌琳婚后，生下两男两女，长女懿、长子传均未满周岁夭折。传儿出生时，盼孙心切的张元济喜悦异常，他在1937年1月25日的日记中写道："晨起，5点钟少奶奶产生一子，啼声甚宏，重九磅半。"[①]1月29日日记又写道："新孙生5日矣。命其名曰'传'，取'七十曰老而传'之义。余将以70年来所得之知识尽传之于彼。"[②]不幸的是，传儿不足半岁即殇，就近安葬在江西庐山的安乐公墓，张元

① 《张元济全集》第7卷，第335页。

② 《张元济全集》第7卷，第336页。

济亲自撰写了《长孙张传墓碑》[①]，其哀痛之心情可谓不言而喻。后来了解到，本来这是可以避免的两起家庭悲剧。懿女6个月时，张树年夫妇带她去兆丰公园玩，时值初夏，天气炎热，小孩中暑后数日夭折。传儿出生后数月，张树年夫妇即带儿子上江西庐山避暑。庐山与上海气候迥异，小孩受不起这种阴凉的高山气候，到山上不久即病故。想起来，这都是缺乏婴幼儿养育知识而造成的悲剧。每当想到这里，无论是张元济，还是张树年夫妇，都心痛不已。

张树年夫妇成年的女儿珑，儿子人凤。张珑生于1929年，1947年毕业于上海中西女中，后考入圣约翰大学英文系，1951年到北京大学英语系任教。后到建设部中国建筑技术发展中心工作，曾任英文《中国建筑》杂志译审、主编。1954年2月，张珑与李瑞骅结婚。李瑞骅的父亲李伯涵与张元济是多年的朋友，两人有一个共同的爱好，即喜欢听昆曲。李瑞骅1952年从加拿大留学回国。应李瑞骅的请求，张元济于1953年11月在病榻上为他写过一幅屏条《礼运篇》：

> 大道之行也，天下为公。选贤与能，讲信修睦。故人不独亲其亲，不独子其子；使老有所终，壮有所用，幼有所长，鳏寡孤独废疾者，皆有所养。男有分，女有归。货恶其弃于地也，不必藏于己；力恶其不出于身也，不必为己。故谋闭而不兴，盗窃乱贼而不作。故外户而不闭。此与近世所称社会主义最为切近。货恶弃地四句尤为密合。孔子称为大同，而自谦言有志未遂。在2000年以前即已见到，不可谓非先觉之天民。次节接言禹、汤、文、武、成王、周公，历举其种种治术，以为大道即隐、天下为家之证。一则曰在人世及以为礼，再则曰城郭沟池以为固，与前节各语两两对较，一公一私，情节显然。此非封建主义而何？孔子称之曰“小康”。褒之乎？实贬之也。此更可见我国古代儒家理想之超与夫持论之正。右录我读书管见一则质诸瑞骅学者以为何如？希有以教我。[②]

① 碑文曰：“长孙传以民国二十六年一月二十五日生，至七月十日而殇，既葬，系以铭曰：生未半期，天遽夺之。瘗汝于斯，长相离兮长相思。浙江海盐张元济志。”《张元济全集》第5卷，第582页。

② 《张元济全集》第5卷，第440页。

1954年2月，张珑、李瑞骅在上海举行婚礼，张元济又作七绝两首，写在红底洒金笺上：

万里骅骝开道路，娇儿生就玉玲珑，
定教百事都如意，天然嘉耦喜相逢。

夭桃依李春光好，每诵芭经乐意盈，
缔得仙缘齐美满，更持吉语颂双星。①

张元济还送给孙女、孙婿一柄玉如意，用朱笔在上面写了“万事如意”四个字。此外，张元济还为孙女抄录了毛泽东的诗词《沁园春·雪》，上款写着：“珑孙索书，写此以资咏诵。”这幅字画现陈列在海盐的张元济图书馆。

张元济的嫡孙张人凤出生于1940年12月，古稀之年得孙，自然钟爱异常。张人凤1960年毕业于上海师范学院数学专科，曾任上海市杨浦区业余大学校长、杨浦区人大常委会副主任等职。

20世纪80年代初，国内学术界开始了对张元济的研究。1984年商务印书馆出版了王绍曾著的《近代出版家张元济》，1985年四川人民出版社出版了汪家熔著的《大变动时代的建设者》。借此东风，张树年、张人凤父子利用其得天独厚的条件，也开始了张元济的研究及著述工作。张树年、张人凤编的《张元济书札》，1981年6月由商务印书馆出版。之后，张氏父子又广泛搜集张元济的书信，增补后的《张元济书札》于1997年由商务印书馆分上中下3册出版。张人凤与他人合作翻译了新西兰华裔学者叶宋曼瑛著的《张元济的生平与事业》，1985年由商务印书馆出版。1987年，张树年编的《张元济友朋书札》由上海古籍出版社出版。随后，根据出版家宋原放的建议，张树年、张人凤父子与柳和城、陈梦熊等人合作着手编写张元济年谱。他们以家藏的资料为基础，广泛搜集资料，历经数载，终于完成了一部70多万字的年谱，从1988年起，在《出版

① 《回忆我的父亲张元济》，第240页。

史料》上陆续发表，1991年由商务印书馆结集出版。这是国内第一本翔实的张元济年谱，具有很高的史料价值。宋原放为该《年谱》所写的序言指出："《年谱》作者果然不负众望，发现了不少新材料。……我想，年谱的出版，不仅是对张元济先生的最好纪念，而且是给国内外文化出版史研究者提供一份珍贵的礼品。"该年谱1995年由台湾商务印书馆以《张菊生先生年谱》的书名出版。张元济的忘年交朋友罗家伦的女儿罗久芳为台湾商务版的年谱作了序。序言称："笔者缅怀双方先人的知遇和情谊，乐见这位企业家、版本学家、慈善家、思想家和文化事业拓荒者对20世纪中国的独特贡献公诸台湾及海外读者，并得到公允的评估和赞誉。"

在编写年谱的前后，张树年、张人凤父子还完成了一系列相关著作：张树年著的《我的父亲张元济》一书，1997年由上海东方出版中心出版。该书"内容提要"指出："张元济，中国近代出版业的先驱，商务印书馆的创始人之一。本书是张元济的儿子张树年对父亲的回忆录。全书通过儿子深情的笔墨，介绍了张元济与家人的生活细节、与亲友交往的趣闻轶事，重现了一个既严厉治家又充满温情的父亲形象，从家庭生活的一个侧面反映出一代大家在推动20世纪中国文化产业化进程中的艰辛和努力。全书资料翔实，内容丰富，不仅为我们了解和研究张元济提供了广阔的生活背景，也为研究中国文化发展史提供了珍贵的史料。"张人凤整理的《张元济日记》分别于1981年、2001年由商务印书馆、河北教育出版社出版。张树年、张人凤撰写"导读"的《校史随笔》（张元济著）于1998年12月由上海古籍出版社出版。

张元济之兄元煦于1904年7月23日（清光绪三十年六月十一日）在上海北长康里寓所病故，遗下孤嫂和孤侄张树源。长兄病故后，张元济让孤嫂带树源侄暂回海盐虎尾浜旧居生活，他在经济上尽力接济。张树源10岁时，张元济又把他从海盐接到上海求学，张元济对这个侄儿视如己出，甚至比亲生儿子还要好。现存的张元济致张树源信函有156封之多，从为人处世到学业、工作、婚姻的方方面面，张元济总是诲人不倦，谆谆教导。张元济做主于1916年10月20日为张树源完婚，婚礼在张元济的新宅举行，由曾任南京临时政府外交总长的伍廷芳证婚。女方是江苏无锡的刘冠昭，书香门第出身，其父刘书勋曾任无锡图书馆馆长，刘冠昭毕业于无锡竞志女学，后又入北洋女子师范、上海务本女校、苏州苏苏女子学校深造，曾任教于吉林长春女子师范、保定清苑中学。刘冠昭幼承家学，擅长诗歌，工于绘画，有诗集出版。1917年，张树源、刘冠昭夫妇生下女儿张祥保。生下女儿后数月，刘冠昭患上绝症，于1919年7月26日去世，年仅27岁。1928年，张元济辑印《海盐张氏涉园丛刊》续编之五《张氏艺文》，特收入刘冠昭诗11首，在涉园丛刊中所收诗文，刘冠昭是唯一的女性作者，尤为可贵。

1922年夏，张树源从上海交通大学毕业，张元济送他到美国康奈尔大学深造。在张树源出国前，张元济于8月15日写了一封长信，将“所有涉世持身之要，以及现在求学后来成家之道”，一一予以交代。[①]1924年，张树源在康奈尔大学获得工学硕士学位，1926年回国，曾任陇海铁路工程师等职务，1949年病逝。

在侄媳刘冠昭去世后，张元济又负责把侄孙女张祥保教养成人。张祥保从上海圣约翰大学经济系毕业后，张元济送给张祥保一首诗：“勤慎谦和忍，五字莫轻忘。持此入社会，所至逢吉祥。”1946年，张元济又通过胡适等人将张祥保调到北京大学英语系任教。后由胡适出面作伐，介绍张祥保与王岷源结婚。张元济写信给王岷源说：“（祥保）自幼丧母，育于我家，先室视如己出，教养成人，只以受怜稍过，约束遂宽，材薄能鲜，不足为君子之求也。……”

张元济抚养孤嫂养老送终，并将侄儿、侄孙女两代拉扯成人，使之成家立业，充分体现了中国传统的美德。

张元济的续弦夫人许子宜虽出身于显赫的官宦世家，但本人似乎没有多少文化知识，仍是贤妻良母型，她的职责是相夫教子。张元济、许子宜刚结婚时，张、许两家社会地位相差很大，但随着商务印书馆的发展，张元济的社会地位迅速上升，而许家则在许子宜的父亲故去后经济状况已大不如前。许子宜的弟弟娶姨太太，挥霍无度，很快花光了许庚身留下的30万两遗产，张元济又毅然承担起好几位内侄及内侄女的学业费用。

---

① 参见《张元济全集》第2卷，第301—304页。

许子宜身体很弱，却慢慢养成了喝酒、抽烟的不良嗜好，这对本来身体就很弱的人来说自然不是一件好事。张元济常常为此忧心忡忡，在致张树源的信中说：（你叔母）“平日吸烟饮酒过度，颇为可虑，只有尽大力，以待天命。”张元济曾苦口婆心劝夫人改变不良生活习惯，但没有奏效。1933年冬，为女儿张树敏操办婚事，许夫人因花费过多，为今后的生活担忧，精神紧张，闷闷不乐。婚事结束后，更加疲惫不堪，精神萎靡。到1934年1月15日开始发烧，开始时请女婿孙逵方治疗，孙逵方又请其留法同学邝某会诊，张元济不主张乱请医生，全托付给孙、邝两位医生。但许夫人的高烧反复发作，热度时升时降，人日渐消瘦下去，病情一直没有得到确诊。张树源见母亲病情日趋严重，极力主张更换医生。张树年把父亲请到他卧室，跪在他膝下说：“我今天为母亲请命，如父亲不同意，我就不起来。”张元济为儿子的孝心感动，流着老泪问请谁好呢？张树年在请教了留德医学博士金问淇和沈谦，并与圣约翰大学的同学商议后决定请德国医生布美和中国名医牛惠霖。得到张元济同意后，于4月14日请布美上门诊治，布美确诊后很严肃地告诉张树年：“你母亲患的是肺癌，已到晚期，危在旦夕，剧痛时注射一针吗啡，可稍减痛苦。”第二天请牛惠霖医生，也诊断为肺癌。由于已到了晚期，牛医生不再开处方，建议吸鸦片，以减轻痛苦。延至5月1日（农历三月十八日）晚，许夫人陷入昏迷状态。张元济校史完毕后，走到夫人身边，轻轻问夫人有无痛苦？这时许夫人突然清醒过来，睁开双眼，对丈夫说：“我今天不会去的。记得我三月十九日来归，我要忍留一天，凑足39年。你快去睡吧！”果然，拖到次日晨，许夫人即去世，享年59岁。许夫人去世后，张元济强忍哀痛，伏案写致张氏族人及至亲的报丧信，他还亲笔写了《张元济敬谢告亲友》启事，于5月6日、7日两日在《申报》上刊登。启事全文如下：

先继室许夫人不幸于本年5月2日病殁沪寓。业经成殓，即运柩回海盐原籍，祔葬本族公墓。始丧，除在沪至戚近支外，均未赴告。成殓之日，乃蒙诸亲友枉临垂唁，宠锡多仪，存殁均感。现在宅内不设灵堂，亦不在寺庙举行何种仪式，更不敢循例开吊，多所惊扰。归葬有期，亦不渎告。

赙礼一概辞谢。无论何物，万勿见贻。即寸香片楮，亦不敢领。务祈矜允。再，逝者卧病数月，叠承存问，衔感万分，兼代告别致谢，统乞垂詧。①

许夫人的遗体在上海中国殡仪馆大殓后，于6月15日运回海盐张氏合族公墓安葬。张元济对夫人丧事的处理方式，得到高凤池的赞扬，高凤池在1934年5月5日的日记中写道："张菊生先生之夫人患肺癌病已久，医药罔效，日前逝世。今日在中国殡仪馆成殓，素车白马，吊客盈门。菊翁对此丧事，既不发讣，亦不开吊，一洗俗礼，殊为难能。"②

个人兴趣与爱好

张元济一生遵循着中国传统的儒家文化人的道德标准，生活极为严谨，从无不良嗜好。1946年8月8日即父亲节当天，张元济罕见地接受了上海《新闻报》记者的访问，其中谈到了个人兴趣爱好等问题。张元济说：我没有什么嗜好，既不抽烟，亦不喝酒，更不懂打牌。目前除了写字之外，便就是读书看报。③

张元济的侄孙女张祥保、嫡孙张人凤在她（他）们写的回忆录中有比较详细的描述，下面引两段以见一斑。

张祥保回忆说：

要是问叔祖有什么娱乐的话，几乎可以说没有。老房子后面有个园子，只是在夏天清晨荷花盛开时，偶尔和叔祖母一起去池边站立片刻。有时，也还是很偶然，他斜靠在沙发椅里闭上眼睛休息时，听一会儿收音机播出的广东曲调。这点爱好，和他有时用广东方言跟祖姑母说话一样，可能是由于随父母在南方度过童年的缘故。抗战前我曾见叔祖夹上曲本去戏院听

① 《张元济全集》第5卷，第577页。
② 《高凤池日记》，第67页。
③ 《张元济全集》第5卷，第591页。

昆曲，这是特别难得的事。

叔祖对食物也没有特殊的爱好。除了一日三餐，下午4点左右喝半杯奶茶，吃一两片饼干。有时一边吃一边玩几分钟32张的骨牌。牌的年代已很久，上面的点子都看不清了。我记得他能吃孩子们不爱吃的苦瓜、肥肉、淡而无味的白煮蔬菜。

衣着更是他不愿意花时间、精力的事。我怎么也想不起来叔祖做过哪件新衣服。年复一年的夏天穿麻布背心，冬天穿灰棉布罩袍，戴着露出指尖的黑毛线手套，最冷的时候还戴上棉耳罩，那还是叔祖母早年亲自缝制的。我只见过一件已经洗得硬板似的灰色毛线衣，领口已用布绲了边。哪天叔祖在长袍外加上黑马褂，戴上黑瓜皮帽，那准是要出门为人证婚或者去丧家“点主”了。衣服总是那么几件，鞋子也就这么几双。传说把他绑架走的强盗看见他的棉袍里子上打的补丁都有所感触。叔祖有一只大圆表，系的是一条黑丝带，只是出门时戴，说是祖姑母送的。我上大学后，每逢大考，叔祖允许我戴了它去参加考试。[①]

嫡孙张人凤的回忆说：

祖父生活很有规律。他早上很早起身。当我起床、吃过早饭，到他房里向他请早安时，他早已用过早点，摆开他那工作摊子，伏案书写了。我已记不起他早餐习惯用些什么。今日写这段回忆时，父母亲告诉我祖父每天起床后，先工作一二小时，再吃一大碗面条，便继续工作。8点多钟，商务印书馆通信员汪志清师傅就骑自行车来了，送来一大叠信件、簿册，还有一本线装的旧式账簿似的回单簿，请祖父签收这些信件。志清叔（大家都这么称呼他）往往要等上个把钟头，等祖父把急需回复的信件写好，带回公司。不论寒暑，天天如此。有一次台风加大潮，市区道路积水很深，他还是来了，不过没骑车，而将夹着信件的回单簿顶在头上蹚着大水走来

① 张树年：《我的父亲张元济》，第224页。

的。后来祖父患了中风，出院后待精神完全恢复，志清叔又坚持执行他的任务，不过从上下午各一次减为上午一次。

我们全家在二楼东侧的房间里吃午饭和晚饭。这一间也是祥保姐的房间。那时她在中西女校任教，住校时间多，珑姐也住读，因此只有礼拜六、日才“全体出席”。祖父坐在正方形餐桌的东端，父亲和我坐在他的右侧，祥保姐和珑姐坐在他的左侧，母亲坐在对面。餐桌的木料很结实，桌面用100块正方形的绿色小瓷砖铺成，不怕烫。四周各有一块弓形的木板，支起后可形成圆桌面。各人用各人的餐具，一般不混用。每天摆放这些餐具往往成了我的家务劳动课。祖父牙不好，因此他要求米饭煮得软一点。有时特地为他做面条。他的座位旁备一份刀叉，有些菜肴要先切成小块再食用，这就带了几分西餐的风格。祖父爱吃肥肉，这是他晚年患脑血栓的祸根。不论是大块红烧肉还是肥肉丝，来者不拒。我有不吃肥肉丝的坏习惯，他就在我的盘子里放一个铜匙，叫我把挑出来的肥肉丝都放在这个铜匙里给他。他还喜爱吃白煮猪肝。不过他总是叫我多吃蔬菜，说菠菜有铁质，对身体有好处。使我印象很深的是一次他颇严肃地对我说，餐桌上不可以用刀叉或筷子指着别人，那样不礼貌。这虽是简单的一句话，却使我终身受用。

祖父午餐之后，坐在沙发上稍事休息，又继续做他的事。4点钟，吃一点饼干，喝一口茶。他还时常喝一些利小便的薏米汤。直到黄昏，光线不够了，他才搁下笔来，从抽屉里取出一个黑色铁皮匣，倒出一副36张的骨牌，独自玩上几次，调剂一下精神。这副刻工粗糙、红黑点子大小不匀的骨牌，几乎是他日常生活中唯一用以消遣的东西。

晚饭之后，父亲在祖父房内坐上个把小时，陪祖父聊天。有时我也在一旁。不过他们谈大人的事，我不太懂。好像有“物价涨”“银根紧”这些词语，也有商务或父亲银行同事们的名字。有时祖父在灯下还写些东西。有一次他对父亲和我说，他小时候在海盐，家境清苦，买毛笔也不易。在曾祖母的教导下，从小练习用旧的秃笔写很小的字。直到80岁，他仍习惯这样书写。他一直使用毛笔，我从未见过他用钢笔写过字。祖父晚饭后常做的一件事是代表董事会在商务印书馆股票上盖章。大约小孩子对红色特别敏感，所以我最喜欢看绿底色图案的大张股票上盖上一方鲜红的印章。每逢晚上有股票盖章时，我必到场观看。8时半至8时3刻，我们就与祖父说“明天会”，他9点钟就寝。①

张元济一生生活很有规律，甚至可以说有些刻板。

张元济一生多次出国，在上海也有好几位外国朋友，他的生活习惯中也吸取了外国人的长处，全家人吃饭各人用各人的餐具，不混用，显然是从西方人那里学来的，是比较符合卫生标准的良好习惯。

张元济迁到新居后，家里雇了好几个仆人，包括门房老聂、厨师仁卿、园丁阿春、下灶阿二等，另有张元济结婚时许夫人从许府带来的丫头，张元济的子女称她为“大姐”。她刚进张府时只做西菜，后来也学会了做中菜。许夫人的丫头长大后嫁给虹口的凌金宝。凌金宝好赌，不务正业，输了钱就到张府找他老婆要。所以这位丫头宁愿留在张府帮佣，也不愿随金宝去过日子。这位丫头做得一手好菜，做点心是她的专长。过年时，由厨师仁卿做年夜饭，丫头做点心。这位丫头做的点心样式多，有火腿肉粽、中式糯米鸡蛋糕、年糕、冬笋春卷、鸡肉饺子等。农历除夕祭祖，仪式和祭菜年年相同，但张家供桌前不挂祖先神像，磕头时不上香，祭毕不烧纸锭。祭完祖，吃完年夜饭，放过烟火后，张元济夫妇便玩一种“升官图”的游戏。“升官图”摊在中间客厅棋桌上，夫妇对玩，一只碗，放入六粒骰子，轮流掷。看谁的点子多，谁就先走。“升官图”游戏表演的是一个芝麻绿豆官如何一步步升上去，当尚书、中堂，直至宰相的。老夫妇玩时，家人在一旁观看，但很少有人懂，也吸引不了人。张元济夫妇为何要在除夕夜玩这种“升官图”游戏？其意义何在？连他的儿子张树年也说不清楚。

张元济还有一个习惯，就是从正月初四开始，每年都要邀请商务印书馆的上层同事到府上聚餐，每次几位，分数次请。每年的正月十八日，张元济夫人

① 《我的父亲张元济》，第245—247页。

请年酒，由许夫人决定邀请的对象和人数，由张元济代写请柬。邀请的对象都是许氏家族的亲戚，之所以选在正月十八日，是因为当晚上海有“刘大老父出会”，从静安寺沿极司非尔路，正好经过张府门口，是观看的最好位置。

张元济平生最忌祝寿。每逢晋十大寿，他总要设法“避寿”。

1916年，是张元济五十大寿。生日前，张元济偕好友傅增湘、蒋维乔去浙江雁荡山和天台山等处游览。

1926年六十大寿时，张元济又偕好友陈叔通、李拔可去杭州避寿。蔡元培送绣屏一对作为寿礼。事后，张元济将寿礼退还并于1926年11月1日与夫人联名写信给蔡元培申谢：“手教谨悉。猥以元济六十初度，宠锡绣屏，弥用愧悚。自维马齿徒增，何敢扰及朋好！谨当心领，原品奉璧，伏祈鉴察。”[①]

1936年，张元济七十大寿，仍偕陈叔通、李拔可去杭州避寿。鉴于张元济拒绝公开祝寿，商务印书馆总经理王云五便提议编一本论文集作为张元济七十大寿的纪念。王云五的提议得到胡适、蔡元培的赞成，于是由王云五草拟了《征集张菊生先生七十生日纪念论文启》，由蔡元培、胡适、王云五联名于1936年春发出。“文启”说：“我们一再提议一个简单而富有意义的祝寿方法，就是征集几十篇论文，刊行一本纪念册，献给这一位学者与学术界功臣，作为他70岁生日的一点寿礼。”“文启”称张元济为“富于新思想的旧学家，也是能实践新道德的老绅士”“兼有学者与事业家的特长”。“文启”末附征集办法及征稿人名单，请张氏友朋各就研究所得，撰为专论，于本年9月30日以前交稿，以便商务印书馆印为专册，献给张氏，作为他70岁生日的寿礼。该论文集于1937年1月由商务印书馆出版，内收张君劢、叶恭绰、蒋维乔、胡适、孟森、谢国桢、傅运森、周昌寿、马衡、蔡元培、黄炎培、王云五等22位名流学者的论文。此外，王云五、傅纬平还主编了一套“中国文化史丛书”，书前用红色套印题识：“张菊生先生致力文化事业三十余年，其躬自校勘之古籍，蜚声士林，流播之广，对于我国文化之阐扬，厥功尤伟。《中国文化史丛书》之编印，实受张先生之影响与指导。第一集发行之始，适当张先生七十生日。谨以此献于张先生用

---

① 《蔡元培书信集》下册，第2230页。

志纪念。”[①]张元济对同事、朋友们的好意，开始也是辞谢的。由于大家坚持，加之出书也有利于学术传播和交流，才不再反对。事后，张元济将自印的张氏先人著作《中庸说》及《张状元孟子传》分赠论文作者以示感谢。

1946年，张元济八十大寿，傅增湘再次提议祝寿，张元济立即复函劝阻：“旬年以往，王云翁阿私所好，赎及友朋，弟方以为愧，今何敢再蹈前辙？请我兄万勿道及，认为乌有亡是可也。”八十大寿那天，张元济因为年事已高，体力衰退，不宜远行，生日那天就去合众图书馆避寿。那天，他还带了一本敦煌本的《文心雕龙》请顾廷龙续校。与以往一样，友朋所送的寿礼，一律心领，原物退还。

中华人民共和国成立后，人民政府为张元济过了一个十分隆重的九十大寿。

游览祖国风景名胜

要说张元济最大的爱好，当属旅游观光，他曾七上庐山，两度远游陕西、四川；至于杭州与北京，也有数度的往返。

庐山位于江西省北部，北临长江，东濒鄱阳湖，一山独峙，群峰峥嵘，自然景色优美，自古以来就是著名的游览兼避暑胜地。庐山的特色风景：一是云雾，由于傍倚大江、大湖，地势高峻，山上常云雾缭绕，形成著名的云海翻腾的景观。北宋大诗人苏东坡曾赋诗云：“横看成岭侧成峰，远近高低各不同，不识庐山真面目，只缘身在此山中。”描述的就是云雾中的庐山变化万千的景象。庐山特色风景之二就是瀑布，除三叠泉外，开生瀑、石门涧、玉帘泉、黄龙潭和乌龙潭瀑布等，庐山瀑布群以不同的风貌向世人展示它的万般风情。其中最著名的是三叠泉，从五老峰、大月山峰汇集而来的泉水，经过山川石阶，折成三叠，全长近百米。唐代诗仙李白的《题庐山瀑布》云：“日照香炉生紫烟，遥看瀑布挂前川。飞流直下三千尺，疑是银河落九天。”诗人以艺术夸张的手法，描写三叠泉瀑布的雄伟气势，成为千古绝唱。

---

① 《我的父亲张元济》，第59—60页。

张元济一生到过许多名山，去得最多的是庐山，前后共7次。1929年7月，张元济第一次上庐山，住了两个月。1932年6月、7月和9月，张元济连续3次上庐山。1933年、1934年、1935年，连续3个盛夏都是在庐山度过的。

张元济之所以钟情庐山，还有另外的原因，就是庐山上有大量的别墅可居住，这是黄山、华山、泰山、衡山、峨眉山等名山所不具备的有利条件。1885年开始，英国传教士李德立租借牯岭长冲建造第一幢避暑别墅之后，到1927年别墅、教堂达518幢之多。张元济自1926年辞去商务印书馆监理之后，以全副精力主持古籍出版工作。1928年10月，张元济东渡日本访得多种珍本古籍，决定以之替换《四部丛刊·初编》初版的部分底本。但在上海安静不下来，张元济便想到了庐山，环境幽静，既可避暑，又能摆脱杂事干扰，专心校书，于是在1929年7月，张元济在女儿树敏、儿子树年、儿媳葛昌琳以及孙女张珑的陪同下第一次上了庐山，在牯岭租下39号别墅住了下来。张元济此次上山，主要是校书，连晚上也要在煤气灯下工作。商务印书馆每天从邮局寄来一叠叠信函，一包包书稿校样，一天两次，从不间断。张元济终审完毕签字后寄回付印。为邮件的收寄问题，张元济还特地去拜访了庐山邮局的祁局长，请予帮助。祁局长读过商务印书馆出版的书，一听到张元济的大名，就表示敬意，满口应允帮忙。以后，邮件往还，从未出过问题。

张元济校书之余，也常到风景点走走。张元济还结识了久居庐山的李凤高。李氏是一位旧学造诣很深的学者，他在庐山发现了唐代诗人白居易在庐山遗下的“花径”石碑。白居易在登庐山时，山下桃花已谢，而山腰大林寺一带的桃花正怒放，不禁诗兴大发，写下了《大林寺桃花》:“人间四月芳菲尽，山寺桃花始盛开。长恨春归无觅处，不知转入此中来。”白居易在庐山住了很长一段时间，留下《庐山草堂记》等名篇。李凤高在锦绣谷附近的泥土中发现了白居易当年所刻的“花径”二字的卧石，立即邀张元济一家去观赏，“花径”石竖在荒芜的草丛之中。后来，有关部门以“花径”为中心开辟了“花径公园”，种植各种花卉，成为一处著名的游览景点。据说这里就是原大林寺的遗址。但也有人认为，“花径”二字格调不高，石也不古，不大可能是白居易的手迹。可能是后人假冒的。

张元济在庐山还与陈三立、俞寿丞两位老友有频繁的来往。

陈三立（1853—1937），字伯严，又字散原，晚年人称散原老人，江西义宁（今修水）人。1886年中进士，曾任吏部主事。其父陈宝箴，历任浙江按察使、湖北按察使、湖南巡抚等职，在湖南巡抚任上积极推行“新政”。在办时务学堂、算学馆、《湘报》、南学会以及延揽谭嗣同、梁启超、黄遵宪等维新人物的过程中，陈三立曾助乃父一臂之力。陈三立也因此赢得了一定的社会声誉，与谭嗣同、徐仁铸、陶菊存等并称为晚清“四公子”。戊戌政变以后，陈宝箴、陈三立父子一同被革职，回到江西老家。后来清政府虽然恢复了陈三立的官职，但陈三立从此以后拒绝出山做官，专心致志于古诗、古文辞的创作，他曾赋诗以表心志：“凭栏一片风云气，来作神州袖手人。”陈三立的思想一直很保守，在戊戌维新时就反对梁启超等鼓吹的“民权”学说，认为它会带来“后灾余患”。1912年中华民国成立以后，陈三立更是成为反对民主共和的清朝遗老，他与沈曾植、梁鼎芬、朱祖谋等一帮遗老组织所谓“超社”“逸社”，撰写古奥的诗文攻击共和国，倾吐对亡清的留恋之情。民国以后，陈三立在南京、杭州、庐山等地过着隐逸的遗老生活。陈三立之子陈衡恪为画家，另一子陈寅恪为历史学家。陈氏一家三代都是名人，这也成为文人们津津乐道的话题。

俞寿丞是浙江人，曾国藩的孙女婿，曾任商务印书馆董事。他的儿子俞大维是蒋介石的亲信幕僚，历任国民政府军政部兵工署长、台湾当局的“国防部部长”等。陈三立与俞寿丞又是儿女亲家，陈三立的女儿嫁给俞大维。俞寿丞常年住在庐山，对庐山一年四季气候风景之变化了如指掌。张元济去拜访他时，俞寿丞就为老友讲庐山的四季变化，说起来绘声绘色，张元济听了十分高兴。

1932年6月，张元济第二次上庐山休养，到庐山后即邀亲家葛稚威上山避暑。两亲家在庐山追忆50年前同在嘉兴府考秀才的往事，“历数侪辈，大半化为异物，为之欷歔者不置”。

6月间，张元济下山回上海开商务印书馆股东年会。7月中旬，张元济携儿媳及孙女第三次上庐山，直到8月下旬，再次下山参加临时股东会。9月初，张元济第四次上庐山，为陈三立贺八十大寿。张元济作贺诗四首：

人间难得好林泉，气爽风清秋景妍；
扶老安心就闲散，依然冰雪照苍颜。

行尽悬崖接翠微，林深谷暗人更稀；
相逢不谈户外事，惟有松柏参天枝。

此间临池颇自可，一灯照壁犹吟哦；
想象先生旧游所，矧乃手泽存岩阿。

六朝风景独留松，突兀西南五老峰；
有此林峦应著我，他年终伴采芝翁。[①]

1933年，陈三立从庐山迁居北平。陈三立虽然政治上保守顽固，但他和其他遗老有点不同，有点民族气节，当郑孝胥、罗振玉拉他去伪满洲国当汉奸时，陈三立严词拒绝了。1937年北平沦陷后，日本侵略者多方拉他出山，他闭门不出，日寇的侦探浪人每天到他门前窥伺，他让仆人拿着扫帚驱赶。同年9月14日，陈三立尿毒症复发，拒不服药，绝食5日而亡。张元济闻讯后，为老友的民族气节所感动，特作七绝四首以寄哀思：

铜驼荆棘伤心事，忍及吾身屡见之；
一暝长辞旧京国，千秋遗恨黍离离。

湘中新政萌芽日，钩党累累出汉廷；
敢说微名齐李杜，剧怜寥落剩晨星。

衔杯一笑却千金，未许深山俗客临；

① 《我的父亲张元济》，第132页。

介寿张筵前日事，松门高躅已难寻。

频年烽火隔乡关，满地残花色自殷；
为报返戈同杀敌，应报泉下一开颜。[①]

1932年，张元济让其子树年出面，在经过比较后以4000元价格购下庐山118号A别墅，经过打扫清理，重新油漆门窗后，又焕然一新。之后，又在庐山购地新建了别墅一幢，有1个大客厅、3间大小卧室及两间浴室，另有厨房、下房等。远在北平的傅增湘闻讯为别墅取名并书写了“松下清斋”。

1933年6月20日，张树年陪其母亲及舅母、姨母、冯姑及徐干娘（徐珂夫人，徐新六之母）上庐山，为母亲过58岁寿辰。张元济因为校书繁忙，一时不能抽空上山，便对夫人说：“太太，我今年为商务印书馆印《二十四史》，恐不能去了，这也无法。你去牯岭，少喝些酒，一天一次，香烟最好戒除，对身体大有益处。”回过头来又对儿子树年说：“你听得我的话吗？劝劝你母亲少喝些酒，少吸烟。”在编校《百衲本二十四史》告一段落后，张元济终于抽空于9月上旬第5次上庐山，看到夫人到山上数月后气色大为好转，对山居亦满意，认为山居确有益处，也十分高兴。

1934年6月，在安葬夫人后，张元济老来丧妻，孑然一身，颇感孤独。儿子树年劝父亲上庐山休养。张元济接受儿子的建议，带儿媳、孙女于7月10日从上海动身。到山上后又函约亲家葛稚威和翻译家伍光建上山，葛稚威、伍光建应约于7月31日和8月3日分别到山上，加上长期在山上的李凤高、俞寿丞，数位高龄老友结伴游山，乐趣倍增。9月27日，张元济一家下山。

1935年7月23日，张元济又带孙女珑、侄孙女祥保第7次上了庐山，仍然校对《百衲本二十四史》，到9月16日回上海，这是张元济最后一次上庐山。

1935年春，张元济与亲家葛稚威、平湖徐眉轩、浙江兴业银行董事长叶景葵及董事陈理卿结伴远游陕西，葛稚威的大女婿一向爱好旅游和摄影，主动请

① 《张元济诗文》，第39页。

求陪伴。张元济一行6人于4月25日乘津浦路火车北上徐州，换乘陇海路火车西行，在郑州住一宿继续西行至西安。徐眉轩与时任陕西省政府主席邵力子有旧，叶景葵与邵力子又是绍兴小同乡，张元济与邵力子又有师生之谊（邵系南洋公学学生），因此数层关系，邵力子对张元济一行游陕，给予了周到的安排和照顾，邵力子还亲自陪同张元济一行游览了西安城及附近各处，同时还游览了咸阳。张元济行走在这个饱经沧桑巨变的千年前的帝王之都，有感而发，作《咸阳道中口占》四首：

王侯将相今何在，满眼累累尽一丘；
底事群雄犹逐鹿，拚枯万骨委蒿莱。

骠骑勋名万古留，长将马足踏胡头；
同仇敌忾差堪取，不灭匈奴誓不休。

咸阳古道丰桥岸，虞美人花白间红；
倘许项王窥国色，当年应悔让关中。

我车轻驶逐红尘，稳坐飞行百里程；
堪叹道旁牵索者，犹随牛马作劳人。[①]

5月9日，张元济一行乘汽车前往华阴，登西岳天险华山，在山上住了三天，张元济赋有《游华岳》诗：

游尽三峰两日程，去时无限别离情；
好山未许回头看，故使舆夫对面行。

① 《我的父亲张元济》，第156—157页。

千岩万壑争奇秀，归去难忘此画图；
倒退看山看不厌，漫嗤张老又骑驴。

胜境重来在何日，欲将真面更参详；
山灵笑我贪痴甚，特展层云一敛藏。[①]

游完华山，从华阴乘火车前往洛阳，次日游览著名的龙门石窟后沿着原来的路线回上海。

从洛阳至西安、咸阳，这是中华早期文明的发祥地和帝王之都，但历史沧桑巨变，数不清的战争破坏与数千年的过度开发，使这片古老的土地呈现出贫瘠衰败的情景，张元济对此不禁感慨系之。他在致友人的信中谈到了他此次游行的感想："西安之游……所增人兴趣者，只有古迹。但一片萧条残破景象，令人为之不怡。沅叔《秦游日记》道及城南韦曲、杜曲如何秀美，未免言过其实。华岳确是雄秀可观，值得一游。但沿途庙观，无一可观者，西安碑林确是镀迹，其他不过凭吊之资耳！"

1936年6月上旬，张元济与高梦旦、李拔可等3人作蜀中之游。他们3人于5月29日从上海登船溯长江西上至重庆，在当地友人的陪同下，他们游览了著名的南温泉，并合影留念。

6月11日，张元济一行从重庆乘中航飞机赴成都，这是张元济平生唯一一次坐飞机。

张元济一行在成都游览了杜甫草堂、武侯祠等名胜，并与成都的壬辰科举同年尹昌龄见了面。尹昌龄是四川华阳人，得悉张元济莅蓉，亲自到飞机场迎接，见面时行下跪古礼。

6月13日，张元济一行前往乐山，并拜访了寄寓在乌尤寺的另一位蜀中壬辰科同年赵熙。赵熙，字尧生，号香宋，四川荣县人，与张元济同点翰林院庶吉士，后一度做过御史，大半生在四川荣县、重庆、泸州等地主持学堂，不少

① 《我的父亲张元济》，第157页。

川籍学者均出其门下。他曾协助张元济搜集过川中地方志，他主撰的《荣县志》亦寄赠涵芬楼。这次会见，赵熙曾赋诗多首以记其事。诗云：

舍人台角俯云根，忽报花宫客款门。
一雨新晴送蝉子，参天浓绿养龙孙。

德星传语前宵到，翰苑齐年几辈存。
公自大名天上月，偶经延阁照山尊。

日远长安望紫宸，平生惟有孝章亲。
自今雅话乌尤寺，海内名山会故人。

见了故人后，张元济一行登峨眉山，至半山腰，高梦旦感觉“精神不振”，一行人决定终止游览立即下山，乘船沿长江东下，船至宜昌，高梦旦病倒了。6月28日抵上海，即日送上海宝隆医院。医生诊断为肺炎，神志昏迷，时作谵语，即熟人相见亦不能认识。经医生诊治后，病有起色。至7月下旬，因失眠症大发，服用安眠药过量而去世，享年68岁。

高梦旦是张元济在商务印书馆最亲密的朋友和得力助手，两人共事30多年。对于高梦旦的去世，张元济悲伤不已。他写了一副挽联：“不药为中医，受尽酸辛，底事体肤付和缓。万难是行路，愧疏调护，空余涕泪望岷峨。”

高梦旦一生痛斥中医，笃信西医，最后却死于西医之手。张元济的挽联是有感而发。下联则是指此次蜀中之行。高梦旦逝世后，张元济在商务印书馆董事会上提议举办纪念高梦旦并有益于社会的活动，后决定从公司公积金中拨款设立“高梦旦先生奖学金”，奖励有成就的学者，但不久，抗日战争爆发，奖学金的事未能付诸实施。

浙江是张元济的故乡，杭州是举世闻名的风景旅游城市，又是张元济夫人许子宜的祖籍所在地。张元济曾于1916年4月和1918年4月，两度随全家至杭州。除了游览，张元济和夫人还前往翁家山祭扫许氏祖坟，张元济独自一人前往茅草山祭扫了岳父许庚身墓。此后，张元济为避寿偕陈叔通、李拔可于1926年、1936年两度到杭州。

1916年，张元济50岁生日前，偕傅增湘、蒋维乔到浙江雁荡山和天台山等处游览。张元济一路赋有3首律诗：

同中晴雨事，今夕最关情。
恍入朦胧境，重闻淅沥声。
夜寒乡梦促，地迥楚音清。
便欲冲云去，相将笠屐行。

横扫千军笔阵雄，登临今更气如虹；
已看险阻为平地，直欲翱翔到上空。
濠濮庄生原自乐，蒲团佛子此成功；
偶然游戏真豪举，我亦低头拜下风。

浪游山水客情赊，几首新诗写白麻；
绝胜林峦真福地，肯甘虮虱旧生涯。
巍巍岩石瞻孤竹，寂寂丹房剩落花；
招陷不关逃世计，茅庵住处是吾家。①

北京为张元济的旧游之地，张元济在主持商务印书馆后，为国事、馆事曾不下十次北上京城。其中，1918年夏携全家游览北京。张元济夫人许子宜与许家的兄弟、姊妹及其亲属团聚。

① 《我的父亲张元济》，第57—58页。

殷殷桑梓情

张元济出生在广州，14岁时随母亲回浙江海盐生活。26岁进京参加会试，金榜题名后点翰林院庶吉士，留京任职，在海盐生活的时间不足12年。但张元济是中国传统文化熏陶出来的知识分子，对家乡，对张氏宗族有深厚的感情，可以说拳拳赤子心，殷殷桑梓情。

张元济一生为海盐张氏家族办过3件大事：

一是修族谱。海盐张氏族谱始修于1624年（明朝天启四年），以后于1719年（清朝康熙五十八年）、1829年（道光九年）、1887年（光绪十三年）3次重修。1920年，张元济发起第4次重修，并请秀才出身的张元勋（张元济堂兄）担任修谱调查主稿。张氏祖辈传说，海盐张氏有一支迁往西北后失去联系，张元济委托商务印书馆西安分馆在当地报纸上登启事，大意为：海盐张氏现拟重修宗谱，希望族人提供辈分、经历、家庭及子女情况，以便载于宗谱内。此事结果如何，已无记录可查。1934年，族谱告成，张元济分别用隶书和楷书在封面和扉页题上了“海盐张氏族谱”几个大字。

在重修族谱的同时，张元济建议修建张氏宗祠。为何要修建宗祠，张元济为《张氏宗祠第一届征信录》所写的跋文说得很清楚，跋文如下：

> 光绪戊戌政变，元济被严谴，奉母南下，侨居海上，从事商业20余年。赖先人余荫，稍获温饱。追维慈训，思于敬宗睦族之事有所尽力，因议建设宗祠，罢各支轮管祭产之例，悉举所有归宗祠管理。族中长老咸韪其说，乃赎回永思公祭旧宅，俾元济捐资修葺，并增建房舍若干，公推从兄元勋董其役。经始于庚申仲夏，秋末落成。从兄钩稽出入，制为是录。族众复核，佥曰可信。因印行之，以备考焉。
>
> 21世元济谨识。[①]

① 《我的父亲张元济》，第88页。

二是张氏宗祠改建，由张元济一手筹划，张元济本人捐资大部分款项。宗祠1920年6月开工，历时1年告成，用去4276银圆。张元济为宗祠起草了章程，内容分总纲、奉祀、祠产、恤养、职掌、禁制、附则等，共29条。比较特别的是，章程内规定了子弟教育经费和设立图书馆两项。根据《张氏宗祠第二届征信录》（1921—1922年）记载，张氏子弟有11人获教育经费，分别从上海澄衷中学、浦东中学、华童小学、嘉兴第二师范学校以及本县的培风小学等校肄业，共补贴学费390元。在宗祠内设立图书馆也是张元济的一大创举。张氏宗祠二楼留出3间房，设立了阅览室。张元济利用自身的条件，为宗祠捐了数千册图书。阅览室先后订有《申报》《新闻报》《时事新报》《浙江日报》以及本县出的报纸，供族人阅览，这在当时很可能是独此一家。

1920年12月5日，张氏宗祠落成，张元济请民国大总统徐世昌为张氏宗祠题写了“清河世望”的横匾。张元济亲自回乡主持宗祠落成仪式，并撰《张氏宗祠落成祭文》在仪式上宣读：

维中华民国九年旧历十月初四日宗祠落成，行始祭礼。裔孙□□等谨昭告于始祖、始迁祖、历代远近诸祖、下及已故卑幼之灵曰：惟吾祖派演清河，道高横浦，当蒙兀之末造。自武林而来迁，卜居海滨。遂成世族。繁衍至23世，绵亘越500余年。溯朱明隆万之交，正吾家光大之始。循良有传，传治谱于八闽，耕读兼营，掇巍科于乙榜。为学而希贤圣，配海上之三公，入告有嘉谟猷，树朝中之一谔。自时厥后，代有达人。洊居郎署之班，并著清谦之望；名园集咏，寄濠濮之高怀；经阁持斋，挺松筠之劲节。继颜氏而作家训，常留谱牒之光；拟晏子之凿楹书，弥重杯棬之泽。追维畴昔全盛之世，更有久远裕后之谟。仿圭田以供粢盛，特著永思之义；设光祠而隆报飨，长怀爱日之堂。乃及道、咸之朝，忽遘洪、杨之乱，遗产荡为灰烬，旧制等于云烟，习俎豆而无闻，望松楸而致慨。阅时成世，甲子于焉一周；数典将忘，云仍更经几辈？不谋继往，何以承前？爰集后昆，更筹众举，敢推先志，以及于合族，因易成规而扩为宗祠。醵资者竭其输将，尽力者勉为邪许。顾覆为山之篑，不难循始以要终。然观无本之泉，谁能常盈而不涸？更集各房所有之祭产，悉罢轮值而纳于宗祠。捐私为公，并散作整；弱分强合，愿诵阿豺训子之言；去实留名，微存饩羊告朔之意。询谋既定，筑削斯兴。欣不日以观成，更望风而怀想。若考作室，惟期肯构而肯堂；聚族于斯，敢说美轮而美奂。爰涓吉日，恭奉先灵。谨肃明禋，虔申孺悃。呜呼！音容如在，益动水源木本之思。黍稷维馨，不胜慨见僾闻之慕。尚飨。①

按照张元济起草的张氏宗祠章程，每年大祭两次，一是清明节，一是“十月朝”（十月初一）。春节和七月十三日中元节是两次常祭。祭典礼由族长主持，全族以辈分高低排列行礼，仪式隆重而又严肃，也透露出浓厚的封建陈腐气息。清明祭祀后，还要到祖先坟上祭扫。张元济在祭扫祖先坟墓时总是十分虔诚，每到一处必行跪拜礼。

张元济为张氏家族做的第三件事，便是提议创建张氏合族公墓。

当时海盐傍棺（亦称“浮厝”）现象极为普遍。推其原因，一是由迷信风水时辰之说，选择最佳下葬时辰；二是拘泥于厚葬陋习，家贫者往往一时无力安葬。因为以上两大原因，致使海盐各地浮棺累累，时见骸骨，令人见了心惊肉跳。张元济有鉴于此，极力鼓吹薄葬思想，反对厚葬陋习，他向张氏族长提议创建张氏合族公墓也是基于此义。张元济的提议得到张氏族长的赞同，就选在海盐县城南面乌准夜林西侧的红木桥西堍，即涉园遗址之西建立公墓，由张元济之叔张季辅出资购地，张元济出资建筑。工程仍由张元勋主持。墓地的设计、布局由张元济一手操办。

张元济拟定的公墓章程规定：亡者不论男女长幼、富贵贫贱，均可入葬；明确限定墓葬的高度及纵横尺寸，不得超越；入葬者不分贵贱，一律按宗祠统一编定的穴号循号就穴；号召薄葬；破除迷信，不相度风水、不选择方位日时

---

① 《张元济诗文》，第368—369页。

等；严禁停棺不葬。[①]这几条充分体现了张元济殡葬改革的设想，体现了他一直提倡的薄葬和不分男女、贫富贵贱一律平等的思想，这是很可贵的。

张氏公墓最初占地16亩，后又由族人出资购下墓地西侧的11亩3分地，以备日后扩充。公墓落成后，张元济于1926年12月将浮厝于祖坟侧的吾氏原配夫人遗梓移葬于公墓。张元济为此在海盐《晶报》上刊登启事，宣布："兹定于本年夏历十二月二十四日午后二点钟安葬，如遇雨雪，递推次日。但至迟以二十七日为止。族中同辈以下，均请枉临察视，庶明族葬之制，兼则观摩之益。戚友送葬，万不敢当。馈赠礼物，一概辞谢。如必逮赐，仍当璧还，谨先陈明。"

葬礼上，张元济挥泪宣读葬文。张元济此次葬吾夫人，不用石椁或洽土，仅挖地3尺，纳棺其中，花费仅4元（银圆），以实际行动落实他的薄葬思想。这篇祭文也就成为张元济向旧的丧葬陋习宣战的檄文。

1934年6月，张元济又将许夫人葬于海盐张氏合族公墓。张元济在《告窆为许夫人》的祭文中再次抨击了厚葬陋习，重申薄葬的思想。祭文如下：

> 余夙持薄葬之说。始余之葬余吾夫人也，尝躬行之，以为乡里之倡。旧语夫人，夫人然之。余今即以葬吾夫人者葬夫人，余知夫人亦必乐于以身先之也。而余尤有不能不为夫人告者：古人制礼，首重丧事。《礼经》所载，仪文至繁，数千年来递推递演，杂以虚荣迷信之见，致成今日诡诞之习。其始也，援"事死如生"之义，设灵为祭，酒食杂陈；刍灵明器，纷然殽列；纸钱冥钞，供给无算。始丧或呼回煞，或计七七；招延僧道，诵经拜表；谓为亡者解罪祈福。甚或时日未宜，陈尸待殓；风水有碍，停柩不葬；凡此皆溺于迷信之说也。有丧赴告，陈述病状，礼所不废。今则满纸浮词，已身无论矣。祖若父、子若孙之有一官半职者，咸罗列而敷陈之；甚或乞高官大贾诔文题字，累累满纸，以相炫耀。沿有习语，或称遗命从俭，或称鼎惠恳辞，而实则绝无其事。择时择地，昌言领帖。谦者或饰称家奠，张灯奏乐，宾朋咸集，吊客趋进，鞠躬顿首，丧家受之不以为倨。

① 《我的父亲张元济》，第94页。

古有赙赗之礼，今以文字相诔。布帛寻丈，墨渖淋漓，暴殄天物，奚过于是。至于举殡亦惟以浮夸相尚，仪仗虽废，代以他物；旌旆飞扬，箫鼓杂奏；乞儿千百，列队前驱；招摇过市，观者啧啧；凡此皆囿于虚荣之念也。习俗既成，群堕彀中，且以为非是则于心有慊。此虽一人一家之事，然实社会之病，余以为亟宜湔祓。尝语夫人，而夫人不以为忤。余每思预为遗言，屏弃一节，诏余子他日为余行之。今遭夫人之丧，余敢推夫人平日无忤之意，毅然行之。世人或以为怪，而余知夫人亦必乐于以身先之也。孔子曰："礼与其奢也，宁俭；丧与其易也，宁戚。"余非以薄葬薄余吾夫人，则余亦岂以简丧简余夫人也。余即欲尽余之力为夫人治丧，而又何益于夫人耶？而又奚能塞余之悲耶？夫人有灵，其必能知余之意矣。掬泪陈词，灵其鉴之！[①]

张元济的这篇祭文，无异于是向封建厚葬陋习宣战的檄文。张元济提倡薄葬，提议创建海盐张氏公墓，这都是开风气之创举。此后，海盐大姓冯氏、徐氏也纷纷效仿，相继建起了公墓，1929年海盐县政府也在县城南门外购地17亩，建立了全县公墓。

当然，张元济关注的不仅仅是海盐张氏家族，对于事关海盐全县人民生计利益的所有问题，都在张元济关注的视野之内，如前章所述的海盐养羊业和筑公路拆屋两大问题之外，还有一件事也值得一提。

海盐人胡震亨，明朝万历丁酉举人，历任合肥县令、定州牧、兵部职方司员外郎等职，退休回乡后潜心著述，著有《唐音统签》（千余卷）、《文献通考纂》、《靖康咨鉴录》、《续文选》、《李诗通》、《杜诗通》、《海盐县图经》、《读书杂录》、《赤城山人集》等，是海盐县有史以来的"第一读书种子"。胡震亨死后葬县城南门外停驾桥侧，《浙江通志》《嘉兴府志》《海盐县志》均为其列传。但五百年沧桑，胡姓子孙式微，坟墓且不保。张元济闻讯后，十分关注此事，特致函海盐县县长张韶舞及旧友黄仰旃，询问事实真相。张、黄复函，所言各不

① 《张元济诗文》，第373—374页。

相同。1937年1月9日，张元济因事回海盐，即约黄仰旃前往胡墓实地勘验。墓碑上写“明兵部员外郎孝辕胡公墓”，旁有小字：“光绪九年癸未后学徐用福题，裔孙维坤立。”张元济在墓前行礼后，发现墓已铲平，筑成台形，墓四周则被县政府改造成教场。胡震亨墓四周附葬的胡姓子孙墓也均已蒺平，惨不忍睹，张元济回到上海，即写了《谒胡孝辕先生墓记》发表在报上。随后，张元济又写了《拟请修复墓并拨还墓田以资修葺公呈》致海盐县政府，请求惩处破坏胡墓的犯罪分子，勒令将胡墓修复，所用盗用胡氏未以卖出之地，一并归还原主。张元济还提出，出于景仰先贤，敬维桑梓，拟集资重修胡公之墓，请求县政府将原属胡氏墓地的六亩六分五厘五毫田土特准拨还，仍作为胡氏墓田。张元济在公呈中表示，他将发起集资修葺胡墓，添植树木，并拟订保护办法，“留为后学瞻式之资”，以示崇敬乡贤，保存古迹。张元济同时还将公呈递到了浙江省政府。为时不久，抗日战争全面爆发，修复胡墓之议未能付诸实施。

几乎就在张元济为胡震亨墓修复之事而奔走呼吁的同时，海盐张氏始祖张九成的墓也几乎不保。这真是多事之秋，张元济认为自己已多次向海盐县政府、浙江省政府呼吁，自己不便再出面向他们请求，只好再次请好友蔡元培出面，蔡元培遵嘱于同年5月上旬致函浙江省政府主席朱家骅及中国古物保管委员会主任傅汝霖，请他们设法保护张九成之墓。5月12日，蔡元培复函张元济：“保护文忠公墓域一事，朱骝先主席已有复函，奉览。得傅沐波兄复函，知保管古物会，现在由张道藩君主持，弟已致一函，想不久必有答复。傅函附上（朱、傅两函请不必缴下）。”

5月13日，张元济复函蔡元培表示感谢。函称：“迭奉两次手书，并附示骝先主席暨傅君汝霖信，均敬诵悉。先人茔墓获保安全，皆出我兄之赐，感激匪可言喻。现拟由合族耆老联名递呈，再请给示保护，并谋勒石以垂久远，知注附陈。”

以上可知，张元济毕生关注家乡，热心家族事务，表现出浓烈的桑梓之情，倾注了无数的精力与心血。高凤池在日记中不禁感叹说：“菊翁（指张元济）对宗族极为重视，闻其谱系、祠堂、祠产等事，因修辑整理，颇费心力。”[①]

---

① 《高凤池日记》，第7页。

大事年表

1867年（同治六年）　1岁

10月25日（农历九月二十八日）出生于广州。

1873年（同治十二年）　7岁

入私塾读书。

1880年（光绪六年）　14岁

随母亲从广州返回祖籍浙江海盐定居。

1884年（光绪十年）　18岁

5月，考中秀才。

1889年（光绪十五年）　23岁

10月，考中举人。

冬，娶同乡吾氏（1866—1892）。

1892年（光绪十八年）　26岁

5月，考中壬辰科二甲第二十四名进士。

6月，授翰林院庶吉士。

1894年（光绪二十年）　28岁

春，翰林院散馆，分发刑部贵州司任六品衔主事。

1895年（光绪二十一年）　29岁

4月，续娶前兵部尚书、军机大臣许庚身之女许子宜。

冬，与陈昭常、张荫棠、夏偕复等8人成立健社，“约为有用之学”。

1896年（光绪二十二年）　30岁

8月，以第一名成绩考取总理各国事务衙门章京。

与工部主事夏偕复，内阁中书陈懋鼎、王仪通呈请设立西学堂，次年改名为通艺学堂。

1898年（光绪二十四年）　32岁

6月16日，因翰林院侍读学士徐致靖的保荐，与康有为同一天受到光绪皇帝召见。

9月5日，向光绪皇帝上奏折，提出变法总纲五条、细目四十条。其五条总纲是：一、设议政局以总变法之事；二、融满汉之见；三、通上下之情；四、定用人之格；五、善理财之策。

9月18日，第二次向光绪皇帝上奏折，就设立矿路农工商总局一事，建议明降谕旨，令中外大员不拘资格切实保荐素习矿路农工商学之人，送部引见，候旨派充。

10月18日，因参与维新变法，受到“革职，永不叙用”处分。

10月下旬，携家属离开北京南下上海。

1899年（光绪二十五年）　33岁

4月，应聘担任南洋公学译书院院长，主持翻译东西各国新书。

1900年（光绪二十六年）　34岁

春，参与“东南互保”的幕后策划。

1901年（光绪二十七年）　35岁

春，代理南洋公学总理（校长）。

是年，应夏瑞芳之邀，入股商务印书馆，成为股东之一。

1902年（光绪二十八年）　36岁

1月4日，与蔡元培、赵从蕃、温宗尧在上海创办《外交报》旬刊，该刊出至1911年1月停刊，共出300期。

春，正式进入商务印书馆，与总经理夏瑞芳相约“吾辈当以扶助教育为己任”。

3月，在王国维主编的上海《教育世界》杂志第20号上发表《答友人问学堂事书》，就办学宗旨、办法及学校改良等提出自己的主张。

1903年（光绪二十九年）　37岁

6月，继蔡元培之后任商务印书馆编译所所长，组织专家编写中小学教科书。

1904年（光绪三十年）　38岁

本年，编成初级小学使用的《最新修身教科书》，并与蔡元培、高凤谦合编高级小学、中学修身教科书全套。

本年，创办商务印书馆编译所图书室，从此开始为商务印书馆收集图书资料。1909年改名为“涵芬楼”。

1906年（光绪三十二年）　40岁

1月初，清廷学部奏请先生开复原官，任学部参事厅行走。3月入京，先至学部报到，后由外务部奏调为储才馆提调。6月，告假南下上海。12月，再次入京供职，至次年1月离京南返，至此，决计不再入官场。

12月，加入上海预备立宪公会。

1907年（光绪三十三年）　41岁

春，组织出版《日本法规大全》，并为该书撰写序言。

5月10日，首次当选为商务印书馆董事，自此连任商务印书馆董事至1954年。

9月17日，被公推为浙江旅沪同乡会会长。

9月22日，被推举为浙江教育总会正会长。

11月25日，被推举为全浙国民拒款会副会长。

12月16日，与孙问清代表浙江铁路公司，王胜之、许鼎霖代表江苏铁路公司一同抵达北京，与清政府外务部交涉拒绝外款事宜。

本年，组织出版的伍光建翻译的《侠隐记》、《续侠隐记》（法国作家大仲马原著），成为我国用白话翻译外国名著的先声。

1908年（光绪三十四年）　42岁

7月11日至10月7日，赴日本考察。

本年，组织有关专家开始编写《辞源》，历时8年始告竣工。

1909年（宣统元年）　43岁

8月，商务印书馆开办商业补习学校，任校长。

1910年（宣统二年）　44岁

自本年3月17日至1911年1月18日，作环球旅行，先后至东南亚、欧洲、美国、日本考察游历。

1911年（宣统三年）　45岁

6月20日，学部奏设中央教育会，奏派张謇为会长，先生与傅增湘为副会长。

7—8月，赵京主持中央教育会会议。会后，先生被推举为中国教育会会长。

8月，上庆亲王奕劻手折，鉴于时局紧张，建议“速定方针，以为补救之策”。

1912年（民国元年）　46岁

从本年起，立志收集全国的地方志，经过10年努力，共收集到2600余种、25600余册。

1915年民国四年）　49岁

7月，商务印书馆成立函授学社，任社长。

本年，规划影印出版《四部丛刊》。

1916年（民国五年）　50岁

4月18日，商务印书馆董事会推举高凤池为总经理，先生为经理。

从本年起出版《涵芬楼秘籍》，至1921年共出版10集51种。

1917年（民国六年）　51岁

选定《四部丛刊》书目。

1918年（民国七年）　52岁

1月，主编《戊戌六君子遗集》，以纪念六君子殉难20周年。

本年内两次赴北京，与新文化运动著名人物蔡元培、陈独秀、胡适等商谈出版高层次学术著作事宜。

1919年（民国八年）　53岁

2月，与北京大学校长蔡元培签订《北京大学月刊》出版合同。

12月，撰《印行四部丛刊启》。

1920年（民国九年）　54岁

4月，辞商务印书馆经理，改任监理。根据《监理处章程》，“监理对于公司一切事务均有查察或指导之责”。

6月，《四部丛刊》初编第一批出版，至1923年3月，先后出版6批，收入古籍323种、2100册。1926—1933年重版，部分古籍更换了更好的版本。

10月，赴北京与北洋政府当局要人商谈影印《四库全书》事宜。

1921年（民国十年）　55岁

7月，邀请胡适考察商务印书馆。胡适推荐他的老师王云五担任商务印书馆编译所所长。

1922年（民国十一年）　56岁

3月，赴广州、香港，实地考察在当地开办印刷厂事宜。

1923年（民国十二年）　57岁

11月，再次赴香港，为商务印书馆在香港开办印刷厂购置地皮。

本年，创制新式排字机，以减轻排字工人奔走之劳。

1924年（民国十三年）　58岁

本年筹划出版《百衲本二十四史》。

1925年（民国十四年）　59岁

7月15日，被推举为商务印书馆所设的东方图书馆董事。

本年，参与处理商务印书馆劳资纠纷，力主和平协商解决。

1926年（民国十五年） 60岁

4月27日，发表《海盐张元济启事》，宣布辞去商务印书馆监理一职。

8月，被推举为商务印书馆董事会主席，后改称为董事长，一直连任至1954年。

1927年（民国十六年） 61岁

1月，苏州东吴大学授予先生荣誉法学博士学位。

10月17日，被绑匪劫持，初被勒索30万元，后减至20万元，后经亲友奔走，与绑匪讨价还价，于10月23日以1万元赎出。

1928年（民国十七年） 62岁

4月，主持编辑的《海盐张氏涉园丛刻续编》由商务印书馆排印出版。

10月15日，以中华学艺社名誉社员名义随中华学艺社第五次学术视察团赴日本，访查日本有关图书馆收藏的且在中国本土已经失传的古籍。在日期间，与日方达成协议，将其中的46种摄影带回国内，后来分别收入《四部丛刊》《百衲本二十四史》等出版。此次日本之行，历时1个半月，于12月2日返回上海。

1929年（民国十八年） 63岁

本年，《四部丛刊》初编重印。“先后两版，数逾五千”。

1930年（民国十九年） 64岁

1月23日，主持商务印书馆董事会，推举王云五为商务印书馆总经理。

3月，撰写《影印〈百衲本二十四史〉序》。

8月，商务印书馆设立校史处，归先生指导，负责辑印《百衲本二十四史》。

1931年（民国二十年）　65岁

8月，《百衲本二十四史》开始出版，1937年3月出齐。

1932年（民国二十一年）　66岁

1月29日，日寇飞机轰炸商务印书馆及东方图书馆。先生对于自己半生心血搜集起来的40余万册图书全部被焚毁，感到异常悲愤。浩劫发生后，先生主持商务印书馆董事会，全力支持总经理王云五为商务印书馆复兴而努力。

4月4日，与张耀曾、荻葆贤、温宗尧、黄炎培、史量才、沈钧儒、徐新六、王造时等30人联名发表通函，拒绝赴洛阳参加国民政府召开的所谓“国难会议”。

1933年（民国二十二年）　67岁

4月，被推举为东方图书馆复兴委员会主席。

1934年（民国二十三年）　68岁

5月2日，夫人许子宜病故。

本年，出版《四部丛刊》续编，共收入古籍75种、500册。

提出出版《四部丛刊》第三编的设想。

1935年（民国二十四年）　69岁

4月25日至5月16日，与友人陈理卿、叶景葵等游历陕西西安、华山及河南洛阳龙门石窟等名胜。

10月，《四部丛刊》第三编开始出版，至1936年7月出齐，共收入古籍70种。

12月，开始出版《续古逸丛书》，至1938年共出46种。1957年8月出版最后一种《杜工部集》，共收入古籍47种。

本年，《四库全书珍本初集》出齐。

1936年（民国二十五年） 70岁

2月，致函国民政府行政院院长蒋介石，建议浙江省当局规划的从海盐县城通过的公路改道，当局未予采纳。

5月29日至6月27日，偕商务印书馆同人高梦旦、李拔可游历四川重庆、成都、峨眉山等地。

11月11日，商务印书馆编辑出版《张菊生先生七十生日纪念论文集》。

11月24日，上海市政府聘请先生为上海市图书馆董事会董事。

1937年（民国二十六年） 71岁

4月，向国民政府行政院院长汪精卫赠《百衲本二十四史》全套。

5月，先生编著的《中华民族的人格》由商务印书馆出版。

6月，向国民政府军事委员会委员长蒋介石赠《百衲本二十四史》全套及《中华民族的人格》1册。

8月13日，日本进攻上海。先生主持商务印书馆董事会商讨应变措施。总经理王云五赴内地设立商务印书馆总管理处，由王云五指挥；上海设立办事处，由先生为首的商务印书馆董事会留守上海，指挥上海办事处。

1938年（民国二十七年） 72岁

9月，所著《校史随笔》由商务印书馆出版。

1939年（民国二十八年） 73岁

春，所著《宝礼堂宋本书录》由商务印书馆出版。

本年，与郑振铎商定由商务印书馆排印出版《孤本元明杂剧》，先生与戏曲专家王季烈承担校点任务。

年底，与郑振铎、何炳松、张寿镛联名致电已迁至重庆的国民政府，要求拨款抢救沦陷区流落至上海“孤岛”的珍本古籍及其他图书文物。

1940年（民国二十九年）　74岁

1月5日，与郑振铎、何炳松、张寿镛等联名致电国民党中央组织部部长朱家骅、国民政府教育部部长陈立夫，建议在上海孤岛成立购书委员会，以保存文献。

1月中下旬，郑振铎等成立文献保存同志会，先生虽声明“不与于办事之列”，但仍参与版本的鉴定工作。

4月，被推举为上海合众图书馆董事。

5月下旬，赴香港与商务印书馆总经理王云五磋商上海办事处的有关问题。

1941年（民国三十年）　75岁

秋，《孤本元明杂剧》由商务印书馆出版。

12月，留在上海租界内的商务印书馆被日寇查封，先生主持商务印书馆董事会决定应对措施。

1943年（民国三十二年）　77岁

因经济发生困难，不得不以鬻书补助家庭开支。

1944年（民国三十三年）　78岁

7月19日，主持商务印书馆董事会，决定商务印书馆上海办事处经理鲍庆林治丧办法，并调整上海办事处班子。

1945年（民国三十四年）　79岁

9月15日，主持商务印书馆董事会，讨论商务印书馆复兴计划，决定由董事会授权总经理王云五全权办理，上海办事处由王云五派来的李伯嘉主持。

1946年（民国三十五年）　80岁

5月2日，因王云五请求辞去总经理一职，先生主持商务印书馆董事会，推选李拔可暂行代理总经理职务。

5月，合众图书馆推选先生为董事长。

1947年（民国三十六年） 81岁

3月，在《东方杂志》第43卷第5期封三刊登《张元济先生鬻书启事》。

4月18日，商务印书馆成立善本书保管委员会，推选先生为主任。

6月3日，与唐文治、陈叔通等10人联名致书上海市市长吴国桢、警备司令宣铁吾，抗议军警镇压爱国学生之暴行。史称“十老上书”。

1948年（民国三十七年） 82岁

1月，重订《张菊生太史元济鬻书润例》。

4月14日，先生当选为中央研究院人文历史组院士。

6月21日，与唐文治等联名发表致上海市市长吴国桢的公开信，抗议吴氏诬蔑爱国学生。

9月23日，出席在南京召开的中央研究院第一次院士会议开幕式，先生在致辞中痛斥国民党的内战政策，公开呼吁和平。

12月14日，在《大公报》发表《张元济启事》，潘公展、杜月笙等在未取得他同意的情况下擅自将他列为所谓“上海自救救国会”发起人之一，他声明“不克承认”。

12月15日，国民党《中央日报》发表署名“秉直”的文章《张元济自救了》，攻击先生在《大公报》上发表的启事，称“满清遗老张元济”“预备创造奇迹，在苏维埃朝代中再显身手”。

12月24日，致函王云五，宣布将他从商务印书馆董事会中除名。

12月，邀请民主人士谢仁冰任商务印书馆经理。

1949年 83岁

1月19日，主持商务印书馆董事会，决定任陈夙之为总经理。

1月31日，复函中华民国代总统李宗仁，婉辞“和平使者”之命。

3月，先生节选之《节本康熙字典》由商务印书馆出版。

9月8日，作为中国人民政治协商会议特邀代表抵达北平。19日，毛泽东邀先生及程潜、李明扬、陈明仁等游览天坛，由刘伯承、陈毅、粟裕作陪。21日，出席政协会议开幕式，先生被推举为主席团成员。政协会议期间，先生多次发言，就《中国人民政治协商会议共同纲领》、国歌、国旗等发表自己的意见。30日，先生当选为第一届全国政协委员。10月11日，与周善培应邀赴中南海丰泽园毛泽东住所共进晚餐并座谈。陈毅、粟裕作陪，先生多有建议。

11月30日，签署商务印书馆致上海市市长陈毅的节略，要求准许贷款20亿元（旧币）。

12月2日，毛泽东签署中央人民政府任命状，任命先生为华东军政委员会委员。

12月25日，在商务印书馆工会成立大会上发表演说时突然中风倒地，送医院抢救，病情虽然得到控制，但因一侧瘫痪，再也没有能够站立起来，此后在病榻上度过最后10年。

1950年　84岁

4月，从医院回家继续休养。

10月1日，致函毛泽东，祝贺国庆。8日，毛泽东复函致谢，并问候病情。

1951年　85岁

5月21日，致函北京图书馆王重民，提出将自己过去收购到的《翁文端公日记》25册献给北京图书馆永久收藏。

5月，所著《涵芬楼烬余书录》由商务印书馆出版。

6月21日，商务印书馆董事会根据先生的提议将《永乐大典》21册献给国家。8月24日，周恩来总理复函先生致谢。

1952年　86岁

12月，撰《近述戊戌政变杂咏》七绝18首。

1953年　87岁

1月14日，毛泽东签署中央人民政府任命通知书，任命先生为华东军政委员会委员。

4月1日，上海市政府根据毛泽东主席的提名聘请先生为上海文史馆馆长。

9月29日，读方志敏烈士《可爱的中国》后于卷首题词："可敬的烈士，可喜的中国，已有人使中国脱离半殖民地之困厄而复为独立之中国。最可惜的（是），烈士先已成仁，不及亲见中国之复兴。"

10月14日，致函华东军政委员会主席谭震林，捐赠庐山旧居。

1954年　88岁

8月中旬，先生当选为第一届全国人大代表。

1956年　90岁

5月，致函偏安台湾一隅的蒋介石，希望他效法浙江先贤钱武肃，使国家和平统一。

10月29日，上海市委、市政府及中央统战部等有关单位及亲友为先生祝贺九十大寿。

1957年　91岁

7月，所著《涉园序跋集录》（顾廷龙编）由上海古典文学出版社出版。

本年夏，先生病情加重，住进上海华东医院治疗。

1958年　92岁

1月20日，国务院科学规划委员会主任聂荣臻签署聘书，聘先生为该会古籍整理出版小组委员。

4月中旬，周恩来总理到华东医院探望先生。

1959年　93岁

3月，先生当选为第二届全国人大代表。

8月14日，病逝于华东医院。

参考文献

一、年谱、日记、书信等

张树年主编:《张元济年谱》,商务印书馆1991年版

张人凤、柳和城编著:《张元济年谱长编》上下册,上海交通大学出版社2011年版

高平叔撰著:《蔡元培年谱长编》上中下册,人民教育出版社1998年版

陈锡祺主编:《孙中山年谱长编》上下册,中华书局1991年版

王寿南编:《王云五先生年谱初稿》,商务印书馆1987年版

陈福康编著:《郑振铎年谱》,北京书目文献出版社1988年版

张人凤整理:《张元济日记》上下册,河北教育出版社2001年版

张元济:《张元济日记》上下册,商务印书馆1981年版

张元济:《张元济全集》第1—3卷"书信",商务印书馆2007年版

张元济:《张元济全集》第4、5卷"诗文",商务印书馆2008年版

张元济:《张元济全集》第6、7卷"日记",商务印书馆2008年版

张元济:《张元济全集》第8—10卷"古籍研究著作",商务印书馆2009年版

张元济:《张元济诗文》,商务印书馆1986年版

劳祖德整理:《郑孝胥日记》,中华书局1993年版

张元济、傅增湘:《张元济傅增湘论书尺牍》,商务印书馆1983年版

张元济:《张元济书札》,商务印书馆1981年版

张树年主编：《张元济友朋书札》，上海古籍出版社1987年版

张树年供稿，承载整理：《黄炎培致张元济遗札》，见《近代史资料》第80号，知识产权出版社2006年版

上海图书馆编：《汪康年师友书札》第1—4册，上海古籍出版社1986年版

高平叔、王世儒编注：《蔡元培书信集》上下册，浙江教育出版社2000年版

张树年、张人凤编：《张元济蔡元培来往书信集》，香港商务印书馆有限公司1992年版

刘哲民、陈政文编：《抢救祖国文献的珍贵记录——郑振铎先生书信集》，上海学林出版社1992年版

张元济：《中华民族的人格》，商务印书馆1937年版

《张元济轶事专辑》，中国人民政治协商会议浙江省海盐县委员会文史资料工作委员会1990年编印

王栻主编：《严复集》第1—5册，中华书局1986年版

中国近代现代出版史编纂组编：《中国近代现代出版史学术讨论会文集》，中国书籍出版社1990年版

汪家熔：《商务印书馆史及其他——汪家熔出版史研究文集》，中国书籍出版社1998年版

宋原放主编：《中国出版史料》第1卷上下册，山东教育出版社、湖北教育出版社2001年版

王晓秋主编：《戊戌维新与近代中国的改革》，社会科学文献出版社2000年版

王英著：《一代名人张元济》，济南出版社1992年版

钱钟书：《翻译论集》，商务印书馆1984年版

薛绥之编：《林纾研究资料》，福建人民出版社1982年版

叶圣陶：《叶圣陶序跋集》，读书·生活·新知三联书店1983年版

林琴南：《林琴南文集》，中国书店1985年版

陈志放主编：《汤寿潜研究》，团结出版社1995年版

陈志放主编:《汤寿潜史料专辑》,政协浙江省萧山市委员会文史工作委员会1993年编印

孙中山:《孙中山全集》第5卷,中华书局1985年版

张树年:《我的父亲张元济》,东方出版中心1997年版

蔡元培等:《1897—1987商务印书馆九十年——我和商务印书馆》,商务印书馆1987年版

高崧编选:《商务印书馆九十五年——我和商务印书馆1897—1992》,商务印书馆1992年版

《商务印书馆一百年1897—1997》,商务印书馆1998年版

中华书局编辑部编:《回忆中华书局》上编,中华书局1987年版

茅盾:《我走过的道路》上下册,人民文学出版社1997年版

陈福康编选:《回忆郑振铎》,上海学林出版社1988年版

二、专著与论文

仲伟行、吴仁安、曾康编:《铁琴铜剑楼研究文集》,上海古籍出版社1997年版

黄建国、高跃新主编:《中国古代藏书楼研究》,中华书局1999年版

郑伟章、李万健:《中国著名藏书家传略》,书目文献出版社1986年版

傅璇宗、谢华主编:《中国藏书通史》上下册,宁波出版社2001年版

杨扬:《商务印书馆:民间出版业的兴衰》,上海教育出版社2000年版

张元济:《校史随笔》,上海古籍出版社1998年版

孔祥吉:《晚清史探微》,成都巴蜀书社2001年版

商务印书馆编辑部编:《论严复与严译名著》,北京商务印书馆1982年版

郭汾阳、丁东:《书局旧踪》,江西教育出版社1999年版

李家齐主编:《上海工运志》,上海社会科学出版社1997年版

王绍曾:《近代出版家张元济》,商务印书馆1984年版

汪家熔:《大变动时代的建设者》,四川人民出版社1985年版

张荣华:《张元济评传》,南昌百花洲文艺出版社1997年版

吴仁杰：《张元济评传》，江西百花洲文艺出版社1992年版

叶宋曼瑛著，张人凤等译：《从翰林到出版家——张元济的生平与事业》，香港商务印书馆有限公司1992年版

张人凤：《智民之师·张元济》，山东画报出版社2001年版

周武：《书卷人生——张元济》，上海教育出版社1999年版

罗久芳：《〈张菊生先生年谱〉序》，《传记文学》第67卷第4期，1995年10月号

张树年：《先父张元济不准我进“商务”》，《人物》1982年第3期

汪守本：《爱国出版家张元济》，《人物》1982年第4期

高平叔：《蔡元培与张元济》，《民国档案》1985年第1期

李侃：《论张元济》，《历史研究》1985年第1期

汪家熔：《张元济与图书馆事业》，《图书馆学通讯》1985年第2期

王云五：《张菊老与商务印书馆》，《传记文学》第4卷第1期，1964年1月号

周武：《张元济与五四新文化运动》，《史林》1998年第2期

陈东辉：《张元济与中日文化交流》，《近代史研究》1994年第2期

严如平：《论王云五在中国近代出版史中的地位》，《民国档案》1992年第4期

柳和城：《出版家张元济与藏书家刘承幹的交往》，《浙江出版史料》第9辑

俞筱尧著，叶再生主编：《陆费伯鸿与中华书局》，《出版史研究》第5—6辑，中国书籍出版社1997、1998年版

邹振环：《张元济与共学社》，《档案与历史》1986年第4期

邹振环：《〈孙文学说〉在沪初版发行的前前后后》，《史林》1989年第4期

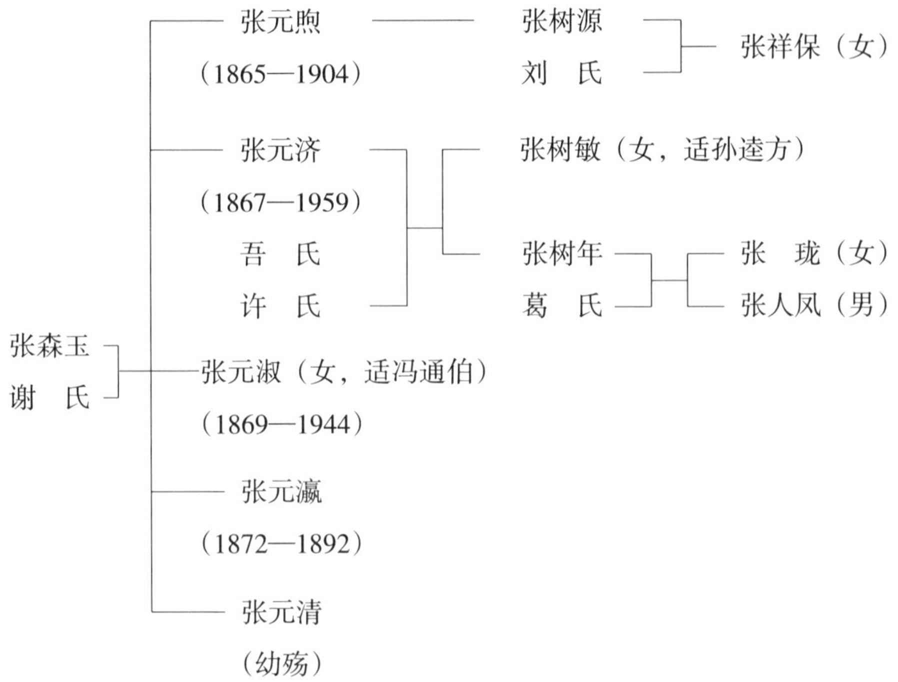

